Anja Kruke/Meik Woyke (Hrsg.)

Deutsche Sozialdemokratie in Bewegung

1848 – 1863 – 2013

DIETZ

Anja Kruke/Meik Woyke (Hrsg.)

Deutsche Sozialdemokratie in Bewegung

1848 – 1863 – 2013

DIETZ

ISBN 978-3-8012-0431-0

Dreizehnmorgenweg 24, 53175 Bonn

Gestaltung und Satz:
Jaroslav Toussaint typo+graphische formgebung
in Zusammenarbeit mit Katharina Zettl, Berlin

Mitarbeit Satz:
Verena Roth, Vanessa Enríquez

Umschlagabbildung:
DHM, Berlin

Druck und Verarbeitung:
Offizin Andersen Nexö, Leipzig

Gesetzt aus der Founders Grotesk von Klim Type Foundry.
Gedruckt auf 130 g/m² FLY.DESIGN.PAPIER extraweiß.

Printed in Germany 2012

Besuchen Sie uns im Internet: www.dietz-verlag.de

Inhaltsverzeichnis

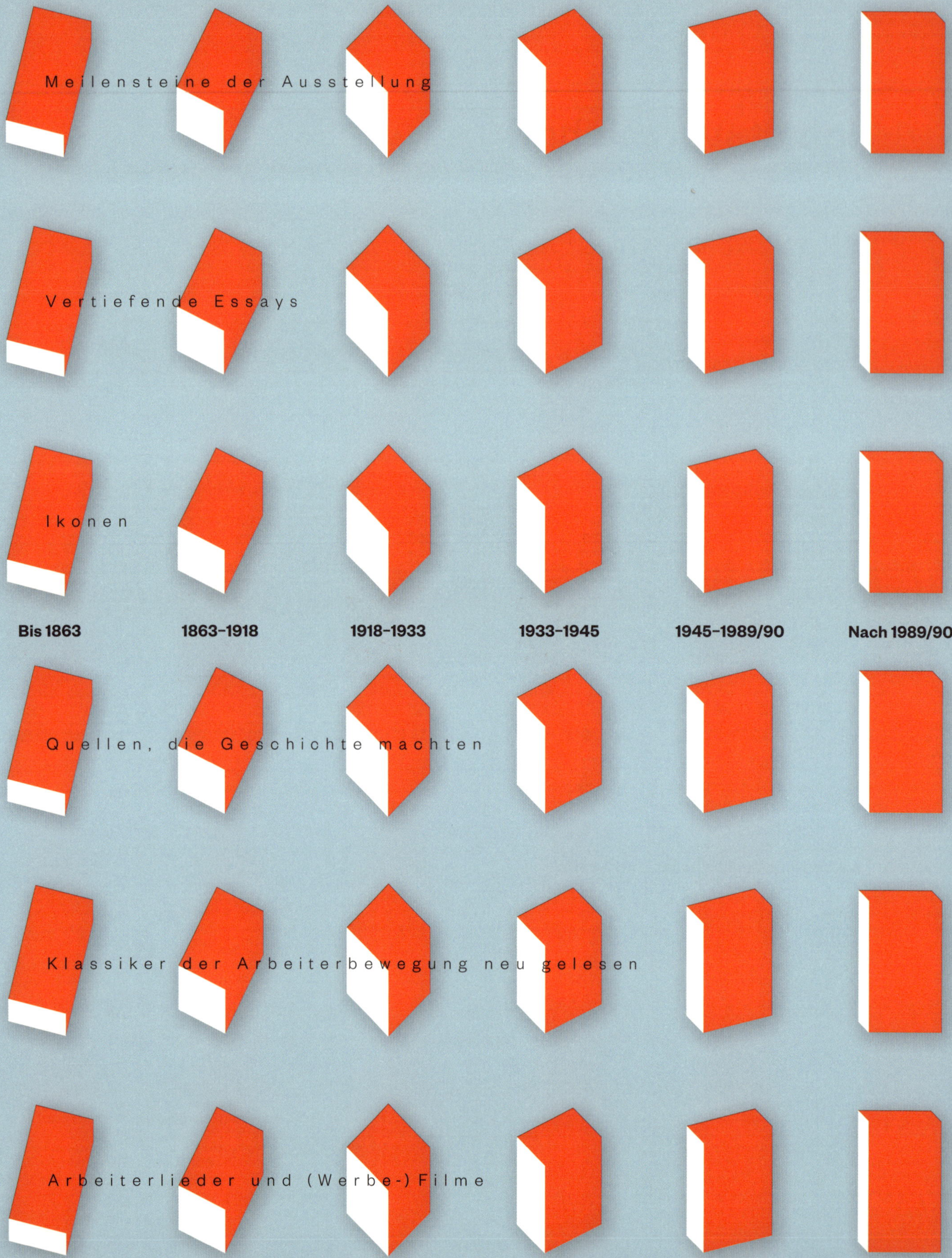
Meilensteine der Ausstellung
Vertiefende Essays
Ikonen
Bis 1863
1863–1918
1918–1933
1933–1945
1945–1989/90
Nach 1989/90
Quellen, die Geschichte machten
Klassiker der Arbeiterbewegung neu gelesen
Arbeiterlieder und (Werbe-)Filme

Anja Kruke/Meik Woyke

Lange Entwicklungslinien: Deutsche Sozialdemokratie in Bewegung

Abbildung:
»Wählt die Mehrheits-Sozialdemokraten«, Plakat für die Wahl zur Nationalversammlung am 19. Januar 1919, Entwurf von Arnold Schütz
(DHM, Berlin)

Mit Blick auf die aktuellen Neuerscheinungen des historischen Büchermarkts drängt sich die Frage auf: Was ist heutzutage eigentlich nicht in Bewegung? Ob Arbeitswelten, Architekten, Handel, Geschlecht, Identitäten oder auch Episteme – alles scheint in Bewegung und im Fluss zu sein. Die Welt dreht sich, und die Dinge und Menschen mit ihr. Angesichts neuer gesellschaftlicher Verhältnisse und gewandelter Herausforderungen kann bewegungsloses Verharren in überkommenen Positionen, das Festhalten an vorgefassten Meinungen und Konzepten, mindestens zu Stillstand führen, wenn nicht sogar Regression bedeuten. Deshalb sind gerade soziale Bewegungen und auch Parteien ständig in Bewegung. Komplexe politische Fragen erfordern in einer sich immer weiter ausdifferenzierenden Gesellschaft, wie sie für Deutschland typisch ist, nicht einfache Lösungen, sondern durchdachte Antworten. Dies gilt für die Industrialisierung im 19. Jahrhundert und die eng mit ihr verwobene soziale Frage ebenso wie für die postfordistische Wissensgesellschaft mit ihren Flexibilisierungschancen und -zumutungen in der Arbeitswelt. Zudem scheint gerade heute die Straße wieder ein Ort für Politik zu sein. Sie macht den Parlamenten und Regierungskabinetten sowie dem weltweiten virtuellen Netz jedenfalls als Ort der Bewegung beträchtliche Konkurrenz – etwa durch Wutbürger gegen »Stuttgart 21«, parteiferne Occupy-Aktivisten oder Sympathie-Demonstranten für russische »riot girls«.

Scheinbar folgerichtig wird insbesondere Parteien, vor allem den schon länger existierenden, häufig von solchen, meist nur für eine begrenzte Zeit politisch engagierten Akteuren vorgeworfen, selbstzufrieden, träge und machtversessen, tendenziell also bewegungsunfähig zu sein. Für die Sozialdemokratie hat jemand die schöne Metapher des Tankers gefunden. Gleichgültig, aus welchem Jahrzehnt dieser Begriff stammt, gemeint ist mit der Kritik der Vorwurf der ausbleibenden oder zu langsamen Bewegung: Vermeintliche Bürgerferne lässt sich so als fehlender Einsatz für die Interessen von Bürgerinnen und Bürgern interpretieren; dass man Menschen dort abholen muss, wo sie stehen, zählt ebenfalls zu diesen Weisheiten. Der aus unterschiedlichen Richtungen erhobene Vorwurf greift jedoch über Binsenweisheiten hinaus. In der stark verallgemeinerten Diagnose, die auch um eine Therapieempfehlung nicht verlegen ist, steckt die tiefergehende Kritik an Parteien, sich nicht wandeln und anpassen zu können an heutige Aufgaben, Bedingungen und Verhaltenserwartungen. Statt eines Tankers bedarf es demnach vieler kleiner Schnellboote, die ohne lange im Voraus eingeleitete Manöver und Abstimmungsprozeduren situationsadäquat mit wechselnden Besatzungen auf neue Problemlagen reagieren können.

Doch was heißt »Bewegung« eigentlich in Zeiten der nahezu beliebigen Beschleunigung, zum Beispiel angesichts des Lichtgeschwindigkeitsrauschs der globalen Finanzgeschäfte mit ihrem Streben nach Profitmaximierung? Was heißt »Bewegung« in Zeiten einer dem Anschein nach unendlichen Vielfalt von Entscheidungsmöglichkeiten? Was heißt »Bewegung« in Zeiten hoher Flexibilität und Beschleunigung, wenn es naturgemäß

DIE NEUE ZEIT
WÄHLT DIE MEHRHEITS-
SOZIALDEMOKRATEN
KUNSTANST. FRZ X. SCHROFF vorm. WILH. FIEK, AUGSBURG
ENTW. ARNOLD SCHÜTZ, AUGSBURG.

eine Weile dauert, um mit vielen Menschen eine gemeinsame oder demokratisch abgewogene Position zu finden?

Politik kann ohne Bewegung nicht existieren, doch gleichzeitig droht bei zu viel Bewegung stets Orientierungslosigkeit, auch der Eindruck von Beliebig- und Wankelmütigkeit, zumindest aus Sicht von Wählerschaft und Medien, die das Wechseln von Positionen nicht immer nachvollziehen können (oder wollen). Politik braucht Bewegung, aber die Frage bleibt, wofür und in welche Richtung eigentlich, was macht das Spannungsfeld von Bewegung und wertgebundener Standfestigkeit aus, in dem eine Großorganisation wie eine Partei durch ihre schiere Existenz steht? Die Dichotomie zwischen der Notwendigkeit der Bewegung – und damit von Anpassung, Flexibilität und Umorientierung – und der Gefahr der zu starken Bewegung mitsamt zu rasanter Beschleunigung, die Orientierungen verwässern und zu Positionsverlust führen kann, bildet die Pole, zwischen denen sich nicht zuletzt die SPD bewegt. Ohne Bewegung hätte zumindest die Sozialdemokratie nicht 150 Jahre alt werden können als Partei: zum einen, weil sie als Teil einer sozialen Bewegung entstand, zum anderen, weil sie nur durch Bewegung, durch Reformbereitschaft und Lernprozesse, sich weiterentwickeln und in der Zeit bestehen bleiben konnte. Traditionsreich ist sie, die SPD, wird gern angefügt, doch: Ist dies nicht bereits Schnittpunkt des Problems, sich auf Vergangenes zu fixieren, etwas zu wiederholen, ohne zu verändern, anstatt sich fortzubewegen? Aus diesem Dilemma gibt es keinen Ausstieg, nur eine Fortsetzung auf dem Feld der semantischen Kämpfe um Interpretationen und Deutungshoheit.

Die über 150-jährige Geschichte der Sozialdemokratie macht deutlich, wie sehr das Spannungsfeld zwischen sich bewegen und beharren die Entwicklung der Partei geprägt hat. Ein wichtiges Datum stellt in diesem Zusammenhang die Gründung des Allgemeinen Deutschen Arbeitervereins durch Ferdinand Lassalle am 23. Mai 1863 in Leipzig dar. Seitdem besteht – trotz wiederholter Verbote und staatlicher Repressionen – organisatorische Kontinuität. Es handelt sich um die Geburtsstunde der deutschen Sozialdemokratie als Partei: Der ADAV war der erste sozialdemokratische Verein, der sich dezidiert als politische Organisation begriff. Er gründete sich unter schwierigen Bedingungen als bedeutender Zweig der sich formierenden Arbeiterbewegung. Verschiedene Bedürfnisse verlangten nach unterschiedlichen Organisations- und Bewegungsformen: Bereits 1862 war in Mainz eine Genossenschaft ins Leben gerufen worden; aus dem untergehenden Zunftwesen gingen Hilfskassen im kleinen Rahmen als selbstorganisierte Versicherungen hervor. Erste gewerkschaftliche Vereinigungen bildeten sich branchenorientiert und vorerst auf lokaler Ebene. Geselligkeitsvereine gab es unterdessen schon eine ganze Weile. Mit ihrer Hilfe konnten Arbeiter unter sich sein und weitestgehend frei reden.

Ein solches, bereits stark differenziertes Umfeld konnte nach der unvollendeten Revolution von 1848 und der sich anschließenden Verfolgung von demokratisch gesinnten Arbeitern, Handwerkern und Intellektuellen nur in einem politisch etwas milder werdenden Klima entstehen. Im Gegensatz zu Preußen kam die Reaktionsära in Sachsen und Thüringen früher zu einem vorläufigen Ende. Zudem industriell weiter als viele andere Teile Deutschlands entwickelt, formte sich dort Anfang der 1860er Jahre der Nukleus der Sozialdemokratie, vor allem in Leipzig, noch genauer: im »Gewerblichen Bildungsverein«, den 1861 liberale Bürger gründeten, um die Arbeiterschaft zu bilden und zu emanzipieren. Hier trafen sich einige Protagonisten der späteren zweiten Gründungspartei der Sozialdemokratie, unter ihnen der junge Drechslergeselle August Bebel, und betrieben die Schaffung einer eigenständigen Vertretung der Arbeiterinnen und Arbeiter. Im Sommer

1862 vollzogen sie, allerdings ohne Bebel, die Trennung von der liberalen Bewegung durch die Gründung des Arbeiterbildungsvereins »Vorwärts«. Um diesen Verein bildete sich das »Central-Comitee zur Berufung eines Allgemeinen Deutschen Arbeiter-Congresses«, das im Dezember 1862 ein Schreiben an Ferdinand Lassalle sandte, damit er die politische Führung der Arbeiterschaft übernehme. Diesem Brief entgegnete der als Vorkämpfer für soziale Reformen bekannte Lassalle mit einem »Offnen Antwortschreiben«, das schließlich 1863 zur Bildung des Allgemeinen Deutschen Arbeitervereins führte.

Dass August Bebel und Wilhelm Liebknecht 1869 im thüringischen Eisenach mit der Sozialdemokratischen Arbeiterpartei (SDAP) dennoch eine Gegenorganisation zum ADAV formierten, brachte fundamentale Differenzen in der jeweils favorisierten politischen Ausrichtung zum Ausdruck. Während Bebel und Liebknecht innerparteiliche Demokratie pflegten, marxistisch dachten und auf eine großdeutsche Lösung der nationalen Frage setzten, war der Allgemeine Deutsche Arbeiterverein zentralistisch organisiert, auf konkrete Reformen im bestehenden Staatengefüge ausgerichtet und kleindeutsch-preußisch orientiert. Beide Organisationen fanden erst 1875 in Gotha mit der Bildung der Sozialistischen Arbeiterpartei Deutschlands zusammen, nachdem der Streitpunkt der Nation infolge der bismarckschen Reichsgründung entfallen war.

Für den ADAV und die SDAP gab es allerdings schon vor ihrem Vereinigungsparteitag einen gemeinsamen Bezugspunkt, der einen wichtigen Teil ihres Bewusstseins als politische Bewegung ausmachte, das beide trotz aller Streitigkeiten verband: »1848« war für sie zu einem Weckruf geworden. Das Jahr der Revolutionen in Europa hatte in Deutschland eine demokratische Bewegung sichtbar gemacht. Zwar gelangten die Arbeiter und Arbeiterinnen nicht in die Frankfurter Paulskirche, wo die Nationalversammlung tagte, aber sie standen auf den Barrikaden und kämpften für die Verbesserung ihrer sozialen und politischen Lage. Das im Februar 1848 veröffentlichte Kommunistische Manifest von Karl Marx und Friedrich Engels beschrieb in einprägsamen Formulierungen die Ausbeutung und die sich abzeichnende Proletarisierung weiter Teile der Arbeiterschaft, während der Buchdrucker Stephan Born in Berlin die Allgemeine Deutsche Arbeiterverbrüderung als in erster Linie gewerkschaftlich ausgerichtete Selbsthilfeorganisation gründete.

Die Revolution von 1848 wurde zwar durch die Gegenrevolution unterdrückt, aber die Erinnerung an die Beteiligten lebte fort. Bei den Eisenachern wurde Wilhelm Liebknecht als ein »Alt-48er« verehrt, im ADAV galt diese Verehrung Ferdinand Lassalle, der sich ebenfalls in der Revolution engagiert hatte, aber im Gegensatz zu Liebknecht nicht ins Exil getrieben worden war. Das im Laufe der Jahrzehnte institutionalisierte Revolutionsgedenken kristallisierte sich zum ersten historischen Erinnerungskern der Arbeiterbewegung heraus. Folglich muss ein Band, der zum 150-jährigen Bestehen der Sozialdemokratie als organisierte Partei erscheint, bei der prägenden Wirkung der Revolution von 1848 ansetzen. Zudem lässt sich die sozialdemokratische Geschichte nur schwerlich ohne Rekurs auf Marx und die frühen, vorübergehend existierenden Arbeitervereinigungen verstehen.

Aber noch ein weiteres Datum ist für die Arbeiterbewegung und damit für die 1890 in SPD umbenannte Partei ungemein wichtig: Das Jahr 1789 steht mit dem Ausbruch der Französischen Revolution für den Beginn der Moderne. Hier bildeten sich erste Formen einer gesellschaftlichen Theorie der Demokratie heraus, die sich auf die Werte von Freiheit, Gleichheit und Brüderlichkeit berief. Dies zog auch aus Deutschland exilierte Handwerksgesellen in den Bann. Die Wertetrias der Französischen Revolution entwickelte sich zum Kern der deutschen Sozialdemokratie. Allerdings handelte es sich nicht um ein statisches Gebilde. Die Werte, die sich gegenseitig bedingen und begrenzen, erfuhren wiederholt Aktualisierungen durch neue politische Fragestellungen. So wurde aus der Brüderlichkeit durch eine begriffliche Aktualisierung die Solidarität, aus der Gleichheit entwickelte sich während des Antikommunismus nach 1945 die Gerechtigkeit. Sie wurde als Fortsetzung des Gleichheitsgedankens in einer gefestigten Demokratie betrachtet, indem die Idee der Emanzipation und des Aufstiegs durch Bildung an eine gleiche Behandlung von Menschen gekoppelt war und gleichzeitig der Gedanke einer gerechten Verteilung der Bildungschancen in den Vordergrund trat.

Um sich der langen Geschichte der Sozialdemokratie, beginnend bei ihren revolutionären und ideellen Grundlagen, aus unterschiedlichen Perspektiven zu nähern, werden in diesem Buch sechs verschiedene Textsorten angeboten: Einen grundlegenden Überblick bieten die »Meilensteine«, die von vertiefenden Essays ergänzt werden, um für einen bestimmten Zeitabschnitt besonders relevante Themen herauszustellen. Hinzu kommen Quellen, die Geschichte machten, also den Charakter oder die Entwicklung der Sozialdemokratie nachhaltig prägten. Sie ermöglichen manche Entdeckung und historische Einsichten mit aktueller Bedeutung. Dies gilt auch für die Klassiker aus dem sozialdemokratischen Lektürekanon, die für diesen Band neu gelesen wurden. Dass es solche verbindlichen Texte am Ende des 20. Jahrhunderts anscheinend nicht mehr gibt, liegt keinesfalls zuletzt an dem Wandel von Gesellschaft und der Funktionsweise von Parteien. Dahingegen erfreuen sich die als geschichtliche Zeugnisse einer politischen Bewegung vorgestellten Lieder und Filme derzeit wieder größerer Beliebtheit. Aus ihnen lässt sich die gesellschaftliche Verortung der Sozialdemokratie und ihr Selbstverständnis erschließen. Erst anhand dieser ›weichen‹ Elemente der Arbeiterbewegung ergibt sich ein Einblick in ihre Lebens- und Vorstellungswelt jenseits von Programmatik und prägenden Ereignissen.

Darüber hinaus werden Ikonen als visuelle Quellen präsentiert. Bekannte oder typische Bilder aus der Geschichte der Sozialdemokratie werden herausgegriffen und ihre Bildsprache wird analysiert. Als Beispiel mag das Titelbild dienen. Das SPD-Plakat zur Nationalversammlungswahl am 19. Januar 1919 steht ganz in der auf die Antike zurückgehenden Tradition der allegorischen Darstellung politischer Werte und Sachverhalte, mit der abstrakte Ideen und Inhalte auf bildhaft-konkrete Weise veranschaulicht werden. Diese in der Arbeiterbewegung häufig genutzte Technik erlebte in der Plakatkunst nach dem Ersten Weltkrieg ihren letzten großen Höhepunkt. Im Zentrum des Bilds steht eine weibliche Person als allegorische Verkörperung der Freiheit. Mit ihrem antikisierenden Gewand verweist sie auf die im 3. Jahrhundert vor Christus beginnende Tradition der »Libertas«. In dynamischer, nach vorne weisender Bewegung verkörpert sie die Idee, dass mit der Wahl zur Verfassunggebenden Nationalversammlung die Verankerung progressiver Freiheitsrechte in Deutschland weitergeht und damit die Errungenschaften der Novemberrevolution gesichert werden. Anders als die berühmte und vielleicht als Vorbild dienende Allegorie der Freiheit, die der Maler Eugène Delacroix 1830 im Kontext der französischen Julirevolution geschaffen hatte, steht die sozialdemokratische Verkörperung der Freiheit hier aber nicht auf den Barrikaden der revolutionären Straßenkämpfe, sondern – gemäßigter und zugleich im Anspruch umfassender – auf der Spitze einer Weltkugel. Im Hintergrund symbolisiert die aufgehende Sonne die »neue Zeit« einer demokratischen Gesellschaftsordnung. In der linken Hand hält Libertas, ähnlich wie bei Delacroix, eine Flagge, und zwar die rote Fahne, das traditionelle Emblem und identitätsstiftende Symbol der Sozialdemokratie. Entstanden im Moment der Etablierung der Weimarer

Republik und vor dem Hintergrund einer gespaltenen Arbeiterbewegung, ruft das Plakat wirkungsvoll Freiheit, Gleichheit und Demokratie als zentrale Werte in Erinnerung.

Das vorliegende Buch ist der Begleitband zur Wanderausstellung der Friedrich-Ebert-Stiftung »150 Jahre deutsche Sozialdemokratie. Für Freiheit, Gerechtigkeit und Solidarität!«, die ab September 2012 bundesweit in mehr als 25 Städten gezeigt wird. Selbstverständlich lässt sich die sozialdemokratische Geschichte nicht in ›Echtzeit‹ abbilden. Der Band ist vielmehr zur anregenden Lektüre gedacht, zum Blättern und Betrachten oder selektiven Herauspicken – Hauptsache, die Entwicklung der Sozialdemokratie wird als Teil des Heutigen begriffen und individuell aktualisiert. Zusätzliche thematische Vertiefungen bietet das Internetportal <www.fes.de/150jahre> mit umfangreichen audiovisuellen Angeboten. Eine wertvolle Ergänzung bietet zudem das Lesebuch zur Geschichte der Sozialen Demokratie.[1]

Unseren Kolleginnen und Kollegen im Archiv der sozialen Demokratie (AdsD) der Friedrich-Ebert-Stiftung danken wir herzlich für die zuverlässige Unterstützung bei der Erstellung dieses Buchs. Thomas Clausen, Timo Köster und Tommy Stöckel erledigten wissenschaftliche Recherchen und die angesichts der zahlreichen Abbildungen besonders aufwendige Redaktionsarbeit. Auch ihnen gilt, wie vielen weiteren Unterstützerinnen und Unterstützern, unser Dank.

1 *Michael Reschke/Christian Krell/Jochen Dahm* u.a., Lesebuch zur Geschichte der Sozialen Demokratie, Bonn 2012.

Der 17-jährige Schlosserlehrling Ernst Zinna verteidigt seine Barrikade gegen ein ganzes Bataillon der kaiserlichen Garden (bpk/Federlithografie Theodor Hosemann)

Bis 1863

Manuel Gogos

Vorhofflimmern – Charisma und Charismatiker der frühen Arbeiterbewegung

Am 21. Februar 1848, wenige Tage bevor jener Aufruhr von Paris auf den gesamten europäischen Kontinent übergriff, der als die Revolution von 1848 in die Geschichte eingegangen ist, veröffentlichte Karl Marx zusammen mit Friedrich Engels in London ein erstaunliches kleines Pamphlet von wenigen Seiten, das mit seiner aufrüttelnden, ja zwingenden Rhetorik zum wahrscheinlich einflussreichsten politischen Traktat aller Zeiten aufstieg: das Kommunistische Manifest mit seiner berühmten Eingangszeile: »Ein Gespenst geht um in Europa – das Gespenst des Kommunismus.«

Als Karl Marx am 5. Mai 1818 geboren wurde, deutete wenig darauf hin, dass der Trierer Gymnasiast und spätere Student der Rechtswissenschaft einmal die Philosophie revolutionieren, sie vom Kopf auf die Füße stellen und damit selbst zum einflussreichsten Theoretiker der sozialistischen Idee überhaupt werden würde. Marx und Engels bildeten bei der Abfassung des Manifests ein brillantes intellektuelles Gespann, die Rolle von Engels wird dabei oft unterschätzt. Das Kommunistische Manifest fußt auf einer Auseinandersetzung mit der Französischen Revolution von 1789, der Revolution von 1848 und auf der Industriellen Revolution. Und es war Engels, der über eine intime Kenntnis der Funktionsweise des globalen Kapitalismus verfügte und sie in die gemeinsamen Erwägungen einbrachte. Bereits in Barmen und Elberfeld, wo der junge Engels aufwuchs, hatte er beobachtet, wie sich die Wupper unter den Färbemitteln der Baumwollfabrikanten purpurn färbte, wie die bergische Arbeiterschaft verarmte und verzweifelt dem Alkohol verfiel. Schon vor Marx nahm der Publizist Engels die Kosten des Kapitalismus aufs Korn und dennoch: Marx und Engels haben den Kommunismus nicht erfunden, eher sind sie ›Spätberufene‹. Denn in den frühen 1840er Jahren existierten bereits lebendige sozialistische und kommunistische Strömungen. Von besonderer Bedeutung für Marx und Engels war der Wandergeselle Moses Hess, der sogenannte kommunistische Rabbi, oder, wie Engels ihn nannte, der »erste Kommunist der Partei«[1].

Hess konnte, wie Marx, auf eine beeindruckende Ahnenreihe von Rabbinern zurückblicken, auch ihm war bereits als Kind die Geschichte des Auszugs des Volks Israel aus der Sklaverei verheißungsvoll erschienen. Über eine Phase des Atheismus wurde für Hess dann der Kommunismus zu einem neuen Bekenntnis, das er in seinem Buch »Die heilige Geschichte des Menschen« (1837) formulierte. Als einer der Ersten führte Hess die »soziale Frage« in die politische Debatte ein – und damit gelang es ihm, eine ganze Generation für die revolutionäre Bewegung von 1848 zu rekrutieren. Auch der Schneidergeselle Wilhelm Weitling, erster namhafter deutscher Kommunist mit christlicher Prägung, hatte mit »Die Menschheit, wie sie ist und wie sie sein sollte« bereits 1838 eine Programmschrift vorgelegt, die vom Kommunistischen Manifest erst ganz allmählich verdrängt wurde. In Deutschland waren es zunächst deutsche Handwerksgesellen wie Hess und Weitling, die es auf ihrer Wanderschaft nach Paris verschlug und die hier vom Feuer des Frühsozialismus angesteckt wurden (sodass die heimischen Meister, um das revolutionäre Potenzial ihrer wandernden Gesellen besorgt, sogar Kontroll- und Überwachungsfunktionen übernahmen). Überhaupt ist die frühe Arbeiterbewegung als grenzüberschreitende, als internationale Bewegung zu verstehen. Oft trieb die ökonomische Not die Gesellen heraus aus deutschen Landen, oft suchten sie im Ausland auch politische Zuflucht. In den weiter fortgeschrittenen kapitalistischen Gesellschaften Englands und Frankreichs konnten sie Erfahrungen sammeln. Und bei ihren Gesellenwanderungen trugen sie dann auch selbst Informationen von Ort zu Ort, gründeten Exilvereine, aber ebenso deutsche Kaffeehäuser, publizierten Zeitschriften, brauten deutsches Bier. Räumliche Mobilität in Gestalt des Gesellenwanderns war also die Voraussetzung für diese europaweite

Abbildung 1:
Karl Marx, circa 1880 (AdsD)

Abbildung 2:
Friedrich Engels, circa 1845 (AdsD)

Abbildung 3:
Die universelle demokratische und soziale Republik, Paris um 1849
(Frederic Sorieu/Musée Carnavalet/Roger-Viollet)

Vernetzungstätigkeit, die gerade in der frühen Arbeiterbewegung stark ausgeprägt war – ein transnationaler Verdichtungsprozess, wie er auch in Sebastian Seilers Verteidigungsschrift von Weitling zum Ausdruck kommt: »England, Frankreich, Preußen, Schweiz, Amerika, Spanien, Schweden, Norwegen, Holland, Belgien, Griechenland, die Türkei, Hayti und alle Nationen verdanken jeden Zuwachs ihrer politischen Freiheiten nur den Revolutionen.«[2]

Die Verflechtungen waren vielfältig. Im Herbst 1844 gründete sich in London die Gesellschaft der »Democratic Friends of all Nations«, bestehend aus englischen Chartisten, aber auch polnischen, italienischen und deutschen Emigranten. Zu ihnen gehörte Weitling, der in seiner Zeitschrift »Hülferuf« auch über Robert Owen, den Vordenker der englischen Sozialisten, informierte; umgekehrt schrieb Friedrich Engels 1843 in Owens Zeitschrift »New Moral World« über den Sozialismus auf dem europäischen Kontinent. Man kannte sich, man wusste voneinander. Die Chartisten lieferten den linken Demokraten in Deutschland und Europa die praktischen Organisationsbeispiele, die Italiener wie Filippo Buonarroti und Giuseppe Mazzini fügten Geheimbundstrukturen hinzu, und Frankreich wurde zum Ideologielieferanten. Pierre-Joseph Proudhons Wort »Eigentum ist Diebstahl« machte dort die Runde. Der Utopismus der Anhänger Henri Saint-Simons, eines weiteren einflussreichen Frühsozialisten, wollte Privateigentum wie Wettbewerb, aber vor allem auch die Ungleichbehandlung der Frauen fallenlassen, die Menschen sollten sich gleichberechtigt zusammentun, und – statt sich gegenseitig – gemeinsam die Natur ausbeuten. Ein anderer führender französischer Sozialist war Charles Fourier, der ebenfalls bereits im frühen 19. Jahrhundert mit einer postkapitalistischen Utopie aufwartete, in der insbesondere die Disziplinierung der Körper (sprich: die unfreie Sexualität) aufgehoben

Abbildung 4:
Große republikanische Mass-Veranstaltung im Park zu Ehren der großen Europäischen Revolution, Berlin 1848
(Karl-Marx-Haus, Trier)

Vive la Republique! Freiheit, Gleichheit, Brüderschaft.

Hurrah for the Republic! Hoch lebe die Republik.

Große republikanische

Maß-Versammlung

im

PARK

zu Ehren der großen

Europäischen Revolution

gehalten am

Montag den 3. April

Nachmittag um 4 Uhr.

Reden in deutscher, englischer und französischer Sprache.

Deutsche Mitbrüder!

Die Stunde des Weltgerichts hat geschlagen. Die Freiheit steht auf aus ihrem Grabe, und die Werke des Satans versinken in ewige Finsterniß. Die Völker der alten Welt erheben sich aus ihrer Erniedrigung. Die Throne wanken.

Noch eine kurze Zeit des Kampfes und die ganze Tyrannei einer finstern Vorwelt liegt todt am Boden. Auch Deutschland erhebt sich. Der Baier und der Hesse, der Nassauer und der Badenser rühren sich, und jagen die feigen Despoten wie Hasen vor sich her. Die deutsche Republik ist das Losungswort unserer Brüder in der Heimath. Deutsche Bürger! Republikaner! erscheint in Massen! Feiert mit uns die Auferstehung der Menschheit und den Sturz der Tyrannen! Franzosen und Polen, Italiener und Schweizer, Irländer und Engländer, alle Völker Europas reichen sich an jenem Tage im Park brüderlich die Hand, die Freiheit weithin ein donnerndes Willkommen zu bringen. Und Ihr werdet nicht die Letzten am Platze sein. Deutsche Mitbürger, Ihr werdet zeigen, daß Ihr die Freiheit zu schätzen wißt, und bereit seid, zu helfen, wo es Zeit ist, um sie zum Gemeingut der ganzen Menschheit zu machen.

Es lebe die europäische Revolution! — Es lebe die neue Welt!

Die Committee:

Schrader. E. Lievre. F. Eicke. C. Winkler. S. Kohlhepp. J. A. Försch. P. Püls. J. A. Stemmler. Windmüller. Ph. W. Schmidt. H. Kriege. S. Schmidt. A. Krüer. E. Richter. Ph. Merkle. Dreßler. Ahrens. J. Uhl.

werden sollte. In seiner letzten Veröffentlichung aus den Jahren 1835/36 »Die falsche Industrie« stand er dem Fortschritt und der technologischen Entwicklung ebenso skeptisch gegenüber wie die deutschen Handwerksgesellen an der Schwelle zum Industriezeitalter. Noch ehe Engels und Marx das Konzept der »Entfremdung« aus der Sphäre der Religion in die Sphäre der Wirtschaft übertrugen, formulierten die zeitgebundenen – und in mancherlei Hinsicht sicher auch zeitverfallenen – Utopieentwürfe der Frühsozialisten also bereits fraglos exzentrische, zugleich aber inspirierende Versionen menschlicher Erfüllung.

Marx schätzte die Frühsozialisten zunächst. Proudhon traf er in den Jahren 1844/45 mehrfach in Paris, dessen Angriffe auf das Eigentum betrachtete Marx als einen Meilenstein in der revolutionären Entwicklung der Nationalökonomie. Doch so viel er den frühsozialistischen Theoretikern auch verdankte: Später übte er harsche Kritik an den ›Utopisten‹ – zu denen er selbst eben nicht gezählt werden wollte. Marx und Engels waren Schüler Hegels, nicht Rousseaus. Sie bauten auf Hegel auf, entwickelten aber eine radikale Neuinterpretation: »Wer das Hauptgewicht auf das System Hegels legte«, beschrieb Engels später den Unterschied zwischen den verschiedenen »Schulen« der Hegelinterpreten, »konnte [...] ziemlich konservativ sein; wer in der dialektischen Methode die Hauptursache sah, konnte [...] zur äußersten Opposition gehören.«[3] Die Spaltung in Rechts- und Linkshegelianer war eben nicht nur philosophisch, sondern auch politisch relevant.

Im Frühling des Jahres 1847 traten Marx und Engels dem von Weitling gegründeten kommunistischen »Bund der Gerechten« bei, einer Geheimgesellschaft von deutschen Wandergesellen, zumeist Schneidern und Holzarbeitern, jeweils organisiert in Gruppen von fünf bis zehn Personen, denen noch etwas von der geheimbündlerischen Tradition der Freimaurer anhaftete. Gegründet hatte sich die Vereinigung – 1836 aus dem »Bund der Geächteten« hervorgegangen – unter dem Eindruck der revolutionären Geschehnisse in den 1830er Jahren in Paris mit dem Ziel, die Bourgeoisie zu Fall zu bringen und eine klassenlose Gesellschaft ohne Privateigentum zu errichten. Das Kommunistische Manifest war eine Auftragsarbeit – von den Autoren Marx und Engels mit dem Vorsatz verfasst, der Vereinigung ein Programm zu geben, die sich im Sommer 1847 wiederum in »Bund der Kommunisten« umbenannte. Als im Zuge der politischen Umwälzungen des Jahres 1848 das Vereinsrecht garantiert wurde, löste sich der Geheimbund auf. Und Karl Marx gab von Juni 1848 bis Mai 1849, in der heißen Phase des revolutionären Geschehens, in Köln die Neue Rheinische Zeitung heraus.

Als das Kommunistische Manifest im Februar 1848 veröffentlicht wurde, schien eine Revolution bereits zum Greifen nah. Im März 1848 sprang der revolutionäre Funke von Frankreich auf ganz Europa über – und dies nicht voraussetzungslos: Schließlich waren seit der französischen Julirevolution 1830 nicht nur in vielen Monarchien Europas Liberale und Demokraten aktiv geworden, sondern sie beobachteten sich gegenseitig und hatten sich in vielerlei Hinsicht vernetzt. Dieses atemlose Jahr 1848 bot eine ganze Partitur von Ereignissen: Während der französische Dichter Charles Baudelaire beim Ausbruch der Februarrevolution 1848 als begeisterter

Revolutionär durch die Pariser Straßen marodierte, hörte der deutsche Dichter Heinrich Heine in seiner Pariser ›Matratzengruft‹ nur die Echos der Barrikadenkämpfe. Als die ersten Meldungen eintrafen, in Paris sei die Republik ausgerufen worden, ging man auch schon in Karlsruhe und Frankfurt am Main auf die Barrikaden. Sonderzüge fuhren die Landbevölkerung in die Metropolen, Massenversammlungen wurden abgehalten, oft mit mehreren Tausend Teilnehmern. Verschiedene Gruppen und Formationen im Deutschen Bund verfochten die sogenannten Märzforderungen, die unter anderem eine liberale Rechtsordnung, Pressefreiheit und Volksbewaffnung beinhalteten. Schlösser wurden angegriffen, aber auch jüdische Geldverleiher. Liberale Journalisten verfassten Appelle, sich zu erheben. Trotz unterschiedlicher Auffassungen zur politischen Verfasstheit waren sich alle über die Notwendigkeit der Gründung der deutschen Nation einig (wenn auch nicht über den Zuschnitt, ob mit oder ohne die Habsburger Monarchie).

1848 war auch eine Kommunikationsrevolution. Mit Flugblättern und Maueranschlägen, kleinen Broschüren und karikaturhaften Bilderbögen wurden auch jene Schichten erreicht, die keine der 2.000 Zeitungen lasen, die im Revolutionsjahr allein in Berlin erschienen waren. Die verschiedenen nationalen wie internationalen Handlungsstränge und Kontexte der 1848er-Revolution sind fast unübersehbar vielfältig. Giuseppe Garibaldi kämpfte in Italien um die nationale Einheit, und auch Ungarn und Tschechen stellten nun Autonomieforderungen an das Reich der Habsburger.

Auch in Deutschland wollten die Revolutionäre die Abschaffung der Standesgesellschaft, die selbstbestimmte Nation wurde zum zentralen Leitbild der breiten Emanzipationsbewegung. Binnen zweier Wochen wehten überall die lange unterdrückten schwarz-rot-goldenen Fahnen, die Mehrzahl der deutschen Staaten wurde tatsächlich liberalisiert. Fürs Erste, so schien es, hatte die Revolution in Deutschland gesiegt. Vielleicht ist die Einberufung einer Nationalversammlung in die Frankfurter Paulskirche am 31. März 1848 selbst der revolutionärste Akt. Umbrandet von den Revolutionswirren formulierten die Abgeordneten hier nach dem Vorbild der US-amerikanischen Unabhängigkeitserklärung von 1776 und der französischen Menschenrechtserklärung von 1789 individuelle Grundrechte wie die Unverletzlichkeit der Person, die Meinungs- und Pressefreiheit, die Glaubens- und Gewissensfreiheit, das Demonstrations- und Vereinigungsrecht – eine demokratische Verfassung also, die in ihrer Wirkung ganz und gar revolutionär war und ist und durch die der Geist der Revolution von 1848 bis in die Verfassungen der Weimarer Republik und der Bundesrepublik hinein weiterlebte.

1848 war zunächst eine bürgerliche Revolution, in der Frankfurter Nationalversammlung waren noch keine Arbeiter vertreten. Aber die Jahreszahl markiert, rund um die häufigen Brotunruhen und die Kartoffelfrage der 1840er Jahre, auch eine soziale Revolution. Hunger und Elend trieben viele Menschen in die Nachbarländer und oft sogar über den Atlantik in die Vereinigten Staaten von Amerika; Unruhen wie die Weberaufstände in Schlesien 1844 lassen bereits spätere Antworten auf die soziale Frage erahnen. Speziell die im engeren Sinne revolutionären Aktionen finden unter starker Beteiligung kleiner Schumacher- oder Tischlergesellen statt sowie unter dem starken Engagement der Unterschichten aus Dienstboten, Tagelöhnern oder Prostituierten. Das Jahr 1848 gilt darum auch als Initialzündung der deutschen Arbeiterbewegung. Allerdings war ein Proletariat erst im Entstehen: 1849 war zum Beispiel immer noch mehr als die Hälfte der Bevölkerung in der Landwirtschaft tätig und knapp ein Viertel im Gewerbe. Oft vergessen: Das 19. Jahrhundert war auch das »Jahrhundert des Dienstmädchens« (Jürgen Kocka). In Deutschland gab es, anders als in England, bis 1850 nur schwache Ansätze einer Industrialisierung. Bestenfalls fanden sich in der preußischen Rheinprovinz schon frühkapitalistische Wesenszüge. Neben Land- und Heimarbeitern, Eisenbahn-, Fabrikarbeitern und Tagelöhnern stellten die Handwerksgesellen, die im Haus der Meister lebten, zahlenmäßig noch die Mehrheit.

Die sich politisch engagierenden Handwerker standen der Industrialisierung ambivalent gegenüber. Allerdings fürchteten viele bereits angesichts der zunehmenden Mechanisierung einen Verlust ihrer Arbeitsplätze. Die Zeit des sogenannten Maschinensturms war eine Zeit des Übergangs, der Um- und Anverwandlung. Einerseits wollten Handwerker das »verzopfte« Zunftwesen überwinden; andererseits sahen sich die Gesellen als qualifizierte Facharbeiter,

Abbildung 5:
Große Barrikade vor dem köllnischen Rathause zu Berlin in der Nacht vom 18. bis 19. März 1848, Lithografie von J. Kirchhoff
(Rechteinhaber nicht ermittelbar)

Abbildung 6:
Frankfurter Nationalversammlung, zeitgenössische Lithografie nach einem Gemälde von Ludwig von Elliot, 1848
(akg-images)

sie waren stolze Angehörige ihres Stands, die wegen der Verschärfung der sozialen Spannungen um ihren Status als Selbstständige fürchteten. Und auch darin zeigte sich die Kontinuität der Diskontinuität zwischen Handwerkern und Arbeiterbewegung. Einerseits waren die Führungsfiguren der sozialistischen Arbeiterbewegung – wie der Drechslermeister August Bebel, der Schuhmacher Wilhelm Bock oder der Tischler Joachim Friedrich Martens – noch selbst in die Lehre gegangen und gewandert, sie waren es, die gemeinsam mit anderen Gesellen, Handwerkern und Handwerksmeistern die soziale Basis der frühen Arbeiterbewegung bildeten. Andererseits bestand zwischen ihnen und den ungelernten Arbeitern, Handlangern oder Tagelöhnen noch eine deutliche Kluft.

Der entscheidende Impulsgeber der deutschen Arbeiterbewegung als einer allgemeinen Vereins- und Versammlungsbewegung war Stephan Born, ebenfalls ein wandernder Geselle, der in Paris zum kommunistischen »Bund der Gerechten« gestoßen war. Bald setzte der Buchdrucker Artikel von Karl Marx, von Friedrich Engels persönlich erhielt er seine politische Grundausbildung: »Friedrich Engels war in Paris vom Januar bis zum Herbst des Jahres 1847 mein einziger Umgang. Wir brachten die Abende fast ausschließlich zusammen zu und am Sonntag machten wir häufig gemeinsame Ausflüge in die Umgegend der französischen Hauptstadt. Er war um fünf Jahre älter als ich und nahm mich gewissermaßen in die Lehre. [...] Das bot Unterhaltungsstoff dar, er entwickelte vor mir die Grundzüge der Nationalökonomie, ich hörte ihn gern sprechen, ich war ein leicht fassender Schüler.«[4] Diese Lehre bedeutete jedoch nicht, dass er Marx und Engels inhaltlich-ideologisch folgte.

Im Laufe der 1848er-Revolution bildeten sich in Deutschland zwei Zentren der Arbeiterbewegung heraus: zunächst die des ›Meisterdenkers‹ Marx in Köln im Umfeld der Neuen Rheinischen Zeitung, deren Herausgabe Marx für den Kern der kommunistischen Offensive hielt. Das Blatt, im Untertitel »Organ der Demokratie« genannt, diente Marx und Engels als wichtigste Plattform zur Veröffentlichung und Popularisierung ihrer Ideen. Aufs Ganze betrachtet war die Resonanz, die Marx und Engels mit ihrer propagandistischen Arbeit in der deutschen Arbeiterschaft fanden, um 1848 allerdings noch ziemlich gering – die Neue Rheinische Zeitung wurde im Laufe ihres Erscheinens von gerade einmal 600 Abonnenten gelesen. Weit erfolgreicher waren die sozialreformerischen Kräfte, die sich in Berlin um Stephan Born versammelten. Auf der Straße und in den Barrikadenkämpfen von 1848 hatten Arbeiter die Voraussetzungen geschaffen, sich legal zu versammeln. Bereits im Frühjahr 1848 gründeten sich zum Zweck der Selbstorganisationen des Handwerks zahlreiche lokale Vereine, die rasant steigende Mitgliederzahlen verzeichneten. Als Born vom 23. August bis 3. September 1848 in Berlin den Gründungskongress der Allgemeinen Deutschen Arbeiterverbrüderung leitete, bewegte er sich bereits in einem ganzen Feld von frisch gegründeten Arbeiter- und Handwerkerorganisationen. Wo es am Vorabend der Revolution noch Bürgerliche gewesen waren, die sich in den wenigen bestehenden Arbeiterbildungsvereinen um die Politisierung der Arbeiter bemühten, begannen sich die Bürger im Zuge der revolutionären Geschehnisse offenbar vor diesem entfesselten ›Treibsatz der Revolution‹ zu fürchten. Doch in der Arbeiterverbrüderung brauchten die Arbeiter keine Fürsprecher mehr, nun erhoben sie selbst ihre Stimme. Das Vereinswesen der frühen Arbeiterbewegung hatte seinen Ursprung in der bürgerlichen Assoziationskultur. Doch auch die Übergänge zwischen den traditionellen Gesellenorganisationen und dem Vereinswesen der Arbeiter waren fließend.

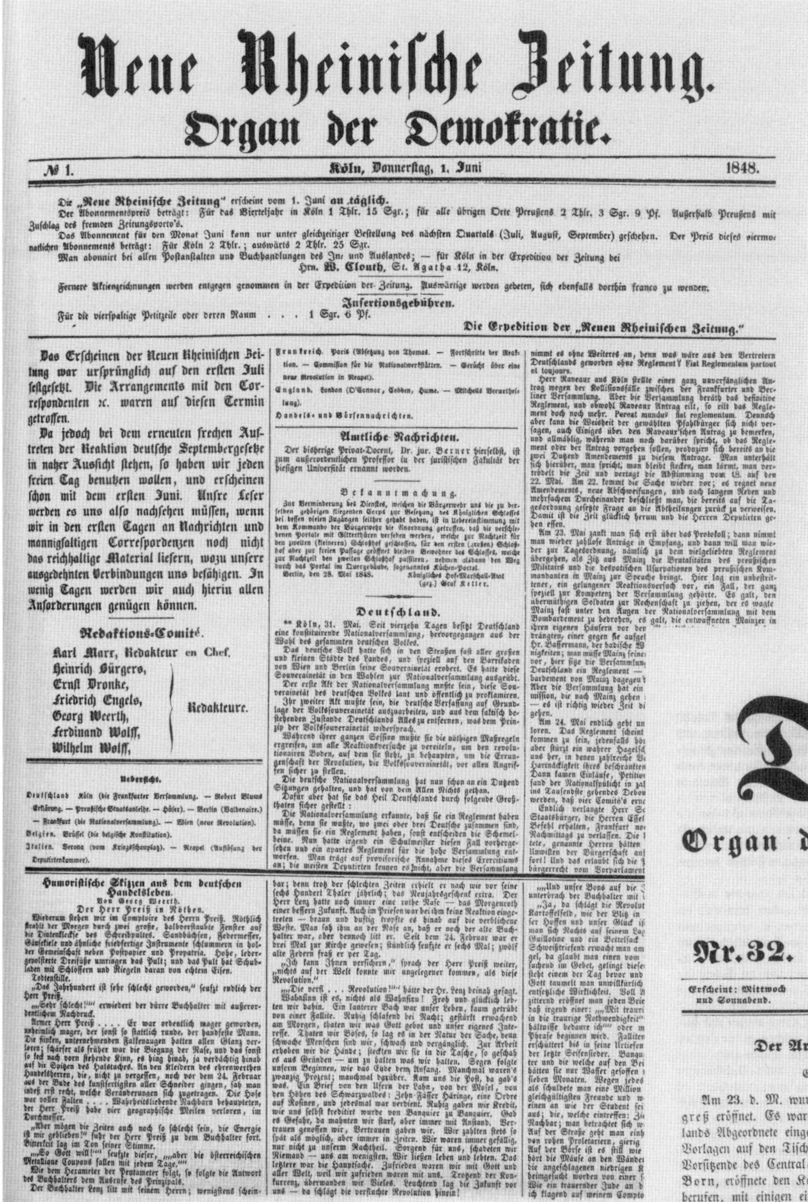

Neue Rheinische Zeitung.
Organ der Demokratie.

№ 1. Köln, Donnerstag, 1. Juni 1848.

Die „Neue Rheinische Zeitung" erscheint vom 1. Juni an täglich.

Der Abonnementspreis beträgt: Für das Vierteljahr in Köln 1 Thlr. 15 Sgr.; für alle übrigen Orte Preußens 2 Thlr. 3 Sgr. 9 Pf. Außerhalb Preußens mit Zuschlag des fremden Zeitungsporto's.

Das Abonnement für den Monat Juni kann nur unter gleichzeitiger Bestellung des nächsten Quartals (Juli, August, September) geschehen. Der Preis dieses viermonatlichen Abonnements beträgt: Für Köln 2 Thlr.; auswärts 2 Thlr. 25 Sgr.

Man abonnirt bei allen Postanstalten und Buchhandlungen des In- und Auslandes; — für Köln in der Expedition der Zeitung bei Hrn. W. Clouth, St. Agatha 12, Köln.

Fernere Aktienzeichnungen werden entgegen genommen in der Expedition der Zeitung. Auswärtige werden gebeten, sich ebenfalls dorthin franco zu wenden.

Insertionsgebühren.

Für die vierspaltige Petitzeile oder deren Raum . . . 1 Sgr. 6 Pf.

Die Expedition der „Neuen Rheinischen Zeitung."

Das Erscheinen der Neuen Rheinischen Zeitung war ursprünglich auf den ersten Juli festgesetzt. Die Arrangements mit den Correspondenten 2c. waren auf diesen Termin getroffen.

Da jedoch bei dem erneuten frechen Auftreten der Reaktion deutsche Septembergesetze in naher Aussicht stehen, so haben wir jeden freien Tag benutzen wollen, und erscheinen schon mit dem ersten Juni. Unsre Leser werden es uns also nachsehen müssen, wenn wir in den ersten Tagen an Nachrichten und mannigfaltigen Correspondenzen noch nicht das reichhaltige Material liefern, wozu unsere ausgedehnten Verbindungen uns befähigen. In wenig Tagen werden wir auch hierin allen Anforderungen genügen können.

Redaktions-Comité.

Karl Marx, Redakteur en Chef.
Heinrich Bürgers, Ernst Dronke, Friedrich Engels, Georg Weerth, Ferdinand Wolff, Wilhelm Wolff, Redakteure.

Uebersicht.

Deutschland. Köln (die Frankfurter Versammlung. — Robert Blums Erklärung. — Preußische Staatsanleihe. — Hüser). — Berlin (Waldenaire.) — Frankfurt (die Nationalversammlung). — Wien (neue Revolution).
Belgien. Brüssel (die belgische Konstitution).
Italien. Verona (vom Kriegsschauplatz). — Neapel (Auflösung der Deputirtenkammer).
Frankreich. Paris (Absetzung von Thomas. — Fortschritte der Reaktion. — Commission für die Nationalwerkstätten. — Gerücht über eine neue Revolution in Neapel).
England. London (O'Connor, Cobden, Hume. — Mitchells Verurtheilung).
Handels- und Börsennachrichten.

Humoristische Skizzen aus dem deutschen Handelsleben.
Von Georg Weerth.
Der Herr Preiß in Röthen.

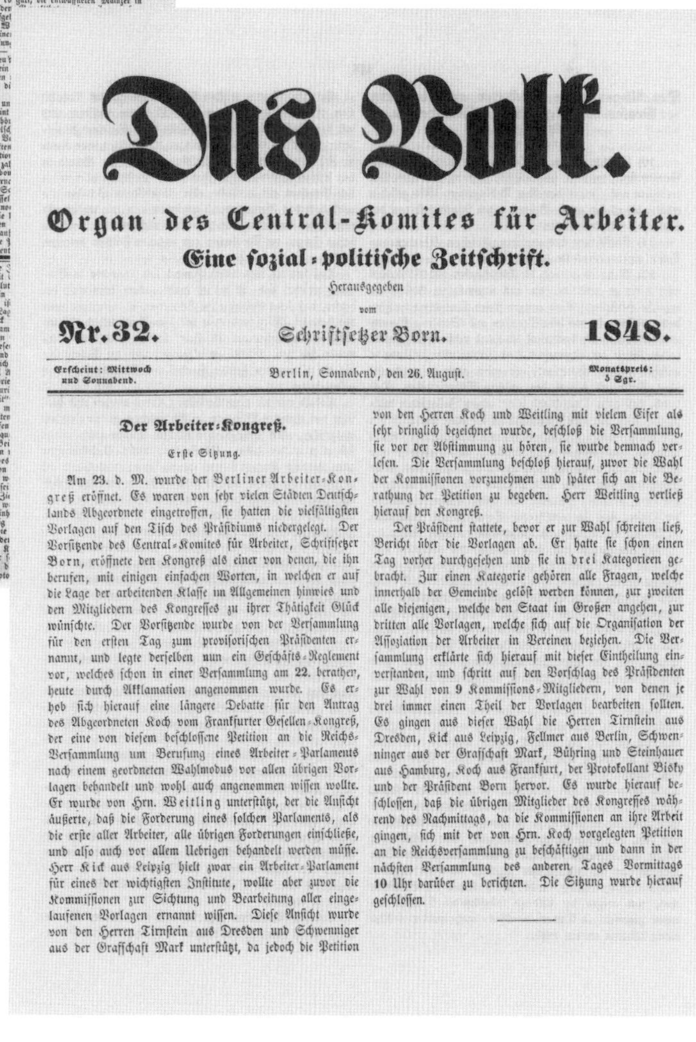

Das Volk.
Organ des Central-Komites für Arbeiter.
Eine sozial-politische Zeitschrift.

Herausgegeben vom Schriftsetzer Born.

Nr. 32. 1848.

Erscheint: Mittwoch und Sonnabend. — Berlin, Sonnabend, den 26. August. — Monatspreis: 5 Sgr.

Der Arbeiter-Kongreß.

Erste Sitzung.

Am 23. d. M. wurde der Berliner Arbeiter-Kongreß eröffnet. Es waren von sehr vielen Städten Deutschlands Abgeordnete eingetroffen, sie hatten die vielfältigsten Vorlagen auf den Tisch des Präsidiums niedergelegt. Der Vorsitzende des Central-Komites für Arbeiter, Schriftsetzer Born, eröffnete den Kongreß als einer von denen, die ihn berufen, mit einigen einfachen Worten, in welchen er auf die Lage der arbeitenden Klasse im Allgemeinen hinwies und den Mitgliedern des Kongresses zu ihrer Thätigkeit Glück wünschte. Der Vorsitzende wurde von der Versammlung für den ersten Tag zum provisorischen Präsidenten ernannt, und legte derselben nun ein Geschäfts-Reglement vor, welches schon in einer Versammlung am 22. berathen, heute durch Akklamation angenommen wurde. Es erhob sich hierauf eine längere Debatte für den Antrag des Abgeordneten Koch vom Frankfurter Gesellen-Kongreß, der eine von diesem beschlossene Petition an die Reichs-Versammlung um Berufung eines Arbeiter-Parlaments nach einem geordneten Wahlmodus vor allen übrigen Vorlagen behandelt und wohl auch angenommen wissen wollte. Er wurde von Hrn. Weitling unterstützt, der die Ansicht äußerte, daß die Forderung eines solchen Parlaments, als die erste aller Arbeiter, alle übrigen Forderungen einschließe, und also auch vor allem Uebrigen behandelt werden müsse. Herr Kick aus Leipzig hielt zwar ein Arbeiter-Parlament für eines der wichtigsten Institute, wollte aber zuvor die Kommissionen zur Sichtung und Bearbeitung aller eingelaufenen Vorlagen ernannt wissen. Diese Ansicht wurde von den Herren Tirnstein aus Dresden und Schwenniger aus der Grafschaft Mark unterstützt, da jedoch die Petition von den Herren Koch und Weitling mit vielem Eifer als sehr dringlich bezeichnet wurde, beschloß die Versammlung, sie vor der Abstimmung zu hören, sie wurde demnach verlesen. Die Versammlung beschloß hierauf, zuvor die Wahl der Kommissionen vorzunehmen und später sich an die Berathung der Petition zu begeben. Herr Weitling verließ hierauf den Kongreß.

Der Präsident stattete, bevor er zur Wahl schreiten ließ, Bericht über die Vorlagen ab. Er hatte sie schon einen Tag vorher durchgesehen und sie in drei Kategorieen gebracht. Zur einen Kategorie gehören alle Fragen, welche innerhalb der Gemeinde gelöst werden können, zur zweiten alle diejenigen, welche den Staat im Großen angehen, zur dritten alle Vorlagen, welche sich auf die Organisation der Assoziation der Arbeiter in Vereinen beziehen. Die Versammlung erklärte sich hierauf mit dieser Eintheilung einverstanden, und schritt auf den Vorschlag des Präsidenten zur Wahl von 9 Kommissions-Mitgliedern, von denen je drei immer einen Theil der Vorlagen bearbeiten sollten. Es gingen aus dieser Wahl die Herren Tirnstein aus Dresden, Kick aus Leipzig, Fellmer aus Berlin, Schwenninger aus der Grafschaft Mark, Bühring und Steinhauer aus Hamburg, Koch aus Frankfurt, der Protokollant Bisky und der Präsident Born hervor. Es wurde hierauf beschlossen, daß die übrigen Mitglieder des Kongresses während des Nachmittags, da die Kommissionen an ihre Arbeit gingen, sich mit der von Hrn. Koch vorgelegten Petition an die Reichsversammlung zu beschäftigen und dann in der nächsten Versammlung des anderen Tages Vormittags 10 Uhr darüber zu berichten. Die Sitzung wurde hierauf geschlossen.

Abbildung 7:
Stephan Born, 1848/49
(Rechteinhaber nicht ermittelbar)

Abbildung 8:
Erstausgabe der Neuen Rheinischen Zeitung
(Bibliothek der FES)

Abbildung 9:
»Das Volk« vom 26. August 1848, herausgegeben von Stephan Born (Bibliothek der FES)

Auf den Versammlungen der Arbeiter und Gesellen bildeten sich Netzwerke mit nationaler Reichweite, in den Vereinen lernten die Mitglieder diskutieren, sich selbst als politische Subjekte zu empfinden und eine Zukunft auszumalen, in der sie als gleichberechtigte Bürger Anerkennung fänden. Auch Kardinaltugenden der Arbeiterbewegung wie Solidarität und Hilfe zur Selbsthilfe konnten in den Arbeitervereinen in der Praxis erprobt werden. Die Sozialisations- und Kommunikationsformen der Gesellen ließen sich damit in die entstehende Arbeiterbewegung überführen. Diese politische Strategie verfolgte auch Stephan Born, der als Gründer der Arbeiterverbrüderung jeden revolutionären Umsturz ablehnte. »Weggewischt waren für mich mit einem Male alle kommunistischen Gedanken, sie standen mit dem, was die Gegenwart forderte, in gar keinem Zusammenhang. Man hätte mich ausgelacht oder bemitleidet, hätte ich mich als Kommunisten gegeben. Der war ich auch nicht mehr. Was kümmerten mich entfernte Jahrhunderte, wo jede Stunde mir dringende Aufgaben und Arbeit in Fülle darbot!«[5] Stattdessen forderte der Reformer Born Tarifverträge, Arbeiterschutzgesetze und Krankenkassen – die Arbeiterverbrüderung steht damit für die Grundanliegen der späteren Gewerkschaften. Als Vorläufer der sozialdemokratischen Arbeiterbewegung verband sie schon 1848 die ökonomisch-soziale Interessenvertretung der Arbeiter mit dem Kampf für politische Freiheit und Demokratie. Nach der Niederlage der Pariser Arbeiter im Juni 1848 und dem Niedergang der chartistischen Gewerkschaftsbewegung in England wurde die Arbeiterverbrüderung vorübergehend zur bedeutendsten Arbeiterorganisation der Zeit. Zugleich wurde durch das Ende der Revolution in Paris der Spielraum auch in Deutschland enger, die Reaktion gewann an Fahrt.

Warum aber war der Resonanzraum für Borns Arbeiterverbrüderung so ungleich größer als für die Klassenkampf-Rhetorik der Edelfedern von Marx und Engels? Born formulierte in seinen Erinnerungen eine »Spitze« gegen seinen alten Mentor Engels, die es erklären mag – letztlich sei der Baumwollfabrikant Engels eben doch zu wenig auf Tuchfühlung mit der Basis gewesen: »Im Jahre 1847 als wir in Paris als die besten Freunde lebten, hatte Engels es wohl bemerkt, daß er selber auf die eigentlichen Arbeiterkreise keinen Einfluß auszuüben vermochte. Er war denn doch der reiche Bourgeoissohn, der allmonatlich seinen Wechsel von seinem Vater, dem großen Fabrikherrn in Barmen erhielt.«[6] Born wies auf einen tiefen Widerspruch in der Persönlichkeit von Engels hin: Als Baumwollmagnat und Kapitalist, als Bonvivant, Liebhaber der englischen Romantik, der Fechtkunst und der Fuchsjagd wohnte er in den 1840er Jahren in Manchester auf Kosten seines Vaters und versuchte durchaus im kapitalistischen Stil Geschäfte zu machen; zugleich war er ein ›Verräter‹ seiner eigenen Klasse: In seinem Werk »Die Lage der arbeitenden Klasse in England« (1845) hatte der gerade einmal 24-Jährige die Ausbeutungsverhältnisse im entstehenden Industriekapitalismus ungeheuer scharf analysiert. Er beschrieb die Industriestadt mit ihren dampfenden Abwässern und kreischenden Maschinen als ein wahrhaft höllisches Szenario – vergleichbar vielleicht nur den Arbeitsstätten der chinesischen Boomstädte von heute. 12.000 Männer, Frauen und Kinder arbeiteten in Manchester in 85 Fabriken, auch die Verwerfungen zwischen Bourgeoisie und Proletariat waren hier in unvermischter Form zu beobachten. Aus den Villenvierteln außerhalb führten große Prachtstraßen zu den Fabriken, gesäumt von Elendsvierteln mit offenen Latrinen, Misthaufen und Schweineställen. Angesichts dieser eklatanten Widersprüche schien zweifelsfrei klar zu sein: Die Revolution musste kommen. Es waren diese Beobachtungen von Engels, die für die Entstehung des Marxismus grundlegend waren. Was er an diesem Ort ablas, ist vor allem die Vorstellung vom Klassenkampf, eine Vorstellung, an der sich die deutsche Sozialdemokratie – trotz der Absagen Stephan Borns gegenüber der Revolution und dem Kommunismus – lange abarbeiten würde. Umgekehrt zeigte sich Engels – trotz seiner Einführung in die Elendsquartiere der irischen Gastarbeiter durch die Fabrikmädchen Mary und Lizzy Burns – regelrecht blind für all die »friendly societies« und die Arbeiterclubs, in denen sich die Arbeiter Manchesters selbst organisierten.

Nach der allgemeinen Euphorie des Frühjahrs kam es durch die konzertierte Reaktion aus Adel, Militär und Bürokratie im Herbst 1848 auch in den deutschen Staaten zu einer Revolutionswende. Liberale Reformen wurden insbesondere in Preußen zurückgenommen, demokratisch gesinnte Handwerker, Arbeiter und Intellektuelle wurden verfolgt und ihre Vereine verboten, und auch Born musste seinen Aufenthaltsort wechseln.

Über 150 Jahre ist die Revolution von 1848 in Deutschland zentraler Gegenstand politischer Identitätsstiftung gewesen. Viele der Revolutionäre haben ihren Einsatz teuer bezahlen müssen, mit Gefängnisstrafen oder mit der Flucht in die Emigration. Insbesondere diese ›Helden der Revolution‹ spielten bei der Erinnerung eine bedeutende Rolle – wie der badische Politiker Friedrich Hecker, der nach seiner Ausrufung der Republik am 12. April in Konstanz Gegenstand vieler verklärender Darstellungen wurde; wie Robert Blum, der zu den Abgeordneten der Paulskirchenversammlung gehörte, sich mit der Niederlage nicht abfinden wollte und nach Wien eilte, wo er wegen seiner Teilnahme an der dortigen Revolution am 9. November 1848 standrechtlich erschossen wurde. Schon 1889 schrieb Wilhelm Liebknecht in seinem Buch »Robert Blum und seine Zeit« über eine Erinnerungskultur, die mit Revolutionsgedächtnis- und Robert-Blum-Feiern einer gewissen Verklärung der Revolutionäre Vorschub leisten würde. In der Arbeiterbewegung ab 1863 spielte der Nimbus des Veteranen von 1848 allgemein eine wichtige Rolle. In den Augen der Generation der Nachgeborenen gehörte Liebknecht nun selbst zu den gefeierten Revolutionshelden, ebenso wie Ferdinand Lassalle, der in Düsseldorf auf die Barrikaden ging. Der spätere Arbeiterführer August Bebel, beim Ausbruch der 1848er-Revolution gerade einmal acht Jahre alt, bewunderte später die ›Alt-48er‹ eben dieses revolutionären Nimbus wegen, etwa bei seinen Besuchen beim Wirt Grun in Leipzig: »In der Ecke jenes Lokals

Abbildung 10:
Gegenrevolution in Europa
(Rechteinhaber nicht ermittelbar)

Abbildung 11:
Gründungsversammlung der Internationalen Arbeiterassoziation (»Erste Internationale«) in London, 28. September 1864
(IISG, Amsterdam)

stand ein großer runder Tisch, der der Verbrechertisch hieß. Das besagte, daß hier nur die ehrwürdigen Häupter der Demokratie Platz nehmen durften, die zu Zuchthaus oder Gefängnis verurteilt worden waren oder die man gemaßregelt hatte. [...] Wir Jungen rechneten es uns zur besonderen Ehre an, wenn wir an diesem Tisch in Gesellschaft der Alten ein Glas Bier trinken durften.«[7]

Die Revolution von 1848 war zwar gescheitert, der Traum von der freien Republik zerplatzte allerdings nicht vollständig. Es bildeten sich Traditionskerne, die weiterwirkten. »1848« hatte das Gefüge des Deutschen Bunds nachhaltig verändert, in Preußen galt, wenn auch von ›oben‹ oktroyiert, seither eine Verfassung. Und, wichtiger noch: Das gewählte Parlament veränderte durch seine Existenz und die damit zusammenhängende Herausbildung des Parteiwesens nachhaltig die politische Kultur. Zugleich ging die Verkoppelung von politischer und sozialer Frage nach 1848 nie mehr verloren.

Und was wurde aus dem Kommunistischen Manifest? Seinen Siegeszug rund um die Welt erlebten die Autoren seit 1848 von ihrem Londoner Exil aus. 1843 hatte Marx Jenny von Westphalen geheiratet, die sich lebenslang durch die intellektuelle Unruhe ihres »Mohrs« faszinieren ließ, zugleich aber während ihrer gesamten Ehe unter den angespannten finanziellen Lebensverhältnissen zu leiden hatte. Die Familie lebte vornehmlich von Unterstützungsgeldern vieler Gesinnungsgenossen, an erster Stelle ist wiederum Friedrich Engels zu nennen, der als Teilhaber der väterlichen Fabrik in Manchester wohlhabend genug war, Marx eine Jahresrente von 7.000 Mark zufließen zu lassen. Während Engels also die »Zwangsarbeit« in seinem Kontor auf sich nahm, um dem genialen Freund die Vollendung seines Hauptwerks über das »Kapital« zu ermöglichen, trieb Marx in der Bibliothek des British Museum seine ökonomischen Studien, auch um der drängenden Enge seiner Wohnung nahe dem Regent's Park zu entkommen.

Die selbstbewusste englische Arbeiterbewegung blieb lange unempfänglich für seine Schriften. Statt in den Zentren der Industrialisierung wie in Großbritannien oder Teilen der USA wurden die Schriften von Marx und Engels in Deutschland gelesen, wenn auch auf Umwegen. Ob Lassalle, Liebknecht oder Bebel: Alle Gründungsväter der deutschen Sozialdemokratie verstanden sich als

Schüler von Marx: »Im beständigen Kampfe mit den Lassalleanern, mußte ich Lassalles Schriften lesen, um zu wissen, was sie wollten [...]. Ich bin vielmehr, wie fast alle, die damals Sozialisten wurden, über Lassalle zu Marx gekommen. Lassalles Schriften waren in unseren Händen, noch ehe wir eine Schrift von Marx und Engels kannten.«[8] Marx selbst sah sich als »graue Eminenz« der Arbeiterbewegung, eher als theoretische denn politische Autorität. Er wollte sich nicht für Parteizwecke vereinnahmen lassen, auf Einladungen auf Parteitage reagierte er deshalb mit schroffer Distanzierung. Zugleich meldete er, auch in taktischen und organisatorischen Fragen, immer wieder seinen uneingeschränkten Führungsanspruch an. Er verlangte Gefolgsgehorsam und versuchte, aus dem Hintergrund mit Engels auf die sich herausbildende Sozialdemokratie Einfluss auszuüben: »Bedenken Sie, daß man *uns* im Auslande für alle und jede Äußerungen und Handlungen der deutschen Sozialdemokratischen Arbeiterpartei verantwortlich macht. [...] Die Leute bilden sich eben ein, wir kommandierten von hier aus die ganze Geschichte, während Sie so gut wie ich wissen, daß wir uns fast nie im geringsten in die inneren Parteiangelegenheiten gemischt, und dann auch nur, um Böcke, die nach unserer Ansicht geschossen worden, und zwar *nur theoretische*, wieder nach Möglichkeit gutzumachen.«[9]

1864 gründete sich in London unter der Mitwirkung von Marx die Internationale Arbeiterassoziation (IAA), in der späteren Geschichtsschreibung auch »Erste Internationale« genannt. In ihr institutionalisierte sich die transnationale Dimension, die in Form der Wandergesellen bereits die Wirklichkeit der frühen Arbeiterbewegung zur Zeit des Kommunistenbunds bestimmt hatte. Immer wieder wurde auch die Internationale von ihren Gegnern als heimliche Triebkraft hinter sozialistischen Arbeitererhebungen wie der Pariser Kommune von 1871 vermutet. Faktisch war sie ziemlich einflusslos. Überschattet wurde die Organisation zudem schon bald nach ihrer Gründung von heftigen Grabenkämpfen zwischen Marx, der die Internationale als die zentralistische Führung aller nationalen Arbeiterbewegungen sah, und Michail Bakunin, der sich dem Anarchismus zuzählte und dessen Vorstellungen einer strikten Herrschaftslosigkeit auch jedwede Form von Partei und Klasse umfasste. Dieser Grundkonflikt, zwischen den Hauptvertretern der IAA intensiv ausgetragen, führte auf dem Den Haager Kongress 1872 schließlich zur Spaltung der Organisation.

1868 war unter der Führung August Bebels und Wilhelm Liebknechts der Verband Deutscher Arbeitervereine der IAA beigetreten. Deutsche Vertreter der IAA wie Liebknecht erkannten Marx zeitlebens als unfehlbare ›wissenschaftliche‹ Autorität an. Doch trotz ihrer enormen Hochschätzung hörten die sozialdemokratischen Führungsfiguren nicht immer auf den hohen Rat aus London, vielmehr blieben die deutschen Sozialdemokraten selbst debattierfreudige Ideologieproduzenten – die revolutionäre Rhetorik von Marx und Engels passte man getrost den eigenen parteipolitischen Bedürfnissen an. Vor allem konzentrierte man sich, darin wiederum Born folgend, auf die Tagespolitik der Wahlkämpfe und den Aufbau der Organisation.

1 *Friedrich Engels*, Fortschritte der Sozialreform auf dem Kontinent, in: Marx-Engels-Werke, Bd. 1, Berlin 1962, S. 480–496, hier: S. 494. Vgl. *ders.*, Progress of Social Reform on the Continent, in: Marx-Engels-Gesamtausgabe, Abt. 1, Bd. 3, Berlin 1985, S. 495–510, hier: S. 509.

2 Zit. nach: *Sebastian Seiler*, Der Schriftsteller Wilhelm Weitling und der Kommunistenlärm in Zürich. Eine Verteidigungsschrift, Bern 1843, Anhang zu: *Johann Caspar Bluntschli*, Die Kommunisten in der Schweiz nach den bei Weitling vorgefundenen Papieren, Zürich 1843 (Nachdruck, Glashütten im Taunus 1973), S. 16f.

3 *Friedrich Engels*, Ludwig Feuerbach und der Ausgang der klassischen deutschen Philosophie, in: Marx-Engels-Gesamtausgabe, Abt. 1, Bd. 30, Berlin 2011, S. 122–162, hier: S. 129.

4 *Stephan Born*, Erinnerungen eines Achtundvierzigers, 3. Aufl., Leipzig 1898 (Nachdruck, hrsg. und eingel. von *Hans J. Schütz*, Berlin/Bonn 1978), S. 26.

5 Ebd., S. 65.

6 Ebd., S. 29.

7 *August Bebel*, Aus meinem Leben, ungekürzte Neuausg., Bonn 1997 (zuerst 1911 und 1914), S. 47.

8 Ebd., S. 101.

9 Zit. nach: ebd., S. 416f. (Hervorhebungen im Original).

Literaturhinweise:

Stephan Born, Erinnerungen eines Achtundvierzigers, 3. Aufl., Leipzig 1898 (Nachdruck, hrsg. und eingel. von *Hans J. Schütz*, Berlin/Bonn 1978).

Dieter Dowe/Heinz-Gerhard Haupt/ Dieter Langewiesche (Hrsg.), Europa 1848. Revolution und Reform, Bonn 1998.

Eric Hobsbawm, How to Change the World. Tales of Marx and Marxism, London 2011.

Rolf Hosfeld, Die Geister, die er rief. Eine neue Karl-Marx-Biografie, München 2009.

Tristram Hunt, Friedrich Engels. Der Mann, der den Marxismus erfand, Berlin 2012.

Thomas Welskopp, Das Banner der Brüderlichkeit. Die deutsche Sozialdemokratie vom Vormärz bis zum Sozialistengesetz, Bonn 2000.

Beatrix Bouvier

Die Französische Revolution und die Grundwerte der Sozialdemokratie

Abbildung:
Stammbaum des modernen Sozialismus, kurz nach 1900 aktualisierte Fassung des Originals von 1896 (AdsD)

Gegen Ende des 19. Jahrhunderts wurde das noch heute beliebte Plakat »Stammbaum des modernen Sozialismus« veröffentlicht, zu dem Karl Kautsky 1896 im »Wahren Jacob« die Erläuterungen schrieb. Als Textvorlage dürfte die 1895 im Verlag J. H. W. Dietz erschienene »Geschichte des Sozialismus in Einzeldarstellungen« gedient haben; der Künstler dieses wuchtigen Baums mit Wurzeln, Stämmen, Ästen und der Krone ist unbekannt. Unabhängig von der Frage, ob und inwieweit eine solche Chronologie in Form eines Stammbaums überhaupt zutreffend sein kann, zeigt sie ein breites Panorama und eine heute fast vergessene Ideenwelt, in der sich die deutsche Sozialdemokratie gegen Ende des 19. Jahrhunderts und zur Zeit der Zweiten Internationale verortete. Man mag das belächeln, wenn man die Wurzeln der deutschen Sozialdemokratie auf Plato und das Urchristentum zurückgeführt sieht oder in den Zweigen und Verästelungen Johann Wolfgang von Goethe, Michail Bakunin oder Thomas Müntzer ebenso findet wie Herrnhuter Brüder und Mennoniten. Es ist selbstverständlich, dass ein paar Namen und einige Daten sofort ins Auge springen, weil sie direkt zur Krone des Baums (mit dem Maifeiertag an der Spitze) führen. Das sind – nicht verwunderlich – Karl Marx, Friedrich Engels und Ferdinand Lassalle und als Daten 1864 für die Erste Internationale, 1871 für die Pariser Kommune und die Daten der internationalen Sozialistenkongresse (Zweite Internationale). Wiewohl dem zeitgenössischen Internationalismus und der Rolle der Sozialdemokratie darin geschuldet, zeigt dies doch einen weiten ideengeschichtlichen Horizont und ein die nationalen Grenzen überschreitendes Geschichtsverständnis.

Man kann dies auch als Ausdruck eines spezifischen Geschichtsverständnisses sehen, als Suche nach Identitäten, in denen Geschichte und Erfahrungen anderer für die eigene Positionsbestimmung unverzichtbar erscheinen. Ein eigenes Geschichtsbild war insofern wichtig, als es nicht allein der Entwicklung von historischem Bewusstsein diente, sondern ein historisches Gegenbild zu den herrschenden – und die Sozialdemokratie negierenden und sogar unterdrückenden – bürgerlichen Werten und Vorstellungen entwarf. Das Jahrhundert selbst war eines der Revolutionen, die in der Erinnerung – positiv oder negativ – präsent waren. Darin überlagerten sich – mit den Jahreszahlen 1789, 1830, 1848 und 1871 als Stichworten – die Erfahrungen der Zeitgenossen und nach und nach verblassende Erinnerungen, sodass die Auswirkungen jeweils unterschiedlich bewertet wurden. Auch der »Stammbaum des modernen Sozialismus« in Verbindung mit seinen Erläuterungen macht dies deutlich. Das historische Gegenbild – konkretisiert und gebündelt etwa in revolutionären Gedenktagen – war zugleich eine Form des politischen Kampfs, mit dem auf emotionaler Ebene Selbstbewusstsein geschaffen werden sollte. Symbole der Solidarität wurden sichtbar gemacht und in populärer Form dargestellt.

Von großer Bedeutung waren für die junge Sozialdemokratie nicht nur die schon einige Zeit zurückliegenden Revolutionen des Jahres 1848, in der sie mit der Arbeiterverbrüderung von Stephan Born Wurzeln hatte, sondern das Erlebnis (quasi als Zeitzeugin) der Pariser Kommune von 1871. Geprägt von der Solidarität mit den Opfern des brutal niedergeschlagenen Aufstands, die als Vorkämpfer der eigenen Sache galten, ging es für

Stammbaum des modernen Sozialismus.

lange Zeit um die Erfahrung und die Lehren aus dieser Niederlage einer – im Selbstverständnis der sich nach dem Fall des ›Sozialistengesetzes‹ zur Massenbewegung entwickelnden Sozialdemokratie – revolutionären Erhebung. Bis zum Ersten Weltkrieg war der Aufstand der Pariser Kommune Bestandteil der revolutionären Traditionen und Teil einer Erinnerungskultur, deren Funktion sich freilich wandelte.

Bedeutsamer – wenn nicht sogar fundamental – war die Französische Revolution von 1789. Es war deren Tradition, in die man sich gestellt sah und ständig selbst stellte. Sie war die Revolution, an der sich die Revolutionsvorstellungen orientierten, und sie lieferte die Vorlagen, Vorbilder und auch emotionale Bezugs- und Anknüpfungspunkte. Wie stark die Ideale dieser Revolution wirksam waren, zeigt allein eine Äußerung Theodor

Yorks auf dem Mainzer Parteitag der Sozialdemokratischen Arbeiterpartei von 1872: »Meine Freunde! Unser Programm [...] ist in wenig Worte zusammen zu fassen. Diese wenigen Worte: ›Freiheit, Gleichheit, Brüderlichkeit‹ sind uns Allen nicht nur eine heilige Erinnerung an die glorreiche Revolution von 1789, sondern auch der Grundgedanke oder die Grundidee unseres Programms.«[1] Diese Ideale – Werte – aus der Französischen Revolution sind bis heute gültig, auch wenn sie sich semantisch ein wenig verändert haben. Erhalten blieb die politische Sitzordnung oder Zuordnung in links und rechts. Wie auch immer man heute über 1789 oder die »große« Revolution urteilen mag, diese Werte – keineswegs auf die Sozialdemokratie mit ihren Grundwerten Freiheit, Gerechtigkeit und Solidarität beschränkt – sind bis heute gültig, auch wenn ihre Herkunft nicht mehr so im Bewusstsein verankert sein mag wie noch im 19. Jahrhundert.

Diese mentale Präsenz der Französischen Revolution beziehungsweise der Revolutionen des 19. Jahrhunderts, was die von 1789, von 1848 mit den Juni-Ereignissen und die Pariser Kommune meint, liegt nicht allein an der zeitlichen Nähe der Ereignisse, am Miterleben, sondern wohl auch an der ständigen Beschäftigung mit ihnen, mit deren populären Verbreitung. Implizit bedeutete diese Beschäftigung vor allem mit der Französischen Revolution ein Bekenntnis zu deren Erbe. Die Auseinandersetzung damit hatte schon lange vor der Entstehung der organisierten Arbeiterbewegung in den 1860er Jahren eingesetzt. Denkt man an die Frühgeschichte und ideologische Entwicklung der deutschen sozialistischen Bewegung und an die in den 1830er Jahren – nach der Julirevolution – einsetzenden Diskussionen, so sind diese durch die Rezeption und die Einflüsse des revolutionären Frankreich in Gestalt seiner vielfältigen frühsozialistischen Systeme gekennzeichnet. Diese wurden in Vergleichen mit eigenen Erfahrungen verarbeitet. Unabhängig von der Frage nach der Gewichtung so unterschiedlicher Einflüsse wie religiöser Sozialismus oder Neobabouvismus[2] als Vorläufer der kommunistischen Theorie von Marx sei doch darauf verwiesen, dass allein die Rückbesinnung auf die revolutionäre Tradition der Menschenrechtserklärungen zum wichtigen Ausgangspunkt im Entstehungsprozess der deutschen Arbeiterbewegung wurde. Anlass für diese Diskussionen war das Vorgehen der republikanischen Opposition im Frankreich der Julimonarchie und die Aktualisierung des Babouvismus durch die Arbeitskämpfe in Frankreich – Diskussionen, an denen sich auch die deutschen Handwerksgesellen beteiligten. Sie rezipierten eine Fassung der Menschenrechtserklärung, die so nie angenommen worden war, und gaben ihr zusammen mit dem frühsozialistischen »Glaubensbekenntnis eines Geächteten« eine systematische Ordnung mit Begriffen wie »Sicherung der Freiheit« und Gleichheit. Dadurch unterschieden sie politische und soziale Menschenrechte, was in Abweichung von der Menschenrechtserklärung die Freiheitsrechte in Abhängigkeit von den Gleichheitsrechten setzte, zu denen auch die Forderung nach annähernder Gleichheit im Güterbesitz gehörte. Das Recht auf Existenz wurde höher als das Recht auf Eigentum eingestuft.

Wenn diese Entwicklungsphase durch die Auf- und teilweise Übernahme von babouvistischem Gedankengut gekennzeichnet ist, so gipfelte sie in der Diskussion und auch Theorie über Gütergemeinschaft, wobei die Verwendung von christlichen Mythen und Bildern kennzeichnend für die Alltagssprache der Handwerksgesellen war. Davon löste sich dann weitgehend der Schneidergeselle Wilhelm Weitling, der als einer der ersten Theoretiker des Kommunismus und bedeutender Arbeiterführer gilt. Er war ein Mittler der wandernden Handwerksgesellen – damals der verbreitete Typ des deutschen Arbeiters – und versuchte, Sozialismus und Arbeiterbewegung zu vereinen. Zum Sozialismus zählte er die verschiedenen Systeme wie das von Charles Fourier oder Henri de Saint-Simon, die sich alle mit der Problematik von ökonomischer Produktion und besserer

1 Protocoll über den 3. Congreß der social-demokratischen Arbeiter-Partei abgehalten zu Mainz am 7., 8., 9., 10. und 11. September 1872, in: Protokolle der sozialdemokratischen Arbeiterpartei, Bd. I: Eisenach 1869 – Coburg 1874, Nachdruck, Glashütten im Taunus/Bonn 1971, S. 1–51, hier: S. 13.

2 François Noël Babeuf (1760–1797) war während der Französischen Revolution der Anführer der »Verschwörung der Gleichen«, die frühsozialistische Ideen vertrat. Als Gegner des Direktoriums wurde er 1797 hingerichtet.

Verteilung beschäftigten. Das Hauptproblem sah er darin, eine Balance zwischen der allgemeinen Gleichheit und der individuellen Freiheit zu finden, ein Problem, das er bei den französischen Theoretikern nicht gelöst sah und das er selbst zu lösen versuchte, was ihm aber ebenfalls nicht gelang. Seine Vorschläge blieben nicht unwidersprochen, Weitlings Einfluss in dem von ihm 1836 in Paris gegründeten »Bund der Gerechten« schwand und dieser wurde dann im Verlauf der Entwicklung zum »Bund der Kommunisten«, für den Marx und Engels schließlich das Kommunistische Manifest schrieben.

Wenn an die Prägung der frühen Arbeiterbewegung und die dafür wichtigen Einflüsse durch die französische revolutionäre Tradition zu denken ist, können sowohl Marx und Engels als auch Lassalle nicht unerwähnt bleiben. Nicht zuletzt indirekt fanden ihre Ansichten Eingang in popularisierte Darstellungen und die Vorstellungswelt breiterer Schichten. Schon frühzeitig und dann intensiv 1844 in Paris hatte sich Marx dem Studium der Geschichte der Französischen Revolution gewidmet, wohl mit dem Ziel, eine Geschichte des Konvents zu schreiben und die Auseinandersetzungen zwischen Girondisten und Montagnards als Auseinandersetzungen zwischen Theoretikern und Praktikern der Französischen Revolution unter dem Aspekt des Klassenkampfs zu betrachten. Er schrieb sie nicht, kam allerdings zu allgemeinen Aussagen zur Französischen Revolution wie zur Geschichte überhaupt, indem er sich dagegen wandte, Ideen würden den Verlauf der Geschichte bestimmen. Für ihn war die Französische Revolution das Beispiel einer politischen Revolution, die – wie es zeige – den Grundcharakter einer Gesellschaft nicht ändern könne, wohingegen die soziale Revolution nicht nur die Umwälzung des bestehenden Staats, sondern auch der bestehenden Gesellschaft bedeute. Die Französische Revolution habe es nicht vermocht, mit sozialen Grundproblemen wie der Frage des Pauperismus fertig zu werden. Die Französische Revolution – das war für Marx der Sieg der bürgerlichen Gesellschaft, die sich nach der Befreiung von feudalen Fesseln und dem Terror voll entfalten konnte. Wenn der bürgerlichen Gesellschaft in der Restauration der Bourbonen auch noch einmal die Konterrevolution entgegengetreten sei, so habe sie dann 1830 endgültig ihre Ziele von 1789 verwirklichen können. Dennoch war in dieser Sicht mit der Revolution von 1830 die revolutionäre Entwicklung nicht abgeschlossen, da aus der Revolution das Proletariat als Träger der Idee eines neuen Weltzustands entstanden sei: »Die revolutionäre Bewegung, welche 1789 im *Cercle social* begann, in der Mitte ihrer Bahn *Leclerc* und *Roux* zu ihren Hauptrepräsentanten hatte und endlich mit *Babeufs* Verschwörung für einen Augenblick unterlag, hatte die *kommunistische* Idee hervorgetrieben, welche *Babeufs* Freund, *Buonarroti*, nach der Revolution von 1830 wieder in Frankreich einführte. Diese Idee, konsequent ausgearbeitet, ist die *Idee des neuen Weltzustandes*.«[3]

Deutlich wird in diesem Zitat aus der ersten gemeinsamen Schrift von Marx und Engels zum einen die materialistische Grundauffassung, die die Arbeiterbewegung später teilte, und mit Blick auf die Französische Revolution die Bedeutung, die Babeuf und damit auch dessen Gedankengut erlangen sollte. Tenor und auch Duktus verweisen schon auf die marxschen Revolutionsschriften, die im Zusammenhang mit der Revolution von 1848, insbesondere nach den französischen Junitagen (»Die Klassenkämpfe in Frankreich 1848–1850«), dem Staatsstreich von Louis Napoleon Bonaparte (»Der achtzehnte Brumaire des Louis Bonaparte«) und dann vor allem im Zusammenhang mit der Pariser Kommune von 1871 (»Der Bürgerkrieg in Frankreich«) entstanden. Immer wieder ging es um das Verhältnis von bürgerlicher und proletarischer Revolution und mit Blick auf die Pariser Kommune schließlich – speziell nach den blutigen Maitagen – um deren Hypostasierung als Beginn der sozialen, der proletarischen Revolution. Es waren diese Revolutionsschriften und die eigenen praktischen Revolutionserfahrungen der Jahre

3 *Friedrich Engels/Karl Marx*, Die heilige Familie, in: Marx-Engels-Werke, Bd. 2, Berlin 1962, S. 3–223, hier: S. 126 (Hervorhebungen im Original).

1848/49 und danach, die das Bild des revolutionären Frankreich in den verschiedenen Phasen der sich konstituierenden und dann organisierten Arbeiterbewegung prägten und es weitervermittelten. Sie wurden mit unterschiedlichen Bezügen aufgegriffen und dienten als jeweilige Belege. Als besonders folgenreich erwies sich – auch langfristig – der »Bürgerkrieg in Frankreich«, eine Schrift, die keineswegs historische Analyse, sondern in erster Linie eine politische Kampfschrift war, die unter dem Eindruck der Niederlage entstanden war. Marx stilisierte die französischen Arbeiter nicht nur zur Vorhut des modernen Proletariats, sondern darüber hinaus zum »ruhmvolle[n] Vorbote[n] einer neuen Gesellschaft«.[4] Indem er Handelnde und Ereignisse für »seine Partei« vereinnahmte, konnte auch durch diese Schrift die Pariser Kommune zu einem Mythos werden, dessen Wirkung für Freund und Feind immens war und weit bis ins 20. Jahrhundert reichte.

Auch für Ferdinand Lassalle hatte die Französische Revolution mit Blick auf sein Geschichts- und Revolutionsverständnis große Bedeutung. Für seine Vorstellungen und Forderungen ließen sich zahlreiche Inspiratoren in Gestalt von Bewegungen, Strömungen und Persönlichkeiten anführen, zu denen auch die geistigen Väter der Revolutionen von 1789 und 1848 gehörten, die französischen Sozialisten, die Arbeiterverbrüderung, konservative Sozialreformer und vor allem Johann Gottlieb Fichte und Georg Wilhelm Friedrich Hegel, an dem sich seine Terminologie orientierte. Vielfältige Einflüsse verschmolzen in seinem Denken zu einer geistigen Einheit und führten in der kurzen Zeit seines Wirkens zur Entfaltung einiger weniger Grundgedanken. Grundprinzip war ein spekulativ begründeter Demokratismus, dem die Arbeiterbewegung zum Durchbruch verhelfen sollte. Für Lassalle war nach hegelscher Prägung die Geschichte ein Fortschritt in die Freiheit, eine kontinuierliche Entwicklung, die sich jedoch als dialektischer Prozess vollziehe, wobei die Übergänge und Wechsel als revolutionäre Umbrüche erfolgten. Erster Umbruch war in dieser Sicht die Französische Revolution mit der Beseitigung der Privilegien des Ständestaats, der zweite käme mit der kommunistischen Revolution und der Beseitigung des Eigentumsstaats. Mit diesem dialektischen Prozess sich ablösender historischer Zustände begründete und formulierte Lassalle noch in den 1860er Jahren seinen Revolutionsbegriff als einen Prinzipienwechsel, der mit und ohne Gewalt – auf die Mittel komme es nicht an – erfolge. Dementsprechend könne eine Revolution auch nicht »gemacht« werden, vielmehr könnten tatsächlich bereits eingetretene Veränderungen einer Gesellschaft nur rechtlich anerkannt werden. Dies alles wird mit Beispielen aus der Französischen Revolution erläutert. Die wichtige politische Frage, mit welchen Mitteln auf eine Revolution hingearbeitet und wie sie durchgeführt werden kann und soll, bleibt indessen offen und unklar.

Alle Ausführungen und Gedankengänge Lassalles zur Französischen Revolution in den zu seinen Lebzeiten unveröffentlichten Notizen lassen sich dahingehend zusammenfassen, dass mit der Revolution von 1789 die Gewalt in die Hände der Nation, des dritten Standes, gefallen sei, der sich wiederum aus zwei Klassen, Besitzenden und Nichtbesitzenden, zusammensetze. Mit der Übernahme der öffentlichen Gewalt durch den »Besitz« und mit der Verwirklichung des Prinzips der Rechtsgleichheit sei die freie Konkurrenz, der Krieg aller gegen alle um den Besitz, verbunden. Als Folge dessen sei der Materialismus entstanden, ein geradezu schrankenloser Egoismus. Es entstehe ferner eine ständig wachsende Kluft zwischen Besitz und Nichtbesitz, wobei es Illusion sei zu glauben, der Erwerb hänge nur von der freien Arbeitskraft des Einzelnen ab, vielmehr seien Kapital, Arbeitsinstrumente und Rohstoffe die Voraussetzung dafür. Die Masse der Nichtbesitzenden (die späteren Arbeiter) könne nicht zu Besitz gelangen, während das Kapital sich ständig vergrößere. Den Gedanken weiterführend, formulierte Lassalle am Beispiel der

4 *Karl Marx*, Der Bürgerkrieg in Frankreich. Adresse des Generalrats der Internationalen Arbeiterassoziation, in: Marx-Engels-Werke, Bd. 17, Berlin 1964, S. 313–365, hier: S. 362.

Französischen Revolution erstmals das dann im späteren »Offnen Antwortschreiben« weithin – und auf lange Sicht – fatal wirksam werdende »eherne Lohngesetz«, wonach sich der durchschnittliche Lohn der Arbeiterschaft stets auf das Existenzminimum beschränken würde.

Indem Lassalle zudem den Revolutionsverlauf – und wie andere auch – die Verschwörung Babeufs in den Blick nahm, schien es, als würden sich entscheidende Aspekte unmittelbar auf die Revolution von 1848 beziehen, wie zum Beispiel die faktische ökonomische Macht der Bourgeoisie, in der die Revolution »an sich« schon verwirklicht sei, die Trennung von »Volk« und Bourgeoisie, der Verzicht auf direkte Herrschaft aus Angst vor Gefährdung des Besitzes oder die einseitige Freisetzung rein individueller Rechte. Lassalle hatte die Geschichte der »großen« Revolution keineswegs uminterpretiert, vielmehr glaubte er im Ablauf der Französischen Revolution ein formales Gesetz des Ablaufs von Revolutionen überhaupt entdeckt zu haben, das sich dann im »Völkerfrühling«, den Revolutionen des Jahres 1848, erweisen müsse.

Als Lassalle sich zu Beginn der 1860er Jahre mit seiner Idee des Arbeiterstandes an die Öffentlichkeit wandte, enthielt zum Beispiel das »Arbeiter-Programm« keine prinzipiell neuen Gedanken. Das Klassenprivileg der Bourgeoisie setzte er in Parallele zu dem des feudalen Adels; an die Stelle des Steuerprivilegs des Adels trat im liberalen Konkurrenzstaat die faktische Steuerfreiheit der Bourgeoisie, da der weitaus größte Teil des Staatshaushalts aus den indirekten Steuern bestritten werde, die zu Lasten der ärmeren Klassen gingen. Gleiches und direktes Wahlrecht werden zum Mittel, dieses Privileg zu brechen, soziale Gesetzgebung und Abbau der indirekten Steuern bereiten den Weg, die Idee des Arbeiterstands zu verwirklichen. Dies sind die Ideen von Gleichheit und gesellschaftlicher Solidarität, die noch heute diskutiert werden. Da nach Lassalles Vorstellung der historische Prozess eine Entwicklung zur Freiheit war und die Periode des Adels mit der Französischen Revolution abgelaufen war, musste auch die des Besitzes, der Bourgeoisie, ablaufen. Innerlich war sie in seiner Sicht bereits zu Ende, wenn dies äußerlich auch noch nicht den Anschein hatte. Denn bereits am 24. Februar 1848 sei die »erste Morgenröte einer neuen Geschichtsperiode« angebrochen: »An diesem Tage brach nämlich in Frankreich, in diesem Lande, in dessen gewaltigen inneren Kämpfen die Siege wie die Niederlagen der Freiheit, Siege und Niederlagen für die gesamte Menschheit bedeuten, eine Revolution aus, die einen Arbeiter in die provisorische Regierung berief, als den Zweck des Staates die Verbesserung des Loses der arbeitenden Klassen aussprach, und das allgemeine und direkte Wahlrecht proklamierte.«[5] Im Grunde genommen enthält allein dieser Satz Lassalles politisches Programm.

Elemente dieser Programmschrift und auch der Revolutionsschriften von Karl Marx, seines Denkens und der am Beispiel der französischen Revolutionen abgeleiteten Vorstellungen vom Verlauf der zu erwartenden Revolutionen wurden Bestandteil zeitgenössischer Vorstellungen und sozialdemokratischer Werte, ohne dass damit eine vollständige Kenntnis, Lektüre oder gar Übernahme von theoretischen Analysen und ganzer Schriften verbunden sein musste. Zu bedenken ist in diesem Kontext auch der Umgang der frühen Arbeiterbewegung mit den »Schulen der Zeit«, dem Lassalleanismus und dem Marxismus, die nur »kleine Bereiche eines umfassenderen sozialdemokratischen ›Normalweltbildes‹ abdecken und damit keineswegs Bewusstsein ›ausfüllen‹ konnten«.[6] Manches wurde selektiv aufgenommen, den in eigenen Diskursen gewonnenen Anschauungen angenähert, diente zur Bestätigung von eigenen Positionen oder konnte auch einfach ignoriert werden. Ein Argument mit Blick auf die unvermeidlichen Widersprüche konnte dann sein, die Unterschiede zwischen theoretischer Konsequenz und den Notwendigkeiten einer

[5] Arbeiter-Programm, in: Ferdinand Lassalle, Gesammelte Reden und Schriften, Bd. II, hrsg. und eingel. von *Eduard Bernstein*, Berlin 1919, S. 145–202, hier: S. 185f.

[6] *Thomas Welskopp*, Das Banner der Brüderlichkeit. Die deutsche Sozialdemokratie vom Vormärz bis zum Sozialistengesetz, Bonn 2000, S. 671.

praktischen politischen Tagesarbeit herauszustellen. Die Auseinandersetzungen um das Gothaer Programm von 1875 und die »kritischen Randglossen« von Marx sind ein sprechendes Beispiel dafür. Demgegenüber sahen sich sowohl Marx als auch Lassalle in der Rolle von geistigen Führern, aus »deren Vorgaben sich organisatorische Doktrin, taktische Marschrouten und strategische Manöver zwangsläufig ergaben«.[7] Sie waren Theoretiker der Revolution, die ihre Revolutionsvorstellungen und Ablaufmodelle mit der Französischen Revolution beginnend aus den Erfahrungen der europäischen Revolutionen der Jahre 1848/49 entwickelt hatten und die diesem Kontext letztlich verhaftet blieben. Darüber hinaus sahen sie in der Arbeiterbewegung nicht unbedingt das, was sie war, sondern vorwiegend das, was sie in ihren theoretischen Konstruktionen sein sollte. »Das Verhältnis der sozialistischen Theoretiker zur Arbeiterbewegung, die sie als Basis reklamierten, war das einer Kollision zweiter Phänomene des 19. Jahrhunderts, die sich wechselseitig gründlich missverstanden.«[8]

Doch beide, die Arbeiterbewegung in ihrer unterschiedlichen sozialen Zusammensetzung und auch die Theoretiker wie Marx und Lassalle, waren Kinder des 19. Jahrhunderts und damit von den revolutionären Ereignissen seit 1789 geprägt und beeinflusst. Da die frühe Sozialdemokratie nicht nur eine ideologische Bewegung, sondern auch eine Vereins- und Versammlungsbewegung war, in der der Bildungsgedanke große Bedeutung einnahm, spielte die Beschäftigung mit der Geschichte als einem identitätsstiftenden Moment oder Bindeglied auch auf Festen und Feiern eine wesentliche Rolle. Geschichte als Revolutionsgeschichte – exemplifiziert am französischen Beispiel – wurde in verständlicher Form dargeboten und war nicht nur Vorbild, sondern auch Lehre. Beispielhaft dafür ist der sozialdemokratische Reichstagsabgeordnete, Journalist und Gründer des »Wahren Jacob«, Wilhelm Blos, der mit seinen populären Darstellungen der Französischen Revolution und der deutschen Revolution 1848 zu den meistgelesenen Autoren historischer Werke vor dem Ersten Weltkrieg gehörte. Er verband darin Belehrung mit spannender Unterhaltung und er schilderte politische Vorgänge und insbesondere Auseinandersetzungen mit einem den meisten Sozialdemokraten wohlvertrauten Vokabular. Zur Säkularfeier der Französischen Revolution erschien bereits 1888 – noch unter dem ›Sozialistengesetz‹ – seine Geschichte der Französischen Revolution.[9] Wie er seinen Lesern darlegte, beruhte seine Darstellung auf der materialistischen Geschichtsauffassung, womit er meinte, historische Ereignisse und Erscheinungen aus den ökonomischen Zuständen zu erklären. Abgesehen von einer entsprechenden Terminologie und den aus seiner politischen Einstellung resultierenden Werturteilen bietet das Buch traditionelle Ereignisgeschichte, wobei es sich vornehmlich auf liberale französische Autoren wie Adolphe Thiers, François Auguste Mignet und insbesondere Jules Michelet stützte. Dem engagierten sozialdemokratischen Politiker ging es in erster Linie nicht um die Erklärung von historischen Entwicklungsprozessen, Ereignissen und Erscheinungen in ihrer Komplexität und Vielfalt, sondern darum, seinen Zeit- und Parteigenossen die Gegenwart zu erhellen. Ein wesentliches Anliegen war es ihm, die Französische Revolution als lehrreiche Geschichtsepoche mit dem Nebeneinander von Verbrechen und Tugend, Wohltaten und Blutströmen darzustellen. Davon nun würden die Deutschen sich schaudernd abwenden, weil dies ihrem Naturell nicht entspräche. In der eigenen – jüngeren – Geschichte habe es kaum Massenmorde gegeben, Grausamkeiten von Bürgerkriegen seien ihnen fremd. Manche dieser Formulierungen verwischten – schon vor dem damaligen Zeithorizont – die Grenzen zwischen Patriotismus und Chauvinismus und müssen aus heutiger Perspektive erst recht überaus problematisch wirken.

7 Ebd., S. 668.

8 Ebd., S. 670.

9 *Wilhelm Blos*, Die Französische Revolution. Volksthümliche Darstellung der Ereignisse und Zustände in Frankreich von 1789 bis 1804, unveränderter Nachdruck der Auflage von 1920, Berlin/Bonn 1988 (zuerst 1888).

Wichtiger freilich als ein einziges Buch waren die sozialdemokratischen Märzfeiern, jener revolutionäre Gedenktag zum 18. März, der heute fast vergessen ist. Er entstand 1872, etwa ein Jahr nach Errichtung der Pariser Kommune (18. März 1871) in Berlin, wo dies mit dem Jahrestag der Märzrevolution von 1848 zusammenfiel. Es waren die Lassalleaner, die den Doppelgedenktag zum Anlass nahmen, sich an die beiden Ereignisse, die sie gleichermaßen als Revolutionen sahen, und an deren programmatische Bedeutung zu erinnern. Angesichts der in den 1870er Jahren einsetzenden Verfolgung beider Fraktionen der Sozialdemokratie waren diese Gedenktage, die Erinnerung an Revolutionen, stets auch ein Anlass für eine mehr oder weniger verschleierte Kampfansage an die Herrschenden, auch indem man den »Sieger« mit der Geschichte konfrontierte. Da verwundert es nicht, dass die Märzfeiern als Tage des doppelten Gedenkens, als Kommunefeiern, als Verherrlichung von Gewalt dargestellt und häufig verboten wurden. Die zunehmende Verfolgung, Schikanen und das ängstliche Verhalten der Bourgeoisie im »Kulturkampf« verstärkten bei den Sozialdemokraten die Überzeugung, dass die Bourgeoisie sich ihrer revolutionären »Jugend« schäme, dass nunmehr die Sozialdemokratie allein Trägerin des Freiheitsgedankens sei – und das betonte sie in und mit den Märzfeiern. Es waren Kampfformen, die auf emotionaler Ebene Selbstbewusstsein schufen und Symbole der Solidarität wurden. Vergleichbare Funktionen hatten die Verarbeitung und Darstellung von revolutionären Vorbildern und Traditionen in Erzählungen, Gedichten und Liedern. In diesem Bereich spielten nicht nur die Märzrevolution und die Kommune eine zentrale Rolle, sondern es war stets von Neuem die Revolution von 1789, in deren Tradition man sich stellte. Große Bedeutung und emotionale Wirkung hatten vertonte Gedichte und Liedertexte zu populären Melodien, die später als Massenlieder zu Symbolen für Identität und Einheit wurden und Instrumente der Kommunikation und Propaganda waren. Die bedeutsamste Melodie war und blieb für lange Zeit die »Marseillaise«, insbesondere mit dem Text der »Arbeiter-Marseillaise« von Jacob Audorf. Wie kein anderes Lied verkörperte sie den Geist der sozialistischen Bewegung dieser Epoche.

Das Bild und die Erinnerungen an die Revolutionen wandelten sich. Aus der Solidarität mit den Kommunarden, den Opfern der blutigen Maiwoche von 1871, wurde eine negative Lehre, die Einsicht, dass das Zeitalter der Barrikadenkämpfe vorbei sei und dass die Sozialdemokratie lieber in Wahlen siegen wolle. Das Beispiel des Jubiläumsjahres 1898 (50. Jahrestag der Märzrevolution) zeigte dann, welche Bedeutung die Revolution von 1848 inzwischen für die deutsche Sozialdemokratie hatte. Die Sozialdemokratie verstand sich als »Hüterin der Freiheit«, die das Erbe der Bourgeoisie anzutreten gewillt war. Sie beanspruchte das Recht an der deutschen Märzrevolution als historisch unanfechtbar.

Darüber hinaus verblasste die Erinnerung an die revolutionäre Vergangenheit anderer, die in den 1870er Jahren noch in einem unmittelbaren Erlebniszusammenhang mit der Kommune gestanden hatte. An die Stelle der Faszination, die von der Kommune ausging, traten die parlamentarischen Erfolge, und die nationale Tradition wurde immer wichtiger. Im Mittelpunkt der revolutionären Gedenktage standen die Märzerinnerungen, in denen nach und nach die konkreten historischen Ereignisse zugunsten einer allgemeinen Symbolisierung des Monats März zurücktraten. Wichtiger wurde sodann die Zukunft, an die Stelle der Märzerinnerung trat der 1. Mai. Doch die Ereignisse selbst und die damit verbundenen Werte, seien sie aus der Französischen Revolution oder der Revolution von 1848 abgeleitet, sind ungeachtet des politischen Wandels in Beurteilung und Zuordnung, die Terminologie eingeschlossen, noch weiterhin präsent.

Literaturhinweise:

Beatrix Bouvier, Französische Revolution und deutsche Arbeiterbewegung. Die Rezeption des revolutionären Frankreich in der deutschen sozialistischen Arbeiterbewegung von den 1830er Jahren bis 1905, Bonn 1982.

Dieter Düding/Peter Friedemann/Paul Münch (Hrsg.), Öffentliche Festkultur. Politische Feste in Deutschland von der Aufklärung bis zum Ersten Weltkrieg, Hamburg 1988.

Vernon L. Lidtke, The Outlawed Party. Social Democracy in Germany 1878–1890, Princeton 1966.

Susanne Miller, Das Problem der Freiheit im Sozialismus. Freiheit, Staat und Revolution in der Programmatik der Sozialdemokratie von Lassalle bis zum Revisionismusstreit, Berlin/Bonn 1974.

Toni Offermann, Arbeiterbewegung und liberales Bürgertum in Deutschland 1850–1863, Bonn 1979.

Thomas Welskopp, Das Banner der Brüderlichkeit. Die deutsche Sozialdemokratie vom Vormärz bis zum Sozialistengesetz, Bonn 2000.

Andreas Biefang

Die Barrikade – Sozialdemokratisches Schlüsselbild für 1848?

Gehören Revolution und Gewalt zusammen? Ist die Barrikade ein Schlüsselbild des Freiheitskampfs? Eine sozialdemokratische Ikone? Solche Fragen sind nicht leicht zu beantworten. Die Revolutionen vom Frühjahr 1848 verliefen jedenfalls ziemlich friedlich. In den meisten deutschen Staaten gaben die Fürsten dem Druck der Volksbewegungen nach, tauschten die amtierenden konservativen Regierungen gegen mehr oder weniger liberale aus und akzeptierten – zumindest vorläufig – frei gewählte Parlamente. Nur in Wien und Berlin, den Hauptstädten der beiden deutschen Vormächte, kam es zu größeren gewalttätigen Auseinandersetzungen. Dort wurden die meisten Barrikaden gebaut, dort floss Blut, und von dort stammen auch die meisten Bilder von Barrikaden der »Märzkämpfe«, die wir kennen. Auch bei der gewaltsamen Niederschlagung der Revolution bis zum Mai 1849 spielten Barrikaden, vor allem in den Städten, eine Rolle. Als prominenter Schauplatz kam jetzt Dresden hinzu.

Obwohl die Barrikadenkämpfe die Aufmerksamkeit der Zeitgenossen fesselten, gibt es keine bedeutende malerische Darstellung. Anders als die Revolutionen von 1789 und 1830 hat die Revolution von 1848 keine großen Historienbilder hervorgebracht, die sich ins visuelle Gedächtnis eingegraben haben – wie etwa Eugène Delacroix »Die Freiheit führt das Volk an«. Damals fehlten die Auftraggeber für solche Bilder, und nach der Niederschlagung der Revolutionen erst recht. Das gilt für Deutschland ebenso wie für Frankreich. Gleichwohl hat die 1848er-Revolution eine gewaltige Zahl politischer Bilder hinterlassen, sodass mit Blick auf diese Jahre von einer regelrechten Medienrevolution gesprochen wird. Die wichtigsten visuellen Medien waren dabei Flugblätter, Bilderbogen und lithografierte Einblattdrucke.

Konzentrieren wir uns auf die Barrikadenkämpfe in Berlin. Zwischen 4.000 und 10.000 Menschen, schätzt man, waren an den Barrikadenkämpfen in der Nacht vom 18. auf den 19. März beteiligt, rund 300 Tote gab es, darunter auch Frauen. In sozialer Hinsicht entsprachen die Opfer nicht dem Querschnitt der Bevölkerung, sondern es handelte sich überwiegend um Handwerker, Arbeiter sowie einige Studenten. Angehörige der bürgerlichen Schichten fanden sich nur selten auf den Barrikaden. Die Barrikade als Symbol für das Blut der Arbeiter, das im Kampf für Freiheit und soziale Demokratie vergossen wurde – ein solches Bild besaß ohne Zweifel das Potenzial, zu einem »Erinnerungsort« der Sozialdemokratie zu werden.

Ikone:
»Die Barricade an der Kronen- und Friedrichstraße am 18. März 1848 von einem Augenzeugen«, kolorierte Lithografie von F. G. Nordmann, 28 x 32,5 cm, Verlag A. Hübenthal, Berlin 1848 (DHM, Berlin)

Das hier als Ikone vorgestellte Blatt erschien im demokratischen Verlag von A. Hübenthal in Berlin. Der Zeichner F. G. Nordmann, über den nur bekannt ist, dass er bis Mitte der 1850er Jahre in Berlin arbeitete, hat hier die Sicht der Verteidiger der Barrikade eingenommen – ein deutlicher Akt der Parteinahme für die Sache der Revolution. Man sieht Handwerker und Arbeiter, die durch Arbeitskleidung charakterisiert sind, Studenten, die an ihrer Mütze, und einzelne Bürger, die am Zylinder zu erkennen sind. In der Bildmitte im Vordergrund sind Frauen und Kinder damit beschäftigt, aus bleiernen Fensterrahmen Gewehrkugeln zu gießen. Es wird gekämpft und geschossen, Steine und Splitter fliegen durch die Luft, der Qualm des Feuers und Pulverdampf umwehen das Geschehen. Und

es wird gestorben. Ein toter Revolutionär wird links aus dem Bild getragen, und vor der Barrikade reißt ein offenbar getroffener Soldat zu Pferde die Arme in die Luft. Eine der Arbeiterfrauen zeigt mit dem Finger nach ihm.

Die Bildunterschrift belegt, dass der Zeichner Augenzeugenschaft beansprucht. Ort und Zeitpunkt des dargestellten Ereignisses sind präzise benannt. Aber dennoch handelt es sich bei diesem Bild nicht um ein Reportagebild im modernen Sinne. Vielmehr haben wir es mit einer künstlerischen Verdichtung der Ereignisse zu tun, die einem verbreiteten Bildtypus folgt. Vor allem der pyramidenartige Aufbau, der die Aufrichtung der schwarz-rot-goldenen Fahne in der Bildmitte betont, aber auch die Charakterisierung der Beteiligten durch beigefügte Kleidungsstücke und Gegenstände, für all das findet man viele Beispiele in der Druckgrafik der Revolutionsmonate. Der Wahrheitsgehalt des Bildes liegt nicht in den dokumentierten Einzelheiten, sondern in der Erfassung des für den Zeichner Wesentlichen der Szenerie. Gleichwohl: Das Bild enthält keine spezifisch sozialistische Perspektive, sondern ist aus der Sicht eines demokratischen Sympathisanten gezeichnet. Wohl deshalb reproduziert es soziale Hierarchien: Den bürgerlichen Barrikadenkämpfern (Kopfbedeckung!) ist die Spitze der Pyramide vorbehalten, sie sind mit Fahne (geistiges Prinzip) und Gewehr (Wohlstand) ausgestattet, während die Arbeiter am rechten unteren Bildrand ihre Waffen, schlichte Pflastersteine, mühsam aus dem Straßenboden brechen.

Als die SPD im Kaiserreich daranging, die Geschichte ihrer Partei zu entdecken und eine plausible Tradition auszubilden, knüpfte sie nicht direkt an die Barrikadenkämpfe an, schon gar nicht visuell. Vielmehr rückte sie das Gedenken an die Märzgefallenen in den Vordergrund. ›Spaziergänge‹ zu deren Gräbern am Friedrichshain gehörten zu den wiederkehrenden Versuchen, den öffentlichen Raum der Hauptstadt zu besetzen und politische Zeichen zu setzen. Natürlich waren die Märzspaziergänge eine Reverenz an die Barrikadenkämpfer, wenn auch nur indirekt. Denn der Schwerpunkt lag nicht mehr beim Kampf, sondern bei der Trauer um die Opfer, wie etwa das Titelblatt der »Märzzeitung« von 1898 zeigt, wo ein Grabstein die Bildmitte einnimmt (Abb. 1). Im monarchischen Obrigkeitsstaat, namentlich in Preußen, reichte das schon aus, um die Polizei zum Einschreiten zu bewegen.

Spätestens beim Revolutionsjubiläum von 1898 präsentierte sich die SPD als wahre Hüterin des demokratischen Erbes von 1848. Dabei knüpfte sie immer deutlicher an die parlamentarische Seite der Revolution an. Schon die kurz zuvor erschienene »Geschichte der Revolution von 1848«, von dem langjährigen Reichstagsmitglied und Redakteur des »Wahren Jacob«, Wilhelm Blos, verfasst, wurde durch ein Bild der Paulskirche auf dem Einband geschmückt. In der Weimarer Republik verstärkte sich diese Tendenz. Zum 75. Revolutionsjubiläum 1923 fuhren Reichspräsident Friedrich Ebert und Reichstagspräsident Paul Löbe demonstrativ nach Frankfurt am Main, um der Nationalversammlung ihre Reverenz zu erweisen (Abb. 2). In der bürgerkriegsähnlichen Situation im Lande wäre eine symbolische Reverenz der wichtigsten Repräsentanten der Republik an den Barrikadenkampf auch undenkbar gewesen.

Es waren die Kommunisten der Weimarer Republik und dann der DDR, die an die gewaltsame revolutionäre Tradition anknüpften und die Barrikadenkämpfer zu heldenhaften Vorbildern für die proletarische Jugend erhoben. Dabei entstanden erstmals auch großformatige Ölbilder wie das Gemälde von Heinz Wagner aus dem Jahr 1953, das den vorwärtsstürmenden Schlosserlehrling Ernst Zinna bei der mutigen Verteidigung einer Barrikade zeigt (Abb. 3). Der 17-Jährige wurde von preußischen Soldaten erschossen. Als motivische Anregung hatte Wagner übrigens eine zeitgenössische Lithografie gedient.

Abbildung 1:
Märzzeitung 1898, Verlag M. Ernst, München
(DHM, Berlin)

Dieses häufig auch in Schulbüchern reproduzierte Gemälde in der Tradition der realistischen Malerei des 19. Jahrhunderts prägte das Bild der Märzrevolution in der DDR.

Als im Oktober 1989 die Massendemonstrationen der strauchelnden SED-Diktatur den revolutionären Stoß versetzten, kam niemand auf die Idee, Barrikaden zu bauen. Denn der Umsturz erfolgte erfreulicher- und man muss auch sagen: erstaunlicherweise unblutig. Der schon bald mit großen Lettern als »Friedliche Revolution« bezeichnete Regimewechsel ließ die gewaltsame Seite des Ringens um Demokratie, die im 19. und frühen 20. Jahrhundert allgemein präsent war, weiter in den Hintergrund treten. Beim 150-jährigen Revolutionsjubiläum 1998 wurde die Barrikade endgültig zum Gegenstand einer weitgehend entpolitisierten Geschichtsfolklore. Man soll sogar amtierende Ministerpräsidenten gesehen haben, die auf nachgebauten Barrikaden posierten. Die Barrikade als Symbol für die gewalthaltigen Aspekte der Demokratiegeschichte blieb letztlich ein zwiespältiges Symbol, sowohl für das Revolutionsgedenken insgesamt wie für die Traditionsbildung der SPD.

Literaturhinweise:

1848. Aufbruch zur Freiheit. Eine Ausstellung des Deutschen Historischen Museums und der Schirn Kunsthalle Frankfurt zum 150jährigen Jubiläum der Revolution von 1848/49, hrsg. v. Lothar Gall, Berlin 1998.

Beatrix Bouvier, Zur Tradition von 1848 im Sozialismus, in: *Dieter Dowe/Heinz-Gerhard Haupt/Dieter Langewiesche* (Hrsg.), Europa 1848. Revolution und Reform, Bonn 1998, S. 1169–1200.

Thomas W. Gaehtgens, Die Revolution von 1848 in der europäischen Kunst, in: *Dieter Langewiesche* (Hrsg.), Die Revolutionen von 1848 in der europäischen Geschichte. Ergebnisse und Nachwirkungen, München 2000, S. 91–123.

Rüdiger Hachtmann, Berlin 1848. Eine Politik- und Gesellschaftsgeschichte der Revolution, Bonn 1998.

Abbildung 2:
»Von der 75-jährigen Gedenkfeier des ersten deutschen Parlaments in Frankfurt am Main: Reichspräsident Ebert (2) und Reichstagspräsident Löbe (1) auf dem Balkon des ›Römers‹ während der Ansprache Löbes«, Fotografie von John Graudenz, in: Berliner Illustrirte Zeitung, Nr. 22, 3.6.1923, S. 423 (Ullstein/John Graudenz)

Abbildung 3:
Heinz Wagner, Die Schlosserlehrlinge Zinna und Glasewald im März 1848, Öl auf Leinwand, 175 x 125 cm, 1953 (DHM, Berlin)

Die Barrikade

Rüdiger Hachtmann

Revolutionärer Pragmatismus – Das Programm der Arbeiterverbrüderung vom Spätsommer 1848

Die »Arbeiterverbrüderung« war eine unter maßgeblicher Federführung des Buchdruckers Stephan Born und des Goldschmieds Ludwig Bisky im Hochsommer des europäischen Revolutionsjahres 1848 ins Leben gerufene Mischung aus Gewerkschaft und früher Arbeiterpartei. Förmlich gegründet wurde die Arbeiterverbrüderung von insgesamt 34 stimmberechtigten und fünf beratenden Delegierten während eines dem Anspruch nach nationalen, tatsächlich jedoch in erster Linie norddeutschen Arbeiterkongresses, der vom 23. August bis zum 3. September 1848 in den Räumlichkeiten des Berliner Handwerkervereins tagte. Zweck und Ziel dieses Kongresses war es, die im Frühjahr und Sommer 1848 in zahlreichen deutschen Städten entstandenen Ansätze berufsübergreifender, quasi gewerkschaftlicher Arbeiterorganisationen zusammenzufassen und gleichzeitig den Forderungen der in den deutschen Staaten noch schwachen sozialistischen Bewegung einen möglichst repräsentativen Ausdruck zu verleihen.

Die Forderungen der frühen Arbeiterbewegung, die in den »Beschlüssen des Arbeiter-Kongresses zu Berlin« kulminierten, konnten seit den Märzrevolutionen 1848 in breiten Handwerker- und Arbeiterkreisen diskutiert werden, ohne dass die exponierten Gesellen und Arbeiter (sowie vielerorts auch proletaroide Meister) die Repressionen des alten Obrigkeitsstaats fürchten mussten. Wichtige Vorarbeiten hatte insbesondere das von Born und Bisky geführte, am 11. April 1848 in Berlin entstandene »Central-Comité der Arbeiter« geleistet, das Born einen Monat später gegenüber Karl Marx stolz als »quasi Arbeiterparlament von Abgeordneten aus sehr vielen [nämlich anfangs 28] Gewerken und Fabriken« bezeichnete. Das von Born am 23. April 1848 formulierte Programm des »Central-Comités der Arbeiter« wies bereits viele Ähnlichkeiten mit den Beschlüssen der Arbeiterverbrüderung gut vier Monate später auf.

In der späteren, Ende der 1860er Jahre entstehenden Sozialdemokratie wären die Forderungen und Beschlüsse des Berliner »Central-Comités« wie der Arbeiterverbrüderung als »reformistisch« denunziert worden. Warum Born, Bisky und die anderen Delegierten kein »revolutionäres« Programm verabschiedeten (übrigens im vollen Einverständnis mit Marx und ebenso Friedrich Engels), hat Born in der radikaldemokratischen Tageszeitung »Berliner Zeitungshalle« folgendermaßen begründet: In den deutschen Staaten würden sich »die Bourgeoisie und das Proletariat, das Capital und die Arbeit noch nicht so scharf wie in Frankreich und England gegenüberstehn; dort sehn sich kaltblütig und kampfgerüstet streng gesonderte Parteien Aug' in Auge. In Deutschland ist dieser Gegensatz noch nicht so vollständig vorhanden, weil […] die Arbeiter noch nicht organisiert sind; sie begreifen sich noch nicht als Partei«. Dennoch »wollen [wir] unsere Lage im allgemeinen verbessern«.[1] Dazu müsse man sich organisieren und ein mittelfristig angelegtes Programm formulieren. Diese Sätze datieren zwar auf den 13. April. Sie gelten jedoch genauso noch für den Spätsommer 1848 und waren handlungsleitend für die Formulierung der Beschlüsse der ›Gründerväter‹ der Arbeiterverbrüderung.

1 Zit nach: *Rüdiger Hachtmann*, Berlin 1848. Eine Politik- und Gesellschaftsgeschichte der Revolution, Bonn 1997, S. 422f.

Beschlüsse

des

Arbeiter-Kongresses.

Erster Theil.

Statut für die Organisation der Arbeiter.

I. Die Lokal-Komites für Arbeiter.

§. 1. Es bilden die verschiedenen Gewerke und Arbeitergemeinschaften im weitesten Sinne des Worts Vereinigungen und wählen, je nach dem Verhältniß ihrer Zahl, Vertreter zu einem Lokal-Komite für Arbeiter. Für Gewerke, welche vereinzelt dastehen, dürfte der Kreis Vereinigungen bieten.

§. 2. Diejenigen Arbeiter, welche noch keine Gemeinschaften bilden, haben sich ebenfalls zu vereinigen und Vertreter zu wählen, z. B. die Eisenbahnarbeiter ꝛc.

§. 3. Das Lokal-Komite hat die Verpflichtung, a) regelmäßige Versammlungen der Arbeiter zu veranlassen; b) die Bedürfnisse und Uebelstände der Arbeiter in ihren Orten oder Kreisen genau zu erforschen und auf Abhülfe derselben hinzuwirken; c) aus sich einen Ausschuß zu wählen, der die Geschäfte leitet, bestehend aus 1 Vorsitzenden, 1 Beisitzer, 2 Schreibern, 1 Kassirer und 2 Kassenaufsehern.

§. 4. Die Lokal-Komites verschiedener Orte stehen mit einander in Verbindung und zwar a) indem sie sich in kleinere oder größere Bezirke ordnen und für alle ein Bezirks-Komite bilden; b) durch briefliche Mittheilungen, welche sie an das Bezirks-Komite zur Beförderung an die einzelnen Lokal-Komites und an das Central-Komite machen; c) durch Absendung von Abgeordneten zu den Bezirksversammlungen und der vom Central-Komite ausgeschriebenen Generalversammlung für ganz Deutschland.

II. Die Bezirks-Komites

§. 5 haben vorläufig ihren Sitz in folgenden Städten: Danzig, Königsberg, Stettin, Cöln, Bielefeld, Frankfurt, Hamburg, Stutt-

Abbildung:
Erste Seite der Beschlüsse des Arbeiter-Kongresses zu Berlin (Bibliothek der FES)

Die ziemlich umfänglichen »Beschlüsse des Arbeiter-Kongresses« gliedern sich in fünf große Abschnitte. Der mit »Statut für die Organisation der Arbeiter« überschriebene »Erste Theil« sah ein »Central-Komite für ganz Deutschland« sowie für die einzelnen Staaten beziehungsweise Provinzen »Bezirks-Komites« vor, die die Arbeit der »Lokal-Komites« koordinieren sollten. Dieser Organisationsaufbau war ganz offensichtlich den Demokraten der deutschen Staaten abgeschaut, die sich zwei Monate vorher ein vergleichbares Statut gegeben hatten. Im Unterschied allerdings zur Organisationsstruktur, die sich die Demokraten und (Ende Juli) die Liberal-Konstitutionellen gegeben hatten, besaßen das »Central-Komite« der Arbeiterverbrüderung und die »Bezirks-Komites« der neuen Arbeiterverbrüderung mehr Kompetenzen. Nicht zuletzt die straffere Organisationsstruktur erklärt, warum der organisatorische Zusammenhalt der Arbeiterverbrüderung größer war als der der Demokraten. Die Finanzierung des »Central-Komites« wurde dadurch gesichert, dass jedes »Lokal-Komitee« zehn Prozent seiner Einnahmen dorthin abzuführen hatte. Seinen Sitz sollte das »Central-Komite« in Leipzig nehmen; tatsächlich wurde die Zentrale dieser ersten nationalen Arbeiterorganisation denn auch im Herbst 1848 unter der Präsidentschaft von Born in der – im Vergleich zu Berlin freieren – sächsischen Wirtschaftsmetropole eingerichtet.

Der »Zweite Theil« der Beschlüsse, »Selbsthülfe der Arbeiter« überschrieben, forderte die Einrichtung von örtlichen, monopolartigen »Arbeits- und Arbeiternachweisbureaus«, die von den »Lokal-Komites« der Arbeiterverbrüderung aufzubauen seien. Wie wichtig diese Bestimmung war, lässt sich erahnen, wenn man bedenkt, dass die »Reichsanstalt für Arbeitslosenversicherung und Arbeitsvermittlung« mit den Arbeitsämtern als Unterbau erst 1927 eingerichtet wurde und Mitte des 19. Jahrhunderts auch private Arbeitsvermittlungen, etwa von Innungen, mehr schlecht als recht funktionierten. Die geplanten »Arbeits- und Arbeiternachweisbureaus« waren selbstorganisiert; erst wenn sie keine Arbeitsstellen vermitteln konnten, sollten sie sich an die jeweilige Kommune wenden. Unabhängig verlangte die Arbeiterverbrüderung die Meldepflicht bei Entlassungen und einen 14-tägigen Kündigungsschutz sowie (vor mehr als 160 Jahren!) einen Mindestlohn für die einzelnen Gewerbezweige. Historisch mindestens ebenso bedeutsam sind die in den Beschlüssen geforderten frühen Formen von Tarifverhandlungen und -vereinbarungen, nämlich für die einzelnen Gewerke auf der örtlichen Ebene vorgesehenen »Uebereinkünft[e] der Arbeitgeber mit den Arbeitern unter dem Vorsitze des Lokalkomites«[2].

Der »Dritte Theil« stand unter dem Titel »Hülfe des Staates«. Er sah die passive und aktive Wahlfähigkeit ab dem 21. Lebensjahr vor, für »jeden Deutschen« – Mann, wie man ergänzen muss. Denn auch nur auf die Idee, Frauen gleichfalls das Wahlrecht zuzugestehen, kam die Arbeiterverbrüderung so wenig wie die Demokraten oder gar die Liberalen – nur eine Minderheit der Sozialisten forderte ein Frauenwahlrecht. Dennoch war diese Forderung fortschrittlich, sah doch selbst das im Frühjahr 1848 erkämpfte Wahlrecht eine Begrenzung des Wahlalters auf das 24. Lebensjahr vor. Wichtiger noch war die Forderung, das allgemeine und gleiche Wahlrecht auch für die Stadtverordnetenversammlungen einzuführen. Denn selbst im Revolutionsjahr waren nur diejenigen in den Kommunen wahlberechtigt, die über das Bürgerrecht verfügten, also entweder ein eigenes Haus besaßen oder aber ein relativ hohes Einkommen nachweisen konnten. Infolgedessen durften zum Beispiel an den Wahlen zur Berliner Stadtverordnetenversammlung Mitte Mai 1848 nur 26.000 Männer teilnehmen, während sich an den einige Tage zuvor stattfindenden Wahlen zur Deutschen Nationalversammlung 94.000 und an denen grob zeitgleich

2 Beschlüsse des Arbeiter-Kongresses zu Berlin. Vom 23. August bis 3. September 1848, Berlin 1848, in: *Dieter Dowe/Toni Offermann* (Hrsg.), Deutsche Handwerker- und Arbeiterkongresse 1848–1852, Bonn 1983, S. 237–249, hier: S. 241.

durchgeführten Wahlen zur Preußischen Nationalversammlung sogar 115.000 Männer beteiligen konnten – was 70 bis 80 Prozent auch tatsächlich taten.

Angesichts des Tatbestands, dass namentlich Handwerksgesellen oft durch alle, ohnehin grobmaschigen und unzureichenden sozialen Netze fielen und in Industriezentren wie Berlin eine deutliche Mehrheit der Bevölkerung zugewandert war, kam der Forderung, dass jeder, der am Ort mindestens fünf Jahre lebte, »bleibend zur Armenpflege der Gemeinde« gehörte, eine weit größere Bedeutung zu, als man zunächst vermuten möchte. Andere soziale Forderungen, dass »die wirkliche Arbeitszeit auf zehn Stunden festgsetzt« werden solle oder »kein Gesetz durch die Forderung eines Vermögensnachweises das Heirathen erschweren« dürfe, sprechen für sich und verweisen auf oft exorbitant lange, im Vormärz übliche Arbeitszeiten beziehungsweise hohe Barrieren für die Familiengründung. Ähnliches gilt für das Verlangen nach einem unbehinderten Aufenthaltsrecht sowie nach einem nicht an einen Vermögensnachweis gebundenes Niederlassungsrecht in allen deutschen Staaten sowie nach der Aufhebung aller »Ausnahmegesetz[e] über das Passwesen«.

Entsprechend dem eingangs zitierten bornschen Diktum, keine »unsinnige Zerstörung des Capitals«, sondern im Gegenteil die ungehinderte – sozial freilich abgefederte – Industrialisierung zu wollen (ehe man auf das Ziel sozialistischer Produktionsverhältnisse lossteuern konnte), sollten nach den Vorstellungen der Delegierten des Arbeiterkongresses alle Binnenzölle aufgehoben und alle für die Industrie notwendigen Rohstoffe frei eingeführt werden können. Mit diesen Forderungen und dem Verlangen, die »wirkliche Dienstzeit« in der Armee auf ein Jahr zu begrenzen sowie – nach dem Vorbild der Schweiz, in der sich im November 1847 die liberaldemokratischen gegen die konservativ-katholischen Kantone durchgesetzt hatten – »die Volksbewaffnung allgemein« einzuführen, nahm man programmatische Eckpunkte der Demokraten und des linken Flügels der liberalen Bewegung auf.

Höchst fortschrittlich muten auch die Forderungen für eine Reform des Bildungswesens im »Vierthen Theil« des Programms der Arbeiterverbrüderung an. Was für uns heute lapidar klingt – »Die Schule ist Staatsanstalt und wird als solche von der Kirche getrennt« – war damals überhaupt nicht selbstverständlich. Gerade im niederen Schulwesen spielte die Geistlichkeit eine zentrale Rolle, oft mit noch formellen Aufsichts- und Interventionsrechten und immer als inhaltliche Kontrollinstanz. Dies stieß Demokraten, Sozialisten und auch vielen Liberalen bitter auf, waren es im Revolutionsjahr doch vor allem viele Pfarrer, die gegen die in ihren Augen von »Frankreich« gesteuerte Revolutionsbewegung wetterten, Demokratie, Republik und Sozialismus für Teufelswerk erklärten und nicht selten heftig gegen »die Juden« polemisierten, die »unseren Herrn Jesus Christus« verraten hätten. Deswegen besaß für die Repräsentanten der Arbeiterverbrüderung auch die Forderung einen hohen Stellenwert, »die Jugend zu Welt- und Staatsbürgern« zu erziehen, statt (so wäre zu ergänzen) zu bornierten, obrigkeitstreuen Kirchgängern. Wenn die Repräsentanten der entstehenden Arbeiterverbrüderung forderten, dass der Schulunterricht insgesamt unentgeltlich zu sein habe, dann ist dies ein indirekter Hinweis darauf, dass in der Jahrhundertmitte lediglich die schlecht ausgestatteten »Armenschulen« nichts kosteten und für Realschulen und Gymnasien Schulgelder in einer Höhe aufzubringen waren, die auch besser situierte Gesellen, Arbeiter und selbst die große Mehrheit der Meister für ihren Nachwuchs nicht aufbringen konnten. Die Forderung nach einem unentgeltlichen Schulbesuch und damit der Aufhebung der sozialen Schranken im Bildungsbereich sollte bis weit in das 20. Jahrhundert nicht an Brisanz verlieren und mutet auch heute angesichts der zu beobachtenden Ökonomisierung des

Bildungswesens durch private »Eliteschulen« keineswegs obsolet an. Auch die Forderung, den Kindern alle Lernmittel kostenlos zur Verfügung zu stellen, erscheint angesichts einer bleibend hohen Erwerbslosigkeit, prekärer Arbeitsverhältnisse und der Verarmung der Unterschichten heute gleichfalls noch hochaktuell. Der Beschluss, allen »überflüssigen Luxus« aus der »Volksschule«, wie der neue Schultyp heißen sollte, zu verbannen und die »armen Kinder« auf Gemeindekosten mit einfachen, soliden Kleidungsstücken (nicht aber etwa einer Schuluniform) auszustatten, war von dem Motiv getragen, die sozialen Unterschiede in den Schulen möglichst nicht zum Tragen kommen zu lassen. Das Verlangen, dass »kein Kind vor dem vollendeten vierzehnten Jahre zu irgendeiner gewerblichen Thätigkeit benutzt« werden dürfe, bringt mittelbar zum Ausdruck, wie weitverbreitet Kinderarbeit in den 1840er Jahren gewesen ist. Lehrer und Schulrektoren wiederum sollten nicht durch autokratische Schulräte oder andere Repräsentanten der Obrigkeit, sondern »durch die Wahl der ganzen Gemeinde ernannt« und »nur durch den Willen der Gemeinde abgesetzt werden« können – eine Forderung, die selbst heute noch (fast) utopisch anmutet. Zukunftsgewandt waren schließlich die Forderungen nach »Fortbildungsanstalten« und Abendkursen für Lehrlinge und Gesellen, nach der »Errichtung von technischen Bildungsanstalten« durch den Staat sowie nach »Volksbibliotheken«. Programmatische Eckpunkte für eine Universitätsreform – die unter Studenten sowie Privatdozenten damals durchaus kursierten – sucht man dagegen vergeblich, ein Indiz, wie fern den Gesellen und Arbeitern damals der Hochschulbesuch lag. Er war und sollte noch lange Zeit ein Privileg des Bürgertums und des Adels bleiben. (Der »Fünfte Theil« des Programms der Arbeiterverbrüderung bündelt die skizzierten Forderungen zu Adressen an die Deutsche Nationalversammlung in der Frankfurter Paulskirche und enthält wenige weitere Schriftstücke, die hier nicht interessieren.)

Was ›fehlt‹ (aus heutiger Sicht) im Gründungsprogramm der Arbeiterverbrüderung außerdem? Das ist zuvörderst die Forderung nach der Republik als der anzustrebenden Staatsform. Dass diese Forderung nicht auftaucht, kann freilich nicht wirklich überraschen. Selbst breite Strömungen innerhalb der demokratischen Bewegung favorisierten die konstitutionelle Monarchie. Wenn sich in den »Beschlüssen« keine explizit positive Äußerung zur Republik findet, dann vor allem, weil Kontroversen über die künftige Staatsform vermieden werden sollten. Man wollte sich über diese Frage nicht derart zerstreiten, wie dies die demokratische Bewegung in Deutschland tat, sondern erst einmal politische Schlagkraft aufbauen und erhalten. Eine andere Forderung, die man in den »Beschlüssen« des Berliner Arbeiterkongresses vergeblich sucht, ist die nach einem »Ministerium für Arbeiter«. Eine solche Forderung war im Frühjahr 1848 in den Unterschichten der preußischen Hauptstadt sowie anderer Großstadtregionen durchaus populär – nachdem in Paris Ende Februar 1848 ein solches Ministerium auf Druck der dort freilich sehr viel stärkeren sozialistischen Bewegung gegründet worden war, mit dem »Arbeiter Albert« (Alexandre Martin) an der Spitze. Für den Verzicht auf eine solche Forderung dürften mehrere Gründe ausschlaggebend gewesen sein; die beiden wichtigsten: Die demokratische und sozialistische Bewegung Frankreichs hatte mit der Pariser »Junischlacht« (22. bis 26. Juni 1848) eine schwere Niederlage einstecken müssen. Es mag angesichts dieser Niederlage, die die Revolution in ganz Europa in die Defensive brachte, den Delegierten der Arbeiterverbrüderung taktisch nicht klug erschienen sein, eine solche Forderung in ihr Programm aufzunehmen. Ein anderer Gesichtspunkt könnte gewesen sein, dass die Einrichtung eines eigenständigen »Ministeriums für Arbeiter« dem im August 1848 bereits wieder erstarkenden Obrigkeitsstaat Interventionen in die eigenen Organisationen sowie die angestrebte Selbstverwaltung des Arbeitsnachweises erlaubt hätte; dies wollte man unbedingt vermeiden. Eine dritte Forderung, die man in den Beschlüssen vergeblich sucht, ist der Wunsch nach einer nationalen Einigung der deutschen Staaten. Sie war im Hochsommer 1848 so selbstverständlich, dass man glaubte, sie nicht separat auflisten zu müssen.

Festzuhalten bleibt schließlich, dass sich Born, Bisky und weitere auf dem Gründungskongress der Arbeiterverbrüderung anwesende Mitglieder des »Bunds der Kommunisten«, einem 1847 in London gegründeten Geheimbund, nicht in allen Fragen durchsetzen konnten. So wurden Bestimmungen in die »Beschlüsse« aufgenommen, die mit dem von Born und seinen Mitstreitern postulierten Prinzip der Gewerbefreiheit kollidierten. Dazu gehörte unter anderem der Passus, dass Meisterprüfungen vor den Innungen als Zwangsvereinigungen des Handwerks (weiterhin) zwingend vorgeschrieben bleiben sollten. Zugleich verzichteten die Delegierten des Arbeiterkongresses auf die Aufnahme sozialstaatlicher Forderungen, wie sie Born und seine Mitstreiter vertraten und im eingangs erwähnten April-Programm des Berliner »Central-Comités der Arbeiter« auch hatten verankern können. Dazu gehörte etwa das Verlangen nach einem gesetzlich verankerten Recht auf Arbeit, nach staatlich garantierter Versorgung aller Hilflosen und Invaliden, nach unentgeltlicher Rechtspflege, nach Beschränkung des Erbrechts oder nach Abschaffung aller feudaler Lasten und Abgaben. Auch wenn die »Beschlüsse« des Berliner Arbeiterkongresses vom Spätsommer 1848 hinter einige, zuvor bereits artikulierte demokratisch-sozialistische Reformpositionen zurückfielen, ändert dies nichts daran, dass sie einen Markstein in der Geschichte der deutschen Arbeiterbewegung darstellen.

Literaturhinweise:

Frolinde Balser, Sozial-Demokratie 1848/49–1863. Die erste deutsche Arbeiterorganisation »Allgemeine Arbeiterverbrüderung« nach der Revolution, 2 Bde., Stuttgart 1962.

Dieter Dowe/Toni Offermann (Hrsg.), Deutsche Handwerker- und Arbeiterkongresse 1848–1852, Bonn 1983.

Wilhelm Friedensburg, Stephan Born und die Organisationsbestrebungen der Berliner Arbeiterschaft bis zum Berliner Arbeiterkongress (1840 – Sept. 1848), Leipzig 1923 (Nachdruck, Glashütten im Taunus 1973).

Rüdiger Hachtmann, Berlin 1848. Eine Politik- und Gesellschaftsgeschichte der Revolution, Bonn 1997.

Franziska Rogger, »Wir helfen uns selbst!«. Die kollektive Selbsthilfe der Arbeiterverbrüderung 1848/49 und die individuelle Selbsthilfe Stephan Borns – Borns Leben, Entwicklung und seine Rezeption der zeitgenössischen Lehren, Erlangen 1986.

Thomas Welskopp, Das Banner der Brüderlichkeit. Die deutsche Sozialdemokratie vom Vormärz bis zum Sozialistengesetz, Bonn 2000.

Thomas Welskopp

Rechtfertigung und Blaupause für die Revolution: Karl Marx/Friedrich Engels, Das Manifest der Kommunistischen Partei (1848)

Der zweite Bundeskongress des im Juli 1847 aus dem »Bund der Gerechten« umgebildeten »Bundes der Kommunisten« in London beauftragte Karl Marx und Friedrich Engels, anstelle des zuvor entworfenen »Kommunistischen Glaubensbekenntnisses« eine Programmschrift zu verfassen. Das reflektierte den Übergang von einem Geheimbund, der individuelle Überzeugung und Loyalität betonte, zu einer offen auftretenden politischen Kraft mit revolutionärer Ausrichtung. Die neuen Bundesstatuten proklamierten als »Zweck des Bundes« dann auch den »Sturz der Bourgeoisie, die Herrschaft des Proletariats, die Aufhebung der alten, auf Klassengegensätzen beruhenden bürgerlichen Gesellschaft und die Gründung einer neuen Gesellschaft ohne Privateigentum«.[1] Vom Erteilen dieses Auftrags Anfang Dezember 1847 bis zum Erscheinen des »Manifests« im Februar 1848 in London vergingen nur wenige Wochen. Es scheint sogar, als sei dieser fulminante Text in wenigen Tagen entstanden.

Trotzdem erschien das »Manifest« zu spät, um auf die revolutionären Ereignisse des Frühjahres Einfluss nehmen oder gar als Orientierung und Handlungsanleitung für die Mitglieder des »Kommunistenbundes« dienen zu können, die eifrig nach Paris eilten, um die reale Revolution nicht zu verpassen, und sich später in den Zentren der europäischen Revolutionen zerstreuten, ohne noch als zusammenhängende politische Kraft in Erscheinung zu treten. Man hat Marx und Engels einen Instinkt für politische Dramaturgie nachgesagt, weil das druckfrische »Manifest« in derselben Woche die Magazine verließ, als die Pariser Februarrevolution ausbrach. Auch die Prognose einer unmittelbar bevorstehenden «bürgerlichen Revolution« in »Deutschland« wurde als hellsichtige Leistung des »Manifests« gerühmt. Doch spricht das Timing eher für die Verspätungsdiagnose, konnte das »Manifest« doch dadurch gar nicht als die Programmschrift wirken, als die es gedacht war. Die revolutionären Geschehnisse überstürzten sich derart, dass keine Zeit blieb, die Programmschrift in den Mitgliedschaften des »Bundes«, die zudem, wie bereits beschrieben, im Begriff waren, sich über Europa zu zerstreuen, zu diskutieren und statutengemäß anzunehmen. Und was die Revolutionsprognose anging, hatte das »Manifest« wohl nur Gemeinplätze aufgenommen, wie sie in konspirativem Wispern in so gut wie allen geheimbündlerischen Zirkeln der Tage die Runde machten.

Trotzdem handelt es sich beim »Manifest der Kommunistischen Partei« um ein bemerkenswertes Dokument – nicht nur, aber auch nicht zuletzt, wegen seiner selbst heute noch mitreißenden sprachlichen Wucht. Das »Manifest« steht für die revolutionäre Ausnahmesituation des Jahres 1848 und den Versuch von Marx und Engels, daraus politisches Kapital zu schlagen. Um die vermeintliche Chance beim Schopf zu ergreifen, nimmt Marx hier eine radikale zeitliche Verkürzung seiner Revolutionsperspektive in Kauf. Marx und Engels radikalisieren ihre Analyse der »Entfremdung« in der arbeitsteiligen

1 Zit. nach: *Dieter Dowe/Kurt Klotzbach* (Hrsg.), Programmatische Dokumente der deutschen Sozialdemokratie, 4., überarb. und aktual. Aufl., Bonn 2004, S. 55.

Manifest

der

Kommunistischen Partei.

Veröffentlicht im Februar 1848.

Proletarier aller Länder vereinigt euch.

London.

Gedruckt in der Office der „Bildungs-Gesellschaft für Arbeiter"
von J. E. Burghard.
46, Liverpool Street, Bishopsgate.

Abbildung:
Titelblatt des »Manifests der Kommunistischen Partei«, Februar 1848
(Bibliothek der FES)

Gesellschaft. Sie arbeiten sie von einer *negativen Evolutionslehre der Arbeit*, die alle arbeitsteilige Organisation der Arbeit als »entfremdet« und erst im Kommunismus, in dem Arbeit zur Reproduktion des Menschen überflüssig wird, aufgehoben deutet, in eine Motivation zu aktivem Aufruhr um. Damit wird erstmals das »Proletariat« als aktives revolutionäres Subjekt konstruiert. Das wird geschichtsphilosophisch gerechtfertigt. Denn das Proletariat ist nur ausersehen, ein anderes, zeitgenössisch auf dem Zenit seines Welt umgestaltenden Wirkens angekommenes, historisch aber überlebtes revolutionäres Subjekt abzulösen: die Bourgeoisie.

Das »Manifest der Kommunistischen Partei« entfaltet in Wendungen, die aus den Umwälzungen des industrialisierenden 19. Jahrhunderts ihre dynamische Metaphorik beziehen, ein fulminantes geschichtsphilosophisches Drama. Dabei ist entscheidend, dass der in den Frühschriften stets als parasitärer und passiver »Nichtarbeiter« gescholtene Wegbereiter der »Entfremdung« jetzt zum höchst aktiven Träger des historischen Prozesses gemacht wird. Der Bourgeois wird geradezu zum revolutionären Heros stilisiert. Die Bourgeoisie ist die entscheidende Triebkraft hinter umfassenden, historisch beispiellosen Ausbeutungs- und Verelendungsprozessen. Sie »hat alle feudalen, patriarchalischen, idyllischen Verhältnisse zerstört [...], unbarmherzig zerrissen und kein anderes Band zwischen Mensch und Mensch übrig gelassen als das nackte Interesse, als die gefühllose ›bare Zahlung‹«. – »Sie hat die persönliche Würde in den Tauschwert aufgelöst, [...] an die Stelle der mit religiösen und politischen Illusionen verhüllten Ausbeutung die offene, unverschämte, direkte, dürre Ausbeutung gesetzt.« – Die Bourgeoisie »hat den Arzt, den Juristen, den Pfaffen, den Poeten, den Mann der Wissenschaft in ihre bezahlten Lohnarbeiter verwandelt«. – Sie »hat dem Familienverhältnis seinen rührend-sentimentalen Schleier abgerissen und es auf ein reines Geldverhältnis zurückgeführt«.[2]

Ganz im Sinne des »Entfremdungs«-Szenarios entwerfen Marx und Engels im »Manifest« für die Arbeiter ein düsteres Verelendungspanorama. Das »Proletariat, die Klasse der modernen Arbeiter«, sei ein direktes Erzeugnis der bourgeoisen Aktivitäten. »Diese Arbeiter, die sich stückweis verkaufen müssen, sind eine Ware wie jeder andere Handelsartikel«. Ihre Arbeit »hat durch die Ausdehnung der Maschinerie und die Teilung der Arbeit allen selbständigen Charakter und damit allen Reiz für die Arbeiter verloren. Er wird bloßes Zubehör der Maschine«. – »In demselben Maße, in dem die Widerwärtigkeit der Arbeit wächst, nimmt daher der Lohn ab. Noch mehr, in demselben Maße, wie Maschinerie und Teilung der Arbeit zunehmen, in demselben Maße nimmt auch die Masse der Arbeit zu, sei es durch Vermehrung der Arbeitsstunden, sei es durch Vermehrung der in einer gegebenen Zeit geforderten Arbeit, beschleunigten Lauf der Maschinen usw.« Ökonomische und seelische Verelendung werden durch moralische Zerrüttung der Familienverhältnisse für die Arbeiter auf die Spitze getrieben: »Je weniger die Handarbeit Geschicklichkeit und Kraftäußerung erheischt, d.h., je mehr die moderne Industrie sich entwickelt, desto mehr wird die Arbeit der Männer durch die der Weiber verdrängt. Geschlechts- und Altersunterschiede haben keine gesellschaftliche Geltung mehr für die Arbeiterklasse. Es gibt nur noch Arbeitsinstrumente, die je nach Alter und Geschlecht verschiedene Kosten machen« (S. 468f.).

Erkennbar ist hier, dass die »negative historische Evolutionslehre« der Arbeit aus den Frühschriften noch einmal radikalisiert, aber auch historisiert wird. Für Marx und Engels ist die Teilung der Arbeit hier nicht mehr überzeitliches Prinzip aller »naturwüchsig« organisierten Gesellschaften, sondern in ihren konkreten Formen und zermürbenden Folgen ein für den Kapitalismus spezifisches Gestaltungsmittel des

2 *Karl Marx/Friedrich Engels*, Manifest der Kommunistischen Partei, in: Marx-Engels-Werke, Bd. 4, Berlin 1964, S. 459–493, hier: S. 464f. Die folgenden Seitenangaben in runden Klammern beziehen sich alle auf diese Ausgabe.

Produktionsprozesses in den Händen der Bourgeoisie. Gegenüber den Pariser Manuskripten radikalisiert, wie nicht nur die bisherigen Zitate zeigen, erscheint auch die moralische Abqualifizierung der aktuellen Verhältnisse, ihre Dramatisierung in den stärksten pejorativen Formulierungen: »Arbeitermassen, in der Fabrik zusammengedrängt, werden soldatisch organisiert. Sie werden als gemeine Industriesoldaten unter die Aufsicht einer vollständigen Hierarchie von Unteroffizieren und Offizieren gestellt. [...] Diese Despotie ist um so kleinlicher, gehässiger, erbitternder, je offener sie den Erwerb als ihren Zweck proklamiert« (S. 469).

Aber die dialektische Pointe in Marx' und Engels' schonungsloser Schilderung der ihrer ganzen Sprache nach gewiss verabscheuungswürdigen Aktivitäten der Bourgeoisie ist gerade, dass sie diese *nicht* moralisch aburteilen. Sie verbuchen sie vielmehr anerkennend unter die historisch notwendigen Leistungen der bourgeoisen »Klassenherrschaft«: »Die Bourgeoisie hat in der Geschichte eine höchst revolutionäre Rolle gespielt« (S. 464). Die verschärfte Ausbeutung der »Arbeiterklasse« und die Zerstörung aller anderen gesellschaftlichen Gruppierungen, die künftig notwendig im Proletariat aufgehen würden, seien nur die andere Seite der Münze eines gewaltigen weltweiten Fortschritts der »Zivilisation«, mit dem sich die Bourgeoisie »eine Welt nach ihrem Bilde« geschaffen habe (S. 466). Gewissermaßen habe die Bourgeoisie gerade auch in ihrem »gewissenlosen Tun«, ihrer unbeschränkten Interessenpolitik, *diesen Teil* ihrer »historischen Mission« erfüllt und auch begriffen.

Zu diesen anerkennungswerten Leistungen der Bourgeoisie gehört für Marx und Engels nicht zuletzt die Klärung der Verhältnisse als Folge der brutalen Offenheit ihres Vorgehens. Geradezu triumphierend registrieren sie die Zerstörung traditioneller Vorstellungswelten und anderer ideologischer Altlasten, seien sie religiöser oder politischer Natur: »Alle festen eingerosteten Verhältnisse mit ihrem Gefolge von altehrwürdigen Vorstellungen und Anschauungen werden aufgelöst, alle neugebildeten veralten, ehe sie verknöchern können. Alles Ständische und Stehende verdampft, alles Heilige wird entweiht, und die Menschen sind endlich gezwungen, ihre Lebensstellung, ihre gegenseitigen Beziehungen mit nüchternen Augen anzusehen« (S. 465). In die Metaphorik der »Entfremdung« übersetzt hieße das, dass die Menschen unter der Herrschaft der Bourgeoisie notwendig aller ideologischen Erscheinungsformen von »Entäußerung« beraubt würden und »Entfremdung« nun unmittelbar als das erlebten, was sie »wirklich« sei, nämlich die »tatsächliche« Unterwerfung des Menschen unter die gesellschaftlichen Verhältnisse.

Zugleich erklären Marx und Engels damit die moralisierende Kritik am Kapitalismus, wie sie beispielsweise in den frühen Arbeiterbewegungen vorherrschte, zum historisch bereits überlebten »alten Eisen« der Frühindustrialisierung, zu den finalen emotionalen Aufwallungen einer untergegangenen Epoche. Eine Moralkritik, die das Bestehende als ungerecht anklagt und auf früher bestehende Rechte verweist, ist für sie »spießbürgerlich[e] Wehmut«, »rührend-sentimental«, also geschichtsblind und politisch ohnmächtig (S. 465). Nur der schonungslose Blick auf die empörenden Verhältnisse, der in seiner brutalen Offenheit dem »wirklichen« Vorgehen der Bourgeoisie in nichts nachsteht, erlaube die »richtigen«, daher historisch notwendigen Konsequenzen aus der ökonomischen, sozialen und politischen Lage der Zeit zu ziehen. Das ist es, was Marx und Engels mit ihrer dramatischen Diagnose der »Arbeiterlage« und ihrer dann fast höhnisch zustimmenden Einordnung in den dialektischen Gang der Geschichte demonstrieren wollen. Die »wahre« Moral besteht für sie darin, über die gerade über Europa hinwegrollende Welle der »demokratischen« Revolutionen von 1848 hinaus auf die »tatsächliche«, die »proletarische« Revolution hinzuwirken. Die Revolution von 1848 war für sie eine – zum

Teil nur politisch nachholende – »bürgerliche« Revolution, von der die »Arbeiterklasse« eher weiter gesteigerte Ausbeutung zu erwarten habe als eine politische Befreiung.

Den schonungslosen Blick, der alles Moralisieren ablehnt und offen die radikale Umwälzung der Eigentumsverhältnisse im Visier hat, hat nach Marx und Engels das Proletariat als einzige »wirklich revolutionäre Klasse« der Bourgeoisie voraus. Der mangele es an Einsicht, dass ihre historische Entwicklung bereits am Umschlagspunkt angekommen sei, dass die von ihr angestoßenen Prozesse gerade im Begriff seien, über die von ihr gestalteten Produktionsverhältnisse hinauszutreiben. Die Bourgeoisie habe sich im Laufe der Geschichte ihren gefährlichsten Feind selber herangezüchtet: »Die Lebensbedingungen der alten Gesellschaft sind schon vernichtet in den Lebensbedingungen des Proletariats. Der Proletarier ist eigentumslos; sein Verhältnis zu Weib und Kindern hat nichts mehr gemein mit dem bürgerlichen Familienverhältnis; die moderne industrielle Arbeit, die moderne Unterjochung unter das Kapital, dieselbe in England wie in Frankreich, in Amerika wie in Deutschland, hat ihm allen nationalen Charakter abgestreift. Die Gesetze, die Moral, die Religion sind für ihn ebenso viele bürgerliche Vorurteile, hinter denen sich ebenso viele bürgerliche Interessen verstecken« (S. 472).

Insofern zögen die »Arbeiterklasse« und die kommunistische Bewegung, die ihr politischer Arm sei, gewissermaßen historischen Profit aus ihrer nun von allem Beiwerk entkleideten »Entfremdung«. Und da diese das Werk der Bourgeoisie sei, fielen auch alle moralischen Anwürfe, die die »hochanständige« bürgerliche Gesellschaft an den Kommunismus richte, auf die Bourgeoisie selbst zurück. Sie habe einfach nicht erkannt, dass sie selber es gewesen sei, die der moralischen Ordnung der bürgerlichen Gesellschaft den Boden bereits entzogen habe. Sie erkenne nun nicht, dass die Stunde ihres historischen Abtretens geschlagen habe. Im Abschnitt »Proletarier und Kommunisten« vollziehen Marx und Engels diese moralische Abrechnung mit der Bourgeoisie suggestiv als Duell mit einem gedachten dialogischen Gegenüber (S. 474ff., insb. S. 477f.). Im »Manifest der Kommunistischen Partei« begründet »Entfremdung« somit die Abkehr von jeglicher moralisierenden Moralkritik zugunsten einer scharfen Analyse der kapitalistischen Geschichtsepoche und zugunsten des Bildes einer durch revolutionäre Tätigkeit kräftig zu befördernden historischen Notwendigkeit, die zugleich zur neuen moralischen Grundlage sowohl des »kalten« analytischen Blicks als auch der revolutionären Betätigung wird.

In der marxistischen Folklore hat sich lange die Ansicht gehalten, das »Kapital« und das »Manifest« verhielten sich zueinander wie Diagnose und Therapieanleitung. Dabei hätte ein einfacher Blick auf die Chronologie schon skeptisch stimmen müssen. Doch auch von der Substanz her ist das Verhältnis eher umgekehrt: Das Scheitern des kurzfristigen Aktionsprogramms und ein robuster denn je auftrumpfender Kapitalismus lassen eine eingehende Diagnose erst ratsam erscheinen, bevor neue Revolutionsszenarien Gestalt annehmen können. Sie werden eine viel stärkere strukturelle Fundierung besitzen als im Heldengedicht des »Manifests«. Die aktive Revolution weicht endlosen Stunden in der British Library mit Gesäßabszessen und zahllosen Tintenklecksen.

Im revolutionär aufgeheizten Klima, in dem Marx und Engels das »Manifest« binnen kürzester Zeit zu Papier brachten, wirkt der historische Prozess zusammengedrängt. Die Zeit an sich scheint verdichtet, zu einer revolutionären Schwellensituation komprimiert. Das ermöglicht es, den Subjekten der Geschichte eine so privilegierte Stellung einzuräumen, wie Marx und Engels dies im Rückblick auf die Leistungen und Errungenschaften der Bourgeoisie und voller revolutionärer Hoffnungen auf das Proletariat als »einzig revolutionärer Klasse« der Gegenwart tun. Mit diesem Hervorheben der ›Agency‹ hängt zusammen, dass »Entfremdung« im Kontext des »Manifests« hauptsächlich als eine universelle Erscheinung behandelt wird, der der fortschreitende Kapitalismus – in Gestalt der erfolgreichen Bourgeoisie – die Maske vom Gesicht gerissen hat. »Entfremdung« im »Manifest« ist gewissermaßen die Geschichte einer Selbstentlarvung, und diese ist wiederum die notwendige Bedingung dafür, dass das Proletariat zur Einsicht in die »wirklichen« Verhältnisse kommt und sich zu seiner revolutionären Mission bekennt. Im »Manifest« erscheint diese Demaskierung des Kapitalismus nicht als Ergebnis einer aufwendigen »wissenschaftlichen« Analyse, sondern als *factum brutum* der praktischen Verhältnisse. Im »Kapital« dagegen ist diese revolutionäre Euphorie verflogen. Die Enthüllung der Tiefenstruktur des Kapitalismus ist nun zur zeitraubenden Aufgabe der »wissenschaftlichen« Beweisführung geworden, als deren Ergebnis Marx 1867 den ersten Band seiner »Kritik der politischen Ökonomie« vorlegt.

Literaturhinweise:

Helga Grebing, Geschichte der deutschen Arbeiterbewegung. Von der Revolution 1848 bis ins 21. Jahrhundert, Berlin 2007.

Wolfgang Schieder, Karl Marx als Politiker, München/Zürich 1991.

Thomas Welskopp, Das Banner der Brüderlichkeit. Die deutsche Sozialdemokratie vom Vormärz bis zum Sozialistengesetz, Bonn 2000.

Allen W. Wood, Karl Marx, 2. Aufl., New York/London 2004.

Juliane Brauer

»Ein begeisterndes und begeistertes Gedicht«: »Bundeslied« und »Arbeiter-Marseillaise«

»Mann der Arbeit aufgewacht! Und erkenne Deine Macht! Alle Räder stehen still / Wenn Dein starker Arm es will«. Als der Lyriker und Arbeiterdichter Georg Herwegh 1863 diese Zeilen schrieb, wusste er nicht, dass diese zehnte Strophe seines »Bundeslieds« zu den bedeutendsten und bekanntesten Versen sozialdemokratischer Lyrik auch noch im 21. Jahrhundert zählen sollte. Er konnte nicht ahnen, dass seine zahlreichen anderen Gedichte weit weniger wirkmächtig sein sollten als dieses mit dem offiziellen Titel »Bundeslied für den Allgemeinen deutschen Arbeiterverein«. Aus zwei Gründen war es genau dieses Gedicht, welches Herweghs Namen auf immer mit den Anfangsjahren der deutschen Arbeiterbewegung verknüpfen sollte. Es entstand erstens auf Drängen Ferdinand Lassalles 1863 und sollte ein hörbares Statement der neuen Bewegung sein, die sich im Allgemeinen Deutschen Arbeiterverein (ADAV) erstmals politisch organisierte. Zweitens wurde durch die Melodie des damals sehr bekannten Komponisten und Dirigenten Hans von Bülow das Gedicht zu einem Lied, das die Kraft hatte, die Arbeiter im gemeinsamen Gesang zu vereinen und ihnen eine hörbare kämpferische Stimme zu verleihen. Damit war und blieb das »Bundeslied« das erste Lied der politisch organisierten deutschen Arbeiterbewegung und hat als solches bis heute seinen festen Platz in sozialdemokratischen Liederbüchern.

Bereits ein Jahr darauf, 1864, schrieb Jacob Audorf auf die Melodie der »Marseillaise« seine »Arbeiter-Marseillaise«. Dieses Lied übertraf das »Bundeslied« von Herwegh bei Weitem an Popularität und galt bis in die 1920er Jahre den Arbeitern als wirkliche Hymne. Dennoch standen die beiden Lieder anscheinend nicht in Konkurrenz zueinander, ein ›Hymnenstreit‹ fand nicht statt. Beide Stücke hatten ihren eigenen Platz und ihre eigene Berechtigung. Daher beleuchtet ihre Entstehungsgeschichte die große Bedeutung von Liedern und gemeinsamem Gesang als unverzichtbare Strategie der Identitätsbildung, als Akt der Selbstvergewisserung und als Ressource kollektiv gefühlter Stärke.

Georg Herwegh und Ferdinand Lassalle lernten sich Ende der 1850er Jahre auf einer Reise in die Schweiz kennen und schlossen Freundschaft. Als Herwegh um 1863 in einer Lebenskrise steckte, versuchte ihn sein Freund Lassalle für die Sache des ADAV zu begeistern. Er ernannte Herwegh zum Generalbevollmächtigten für den Allgemeinen Deutschen Arbeiterverein in der Schweiz und bat ihn, für die neue und erste deutsche Arbeiterpartei ein »begeisterndes und begeistertes Gedicht auf das Auftreten des Arbeiterstandes« (Brief vom 14. April 1863) zu schreiben. Nach monatelangem Ringen war das zwölfstrophige »Bundeslied« fertiggestellt, ein Gedicht, das an lyrischer Dichte und Kraft kaum seinesgleichen fand. Hans von Bülow schrieb bereits 1863 die erste Melodie für das »Bundeslied« unter dem Pseudonym W. Solinger. Die Zukunft sollte zeigen, dass dies für Arbeiterlieder sehr untypisch war, da sich die meisten nachfolgenden Lieder auf bekannte Melodien stützten.

Bundeslied

für den

Allgemeinen Deutschen Arbeiterverein.

Von

Georg Herwegh.

Preis: 1/2 Sgr.

You are many, they are few.
(Eurer sind viele, ihrer sind wenige.)

Bet' und arbeit'! ruft die Welt.
Bete kurz! denn Zeit ist Geld.
An die Thüre pocht die Noth —
Bete kurz! Denn Zeit ist Brot.

Und Du ackerst und Du säst,
Und Du nietest und Du nähst,
Und Du hämmerst und Du spinnst —
Sag' o Volk, was Du gewinnst!

Wirkst am Webstuhl Tag und Nacht,
Schürfst im Erz- und Kohlenschacht,
Füllst des Ueberflusses Horn,
Füllst es hoch mit Wein und Korn —

Doch wo ist Dein Mal bereit?
Doch wo ist Dein Feierkleid?
Doch wo ist Dein warmer Herd?
Doch wo ist Dein scharfes Schwert?

Alles ist Dein Werk! o sprich,
Alles, aber Nichts für Dich!
Und von Allem nur allein,
Die Du schmiedst, die Kette Dein!

Abbildung:
Flugblatt mit dem Text des »Bundeslieds« von 1863
(Bibliothek der FES)

Ferdinand Lassalle zitierte die kraftvollen Verse auf vielen Kundgebungen der Jahre 1863 und 1864. Das trug zur Verbreitung des »Bundeslieds« bei. Doch trotz seines klaren auffordernden Duktus, seiner sprachlichen Kraft, seinen Versen, die die Aufbruchsstimmung des Jahres 1863 und das Programm der ersten deutschen Arbeiterpartei widerspiegelten, war es anscheinend nicht dafür geeignet, die Arbeiter zu begeistern oder mitzureißen. Stattdessen eroberte die 1864 entstandene »Arbeiter-Marseillaise« von Jacob Audorf die Ohren und Herzen der deutschen Arbeiter und Arbeiterinnen. Nach dem plötzlichen Duell-Tod des ersten Präsidenten des Allgemeinen Deutschen Arbeitervereins Ferdinand Lassalle schrieb der Sozialdemokrat Audorf einen neuen Text auf die bekannte Melodie der französischen Marseillaise. Diese »Arbeiter-Marseillaise« oder auch »Lied des deutschen Arbeiters« kann mit Fug und Recht als erste Hymne der deutschen Arbeiterpartei bezeichnet werden. Es war ungleich bekannter und beliebter als das ein Jahr zuvor entstandene »Bundeslied« von Herwegh. Auf den mehrfach wöchentlich stattfindenden Versammlungen bekam dieses Lied seinen festen Platz zur Eröffnung und zum Ende der Zusammenkünfte. So verzeichnet das Protokoll über die Verhandlungen des SPD-Parteitags 1903 in Dresden nach der Schlussrede: »Begeistert stimmen die Delegierten dreimal in das Hoch ein und singen stehend die erste Strophe der Arbeiter-Marseillaise«.

Dieses Lied galt im kaiserlichen Deutschland und der Weimarer Republik als das ›offizielle‹ Parteilied der sozialdemokratischen Arbeiterbewegung, obwohl es mit der Verherrlichung Lassalles als Führer der deutschen Arbeiterbewegung phasenweise stark umstritten war. Auch deshalb wurden genau diese glorifizierenden Verse Audorfs im Laufe der Jahrzehnte häufig modifiziert und aktuellen Ereignissen und Bedürfnissen angepasst.

Warum aber kam den Liedern überhaupt so eine große Bedeutung nicht nur in den Anfangsjahren der Arbeiterbewegung und Sozialdemokratie zu? Arbeiterlieder hatten von Beginn an als sogenannte Massenlieder ihren festen Platz im politischen und kulturellen Leben der Arbeiterbewegung. Sie waren Gebrauchsgüter, sollten gesungen werden und im gemeinsamen Gesang ihre Kraft entfalten. In ihnen wurde den politischen Überzeugungen Ausdruck verliehen, sie verkündeten den Singenden und den Zuhörenden nicht nur, woran sie glaubten, wogegen sie waren, sondern auch, dass sie überhaupt auf sich und die gemeinsame Stärke vertrauten. Als Massenlieder galten sie deshalb, weil Text und Melodie so gestaltet waren, dass sie direkt vom Ohr ins Herz und in den Kopf gehen konnten. Das bedeutet, dass die meisten Arbeiterlieder einen einfachen appellativen Charakter hatten, mit vielen Wort- und Phrasenwiederholungen, Refrains, die kombiniert mit einer mitreißenden und leicht erlernbaren Melodie problemlos mitzusingen waren. Zunächst verbreiteten sich die Arbeiterlieder über das gemeinschaftliche Singen auf Kundgebungen und Versammlungen, aber auch im Freizeitbereich auf Wanderungen oder im Freundeskreis, hingegen weniger über Liederbücher. Diese wurden erst nach der Jahrhundertwende bedeutender, da sich die Anzahl der Arbeiterlieder signifikant erhöhte und beispielsweise in Jugendverbänden gezielt Lieder gelernt wurden. Die Liederbücher sollten das Wissen um die Arbeiterlieder sichern und einer breiten Masse zugänglich machen. Die Texte der Arbeiterlieder brachten die Ziele und programmatischen Inhalte der Arbeiterbewegung in einprägsame Verse. So kommunizierten sie die verbindenden Ideen, Werte und Normvorstellungen. Sie geben aber auch mehr als andere Dokumente Einblicke in nicht formalisierte Gefühle und Sehnsüchte. In diesen vielfältigen Gründen lag und liegt ihre große Bedeutung in der wechselhaften Geschichte der Arbeiterbewegung und Sozialdemokratie.

Das gemeinsame Singen auf Veranstaltungen, Wanderungen, Treffen diente der Selbstversicherung der Arbeiter; es galt vor allem im Kaiserreich, aber auch in der Zeit der Weimarer Republik als ritueller Bestandteil der politischen Kultur der sich etablierenden und wiederholt verfolgten Arbeiterbewegung. Die Arbeiterlieder zündeten aber nicht nur wegen ihrer Programmatik unter den Anhängern, sondern vor allem wegen der Gefühle von Stärke, Mut, Siegeszuversicht, aber eben auch von Zusammengehörigkeit und Identität. Ihre Aufgabe war es, Selbstbewusstsein und Stolz, Selbstachtung und Selbstvertrauen zu vermitteln. Denn die Integration und Stärkung nach innen und die Abgrenzung nach außen galten als die vordringlichsten Bedürfnisse einer deutschen Arbeiterpartei, die sich im politischen System des Kaiserreichs behaupten wollte und gleichzeitig mit eigenen Differenzen und Spaltungen konfrontiert war. Aber nicht nur die Arbeiter selbst wussten, dass der Gesang eines bestimmten Liedguts nicht allein dem geselligen Vergnügen diente, sondern mit einer erzieherischen und identitätsstiftenden Absicht verbunden war – auch die Obrigkeit erkannte dies nur zu gut. So verbot das bismarcksche ›Sozialistengesetz‹ im Jahr 1878 auch die Arbeitersängervereine so wie grundsätzlich das Singen auf Versammlungen untersagt und überwacht wurde. Erst 1890 lockerte sich diese Politik und das gemeinschaftliche Singen im Arbeitermilieu erhielt bis in die Weimarer Republik hinein einen ungeheuren Auftrieb.

Vor diesem Hintergrund erklärt ein vergleichender Blick auf das »Bundeslied« und die »Arbeiter-Marseillaise«, warum das erste Lied zwar bis heute nicht vergessen ist, dennoch sich nicht gegen die Popularität der »Arbeiter-Marseillaise« behaupten konnte. Das mag an den lyrisch anspruchsvollen Versen, dem Gebrauch literarischer Stilmittel, aber auch an der Länge gelegen haben. Neben einem klaren Aufforderungscharakter fehlt dem Gedicht die einprägsame Wiederholung zentraler Botschaften, wie zum Beispiel in Form eines Refrains. Der Lyriker Herwegh schuf ein künstlerisch anspruchsvolles Gedicht und eben nicht den Text für ein vergemeinschaftendes Lied, was es aber nach Lassalles Idee werden sollte. Herwegh stellt die Lebensbedingungen der Arbeiter an den Pranger, die »Sklaverei der Not«, er kritisiert die Ausbeutung (»Sag, oh Volk, was Du gewinnst?«) und ruft am Ende zu einem Aufbegehren auf: »Brecht das Doppeljoch entzwei! / Brecht die Not der Sklaverei!«, ohne jedoch einen Ausblick in ein zukünftig glücklicheres Leben zu wagen. So vertont diese Bundeshymne zwar das Programm des Arbeitervereins, ihr fehlt aber entschieden ein optimistisches Zukunftsversprechen, der Geist gemeinschaftlicher Stärke, des kollektiven kämpferischen Aufbegehrens. Für einen breitenwirksamen Erfolg ermangelte es dem Lied anscheinend auch einer zündenden, einfach zu lernenden Melodie, die sich für den gemeinschaftlichen Gesang auf Kundgebungen und Versammlungen anbot. Die Komposition Hans von Bülows ist schon um die Jahrhundertwende in Vergessenheit geraten. Die meisten Liederbücher nach 1900 führten eine Neukomposition von Peter Heinz auf, in der das Lied heute überwiegend noch gesungen wird, auch wenn es verschiedene andere Versionen gibt.

Audorf traf offensichtlich gekonnter die Tonlage im Emanzipationskampf der Arbeiterbewegung. Ihm gelang es 1864 intensiver und nachhaltiger (nicht zuletzt durch die Wahl der sehr bekannten Melodie der französischen Marseillaise), an Herz und Verstand der Arbeiter zu appellieren. So konnte der Text alle Bedürfnisse der sich etablierenden politischen Kraft der Arbeiter befriedigen. Zum einen demonstrierten die singenden Arbeiter ihre Stärke und damit auch ihre Männlichkeit, Mut und Tapferkeit (»Nicht zählen wird den Feind / nicht die Gefahren all«). Diese Unerschrockenheit sollte den »Feind«, den politischen Gegner einschüchtern. So berichteten sozialdemokratische Zeitungen aus dem Jahr 1871, wie der Gesang der »Arbeiter-Marseillaise« den Gegner erblassen und davonrennen ließ.

Neben dieser körperlichen Stärke betont das Lied aber auch eine ideelle Überlegenheit. Die Arbeiter stehen gemeinschaftlich für ihre Ziele ein. Das Gefühl der Solidarität lässt sie sich selbst als eine Gemeinschaft erfahren, die moralisch überlegen ist, da sie für die Rechte der Mehrheit, nicht zuletzt für das Wahlrecht, und gegen Hass kämpft (»Nicht predigen wir Hass den Reichen / sondern Recht für Jedermann«). Der Kampf, den die Arbeiter führen, ist eben keiner um individuelle Vorteile und Reichtümer, sondern ein »heiliger Kampf«, mit des »Geistes Schwert« um »der wahren Freiheit Banner«. Damit steht die »Arbeiter-Marseillaise« beispielhaft für den Kampf um eine bessere, gerechtere und glücklichere Zukunft, in der die Menschheit von dem Elend erlöst ist, mit dem die Arbeiter in der zweiten Hälfte des 19. Jahrhunderts konfrontiert waren.

Noch in der Weimarer Republik war das gemeinschaftliche Singen in der Sozialdemokratie und der Arbeiterbewegung weit verbreitet. 1928 eröffnete der sozialdemokratische Präsident des deutschen Reichstags, Paul Löbe, die Deutschen Arbeitersänger-Festspiele mit dem Ausspruch: »Fahrt fort in Eurem Ringen und Singen, vermehrt eure Kraft und Eure Macht«. Und die Sozialdemokraten folgten dieser Aufforderung, auch während der politischen Unruhen und Straßenkämpfe am Ende der Weimarer Republik. Das Liedgut änderte sich, wurde den zeitgenössischen Bedürfnissen angepasst, aber die »Arbeiter-Marseillaise« und (wenn auch weniger häufig hörbar) das »Bundeslied« eroberten ihren festen Platz im Repertoire sozialdemokratischer Liederbücher und besitzen ihn noch heute.

Literaturhinweise:

Reinhard Dithmar, Arbeiterlieder 1844–1945, Neuwied 1993.

Bettina Hitzer, Schlüssel zweier Welten. Politisches Lied und Gedicht von Arbeitern und Bürgern 1848–1875, Bonn 2001 (auch online unter URL: <http://library.fes.de/fulltext/historiker/01141toc.htm> [12.7.2012]).

Inge Lammel, Arbeiterlied – Arbeitergesang. Hundert Jahre Arbeitermusikkultur in Deutschland. Aufsätze und Vorträge aus 40 Jahren, 1959–1998, Berlin 2002.

Franz Mehring, Sozialistische Lyrik, in: Archiv für die Geschichte des Sozialismus 4, 1914, S. 191–210.

August Bebel (rechts), der Journalist Adolf Hepner und Wilhelm Liebknecht (im Zeugenstand) als Angeklagte beim Leipziger Hochverratsprozess, 1872
(akg-images/Holzstich nach Zeichnung von Friedrich Waibler)

1863–1918

Manuel Gogos

Wir sind viele – Der Aufstieg zur Massenpartei

Am 31. August 1864 tickerte der Telegraf die Kunde von Ferdinand Lassalles Duelltod durch die Welt. Die eigentliche Gründungsgestalt der Sozialdemokratie in Deutschland war eine charismatische, nervöse Figur, »ehrgeizig im hohen Stil«, wie Reichskanzler Otto von Bismarck ihn nannte. Lassalle entstammte einer wohlhabenden jüdischen Seidenhändlerfamilie aus Breslau, seine luxuriöse Lebensführung als Bohemien und mehr noch sein Gespür für Börsenspekulationen machten ihn in den Augen mancher sozialistischer Zeitgenossen verdächtig. Am 11. Februar 1863 bat das Leipziger Arbeiter-Komitee Ferdinand Lassalle um eine Einschätzung, welchen politischen Weg die Arbeiterbewegung künftig einschlagen solle. Lassalle verfasste daraufhin das »Offene Antwortschreiben«, von der Stärke eines veritablen Aufsatzes, das sich an den Arbeiterstand richtete und die großen politischen Leitlinien Lassalles skizzierte. So forderte er die gesetzliche Festsetzung der Löhne, da im Kapitalismus das »eherne Lohngesetz« herrsche, wonach die Löhne sich immer stärker herunterschrauben ließen und sich auf das Existenzminimum einpendeln würden. Um eine freie Gesellschaft zu erschaffen, sollten Arbeiter sich zusammenschließen und Genossenschaften gründen, die der Staat unterstützen solle. Doch sollte das Ziel einer allgemeinen Verbesserung der Lebensumstände der Arbeiter laut Lassalle ausschließlich auf dem parlamentarischen Weg verfolgt werden. Ein allgemeines Wahlrecht würde die Arbeiter in die Lage versetzen, den Staat in die Pflicht zu nehmen, – ohne seine politische Grundordnung mit dem Mittel revolutionärer Erhebungen stürzen zu müssen – ganz im Gegenteil: Auf diese Weise würde die Gesellschaft quasi natürlich in den Zustand des Sozialismus hineinwachsen. Und es war genau diese ideologische Rivalität zwischen Lassalle und Marx, welche die frühe deutsche Arbeiterbewegung wesentlich prägte.

Am 23. Mai 1863 rief Lassalle in Leipzig den Allgemeinen Deutschen Arbeiterverein ins Leben, die erste sozialdemokratische Partei im engeren Sinne: Lassalle wurde ihr Präsident, seine Machtbefugnis war groß. Lassalles Erwartungen an die deutschen Arbeiter waren hoch: Er möchte sie mit dem offenen Brief und der Parteigründung aus ihrem politischen Dämmerzustand reißen. Binnen eines Jahres zählte der Verein jedoch kaum 1.000 Mitglieder – und doch ging von ihm eine aufrüttelnde, ja beflügelnde Wirkung auf die Arbeiterschaft aus. Es war insbesondere die charismatische Gestalt Lassalles, die unter den Arbeitern eine starke Bindekraft entwickelte. Lassalle bekannte einmal, angesichts der ihm andächtig lauschenden Arbeiter und blumengeschmückten Wagen, die ihn bei seinen Auftritten überall in Deutschland erwarteten, sich zuweilen regelrecht wie ein Religionsstifter gefühlt zu haben. Nach seinem Tod plante seine Vertraute Gräfin Sophie von Hatzfeld, die Leiche des Arbeiterführers für Totenfeiern durch ganz Deutschland zu führen, um so den Lassalle-Kult aus seinen Lebzeiten zu festigen. Obgleich es nicht zu dieser morbiden Demonstration kam, etablierten sich überall in Deutschland sogenannte Lassalle-Feiern – Stiftungsfeste, in denen Lebensstationen Lassalles als *tableaux vivants* – als lebende Bilder – aufgeführt wurden und die für die Arbeiterbewegung einen quasi liturgischen Charakter annahmen. Zum zehnjährigen Bestehen des Allgemeinen Deutschen Arbeitervereins wurde eine Fahne hergestellt, die eindringlich wie kaum ein anderes historisches Artefakt das Traditionsbewusstsein der SPD bezeugt. So hat sich darum die Legende entsponnen, die Fahne sei einmal das Leichentuch Lassalles gewesen. Selbst in Zeiten größter Bedrängnis – unter ›Sozialistengesetz‹ und nationalsozialistischer Verfolgung – haben Sozialdemokraten ihr »Sozialistenbanner« unter Gefahr für Leib und Leben geschützt.

Allerdings ging es schon bei der frühen Anhängerschaft der sozialdemokratischen Bewegung weniger um einen einfachen Personenkult. Freiheit, Solidarität und soziale Gerechtigkeit – es sind diese politischen Ideen, derethalben sich in der Gründungsgeschichte der sozialdemokratischen Partei immer wieder Überzeugte gefunden haben, die selbst unter dem Einsatz großer persönlicher Opfer bereit waren,

Abbildung 1:
Der ADAV-Vorstand in bürgerlicher Selbstdarstellung, 1863 (SAPMO, Berlin)

Abbildung 2:
Porträt Ferdinand Lassalles, circa 1860 (AdsD)

für diesen ›heißen Kern‹ ihrer politischen Tradition einzustehen. Zu ihnen gehörte Wilhelm Liebknecht, Schüler von Karl Marx und Mentor von August Bebel, der über Liebknecht gesagt hat: »Liebknechts echte Kampfnatur wurde von einem unerschütterlichen Optimismus getragen, ohne den sich kein Ziel erreichen läßt. Kein noch so harter Schlag, ob er ihn persönlich oder die Partei traf, konnte ihn nur einen Augenblick mutlos machen oder aus der Fassung bringen. [...] Er war ein Mann von Eisen mit einem Kindergemüt.«[1] Während seiner Agitationsreisen quer durch Deutschland wurde Liebknecht zum gefragten ›Reiseprediger‹ wider den Lassalleanismus. »Liebknecht ist da!« – Rufe wie dieser führten die Menschen scharenweise in die Gasthöfe, in denen die Arbeitervereine ihre Veranstaltungen organisierten. Man besuchte sie mit extrem gespannten Erwartungen. Nicht in der Arbeiterkluft betrat man den Verein, sondern im Sonntagsstaat. Dunkle Gehröcke mit Weste und möglichst eine Taschenuhr an der Kette waren Insignien der Respektsperson, die man darstellte. Auch die Genossen wurden weniger kumpelhaft als feierlich angesprochen mit »Sie« und »Herr«. Auf Fotos jener Zeit symbolisierten Gesten des Unterhakens und auf Schultern gelegte Hände den freiwilligen Zusammenschluss unabhängiger Männer. Bei großem Zustrom wurden Tische und Stühle an den Rand geschoben, stehend verfolgte man die mehrstündigen Reden oder das Hin- und Hergewoge der Rededuelle. In der frühen Zeit gingen Arbeiterbewegung und Kneipenwirtschaft in Ermangelung anderer Versammlungsorte noch eine symbiotische Beziehung ein: Auch Tabakqualm und Bierausschank führten zu einer erheblichen Verdichtung der Atmosphäre.

Die Sozialdemokratische Arbeiterpartei (SDAP), die August Bebel am 9. August 1869 gemeinsam mit Wilhelm Liebknecht in Eisenach gründete, entstand als klare Gegenorganisation zu Lassalles Arbeiterverein. Zunächst im Führungsstil: Während Lassalle innerhalb der von ihm geschaffenen Vereinsstruktur autokratisch herrschte, wollten Bebel und Liebknecht in ihrer Arbeiterpartei egalitäre, basisdemokratische Formen erproben. Ein entscheidender Unterschied war programmatischer Natur: Während die Lassalleaner auf einen sozialdemokratischen Reformismus von Staat und Gesellschaft setzten, fühlten sich die Revolutionswächter in Eisenach

Abbildung 3/4:
Wilhelm Liebknecht (links) und August Bebel (rechts), 1870er Jahre (AdsD, Rechteinhaber nicht ermittelbar)

Abbildung 5:
Der zweite Kongress der Sozialdemokratischen Arbeiterpartei, 12. bis 15. August 1871 in Dresden (Rechteinhaber nicht ermittelbar)

dem revolutionären Sozialismus mit dem negativen Staatsbegriff von Karl Marx verpflichtet. Zuletzt differierten die rivalisierenden Arbeiterorganisationen politisch: Wo Lassalle preußisch-national dachte, identifizierten sich Liebknecht und Bebel mit dem proletarischen Internationalismus der Internationalen Arbeiterassoziation (IAA).

Bereits 1863 hatte August Bebel den Vereinstag (später: Verband) Deutscher Arbeitervereine als Dachverband mitgegründet und war zunächst mit der von ihm ins Leben gerufenen regionalen Sächsischen Volkspartei 1866, später auch mit der Leipziger Sektion des Verbands 1868 der IAA (»Erste Internationale«) beigetreten. Welchen Stellenwert der internationale Zusammenhang für die Eisenacher besaß, wird deutlich bei einem Blick auf das Statut der SDAP: Es fußte auf dem Statut der Ersten Internationale.

Die frühen Sozialdemokraten aus Leipzig und Eisenach fochten ihre ›Duelle‹ mit harten Bandagen aus, ideologisch wie handgreiflich. Auch die Umstände der SDAP-Gründung waren turbulent: Nach den Auseinandersetzungen mit einer Gruppe gegnerischer Lassalle-Anhänger musste die Tagung, die ursprünglich im »Goldenen Löwen« in Eisenach anberaumt war, in das Hotel »Zum Mohren« verlegt werden. Jahrelang währte der erbitterte Zwist der ersten sozialdemokratischen Parteien. Unter den neuen politischen Bedingungen – 1870/71 erfolgte nach dem Deutsch-Französischen Krieg die Reichsgründung ›von oben‹ durch Bismarck ohne Österreich – erhoben sich jedoch angesichts der einsetzenden staatlichen Repression gegen sozialdemokratische ›Umtriebe‹ immer mehr Stimmen gegen jede ideologische Haarspalterei, man drang auf Aussöhnung.

Am 23. Mai 1875 versammelten sich die Delegierten des Allgemeinen Deutschen Arbeitervereins und der Sozialdemokratischen Arbeiterpartei in Gotha. Nach mehreren Kampfabstimmungen rauften sich die Delegierten zusammen und vereinigten sich zur Sozialistischen Arbeiterpartei Deutschlands (SAPD). Im Gothaer Programm schlug sich der historische Kompromiss der ideologischen Linien nieder: »Die Arbeit ist die Quelle allen Reichtums und aller Kultur. [...] In der heutigen Gesellschaft sind die Arbeitsmittel Monopol der Kapitalistenklasse; die hierdurch bedingte Abhängigkeit der Arbeiterklasse ist die Ursache des Elends und der Knechtschaft in allen Formen. [...] Von diesen Grundsätzen ausgehend, erstrebt die Sozialistische Arbeiterpartei Deutschlands mit allen gesetzlichen Mitteln den freien Staat und die sozialistische Gesellschaft, die Zerbrechung des ehernen Lohngesetzes durch Abschaffung des Systems der Lohnarbeit, die Aufhebung der Ausbeutung in jeder Gestalt, die Beseitigung aller sozialen und politischen Ungleichheit.«[2] Das Programm von Gotha warb für Lassalles »freien Staat« und die »sozialistische Gesellschaft«. Dagegen fehlte, obgleich das Programm weitgehend aus der Feder Wilhelm Liebknechts stammte, ein klares Bekenntnis zur sozialistischen Revolution – wohl auch im Hinblick auf die erwartbare Repression. Marx kritisierte das Einigungswerk darum in seinen berühmten »Randglossen zum Programm der deutschen Arbeiterpartei« scharf. Aber trotz dieser Unkenrufe des Alten aus London reichten die Folgen des Parteitags von Gotha weit, die Dinge kamen in Bewegung. Das Schmuckblatt »Den Alten zur Ehr, den Jungen zur Lehr!« zur Erinnerung an die Einigungskonferenz zeigte die Kontrahenten Karl Marx und Ferdinand Lassalle zumindest im virtuellen Schulterschluss. Und die in Leipzig gegründete Zeitung der vereinigten SAPD ersetzte die bisher um Öffentlichkeit konkurrierenden Parteiblätter »Der Volksstaat« und »Neuer Social-Demokrat« – der »Vorwärts« erschien entsprechend unter gemeinsamer Leitung des Marxisten Wilhelm Liebknecht und des Lassalleaners Wilhelm Hasenclever. Nach Leipzig und Eisenach ist die Stätte des Gothaer Parteitags damit, zumal in der historischen Rückschau, unbestreitbar zum Schauplatz eines der zentralen Gründungsakte der sozialdemokratischen Bewegung geworden.

»Krieg den Palästen, Friede den Hütten« – es soll dieser an den Dichter Georg Büchner angelehnte Schlachtruf des Parlamentariers August Bebel gewesen sein, der Reichskanzler Otto von Bismarck die Augen öffnete für den vermeintlich staatsgefährdenden, umstürzlerischen Charakter der Sozialdemokratie. Bebel war es auch, der zu Bismarcks großem Gegenspieler wurde – die beiden lieferten sich erbitterte Rededuelle im Reichstag, die in der Öffentlichkeit gern aufgegriffen wurden. In der Presse der Zeit stellte man sich die Frage, ob die Darstellungen der Regierung stimmen, ob der sozialdemokratischen Bewegung tatsächlich ein gefährliches revolutionäres Feuer innewohnt. In einer Ausgabe der Berliner Börsen-Zeitung aus dem Jahr 1871 hieß es dazu: »Man denke sich einen robusten Mann mit rötlichem Haar und energieträchtiger Nase – das ist Bebel nicht! Bebel ist eine zierliche Erscheinung. Aus einem hübschen Gesicht strahlen Augen, welche gewiß schon viele Frauenherzen auf dem Gewissen haben. Aber Bebel ist kein Don Juan. Er ist solide, sogar philiströs. [...] Sieht Bebel [...] wie seine Rede aus? Wir boten Bebel eine Zigarre an. [...] Sollen wir noch etwas zur Beruhigung der Haupt- und Residenzstadt anführen? Bebel raucht nicht. Bebel zündet keine Zigarre an – und er sollte Paläste anzünden?«[3] Doch ungeachtet der demokratischen, parlamentarisch eingehegten Gesinnung der Sozialdemokraten gegen Ende des 19. Jahrhunderts: Zwei Attentate auf Kaiser Wilhelm I. lieferten Bismarck den Vorwand, seinen größten innenpolitischen Gegner auszuschalten. Beim Leipziger Hochverratsprozess 1872 wurden August Bebel und Wilhelm Liebknecht aufgrund ihrer kritischen Äußerungen zum Deutsch-Französischen Krieg und zur Niederschlagung des Arbeiteraufstands in Paris (»Pariser Kommune«) zu je zwei Jahren Festungshaft verurteilt.

Im »Gesetz gegen die gemeingefährlichen Bestrebungen der Sozialdemokratie« von 1878 öffnete Bismarck dann mit Mehrheit der konservativen und nationalliberalen Abgeordneten im Reichstag die Schleusen für eine massive Verfolgung der sozialdemokratischen Bewegung durch den Staat: Versammlungen wurden verboten, Gewerkschaften aufgelöst, Presserzeugnisse eingestellt, Sozialdemokraten wurden ins Ausland verbannt – oder eben hinter Festungsmauern.

Paradoxerweise hatte dieses ›Sozialistengesetz‹ den Sozialdemokraten die Teilnahme an Wahlen nicht verboten: So gelang es der SAPD im Zeitraum von 1881 bis 1890 zur stärksten Fraktion im Reichstag zu werden.

Doch auch die Bewegung selbst fand unter schwersten Repressionen noch Gelegenheit zur politischen Demonstration. Mit der Erinnerung an die Märzgefallenen der Revolution von 1848 festigte sich eine gemeinsame sozialdemokratische Identität. Eine andere Art, die Gesinnung auch während des ›Sozialistengesetzes‹ öffentlich kundzutun, bestand im Geleit derjenigen, die ins Exil oder in Haft gehen mussten. So verabschiedeten Anhänger der Eisenacher Liebknecht und Bebel auf ihrem Weg zur Haft in die Hubertusburg: »Am Nachmittag desselben Tages reiste ich nach Hubertusburg. [...] Unter dem Gepäck [...] befand sich auch ein großer Vogelbauer mit einem prächtigen Kanarienhahn [...]. Als ich ausstieg, standen sämtliche Schaffner an dem langen Personenzug vor ihren Wagen und salutierten, indem sie die Hand an die Mütze legten. Der Lokomotivführer schwenkte die Mütze, ebenso schwenkte ein großer Teil der Passagiere, der in den Fenstern lag, Hüte und Mützen und rief mir Lebewohl zu. Ich war sehr gerührt über diese Zeichen der Sympathie.«[4] Hinter Gittern, flankiert von einem Siechhaus und einer Irrenanstalt für Frauen und Kinder, verfasste Bebel Artikel und Aufrufe und es gelang ihm sogar, sie aus dem Gefängnis herauszuschmuggeln. In der Haft suchte Bebel sich autodidaktisch weiterzubilden. Endlich las er die Hauptwerke von Marx, aber auch Machiavelli und »Utopia« von Thomas Morus. Zudem konnten sich die Gefangenen als Gärtner betätigen. Jeden Vormittag beim Hofgang veranstalteten Bebel und Liebknecht ein Wettrennen zum Radieschenbeet, abends kochte ersterer Tee, den er mithilfe einer langen Bohnenstange aus dem Garten in die Nachbarzelle des letzteren hinüberschmuggelte. Verbündete fanden sich in der Haft an völlig unerwarteter Stelle: »Als ich in das Zimmer des Untersuchungsrichters trat, fiel mein Blick auf ein stattliches Bündel blauer Papiere, die auf der breiten Fensterbank lagen. Es waren meine Briefe an den Parteiausschuß, die dieser mit den Briefen von Liebknecht, Marx und Engels ganz besonders sorgfältig und liebevoll aufbewahrt hatte. [...] Mit jedem neuen Verhör wurde der Richter zugänglicher. Selbstverständlich waren unsere Briefe das erste Material, was er durchstudierte. Und da nun diese fast alle streng vertraulicher Natur waren, so hatten wir darin uns gegenseitig nicht nur unsere Parteischmerzen, sondern auch unsere großen und kleinen Privatschmerzen mitgeteilt, und dabei stellte sich heraus, daß keiner von uns auf Rosen gebettet war. Wohl zu seiner eigenen Überraschung entdeckte der Untersuchungsrichter, daß wir keine Landesverräter und Königsmörder seien, sondern Menschen, die von den besten Absichten beseelt waren und warmes Herzblut in den Adern hatten.«[5]

Doch trotz solcher gelegentlicher Solidaritätsbeweise: Die Druckverhältnisse, die das ›Sozialistengesetz‹ generierte, zwangen die Arbeiter, sich im eigenen Milieu abzuschotten. Verfolgt, verfemt,

Abbildung 6:
Gedenkblatt zum Einigungsparteitag in Gotha 1875 (AdsD)

Abbildung 7:
»Rote Siegnummer« des zentralen Parteiblatts aus dem Exil zu den Gewinnen bei der Reichstagswahl 1890 (Bibliothek der FES)

Abbildung 8:
Erstausgabe des »Vorwärts« vom 1. Oktober 1876 (Bibliothek der FES)

Abbildung 9:
SPD-Plakat zum Frauentag 1914 (AdsD)

Abbildung 10:
Vorkämpferinnen für das Frauenwahlrecht: Die Freundinnen Rosa Luxemburg und Clara Zetkin spazieren zur Tagungsstätte des SPD-Parteitags 1910 in Magdeburg (Rechteinhaber nicht ermittelbar)

Der Sozialdemokrat
Organ der Sozialdemokratie deutscher Zunge.
20 Mandate im ersten Wahlgang, 17 in der Stichwahl.
1,341,587 sozialdemokratische Wähler — 567,405 Zuwachs

Der erste Akt.

Vorwärts
Central-Organ der Sozialdemokratie Deutschlands.
Nr. 1. Sonntag, 1. Oktober 1876.

verachtet zu werden, pflanzte ihnen nachhaltig das Bewusstsein des gesellschaftlichen Außenseiters ein, des Märtyrers und Helden. Bebel schrieb in seinen Erinnerungen: »Daß man uns wie Vagabunden und Verbrecher ausgewiesen und ohne eine gerichtliche Prozedur von Weib und Kind gerissen hatte, empfand ich als eine tödliche Beleidigung, für die ich Vergeltung geübt, hätte ich die Macht gehabt. Kein Prozeß, keine Verurteilung hat je bei mir ähnliche Gefühle des Hasses, der Er- und Verbitterung hervorgerufen, [...] bis endlich der Fall des unhaltbar gewordenen Gesetzes dem grausamen Spiel mit menschlichen Existenzen ein Ende machte.«[6]

Wenn er nicht in Haft oder Session im Reichstag war, lebte Bebel während des ›Sozialistengesetzes‹ in Zürich. Dort konnte er ungehindert politisch tätig sein, dort erschien auch der als Ersatz des »Vorwärts« geführte wöchentlich publizierte »Sozialdemokrat« ab 1879, seit dem Jahr 1888 aus London. Julius Motteler, Reichstagsabgeordneter bis 1878 und Vertrauter von Bebel, übernahm es, den Schmuggel über die Schweizer Grenze und die reichsweite Verbreitung der in Deutschland illegalen Zeitung zu organisieren. Er machte seine Aufgabe so gut, dass er dafür als »roter Feldpostmeister« verehrt wurde.

Während des ›Sozialistengesetzes‹ gingen viele der führenden Köpfe der Sozialdemokratie freiwillig wie unfreiwillig ins Exil, vor allem nach Zürich und London. Hier wurden internationale Netzwerke geknüpft und die Unterstützung im Deutschen Reich organisiert. Zugleich bemühte man sich um einen Neustart der Internationale: Diese gründete sich 1889 in Paris auf einer Konferenz aufs Neue. Ihre erste Entscheidung, einen Tag der Arbeit international zu feiern, wurde 1890 in verschiedenen Ländern mit Demonstrationen zum 1. Mai erstmalig umgesetzt. Auf jährlichen Konferenzen in verschiedenen Städten und Ländern und auch auf Frauen-Konferenzen stärkte sich der grenzüberschreitende Zusammenhalt. Auf deutsche Anregung wurde 1910 der internationale Frauentag begründet, der 1911 erstmalig stattfand. Thematisch dominierten die Bemühungen um weltweite Solidarität und der Kampf um verbesserte Lebensbedingungen. Die deutsch-französischen Beziehungen waren dabei besonders eng. Auf einer gemeinsamen Konferenz in Stuttgart 1907 wurde auf je nationale Weise dem Nationalismus abgeschworen und in einem gemeinsamen Aufruf 1913 vor dem »Rüstungswettlauf« gewarnt. Der dennoch folgende Krieg stellte die eigenen Ansprüche des internationalen Zusammenhalts auf eine harte Probe, nach kurzen öffentlichen Protesten schwenkten die Arbeiterparteien größtenteils auf die jeweiligen nationalen Linien ein. Erst 1917 führt der Wunsch nach Beendigung des Leidens am Krieg zum erneuten (erfolglosen) Versuch der Annäherung.

Im Jahr 1890 fiel das ›Sozialistengesetz‹, am Ende war Bismarck gescheitert. Das Gesetz hatte die Bewegung nicht stoppen können, es hatte sie radikalisiert. Zugleich hatte es die Partei größer gemacht. Auf dem Parteitag 1890 nannte sich die Sozialistische Arbeiterpartei in Sozialdemokratische Partei Deutschlands (SPD) um. Bebel wandte sich in der Diktion revolutionärer Naherwartung an die Delegierten: »Ja, ich bin überzeugt, die Verwirklichung unserer letzten Ziele ist so nahe, daß Wenige in diesem Saale sind, die diese Tage nicht erleben werden.«[7] Das 1891 in Erfurt entworfene Parteiprogramm beruhte auf marxistischen Grundannahmen, verband diese aber mit konkreten sozialpolitischen Forderungen: Achtstundentag, Schaffung eines gerechten sozialen Sicherungssystems und das Verbot der Kinderarbeit gehörten zu den zentralen Forderungen der SPD im Kaiserreich – ebenso wie das erstmalig in einem Parteiprogramm eingeforderte Wahlrecht für Frauen.

Das sozialdemokratische Milieu, wie es sich als Folge des ›Sozialistengesetzes‹ etablierte, zementierte nicht nur die Absonderung der Arbeiter von der bürgerlichen Lebenssphäre; zugleich war der lebensweltliche Kontext des Arbeitermilieus auch ein Ort der Sammlung und Identitätsstiftung. Nach dem Fall des ›Sozialistengesetzes‹ konnte es sich dann frei entfalten, eine ganze Welt vielfältiger Umfeldorganisationen aller Art entstand. Wilhelm Liebknecht hatte erstmals 1872 in einem viel beachteten Vortrag vor Vertretern der Arbeiterbildung gefordert, die Schranken einzureißen, die der Arbeiterklasse den Zugang zu Wissen, Bildung und Kultur verwehrten. Dabei gab er – im Rückgriff auf den englischen Philosophen Francis Bacon – die populäre Parole aus: »Wissen ist Macht – Macht ist Wissen«. Immer ging es um die Gestaltung der kargen Freizeit, zugleich um Selbstermächtigung und Emanzipation: Bibliotheken wurden aufgebaut, Arbeiterbildungsvereine gegründet. Arbeiterturnvereine wie der 1893 in Gera gegründete Arbeiter-Turnerbund (später Arbeiter-Turn- und

Sportbund) wurden zu Trainingsstätten eines neuen Selbstbewusstseins. Radfahren und Turnen dienten nicht der nationalen Stärkung und allein dem Wettkampf, sondern der eigenen Entwicklung und Entfaltung – und auch immer der Geselligkeit. Aber die Arbeiterbewegung war auch eine singende Bewegung: »Lassallia« und »Vorwärts«, »Gleichheit« und »Freiheit« hießen sie, die klingenden Namen der Gesangsvereine und Arbeiterblaskapellen, in denen das Zusammengehörigkeitsgefühl der Bewegung gestärkt und neue Mitglieder gewonnen werden konnten. Mit knapp 200.000 Mitgliedern wurde der 1908 in Berlin gegründete »Deutsche Arbeitersängerbund« zur stärksten kulturellen Organisation der Arbeiter. Mag sein, dass sich die wandernden und singenden Arbeiter einiges an Empfindsamkeit für das ›Gute und Schöne‹ der bürgerlichen Kultur abgeschaut hatten, auch für die Kampfgesänge auf Versammlungen und Umzügen griff man auf das Liedgut der bürgerlichen Freiheitsbewegung zurück; die Texte wurden allerdings abgeändert, der Refrain der eigenen Weltanschauung angepasst. So konnte aus »Turnersinn, deutscher Sinn« dann »Turnersinn, freier Sinn« werden. Zugleich unternahm man den Versuch, eigene proletarische Kulturformen des Massenlieds zu entwickeln, etwa mit der »Arbeiter-Marseillaise« oder dem Sozialistenmarsch.

Zwischen 1890 und 1900 kam in der organisierten Arbeiterschaft das genossenschaftliche Wirtschaftsprinzip zum Durchbruch. Durch eigene Produktion oder Großeinkäufe von Gütern des täglichen Bedarfs und ausschließlichem Verkauf an Mitglieder bemühten sich Konsumvereine im ganzen Reich, ein Gegengewicht zur sogenannten Profitwirtschaft zu schaffen. Die Hochindustrialisierung war im vollen Gange, Hunderttausende Bauern und Handwerker zogen in die Städte, wo sie in den industriellen Arbeitsprozess eingegliedert wurden und die labyrinthartigen Hinterhöfe der Metropolen bewohnten. Arbeiterfamilien lebten in oft bedrängender Enge heruntergekommener Mietskasernen. Anders als bürgerliche Familien, die sich hinter Hecken und Zäunen ihre Privatsphäre schafften, lebten die Arbeiterfamilien zumeist in einer halb offenen Struktur – viele Familien quartierten sogar sogenannte Schlafgänger ein, um das Haushaltsgeld

Abbildung 11:
Die Arbeiterjugend als Freizeit- und Bildungsbewegung, circa 1905 (AdsD)

Abbildung 12:
Arbeitergesangsverein »Sängerbund Ronsdorf«, gegründet 1886 (Fritz-Hüser-Institut für Literatur und Kultur der Arbeitswelt, Dortmund)

Abbildung 13:
Konsumverein in Hannover, circa 1910 (Rechteinhaber nicht ermittelbar)

Abbildung 14:
Arbeiterfamilie, circa 1900 (Rechteinhaber nicht ermittelbar)

Abbildung 15:
Darstellung einer Reihe von Turnübungen anlässlich des Kreisturnfests in Lübeck, circa 1913 (AdsD)

Abbildung 16:
Arbeiter-Samariter der Abteilung St. Georg in Hamburg, 1915 (ASB)

Abbildung 17:
Bremer Parteitag 1904 (AdsD)

aufzubessern. Und dass die verstärkte Fabrikarbeit einen besseren Arbeitsschutz erforderte, war nicht nur ein Thema der Gewerkschaften, sondern mit Gründung des Arbeiter-Samariter-Bundes (1888) auch eine Frage der Selbsthilfe. Der Aufstieg der SPD zur Massenpartei Ende des 19. und Anfang des 20. Jahrhunderts ist ohne die sozioökonomische Entwicklung und die Parallelentwicklung dieses lebensweltlichen Verbunds aus Umfeldorganisationen kaum zu erklären.

Was in Reaktion auf die prekären Arbeitsverhältnisse des Industriezeitalters als soziale Bewegung begann, differenzierte sich erst allmählich zu einer sozialistischen Arbeiterpartei aus. Über viele Jahrzehnte stand der Auf- und Umbau ihrer Organisationen im Mittelpunkt sozialdemokratischer Aktivitäten. Als im Oktober 1895 der junge Mathematiker Bertrand Russel für einige Monate Berlin besuchte, um im Auftrag der gerade gegründeten »London School of Economics« ein Buch über die politische Strategie der sozialdemokratischen Bewegung in Deutschland zu schreiben, da präsentierte sich ihm die SPD bereits als geschlossene, radikaloppositionelle Massenpartei mit ständig anwachsender parlamentarischer Repräsentanz.

Noch hing die Finanzierung der Partei wesentlich vom Vertrieb ihrer Presseorgane ab. Gewinne aus dem Verkauf des 1879 gegründeten beliebten Satiremagazins »Der Wahre Jacob« oder des 1890 in Berlin wiedergegründeten »Vorwärts« wurden zur finanziellen Grundlage für den organisatorischen Ausbau der Partei. Es wurde ein reichsweites Netz von (bezahlten) Arbeitersekretariaten gegründet, die sich neben der Organisations- und Werbearbeit um die sozialen Belange der Arbeiterschaft kümmerten. Die 1906 eröffnete Parteischule war ein weiterer Schritt in die Professionalisierung der Parteiarbeit. Das Wachstum der SPD schlug sich auch in einem regelrechten Bauboom nieder, wie er sich etwa in der neuen Berliner Parteizentrale in der Lindenstraße 3 manifestierte, die sich als repräsentativer Großbau zeigte. Mit dem überschüssigen Geld wurden seit den frühen 1890er Jahren Investitionen in weitere Zeitungen getätigt und darüber hinaus auch finanziell sich nicht selbst tragende Publikationen wie die Frauenzeitschrift »Gleichheit« oder das Theorieorgan »Die Neue Zeit« unterstützt. Die Zeitungsredaktionen der sozialdemokratischen (Regional-)Presse waren häufig Organisations- und Aktionszentren der politischen Arbeit. Hier bildete sich eine Art ›Intelligenzija‹ der Arbeiterbewegung heraus, für viele Redakteure wurde die publizistische Arbeit zum Sprungbrett für eine Karriere in der Partei, für die sie nebenbei als »Agitationsredner« tätig waren.

Außerdem wurden die Theorieorgane »Die Neue Zeit« und »Sozialistische Monatshefte« zu den wichtigsten Austragungsorten einer programmatischen Selbstvergewisserung in ihrer je zeitspezifischen Dialektik aus revolutionären und reformistischen Strategien.

In dieser schnell wachsenden Partei gab es nicht nur einen Hunger nach Bildung und Kultur, sondern auch ein starkes Bedürfnis nach politischer Sinnstiftung und Orientierung. Welche Aufgabe hat eine Partei? Was genau ist ihr Ziel – und wie soll sie dieses Ziel verfolgen? Um die Wende vom 19. zum 20. Jahrhundert wurde die SPD von den Erschütterungen des »Revisionismusstreits« erfasst. Eduard Bernstein, Sohn eines Lokomotivführers und Autorität auf dem Feld marxistischer Theorie, kritisierte öffentlich alle marxistisch-revolutionäre Zukunftsmusik: Der Kapitalismus hätte seine Anpassungsfähigkeit erwiesen, zum großen »Kladderadatsch« (Bebel) werde es nicht kommen. So sollten sich die Arbeiter ins System integrieren und die Gesellschaft mit Reformen verändern: »[F]ür wen die Wissenschaftlichkeit des Sozialismus nicht auch ›bloß ein Schaustück ist, das man bei festlichen Anlässen aus dem Silberschrank nimmt [...]‹, der wird, sobald er sich dieser Widersprüche bewußt wird, auch das Bedürfnis empfinden, mit ihnen aufzuräumen. Darin und nicht im ewigen Wiederholen der Worte der Meister beruht die Aufgabe ihrer Schüler. [...] Solche Anerkennung bedeutet noch nicht den Untergang der Lehre. Es kann sich vielmehr herausstellen, daß nach Ablösung dessen, was für irrig erkannt ist [...], es schließlich doch Marx ist, der gegen Marx recht behält.«[8]

Mit seinem Trommelrühren für einen evolutionären Sozialismus stieß Bernstein vielen Sozialdemokraten vor den Kopf. Bebel warf seinem Meisterschüler vor, er beraube die Bewegung ihrer Begeisterung, ja ihres ›Glaubens‹. Während Bernstein das Erfurter Programm von 1891 noch gemeinsam mit Karl Kautsky formuliert hatte, machte der Revisionismusstreit die beiden Freunde in der Öffentlichkeit zu Gegnern. Kautsky, Chefredakteur der »Neuen Zeit«, vertrat weiterhin Bebels Kurs eines revolutionären Marxismus. Auf dem Dresdner Parteitag 1903 stimmte die SPD Bernsteins Thesen nieder, Rosa Luxemburg forderte in harten, unerbittlichen Sätzen seine Ächtung. In der Geschichte des Sozialismus kam es nun regelrecht in Mode, politische Gegner als »Revisionisten« anzuprangern: Nicht nur Rosa Luxemburg bezichtigte später Friedrich Ebert des Revisionismus, dasselbe vertrat Stalin gegenüber Trotzki und dann wieder Mao Zedong gegenüber einer Sowjetunion, die sich entstalinisierte. Heute gilt Bernstein dagegen vielen als der Vater der sozialen Demokratie – und als Mann, der historisch gesehen weitgehend recht behalten hat.

Nach 1903 setzte sich der Revisionismusstreit mit anderen Mitteln fort. Es ging um die Frage nach der Rolle und Aufgabe der Gewerkschaften auf dem Weg zum Sozialismus: Darf man ein Instrument des Arbeitskampfs zwischen Arbeitgebern und Arbeitnehmern, zwischen Bourgeoisie und Arbeiterschaft, den Streik, auch politisch instrumentalisieren? Die SPD beantwortete diese Frage auf dem Parteitag 1904 positiv. Damit löste sie die Massenstreikdebatte aus, eine der zentralen programmatischen Auseinandersetzungen der Arbeiterbewegung vor dem Ersten Weltkrieg. Die Verfechter der Massenstreiks wollten den möglichst flächendeckenden Ausstand als politisches Druckmittel einsetzen. Die freien Gewerkschaften, die ebenfalls eine explosionsartige Wachstumsphase erlebten, lehnten den Generalsstreik rigoros ab, in der Befürchtung, quasirevolutionäre Aktionen dieser Art könnten den Staat herausfordern und die Errungenschaften der Bewegung aufs Spiel setzen. Immer wieder wurden in der Gewerkschaftsbewegung mahnende Stimmen laut, es habe ungeheure Opfer gekostet, den augenblicklichen Stand der Organisation zu erreichen, und die Arbeiterbewegung müsse sich friedlich verhalten, um sie in aller Ruhe weiter auszubauen. Die Gewerkschaften zeigten der SPD erstmals die kalte Schulter – und ihre gewachsene Organisationsmacht. Ohne die Beteiligung der freien Gewerkschaften schien es weiten Teilen der SPD aussichtslos, den Generalstreik als politisches Kampfmittel einzusetzen. Auf dem Mannheimer Parteitag von 1906 konnten die selbstbewussten Gewerkschaften darum ihre Haltung grundsätzlich durchsetzen. Der Parteitag stimmte der Formulierung zu, dass die Gewerkschaften an »Wichtigkeit hinter der sozialdemokratischen Partei nicht zurückstehen«. Damit war die Gleichstellung von Gewerkschaften und Partei erreicht.

Mit der Reichstagswahl von 1912 erlebte die SPD den Höhepunkt ihrer bisherigen Geschichte: Sie wurde mit 110 Abgeordneten zur stärksten Fraktion im deutschen Reichstag gewählt, die Partei erhielt über vier Millionen Wählerstimmen. Das Dankesplakat von 1912 spielte mit dem Heldenmotiv der Nibelungensage: Siegfrieds übermenschliche Kräfte deuteten auf ein neues, triumphales

Abbildung 18:
Parteischule der SPD, 1908 (AdsD)

Abbildung 19:
Repräsentativer Sitz des Parteivorstands und des »Vorwärts« in Berlin (Rechteinhaber nicht ermittelbar)

Abbildung 20:
Eduard Bernstein (links) und Karl Kautsky um 1919 (AdsD)

Abbildung 21:
Ankunft der deutschen Sozialdemokraten zur Friedenskonferenz in Stockholm 1917 (AdsD)

Abbildung 22:
Der »rote Siegfried« als Drachentöter, 1912 (AdsD)

Machtbewusstsein der Arbeiterschaft hin. Und schien damit zugleich zu demonstrieren, dass unter den parlamentarischen Bedingungen des allgemeinen, gleichen Wahlrechts für alle der Stimmzettel doch die erfolgversprechendste Methode ist, die Macht zu erobern und das System aus den Angeln zu heben. Das Wahljahr 1912 markierte damit den Zenit, aber auch das Ende einer Epoche. Nur ein Jahr darauf starb August Bebel, die Lehr- und Wanderjahre der SPD waren vorbei.

Im Jahr 1914 gingen in ganz Europa die Lichter aus. Bismarcks Brandmarkung der Sozialdemokraten als »Vaterlandslose Gesellen« wirkte noch nach, als die SPD-Abgeordneten am 4. August 1914 *für* Kriegskredite stimmten. Die Partei gab sich staatstragend, legte den Krieg als Selbstverteidigung zunächst gegen das zaristische Russland aus und unterwarf sich innenpolitisch dem sogenannten Burgfrieden mit dem konservativen Lager. Als Karl Liebknecht, Sohn von Wilhelm Liebknecht, im Dezember 1914 während der zweiten Abstimmung über die Kriegskredite als einziger sozialdemokratischer Abgeordneter nicht zustimmte, tat sich innerhalb der SPD ein tiefer Graben auf: Im März 1916 wurden die internationalistischen Kriegsgegner aus der Fraktion ausgeschlossen, im April 1917 kam es zur Gründung der Unabhängigen Sozialdemokratischen Partei (USPD).

Tatsächlich bürdete der Krieg gerade der einfachen Bevölkerung schwere Lasten auf. Nicht nur die Soldaten machten die ernüchternde Erfahrung des massenhaften Sterbens an der Front, immer häufiger traf man kriegsmüde Frauen in sogenannten Lebensmittelpolonaisen an oder als ›Rädelsführerinnen‹ wilder Streiks, besonders in der Rüstungsindustrie. So verstärkten sich Kriegsgegnerschaft und Gesellschaftskritik gegenseitig. In dieser Situation machte die Arbeiterbewegung eine neue dialektische Erfahrung: Während die Arbeiterschaft zunehmend unter dem Krieg litt, wurde die Sozialdemokratie zu einem immer wichtigeren Ansprechpartner für die deutsche Regierung. Sie konnte Zugeständnisse zur Verbesserung der Lage der Bevölkerung erreichen, zugleich ließ sie sich für die Weiterführung des Kriegs in die Pflicht nehmen.

Im Jahr 1917 unternahmen sozialistische Parteien und Gruppierungen aus verschiedenen Kriegsländern, aus Deutschland die SPD sowie die USPD, den Versuch, diplomatisch informell den Frieden zu verhandeln. Dabei bemühten sich die verschiedenen Flügel der Bewegung um Zusammenarbeit. Schließlich kam die anvisierte Konferenz nur als Rumpfkongress zustande, da viele Teilnehmer kein Visum für das neutrale Schweden erhielten. Damit war die neue Formierung einer sozialistischen Internationale gescheitert. Der »große Krieg« führte zur Spaltung der Arbeiterbewegung.

1 *August Bebel*, Aus meinem Leben, ungekürzte Neuausg., Bonn 1997 (zuerst 1911 und 1914), S. 98f.

2 Programm und Organisationsstatuten der Sozialistischen Arbeiterpartei Deutschlands, beschlossen auf dem Vereinigungskongress in Gotha 1875, in: *Dieter Dowe/Kurt Klotzbach* (Hrsg.), Programmatische Dokumente der deutschen Sozialdemokratie, 4., überarb. und aktual. Aufl., Bonn 2004, S. 164–170, hier: S. 165.

3 Zit. nach: *Bebel*, Aus meinem Leben, S. 342.

4 Ebd., S. 368.

5 Ebd., S. 331.

6 Ebd., S. 624.

7 Protokoll über die Verhandlungen des Parteitages der Sozialdemokratischen Partei Deutschlands. Abgehalten zu Erfurt vom 14. bis 20. Oktober 1891, Nachdruck Berlin/Bonn 1978, S. 172.

8 *Eduard Bernstein*, Die Voraussetzungen des Sozialismus und die Aufgaben der Sozialdemokratie, 7. Aufl., Bonn 1977 (zuerst 1899), S. 50f.

Literaturhinweise:

August Bebel, Aus meinem Leben, ungekürzte Neuausg., Bonn 1997 (zuerst 1911 und 1914).

Eduard Bernstein, Die Voraussetzungen des Sozialismus und die Aufgaben der Sozialdemokratie, 7. Aufl., Bonn 1977 (zuerst 1899).

Gerhard A. Ritter/Klaus Tenfelde, Arbeiter im Deutschen Kaiserreich 1871 bis 1914, Bonn 1992.

Thomas Welskopp, Das Banner der Brüderlichkeit. Die deutsche Sozialdemokratie vom Vormärz bis zum Sozialistengesetz, Bonn 2000.

Josef Mooser

Revolution oder Reform? Revisionismusstreit und Massenstreikdebatte 1890 bis 1914

Im Sommer 1910 stimmte die SPD im badischen Landtag zusammen mit den beiden liberalen Parteien im sogenannten Großblock für den Staatshaushalt und stützte so die großherzogliche Regierung. Die aus dem Kreis der regierungsnahen Parteien verdrängte katholische Zentrumspartei griff darauf den Innenminister an, er würde die Sozialdemokratie begünstigen, die im bürgerlichen Lager weitherum als staatsfeindlich verschrien war. Die Sozialdemokratie sei mit ihren Zielen, entgegnete der Minister in einer als Sensation wahrgenommenen Erklärung, »soweit sie auf Abschaffung der Monarchie und [...] auf die Vergesellschaftung des kapitalistischen Eigentums gehen, gewiss zu bekämpfen und kann in einem gewissen Sinne als utopisch und vielleicht als eine Krankheit bezeichnet werden. Sie ist aber außerdem eine großartige Arbeiterbewegung zur Befreiung des vierten Standes, zur Emporhebung der großen Massen der Arbeiter, die mitarbeiten wollen im Staatsleben [...], und in dieser Beziehung muss man ihnen entgegenkommen«[1]. Diese angesichts des massiven Antisozialismus in der Zeit des Kaiserreichs tatsächlich bemerkenswerte partielle Anerkennung der Sozialdemokratie bei gleichzeitiger Abwertung ihrer Ziele verweist auf die spannungsvolle und prekäre Lage der Partei in der Gesellschaft und Politik des Wilhelminischen Reichs. Zu dieser Lage zählten auch Richtungskämpfe in der Arbeiterbewegung um das strategisch-politische Handeln in dieser Gesellschaft. Nicht zuletzt die Politik der badischen Sozialdemokraten war im sogenannten Budgetstreit – Zustimmung zum Staatsbudget mit der Hoffnung auf Reformen oder dessen Ablehnung als Ausdruck der revolutionären Kritik des bestehenden Staats? – auf den Parteitagen 1908 und 1910 leidenschaftlich umstritten.

»Revolution« und »Reform« waren im 19. Jahrhundert Begriffe, mit denen sich die sozialistische beziehungsweise sozialdemokratische Arbeiterbewegung seit ihrer Entstehung in der Mitte des 19. Jahrhunderts selbst beschrieben und als fundamentaloppositionelle Kraft von ihrer Umwelt abgegrenzt hat. Besonders in ihrer marxistischen Selbstdeutung sah sie sich als Produkt der politischen, demokratischen sowie ökonomischen Revolution, der kapitalistischen Industrialisierung sowie als aktiver Faktor einer kommenden politischen wie ökonomischen Revolution zur Überwindung des Kapitalismus. Wie die Feiern zum Märzaufstand 1848 oder die Gründung der Zweiten Internationale 1889 zum 100-jährigen Jubiläum der Französischen Revolution zeigen, verankerte sich die Arbeiterbewegung mit großem historischem Pathos in der Geschichte der Revolutionen. Der Begriff »Reform« hingegen war im 19. Jahrhundert konservativ besetzt, er stand für eine paternalistische Politik ›von oben‹ gegen die »Selbsthilfe« der Arbeiterbewegung und sollte einer Revolution vorbeugen. Revolution oder Reform? Das schien daher manchen eine falsche oder überflüssige Frage. Sie wurde aber immer drängender mit dem Aufstieg der sozialdemokratischen Arbeiterbewegung zur Massenbewegung, deren Anhänger nicht nur von der »sozialistischen« Gesellschaft in einer fernen, unbestimmten Zukunft träumten, sondern auch Verbesserungen in der Gegenwart und nahen Zukunft erhofften.

1 Zit. nach: *Ernst R. Huber*, Deutsche Verfassungsgeschichte seit 1789, Bd. IV: Struktur und Krisen des Kaiserreichs, Stuttgart 1969, S. 418.

Diese Spannung war in den Anfängen der Bewegung ebenfalls nicht unbekannt, seit 1890 jedoch wuchs sie sich zu einer Kontroverse aus, die in wechselnder Intensität ein Dauerproblem der Sozialdemokratie in den beiden Jahrzehnten vor dem Ersten Weltkrieg bildete.

In der Geschichtsschreibung ist das Problem »Revolution oder Reform?« überladen mit dem weltgeschichtlichen Thema der Spaltung der Arbeiterbewegung im Ersten Weltkrieg, der Gegensätze zwischen demokratischem Sozialismus und Kommunismus im 20. Jahrhundert und ihren sich wechselseitig ausschließenden historischen Legitimationen. Das zentrale Thema der Literatur bildete die Kritik oder das ›richtige‹ Verständnis des Marxismus. Seit 1989/90 kann das nicht mehr die Diskussion bestimmen. Nicht erledigt ist aber die Frage nach den Bedeutungen von »Revolution« und »Reform« in einer politischen, sozialen und kulturellen Bewegung der Unterschichten im Kapitalismus, die in ihrem Aufstieg zur Massenbewegung zu historisch neuartigen Lernprozessen herausgefordert war.

Das Jahr 1890 war ein Jahr des Triumphs für die sozialdemokratische Arbeiterbewegung. Otto von Bismarck fand keine Mehrheit mehr für die Unterdrückung von Partei und Gewerkschaften mit einem Ausnahmegesetz und musste als Reichskanzler demissionieren. Bei den Reichstagswahlen unter dem allgemeinen, gleichen Männerwahlrecht errang die SPD 1,4 Millionen Stimmen und wurde mit ihrem Ergebnis von 19,7% die relativ stärkste Partei unter den Wählern (infolge des Mehrheitswahlrechts aber nicht bei den Mandaten). Der neue Kaiser Wilhelm II. versprach einen »neuen Kurs« in der Sozialpolitik. Die Behauptung gegen die Verfolgung unter dem ›Sozialistengesetz‹ und der Wahlsieg hinterließen in der Sozialdemokratie eine Stimmung der »Unbesiegbarkeit«, die durch die folgenden Wahlsiege – bei steigender Wahlbeteiligung – weiter genährt wurde. 1898 standen 2,1 Millionen (27,2%), 1903 drei Millionen (31,7%) und 1912 schließlich 4,2 Millionen (34,8%) der Wähler hinter der Partei, die jetzt auch die stärkste Fraktion im Reichstag stellte. Parallel dazu nahmen die Mitglieder in Partei, Gewerkschaften, Genossenschaften und Kulturvereinen zu, die sich besonders in den großen Städten zum sozialdemokratischen Milieu verdichteten. Die »Taktik«, das heißt das strategische Handeln, die

Abbildung 1:
Eduard Bernstein als Reichstagsabgeordneter im Jahr 1920 (bpk)

Abbildung 2:
Das sozialdemokratische Theorieorgan »Die Neue Zeit« (Bibliothek der FES)

Probenummer.

Die Neue Zeit
Revue des geistigen und öffentlichen Lebens

Probenummer.

Inhalt.

Rolands Stute.

Zur Geschichte des Urchristenthums. Von Friedrich Engels.

Aus den Vereinigten Staaten. Von F. A. Sorge.

Bemerkungen z. Weismannschen Theorie.

Ein Kapitel kapitalistischer Expropriation. Von Eduard Bernstein.

Literarische Rundschau.

Feuilleton: Anna Menzel. Eine Dienstmädchen-Geschichte.

Stuttgart
Verlag v. J. H. W. Dietz

Arbeiterschaft und die Mehrheit der Wählerschaft durch Agitation und Organisation zu mobilisieren für die »Eroberung der politischen Macht« – wie die Formel hieß –, bewährte sich anscheinend glänzend. Die Partei stieg zur stärksten, bewunderten Kraft in der Sozialistischen Internationale auf. Im Sog dieses Erfolgs reifte allerdings auch die innere Heterogenität der Arbeiterbewegung, sodass ausgerechnet nach dem grandiosen Wahlsieg 1903 der Parteitag unerwarteterweise nicht zu einer Siegesfeier geriet, sondern im Zeichen der Abrechnung und des Katzenjammers über die »Revisionisten« stand. Was war geschehen? Eduard Bernstein, der die Partei schon fünf Jahre vorher provoziert hatte, warf die ebenso naheliegende Frage auf, wie die Partei die Macht der Stimmen in politischen Einfluss übersetzen könne. Er machte den »praktischen Vorschlag«, die SPD solle den Anspruch auf das Amt des Vizepräsidenten des Reichstags erheben. Die Partei erregten weniger die nur geringen Gestaltungschancen dieses Amts, sondern die damit verbundene protokollarische Pflicht, zu »Hofe zu gehen«. Für Bernstein war das eine unwesentliche Kleinigkeit, die zu vernachlässigen sei. August Bebel und die Mehrheit der Partei sahen dagegen in der Hinnahme des höfischen Rituals eine »vollendete Würdelosigkeit«, einen »Canossagang« zum Kaiser, der berüchtigt war für seine scharfen und demütigenden antisozialistischen Reden.

Die ›Hofgängerei‹ als Symbol für die Unterwerfung unter die herrschenden politischen Verhältnisse und umgekehrt die Verweigerung dieses Rituals hatten eine hohe Bedeutung für das Selbstverständnis und Handeln der Partei. Im Reichstag verließ die Fraktion beim »Hoch« auf den Kaiser jeweils den Saal, und noch am 4. August 1914, nach der Zustimmung zu den Kriegskrediten, blieben die sozialdemokratischen Abgeordneten zwar im Saal und erhoben sich von den Sitzen; die meisten blieben bei den »Hoch«-Rufen aber stumm, wie die Fraktion vorher ausdrücklich beschlossen hatte. Die SPD handelte somit grundsätzlich als Oppositionspartei, ein Charakterzug, der auch in den Richtungskämpfen stets präsent blieb. Sie hat ihn angesichts des Antisozialismus sowie der fortdauernden polizeilichen Schikanen und Urteilen der Klassenjustiz unter der Furcht vor neuer Repression nie ganz verloren.

Die Richtungskämpfe setzten 1890/91 ein mit der innerparteilichen Opposition der »Jungen« auf der einen Seite und dem Kurs des bayerischen Parteivorsitzenden Georg von Vollmar auf der anderen Seite. Beide repräsentierten fast schon klassisch die Gegensätze zwischen Revolution und Reform. Die »Jungen« schielten auf außerparlamentarische Aktionen, werteten den Wahlerfolg ab und kritisierten, dass die Bewegung »schon jetzt zur puren Reformpartei kleinbürgerlicher Richtung herabgesunken« sei und im Reichstag nichts anderes tue, als »einen Ausgleich zwischen Proletariern und Bourgeois herbeizuführen«. Vollmar brandmarkten sie als »Verräter« an der Arbeiterklasse. Dieser hingegen wies auf die parlamentarische Tätigkeit der »großen Partei«, warb angesichts des »neuen Kurses« für eine Politik des Eintretens für die »Tagesbedürfnisse« (im Arbeiterschutz und Koalitionsrecht) und stellte diese in die Perspektive der »Ausdehnung der politischen Macht«. Die Modifikation der üblichen Formel »Eroberung der Macht« bezeichnet einprägsam das Verständnis von Reform als ein »allmähliches Fortschreiten«. Vollmar wehrte sich aber energisch dagegen, damit eine »Aussöhnung« mit der bürgerlichen Gesellschaft anzustreben.

In einer seiner großen Reden hat August Bebel auf dem Parteitag 1891 beide Positionen zurückgewiesen und mit seiner Autorität ein Argumentationsmuster bekräftigt, das auch in den Auseinandersetzungen der folgenden Jahre immer wiederkehrte. Die »Jungen« kanzelte er als anarchistische Wirrköpfe ab, die in unverantwortlicher Weise einer gewaltsamen Revolution das Wort redeten. Angesichts der militärischen

Machtverhältnisse könne diese nur in einer blutigen Niederlage enden. In weltfremder Weise würden sie die Wähler verkennen, die anfangs nicht als sozialistisch Überzeugte hinter der Partei stünden, sondern »weil sie sehen, unsere Partei ist die einzige, welche die Leiden der Arbeiterklasse zur Sprache bringt und für die Besserung ihrer Lage ficht«. Vollmar hingegen setze illusionäre Hoffnungen in Reformen, weil er die politischen Machtverhältnisse verkenne. Seine Politik nach dem Motto »Nur immer langsam voran!« müsse in eine energielose »Versumpfung« führen, in der die Arbeiterbewegung ihre »Begeisterung« und ihr großes Ziel aus den Augen verliere. In den Zitatenschatz der Sozialdemokratie ging seine »felsenfeste Überzeugung« ein, dass dieses »Endziel«, anders als in den vergangenen bürgerlichen Revolutionen, durch »ganz neue Wege und Mittel« zu erreichen sei, weil die bürgerliche Gesellschaft »auf ihren eigenen Untergang los[arbeitet], dass wir nur den Moment abzuwarten brauchen, in dem wir die ihren Händen entfallende Gewalt aufzunehmen haben«. Und mit »Bewegung« reagierten die Delegierten auf Bebels Versicherung, dass die meisten von ihnen diesen Tag noch erleben würden. Karl Kautsky hat diese Rede 1893 zugespitzt auf den Satz, der das historische Urteil über den »revolutionären Attentismus« illustriert: »Die Sozialdemokratie ist eine revolutionäre, aber keine Revolution machende Partei.«

Das war die marxistische Kernüberzeugung vom unausweichlichen »Zusammenbruch« der kapitalistischen Wirtschaft, wie ihn der erste Teil des Erfurter Programms vorsieht, das auf dem eben geschilderten Parteitag 1891 ohne Diskussion beschlossen wurde: Es umreißt diese Überzeugung in einer Kompilation aus dem Kommunistischen Manifest und dem »Kapital«, allerdings ohne den Begriff des »Zusammenbruchs«, der im Erfurter Programm ebenso fehlt wie die Begriffe »Revolution«, »Endziel« oder »Reform«. Außer der Rücksicht auf den Staatsanwalt beim Begriff »Revolution« hat man mit dem populären Begriff des sozialistischen »Endziels« in der politischen Sprache komplexe theoretische Figuren in emotional wuchtige metaphorische Begriffe übersetzt. Das von den dominierenden Parteiintellektuellen Karl Kautsky und Eduard Bernstein formulierte Erfurter Programm prägte die Grundlinien des sozialdemokratischen Selbstverständnisses bis zum Godesberger Programm von 1959. Es entwarf im theoretischen Teil das Geschichtsbild von Marx über die gesellschaftsgeschichtliche Wirkung der kapitalistischen Industrialisierung: die in Krisen sich durchsetzende Konzentration des Eigentums an Produktionsmitteln, den Untergang des kleinen Eigentums und der Mittelschichten, das Wachstum der Lohnarbeiterklasse und die gesellschaftliche Polarisierung zwischen einer kleinen Bourgeoisie und dem ständig anwachsenden Proletariat, die Zuspitzung der Klassengegensätze zwischen Kapital und Arbeit, der Verelendung des Proletariats, schließlich aber auch die durch das Wachstum der Produktivkräfte mögliche »Umwandlung« der krisengeschüttelten kapitalistischen Warenproduktion in eine »sozialistische Produktion«, die zur »höchsten Wohlfahrt« für die »bisher ausgebeuteten Klassen« führe. Den Klassenkampf als »politischen Kampf« zu führen und ihm sein »naturnotwendiges Ziel zu weisen«, sei die Aufgabe der sozialdemokratischen Partei. Kautsky verstand diesen Teil als Bekenntnis zu einer wissenschaftlich begründeten Wahrheit, den er deshalb von unmittelbaren politischen Aussagen entlastet sehen wollte, weil das Programm, wie er 1904 sagte, die Kraft haben müsse, »den wechselnden Moden zu widerstehen«. Er folgte deshalb nicht dem Vorschlag Bernsteins 1891, zwischen dem theoretischen und praktischen Teil eine Passage einzufügen, die auf dessen spätere Bemühungen verweist, die Spannung zwischen Revolution und Reform zu lösen. Im Anschluss an die letzte Passage des theoretischen Teils über die universale Orientierung der Sozialdemokratie, alle Klassenprivilegien und jede Form der Unterdrückung aufzuheben, wollte Bernstein hinzufügen: »Sie [die Sozialdemokratie] tritt für alle Maßregeln und Einrichtungen ein, welche die materielle Lage der großen Masse der Bevölkerung zu verbessern, ihr geistiges Niveau zu heben und den sozialen Fortschritt der Gesellschaft zu fördern geeignet sind.«[2] Stattdessen ist im verabschiedeten Programm die Rede von den »Grundsätzen« (des marxistischen Geschichtsbilds), von denen »ausgehend« die Sozialdemokratie Forderungen erhebt. Dieser von Bernstein formulierte »praktische« Teil des Erfurter Programms umfasst ein weites Feld möglicher politischer und sozialpolitischer Reformmaßnahmen. Sie reichen von der umfassenden politischen Demokratisierung einschließlich der direkten Demokratie über uneingeschränkte Grundrechte, von der rechtlichen Gleichstellung der Frauen über die Trennung von Kirche und Schule, von Justizreformen bis zu Steuerreformen und Maßnahmen zum »Schutz der Arbeiterklasse« wie dem Achtstundentag.

Diese Forderungen bewegten sich gewiss im ökonomischen Rahmen innerhalb der kapitalistischen Wirtschaftsordnung, zusammengenommen aber stellten sie gegenüber der Gegenwart im Kaiserreich eine politische, soziale und kulturelle Revolution dar und zeugen von der vielschichtigen, fundamentalen Opposition der Sozialdemokratie. Sie waren keineswegs »bescheiden«, wie man im Revisionismusstreit nicht selten Reformen überhaupt in abwertender Weise gegenüber dem »Endziel« qualifizierte. Sie hatten in ihrer Verknüpfung wenig bis nichts gemein mit dem überkommenen, bürgerlichen Verständnis von Reformen im Sinne ›sozialer‹ Maßnahmen für die Arbeiterschaft zum Erhalt der Monarchie. Umso auffälliger ist, dass im Revisionismusstreit wenig Bezug auf die »praktischen« Forderungen des Erfurter Programms genommen wurde, umso leidenschaftlicher jedoch auf das angeblich gefährdete »Endziel«.

Mit dem Stichwort »Revisionismus« assoziiert man bis heute vor allem und zu Recht Eduard Bernstein, obwohl es zuerst von Bruno Schoenlank im Zusammenhang der Auseinandersetzung auf dem Parteitag 1895 über die Agrarfrage verwendet wurde. Um die Agrarkrise für die SPD zu nutzen und Kleinbauern und Landarbeiter für die Partei zu gewinnen, hielt Schoenlank als Sprecher einer 1894 eingesetzten Kommission (zu der auch Vollmar zählte) eine »Revision der Vorstellungsweise in der Partei« für nötig; sie solle sich nicht nur als Partei der Industriearbeiter, sondern aller »proletarisch Unterdrückten« verstehen. Er erntete dafür nur »Gelächter«, und bekanntlich hat in jenem Jahr Kautsky erfolgreich die Landagitation aus dogmatischen Gründen abgewürgt, weil es den »Grundsätzen« des Erfurter Programms widerspreche, notwendig untergehenden Schichten Versprechungen zu machen. Seit 1896 aber publizierte Bernstein mit der Autorität eines Mitglieds der Parteielite, zusätzlich angesehen wegen seiner Nähe zu Friedrich Engels im Londoner Exil und befreundet mit Karl Kautsky, in dessen tonangebender Zeitschrift »Die Neue Zeit« mehrere Artikel, die die »Vorstellungsweise der Partei« in thematisch erweiterter Weise (selbst-)kritisch diskutierten. 1899 fasste er seine »Revisionen« in dem Buch »Die Voraussetzungen des Sozialismus und die Aufgaben der Sozialdemokratie« zusammen. Sie erregten in der Parteipresse und auf den Parteitagen 1899 und 1903 eine anhaltende und heftige Auseinandersetzung, die in eine von Bebel leidenschaftlich geforderte und mit großen Mehrheiten der Delegierten sanktionierte Verurteilung des »Revisionismus« durch die Parteitage mündete.

Bernstein forderte das Selbstverständnis der Sozialdemokratie in umfassender Weise heraus. Offenbar schon länger unzufrieden mit der Partei, über ihre Selbstzufriedenheit nach innen und Überheblichkeit nach außen, sowie angeregt durch die Fabian Society und deren frische, empirisch gesättigte Debatten über die Sozialreform in England, monierte er die »Phraseologie« der deutschen Sozialdemokratie, den

2 Zit. nach: *Till Schelz-Brandenburg*, Programm und Bekenntnis. Karl Kautskys Manuskript des allgemeinen Teils des Erfurter Programms mit Eduard Bernsteins Korrekturen, in: Beiträge zur Geschichte der Arbeiterbewegung 35, 1993, H. 1, S. 51–58, hier: S. 53f.

Widerspruch zwischen ihrer politischen Sprache und Praxis. Gemeint war nichts weniger als die Sprache des marxistischen Geschichtsbilds im Erfurter Programm. Gestützt auf die zeitgenössischen Debatten über den sozialwirtschaftlichen Strukturwandel vom »Agrarstaat zum Industriestaat« entwickelte Bernstein eine zeitgeschichtliche Argumentation, deren Fluchtlinie nicht der »Zusammenbruch«, sondern die Langlebigkeit des Kapitalismus bildete: Die Krisen würden »mildere Formen« annehmen, die Mittelschichten nicht untergehen und der Lebensstandard der Arbeiter sich verbessern, sodass die große soziale Polarisierung der Klassen ausbleibe. Das »Endziel« einer sozialistisch organisierten Gesellschaft rückte für Bernstein in weite Ferne, daher konnte er 1897 schreiben: »Dieses Ziel, was immer es sei, ist mir gar nichts, die Bewegung alles. Und unter Bewegung verstehe ich sowohl die allgemeine Bewegung der Gesellschaft, d.h. den sozialen Fortschritt, wie die politische und wirtschaftliche Agitation und Organisation zur Bewirkung dieses Fortschritts.«[3] In dieser doppelten »Bewegung« aber sah er die Möglichkeit der »Verwirklichung von sehr viel Sozialismus [...], wenn nicht in der patentierten Form, so doch in der Sache«. Denn in der Erweiterung von Rechten und Pflichten bei der Organisation der Gesellschaft, in der Ausdehnung der Staatstätigkeit und der Selbstverwaltung von Gemeinden und Verbänden liege eine »stückweise vollzogene Verwirklichung des Sozialismus«. Gegen den Verdacht, die »Bewegung« vom »Endziel« zu trennen, pointierte er seine Überlegungen zur Formel: »Die Bewegung ist mir alles, denn sie trägt ihr Ziel in sich.« Das wurde im Lauf der Kontroverse rhetorisch und metaphorisch verdichtet zum »Hineinwachsen in den Sozialismus«. Bernstein forderte dafür ein Selbstverständnis der SPD als »demokratisch-sozialistische Reformpartei« anstelle der »revolutionären Partei«.

Kein Satz Bernsteins hat eine größere Abwehr hervorgerufen als der Satz, das Endziel sei ihm nichts, die Bewegung alles. Rosa Luxemburg hat diesen bei ihrer schnellen Reaktion in der Schrift »Sozialreform oder Revolution?« (1899) in sonst unbekannter dialektischer Schärfe aufgespießt. Bernstein habe »damit angefangen, das Endziel um der Bewegung willen aufzugeben. Da es aber keine sozialdemokratische Bewegung ohne das sozialistische Endziel geben kann, so endet er notwendig damit, dass er auch die Bewegung selbst aufgibt.«[4] Daher gehe es im Streit um Bernsteins »Revisionen« nicht um »diese oder jene Taktik, sondern um die ganze Existenz der sozialdemokratischen Bewegung«. In der Kritik, mit der Luxemburg sich in der Parteiöffentlichkeit als Journalistin und Intellektuelle etablierte und noch ganz auf der Linie der Parteiführung lag, kümmerte sie sich nicht um die Einzelheiten von Reformen. Vielmehr konzentrierte sie sich mit ihrem ganzen Scharfsinn auf den Stellenwert, die Logik von Reformen im Verhältnis zur Revolution. Grundlegend war für sie immer – in Übereinstimmung mit dem überlieferten konservativen Reformbegriff – die Funktion von Reformen für die kapitalistische Ausbeutung und die Sicherung des Klassenstaats. Reformen würden daher die Arbeiterbewegung zu »simpler Gewerkvereinlerei und Sozialreformerei« herabwürdigen.

Luxemburgs Kritik schoss über die Intentionen Bernsteins hinaus, erkannte aber den wunden Punkt. Bernsteins Sprache und Kritik an der »Phraseologie« der Partei über das revolutionäre »Endziel« kümmerte sich nicht um die symbolische Abgrenzung von der Umwelt, um die Geschichte der Partei, die im Konflikt mit der gesellschaftlichen Umgebung als Protestbewegung groß geworden war und sich gegen die Verfolgung unter dem ›Sozialistengesetz‹ behauptet hatte. Das war bei dem anhaltenden Antisozialismus im Kaiserreich die zentrale Erfahrung und fand im marxistischen Geschichtsbild ihren selbstbewussten Ausdruck. Insofern verletzte Bernstein die historisch gewachsene Identität der Bewegung, zumal er ihr keine symbolisch ebenso griffige Alternative bieten konnte.

3 Zit. nach: *Peter Friedemann* (Hrsg.), Materialien zum politischen Richtungsstreit in der deutschen Sozialdemokratie 1890–1917, Frankfurt am Main 1977, Bd. 1, S. 377–391, hier: S. 389.

4 *Rosa Luxemburg*, Sozialreform oder Revolution?, in: *dies.*, Gesammelte Werke, Berlin 1979, Bd. 1/1, S. 367–466, hier: S. 437.

Wie auch sein schon erwähnter Vorschlag zum Amt des Vizepräsidenten des Reichstags zeigt, hatte er wenig Gespür für die symbolischen Dimensionen der Politik.

In der symbolischen Sphäre sind auch die Bedeutungen von »Revolution« im Revisionismusstreit zu suchen. Sie erschöpften sich nicht im marxistisch stilisierten Geschichtsbild des »revolutionären Attentismus«, in einem Zuwarten auf das »naturnotwendige« Ende des Kapitalismus. Die Sprache der Revolution speiste sich daneben aus der Erinnerung an die demokratischen Revolutionen im 18. und 19. Jahrhundert, an den Mut der »Männer vor den Königsthronen« und bezog sich im weiteren Sinne auf den Aufbruch der Unterschichten aus langer Unterwürfigkeit und Unmündigkeit. So (aber ohne das Wort »Revolution«) verteidigte 1907 der Gewerkschafter Carl Legien die Organisationsarbeit: Diese schaffe eine Befähigung zum Handeln, auch für die Zukunft der »demokratisierten Produktion« im Sozialismus und dementiere das Vorurteil, dass Demokratie unmöglich sei, weil das »Volk« unfähig sei zum politischen Handeln. Kautsky hatte wohl Ähnliches im Sinn, als er 1902 in der Broschüre »Die soziale Revolution« schrieb: Die »Idee der Revolution ist es, die jene wunderbare Erhebung des Proletariats aus seiner tiefsten Erniedrigung bewirkt hat, welche das großartigste Ergebnis der zweiten Hälfte des neunzehnten Jahrhunderts darstellt.«[5] Anders gesagt: Der Begriff »Revolution« repräsentierte starke Emotionen und Gefühle moralischer Gerechtigkeit, die sich in sozialen Bewegungen immer wieder finden. Bernstein hat dies geahnt, aber konventionell als »Idealismus« verstanden, während gleichzeitig seine Furcht vor der unkontrollierbaren Gewalt in politischen Revolutionen zu groß war, um leichtfertig von »Revolution« zu reden. Das war, wie sein Briefwechsel mit Kautsky zeigt, ein wesentliches Motiv für seine »Revisionen« der marxistischen »Phraseologie«. Kautsky teilte diese Intuition und hat wiederholt die Vorstellung einer bewaffneten Insurrektion nach altem Muster zurückgewiesen, wollte aber mit Rücksicht auf die Stimmung in der Partei nicht auf den Begriff der »Revolution« verzichten.

Eine ähnlich unscharfe Vielschichtigkeit wie den Begriff der »Revolution« kennzeichnet den Begriff »Reform«, wie er in der Revisionismusdebatte gebraucht wurde. Es war angesichts seiner konservativen Bedeutungsgeschichte gar nicht selbstverständlich, ihn überhaupt zu gebrauchen. So sprach man von »Kleinarbeit«, »Gegenwartsarbeit« oder von den »nächsten Aufgaben«, was von manchen (besonders in den »Sozialistischen Monatsheften«) dann vage überhöht wurde zur »Sozialisierung des Kapitalismus« oder zum »Hineinwachsen in den Sozialismus«. Auffällig ist weiter eine Konfusion unterschiedlicher Dimensionen von Reformen in der Auseinandersetzung. Gemeint waren – so der Eindruck besonders aus den Parteitagsdebatten – jeweils staatliche, gesetzliche Reformen, aber auch die Aktivitäten der Gewerkschaften und Genossenschaften zur »Hebung« der Arbeiterschaft, zivilisatorische Entwicklungen oder Änderungen der politischen Einstellungen in der Partei wie die Zustimmung zu den Staatshaushalten oder das Verhältnis zum Liberalismus. Nur wenige haben sich – wie zum Beispiel der in der Reichstagsfraktion als Sozialpolitiker tätige Hermann Molkenbuhr – darum bemüht, die nicht selten abgewerteten »kleinen Errungenschaften« in ihren Zusammenhängen und langfristigen Wirkungen zu reflektieren. Mit Wohlwollen kann man bei Bernstein zwar retrospektiv einen kohärenten »konstruktiven Sozialismus« als Theorie von Reformen finden. Der Streit um 1900 mündete jedoch nicht in solche Klärungen; eher hinterließ er in der Linken eine Aura des Verdachts und machte die Begriffe »Reformist« oder »Reformismus« zu Schimpfwörtern für den »Opportunismus« gegenüber der bürgerlichen Gesellschaft. Der Revisionismusstreit nährte sich aus dem Wachstum von Partei, Gewerkschaften, Genossenschaften und Kulturvereinen, aus der Ausdifferenzierung der Praxis

5 *Karl Kautsky,* Die soziale Revolution, 3., durchges. Aufl., Berlin 1918 (zuerst 1902), S. 63.

der Arbeiterbewegung. Er führte aber gerade deswegen nicht zu einer Einheit unter den »Revisionisten«. Sie waren – über Bernstein hinaus – zwar zahlreich genug, um in den »Sozialistischen Monatsheften« ein gemeinsames Forum zu halten, fanden aber nicht zu einer gemeinsamen Politik, wenn man die verschiedenen Themen der Kontroverse auf den Feldern der Innen-, Außen-, Kolonial- und Militärpolitik berücksichtigt.

Der Revisionismusstreit trug zweifellos zur politischen Heterogenisierung, auch zur regionalen Differenzierung zwischen einer norddeutsch-preußischen und einer süddeutschen Sozialdemokratie bei. Gleichwohl ist es schwer, die Wirkungsgeschichte der »Bernsteinerei« abzuschätzen. Anzunehmen ist, dass mit dem Wachstum der Gewerkschaften und Genossenschaften die Reformer auch an der Basis Einfluss gewannen, da die Grundstimmung in der Arbeiterschaft nicht auf eine ferne und riskante Revolution, sondern auf ein selbstbewusst vertretenes Verlangen nach einem menschenwürdigen Leben und Gerechtigkeit gerichtet war. Auf den Parteitagen blieben sie immer in der Minderheit. Die große Mehrheit wehrte sich gegen die Gefährdung der Identität der Partei, und selbst am Pranger des Parteitags stehende »Revisionisten« stimmten den antirevisionistischen Resolutionen zu. Ein solches Verhalten erlaubte die Dehnbarkeit der Resolutionen, vor allem aber die Akzeptanz eines innerparteilichen Pluralismus im Zeichen der Meinungsfreiheit. Die leidenschaftliche Verteidigung dieser beiden Güter durch Vollmar auf den Parteitagen 1899 und 1903 zählte zu den Höhepunkten der Auseinandersetzung. Rosa Luxemburgs scharfe Kritik an Bernstein, die auf dessen Parteiausschluss zielte, stieß hier an ihre Grenzen. Die Einheit der Partei nach innen und außen wurde weiter zusammengehalten durch den charismatischen Parteiführer August Bebel und durch die antisozialistische Diskriminierung und Isolation der Arbeiterbewegung. Das stiftete eine Zugehörigkeit und auch stolze Abgrenzung, die stärker waren als der Richtungsstreit. Gleichzeitig schränkte dies aber wesentlich die Aktionsfähigkeit der »Revisionisten« ein. Eine Politik der Reformen implizierte nicht nur eine andere Wahrnehmung der bürgerlichen Gesellschaft, sondern verlangte auch Bündnispartner auf der ›anderen‹ Seite. Bernstein hat für Ersteres viel geleistet, fand aber im (schwachen) Linksliberalismus, auf den er hoffte, nur wenig Unterstützung. Auffälligerweise hat er an andere Bündnispartner kaum je gedacht, die Welt der katholischen Arbeiterbewegung blieb ihm fremd. Das verweist auch darauf, wie stark der Revisionismusstreit – sieht man zeitweise vom Sozialliberalismus in der Gruppe um Friedrich Naumann ab – auf das von der Sozialdemokratie geschaffene Milieu begrenzt blieb.

Trotz dem Anschein nach klarer Parteitagsresolutionen kam der Revisionismusstreit nicht an ein Ende. In zugespitzter Form lebte er seit 1905 wieder auf in der sogenannten Massenstreikdebatte. Sie wurde angestoßen durch die Auseinandersetzungen über den Generalstreik als politisches Mittel in der Sozialistischen Internationale und besonders durch die Russische Revolution 1905. Die Polarität zwischen Revolution und Reform konzentrierte sich nun darauf, eine Änderung des preußischen Dreiklassenwahlrechts zu erreichen. Im schroffen Gegensatz zum allgemeinen und gleichen Männerwahlrecht für den Reichstag erfolgte die Wahl zum preußischen Landtag nach einem ungleichen Wahlrecht, das eine konservativ-katholische Mehrheit im größten Bundesstaat des Deutschen Reichs sicherte. Zaghafte Modifikationsanläufe 1906/1910 seitens der Regierung machten das ungleiche Wahlrecht nur noch aufreizender. Eine Angleichung des Dreiklassenwahlrechts an das Reichstagswahlrecht, wie es die SPD und die Linksliberalen vergeblich forderten, wäre angesichts der Bedeutung Preußens für die Machtverhältnisse im Reich einer politischen Revolution gleichgekommen. Umstritten blieben innerhalb der SPD aber die Mittel: Sollte die Wahlrechtsreform erzwungen werden in großen

Demonstrationen oder im Massenstreik, der den ökonomischen Kampf für ein politisches Ziel einsetzte? Wieder ging es – wie 1891 gegenüber den »Jungen« – um das Verhältnis von parlamentarischer und außerparlamentarischer Aktion.

Eine starke Initiative für den Massenstreik ergriff Rosa Luxemburg in dem Klassiker der marxistischen Revolutionstheorie »Massenstreik, Partei und Gewerkschaften« von 1906. Mit ihrem existenziellen revolutionär-aktivistischen Impuls fand sie Resonanz, weil das Ereignis der Russischen Revolution die Arbeiterbewegung (ebenso wie die bürgerliche Öffentlichkeit) elektrisierte. Der Massenstreik war für sie nicht nur ein kontrollierter Weg zu einem begrenzten Ziel, sondern zur Revolution insgesamt. Sie grenzte sich ab von der anarchistisch-syndikalistischen »direkten Aktion«, aber auch von dem in »schönster Ordnung und größter Disziplin« geführten Massenstreik nach gewerkschaftlichem Muster, »wobei die Regelung der Unterstützung, der Kosten, der Opfer [...] im Voraus genau bestimmt wird«. So ironisierte sie 1906 die Beschlüsse der Partei und das Mannheimer Abkommen zwischen der Parteiführung und der Generalkommission der Gewerkschaften zu einem möglichen Massenstreik. Dagegen stellte sie die Vision der Spontaneität der »Massen«. Der Massenstreik sollte eine Kette von Aktionen bilden, wobei die Organisationen der Partei und Gewerkschaften gewissermaßen Hebammendienste für das spontane Handeln leisten sollten, damit in der Aktion die bisher unorganisierten Massen – also die Mehrheit der Arbeiterklasse! – jene Fähigkeiten und jenes Klassenbewusstsein erringen konnten, auf das die Organisierten so stolz waren. Diese aktivistische Vision baute auf die Selbstermächtigung und Selbstveränderung im »revolutionären« Handeln, sie bewegte sich jenseits der überkommenen sozialdemokratischen Vorstellungen über Agitation und Organisation und negierte die Autorität der Führung in den vorhandenen Organisationen. Der Bruch mit der Tradition war aber nicht vollständig. Luxemburg folgte auch der Vorstellung einer »ganz neuen Form der Revolution«, in welcher der gewaltsame Aufstand nur einen »äußersten Punkt« ausmache, wogegen durch den (gewaltlosen) Streik der Massen »jene Zivilisierung und Milderung der Klassenkämpfe erreicht werde, die von »Opportunisten« wie Bernstein »prophetisch vorausgesagt wurde«.

Luxemburg stieß mit ihrer Vision des Massenstreiks bald an Grenzen. Sie verwechselte die zeitweise Begeisterung in der Wahlrechtsbewegung im Publikum ihrer Versammlungen mit der radikalen revolutionären Leidenschaft, die sie selbst teilte. Bernstein wies ihren »Kultus des Unrealen« als »Revolutionsromantik« zurück, verteidigte aber umso

Abbildung 3:
August Bebel spricht auf dem Mannheimer Parteitag 1906
(IISG, Amsterdam)

deutlicher den begrenzten, organisierten Massenstreik für die Gewinnung des allgemeinen gleichen Wahlrechts in Preußen. Er war in diesem Punkt wagemutig. Denn das Wahlrecht war ihm »faktisch die soziale Revolution« beziehungsweise in den sich modernisierenden Gesellschaften das »wirksamste Mittel, umwälzende Reformen in stetiger Entwicklung von Etappe zu Etappe ohne Blutvergießen durchzusetzen«. Tatsächlich erlebten die großen Städte Preußens 1910 Massendemonstrationen für eine Wahlrechtsreform, teils in Straßendemonstrationen, die von der Polizei mit dem Säbel weggeprügelt wurden. Zu ökonomischen Massenstreiks für das politische Ziel kam es hingegen nicht, trotz – oder besser: wegen – einer Häufung von Streiks seit 1905.

Das resultierte aus dem hartnäckigen Widerstand der Gewerkschaften. Sie hatten im Aufstieg der Arbeiterbewegung zur Massenbewegung eine sehr selbstbewusste Eigenständigkeit gewonnen und im Mannheimer Abkommen 1906 sich faktisch eine Vetomacht gegenüber der Partei bezüglich des Massenstreiks gesichert. Als streikerfahrene Organisation wussten sie um die Kosten und Risiken eines Streiks und wollten sich die Entscheidung über eine solche Massenaktion nicht aus der Hand nehmen lassen. In ihrem Erfolgsbewusstsein steckte aber zugleich das Grundgefühl, dass es auch ohne den Bruch mit den preußischen Zuständen weiter vorangehe. Das sprach Gustav Bauer, der zweite Vorsitzende der Generalkommission, auf dem Parteitag 1913 aus. Das allgemeine, gleiche Wahlrecht in Preußen sei zwar »außerordentlich wichtig«, aber »keine Lebensfrage des Proletariats«. Die deutsche Arbeiterbewegung habe »ungeheuer viel zu verlieren« und müsse sich hüten, alles auf eine Karte zu setzen, da die politischen Verhältnisse in den anderen Bundesstaaten und im Reichstag die Möglichkeit weiterer Erfolge böten. Der junge Ludwig Frank, der 1908 und 1910 am Pranger des Parteitags wegen der Budgetpolitik der badischen Sozialdemokraten gestanden hatte und nun wie Bernstein als Reformer für den politischen Massenstreik warb, entrüstete sich über Bauer. Die Wahlrechtsreform in Preußen sei eine »Ehrensache« der Arbeiterbewegung. Bauers Ausführungen hingegen seien »mit das Bedauerlichste«, was er je auf sozialdemokratischen Parteitagen gehört habe. Er teile zwar dessen Warnung vor der »Berauschung an revolutionärer Phraseologie. Noch gefährlicher aber wäre es, wenn die revolutionäre Phraseologie verdrängt würde durch eine konservative Phraseologie.«

Diese Worte Franks lassen den Schluss zu, dass in der Polarität zwischen Revolution und Reform noch nicht der Weg in die Spaltung der Arbeiterbewegung im Krieg vorgezeichnet war. Der Revisionismusstreit und die Massenstreikdebatte lassen vielmehr eine sozialdemokratische Arbeiterbewegung erkennen, die als fundamental oppositionelle Massenbewegung zu vielen historisch neuartigen Lernprozessen herausgefordert war. Die »Revolution« signalisierte eine Identität gegenüber einer zumeist feindlichen Umwelt, die »Reformen« sollten Handlungsmacht unter widrigen Umständen erproben. Unter dieser Grundkonstellation bezeugen die fast permanenten Auseinandersetzungen die Ausdifferenzierung der Arbeiterbewegung, aber auch – wie andere Länder und frühere Phasen der Geschichte der Arbeiterbewegung verdeutlichen – die nicht selbstverständliche Fähigkeit zur Einheit und Kontinuität der Bewegung. Die Spaltung war gewiss eine Furcht, aber bis 1914 kein Schicksal. Im August 1914 erlebte die Partei eine tiefe Zäsur, erst sie hat in der existenziellen Radikalisierung durch die Katastrophe des Kriegs die Spaltung möglich gemacht.

Literaturhinweise:

Eduard Bernsteins Briefwechsel mit Karl Kautsky (1895–1905), eingel. und hrsg. von *Till Schelz-Brandenburg* unter Mitarbeit von *Susanne Thurn*, Frankfurt am Main 2003.

Christoph Dipper, Sozialreform. Geschichte eines umstrittenen Begriffs, in: Archiv für Sozialgeschichte 32, 1992, S. 323–351.

Peter Friedemann (Hrsg.), Materialien zum politischen Richtungsstreit in der deutschen Sozialdemokratie 1890–1917, 2 Bde., Frankfurt am Main 1977.

Dieter Groh, Negative Integration und revolutionärer Attentismus. Die deutsche Sozialdemokratie am Vorabend des Ersten Weltkrieges, Frankfurt am Main 1973.

Thomas Meyer, Bernsteins konstruktiver Sozialismus. Eduard Bernsteins Beitrag zur Theorie des Sozialismus, Berlin/Bonn 1977.

Gerhard A. Ritter, Die Arbeiterbewegung im Wilhelminischen Reich. Die Sozialdemokratische Partei und die Freien Gewerkschaften, Berlin 1959.

Andreas Biefang

Wahlsieg 1912 – Der glücklichste Moment der Parteigeschichte

Am späten Abend des 25. Januar 1912 stellte sich endgültig Gewissheit ein: Die SPD war stärkste Fraktion im Reichstag! Mit 110 Sitzen stellte sie 19 Abgeordnete mehr als die zweitplatzierte katholische Zentrumspartei. Im ersten Wahlgang am 12. Januar hatten 4,25 Millionen Männer der Partei ihre Stimme anvertraut, das waren 34,8 Prozent der abgegebenen Voten bei einer Wahlbeteiligung von 84,9 Prozent. In 65 Wahlkreisen hatte die SPD sofort die absolute Mehrheit und damit die entsprechenden Mandate errungen, die übrigen Sitze waren später in den Stichwahlen hinzugekommen. Jetzt endlich wurde die Partei innerhalb des Parlaments zu dem, was sie außerhalb – gemessen am Stimmenanteil – schon seit 1890 war: zur stärksten politischen Kraft.

Die Gründe für das Ungleichgewicht von Stimmen und Mandat lagen im Wahlrecht. Im Kaiserreich galt das allgemeine, gleiche, direkte und geheime Wahlrecht für Männer. Gewählt wurde nach dem Prinzip der absoluten Mehrheit in Einmannwahlkreisen. Das bedeutete, dass die Stimmen der jeweils unterlegenen Kandidaten bei der Mandatsverteilung nicht berücksichtigt wurden. Von dieser Regelung profitierten vor allem die Mittelparteien, die untereinander leichter Wahlabsprachen treffen konnten als die oft isolierte Flügelpartei SPD. Zudem begünstigte der Zuschnitt der Wahlkreise die ländlichen Regionen. Eine Reform unterblieb, obwohl sich aufgrund von Industrialisierung und Urbanisierung die Bevölkerungszahlen in den Wahlkreisen zum Teil dramatisch auseinanderentwickelt hatten. Die Stimme eines städtischen Arbeiters für die Sozialdemokratie zählte am Ende wesentlich weniger als die Stimme eines Landbewohners für die Konservativen. Angesichts dessen war der Triumph der Partei von 1912 umso bedeutender.

Ikone:
»Gedenkblatt zum Wahlsieg 1912. Proletarier aller Länder, vereinigt euch!«, Titelseite von: Der Wahre Jacob, Nr. 668, 24.2.1912 (Bibliothek der FES)

Der Wahlerfolg lässt leicht vergessen, dass die SPD zu Beginn des Kaiserreichs ein sehr zwiespältiges, eher funktionales Verhältnis zum Parlamentarismus hatte. Im Reichstag sah sie vor allem ein Organ des autoritären Klassenstaats, das man als Propagandabühne für die Verbreitung des sozialistischen Programms nutzen wollte. Eine konstruktivere Haltung begann sich ausgerechnet während der Geltung des ›Sozialistengesetzes‹ zwischen 1878 und 1890 durchzusetzen. In dieser Zeit des faktischen Parteiverbots wurde der Reichstag zum einzigen Ort, an dem die Partei sich legal betätigen konnte. Die Fraktionsspitze übernahm jetzt zwangsläufig auch die Parteiführung. Im parlamentarischen Alltag erkannten die sozialdemokratischen Abgeordneten bald, dass sich die Mitarbeit an der Gesetzgebung nutzen ließ, um die Lebensverhältnisse der Arbeiter und Arbeiterinnen bereits in der Gegenwart zu verbessern. Das war ganz entschieden die Erwartung der Wähler, widersprach aber der Vorstellung von der Unreformierbarkeit des Klassenstaats. Die Ursachen des nach der Jahrhundertwende so leidenschaftlich geführten Revisionismusstreits lagen bereits in jenen Jahren.

Bei der Reichstagswahl vom 20. Februar 1890, unmittelbar nach Auslaufen des ›Sozialistengesetzes‹, wurde die SPD erstmals zur stimmenstärksten Partei. Die Honorierung durch die Wähler war von fundamentaler Bedeutung für die künftige politische Ausrichtung der Partei. Seither gehörte die Agitation für das allgemeine Männer- (und bald auch Frauen-)Wahlrecht zu den Essentials beinahe jeder sozialdemokratischen Versammlung. Auch Friedrich Engels erkannte nun im Parlamentarismus eine mögliche Machtperspektive: »Die Ära der Barrikaden und Straßenschlachten ist endgültig vorbei«,

Nr. 668 Stuttgart den 24. Februar 1912

DER WAHRE JACOB

Abonnementspreis pro Jahr Mk. 2.60 Erscheint alle vierzehn Tage. Verantwortlich für die Redaktion: B. Heymann in Stuttgart.
Anzeigen pro 4gespaltene Nonpareille-Zeile Mk. 2.— Preis bei Postbezug vierteljährlich 65 Pfg. (ohne Bestellgeld). Verlag von J. H. W. Dietz Nachf. G. m. b. H. in Stuttgart.

Gedenkblatt zum Wahlsieg 1912.

Proletarier aller Länder, vereinigt euch!

schrieb er im November 1892.[1] Tatsächlich ging es jetzt für die SPD bei den Wahlen nur noch bergauf: 1893 erzielte sie 1,787 Millionen Stimmen, 1898 bereits 2,107 Millionen und 1903 übersprang sie die Drei-Millionen-Grenze. In ihren Wahlkämpfen entwickelte die Partei eine ungeheure Expertise, erfand zahlreiche neue Agitationsformen und konnte auf die Einsatzbereitschaft ihrer Anhänger bauen. Publizistisch unterstützt wurde sie von ihrem wöchentlich erscheinenden Witzblatt, dem »Wahren Jacob«: Ironisch, anklagend, agitatorisch und immer hoffnungsfroh machte er Wahlen und Wahlkämpfe zu einem seiner bevorzugten Themen. Der (Wahl-)Zug des Sozialismus mit seinem Lokführer August Bebel, das war die Botschaft, ließ sich auch von den versammelten politischen Gegnern nicht mehr aufhalten (Abb. 1).

Der eingangs beschriebene Sieg der SPD bei der Reichstagswahl 1912 war allgemein erwartet worden, nachdem die Partei 1907 nach einem nationalistisch aufgeheizten Wahlkampf zum ersten Mal einen herben Rückschlag – nach Mandaten, nicht nach Stimmen – erlitten hatte. Lediglich das Ausmaß des Sieges rief noch Erstaunen hervor. Im »Wahren Jacob« hatte sich schon während der Vorbereitung des Wahlkampfs überschäumender Optimismus ausgebreitet. Im September 1911 machte das Blatt mit einer Karikatur auf, deren Hauptfigur eine dickleibige Germania war, die die Reichskrone auf dem Haupt und den Reichsadler über dem Bauch trug. Die Dame hatte sich offenbar zur »Ernte« – ein Begriff, den das Blatt gern für Wahlen verwendete – in den Wald begeben und musste mit gelindem Schrecken feststellen, dass die Sozialdemokraten mit ihren Ballonmützen wie die roten Pilze aus dem Boden schossen. Einige Ausgaben später wurden die gut gelaunten Arbeitsleute schon zu »Germaniens Lieblingen« befördert. Mit Bocksprüngen hüpfen sie über die Rücken der besiegten Nationalliberalen und Zentrumsleute – die Parteien des »schwarz-blauen Blocks«, die zuvor die Gesetzgebungsmehrheit gebildet hatten – in den Plenarsaal des Reichstags.

Die ausgewählte Ikone zum Wahlerfolg 1912 ist ein Blatt des Triumphs. Der »Wahre Jacob« hatte die Titelseite diesmal nicht mit der üblichen Karikatur belegt, sondern für ein »Gedenkblatt zum Wahlsieg« freigehalten. Etwas links von der Bildmitte spricht der langjährige SPD-Vorsitzende August Bebel, auf einer Empore hinter einem in rotes Tuch gekleideten Rednerpult stehend. Im Hintergrund ist eine waldreiche grüne Landschaft zu sehen, eine Art sozialdemokratisches Arkadien. Die hier wörtlich zu nehmenden »Säulenheiligen« der Partei, Karl Marx, Ferdinand Lassalle und Friedrich Engels, verleihen Bebel zusätzliche Autorität. Sie lassen den Wahlsieg nicht als eher zufälliges Resultat der politischen Umstände, sondern als das logische Ergebnis der Jahrzehnte zurückreichenden Parteigeschichte erscheinen. Bebel ist die einzige porträthaft gezeichnete Figur. Sein wie aufmontiert wirkender Kopf ragt in den freien Himmel hinein, als könnte er in der Ferne den sozialistischen Zukunftsstaat schon erkennen. Mit der rechten Hand das Rednerpult fest im Griff, verkörpert er Entschlossenheit und eine beinahe staatsmännische Würde, der »Arbeiterkaiser« eben.

Die Bildunterschrift greift den Schlusssatz des Kommunistischen Manifests von Marx und Engels aus dem Jahr 1848 auf: »Proletarier aller Länder, vereinigt euch!« Tatsächlich handelt es sich bei dem auf der Treppe versammelten Publikum um Vertreter der Arbeiterschaft verschiedener Länder: Englands, Frankreichs, Spaniens, Japans, der Niederlande und anderer mehr, charakterisiert durch jeweils ›typische‹ Kleidungsstücke. Die politische Botschaft ist klar: Wir können den Sozialismus ohne gewaltsamen Umsturz durch freie Wahlen erreichen! Die Anwesenheit von Frauen und Kindern bekräftigt die friedliche Zukunftsperspektive, die auch durch die abgesenkte rote Fahne unterstrichen wird. Das Blatt enthält aber noch eine weitere, an das internationale Proletariat gerichtete

1 Friedrich Engels an Paul Lafarque, 3.11.1892, in: Marx-Engels-Werke, Bd. 38, Berlin 1968, S. 504–505, hier: S. 505.

Literaturhinweise:

Margaret Lavinia Anderson, Lehrjahre der Demokratie. Wahlen und politische Kultur im Kaiserreich, Stuttgart 2009.

Andreas Biefang, Die Reichstagswahlen als demokratisches Zeremoniell, in: *Andreas Biefang/Michael Epkenhans/Klaus Tenfelde* (Hrsg.), Das politische Zeremoniell im Deutschen Kaiserreich 1871–1918, Düsseldorf 2008, S. 233–270.

Konrad Ege, Karikatur und Bildsatire im Deutschen Reich: Der Wahre Jacob, Hamburg 1879/80, Stuttgart 1884–1914. Mediengeschichte, Mitarbeiter, Chefredakteure, Grafik, Münster/Hamburg 1992.

Botschaft: Folgt dem Beispiel der deutschen Sozialdemokratie! Dieser fast anmaßend erscheinende Anspruch zeigt das Selbstbewusstsein der Partei, kennzeichnet aber auch die herausragende Rolle, die die SPD in der Zweiten Internationale, dem 1889 in Paris gegründeten Zusammenschluss der sozialistischen Parteien, spielte.

Die Wochen nach dem Wahlsieg 1912 waren vielleicht die hoffnungsvollsten in der Parteigeschichte. Das Glück währte allerdings nur einen kurzen Moment. Wegen der neu gewonnenen parlamentarischen Stärke mussten sich die Sozialdemokraten mit neuer Intensität fragen, ob sie die Zusammenarbeit mit den ›bürgerlichen‹ Parteien vertiefen sollten. Das Problem des »Reformismus« stand wieder auf der Tagesordnung. Und dann starb am 13. August 1913 die große Integrationsfigur August Bebel. Ein Jahr später begann der Erste Weltkrieg, und die SPD ging nach der Zustimmung zu den Kriegskrediten am 4. August 1914 der Spaltung entgegen. Dass sich die Sozialdemokratie in der Revolution von 1918/19 dann vollkommen der parlamentarischen Demokratie verschrieb, lässt sich ohne die jahrzehntelange, erfolgreiche Tradition des Wählens im Kaiserreich nicht erklären.

Abbildung 1:
»Die politischen sieben Schwaben«, Zeichnung von Emil Erk, in: Der Wahre Jacob, Nr. 438, 5.5.1903, S. 4027
(Bibliothek der FES)

Abbildung 2:
»Germanias Ernteaussichten«, Zeichnung von A. Mrawek, Titelseite von: Der Wahre Jacob, Nr. 656, 12.9.1911
(Bibliothek der FES)

Abbildung 3:
»Germaniens Lieblinge«, Zeichnung von Maximilian Vanselow, in: Der Wahre Jacob, Nr. 667, 10.2.1912, S. 7384
(Bibliothek der FES)

Siegfried Weichlein

Das ›Sozialistengesetz‹

Das ›Sozialistengesetz‹, das vom 22. Oktober 1878 bis zum 30. September 1890 im Deutschen Reich Gültigkeit besaß, prägte die Erinnerung sowohl des bürgerlichen Nationalismus als auch der Sozialdemokraten nachhaltig. Als Begriff für eine Ära gebraucht, war das ›Sozialistengesetz‹ eine Mythenmaschine in einem doppelten Sinn: Der Antisozialismus der nationalen Gruppen mutierte zur Gründungserzählung nationaler Einigkeit gegen die »roten Reichsfeinde« bis weit in das 20. Jahrhundert hinein. Dies galt ebenfalls für die Sozialdemokraten und ihren Widerstand gegen das ›Sozialistengesetz‹, der zum heroischen Opfer- und Gründungsnarrativ schlechthin aufstieg. Darin glich das ›Sozialistengesetz‹ dem Kulturkampf und seiner Rolle für den politischen Katholizismus. So war noch 1933 fast das Äußerste, was die sozialdemokratische Parteiführung von Hitler befürchtete, ein neues ›Sozialistengesetz‹.

Die Ära des ›Sozialistengesetzes‹ stand für Vieles: für eine brutale Form der Klassenherrschaft, für Bismarcks Kampf gegen die Sozialdemokratie, für das Verbot der politischen Arbeiterbewegung und der Gewerkschaften, für den Rückbau der urliberalen Vorstellung der Rechtsgleichheit nach der liberalen Reichsgründung. Wiederum vergleichbar mit dem Kulturkampf kommen mit jeder dieser Erinnerungen unterschiedliche, ja gegensätzliche Erzählungen davon zum Vorschein, wer die Akteure waren und worum es im ›Sozialistengesetz‹ eigentlich ging: War es eine Auseinandersetzung zwischen Arbeitgebern und Arbeitnehmern, zwischen Bismarck und der Sozialdemokratie, zwischen Bismarck und den Liberalen oder zwischen dem bürgerlichen Liberalismus und der Arbeiterbewegung in Gestalt der 1875 in Gotha geeinten Sozialistischen Arbeiterpartei (SAPD)?

Ihren Namen erhielten die zwölf Jahre von 1878 bis 1890 durch ein am 21. Oktober 1878 vom Reichstag verabschiedetes Gesetz »gegen die gemeingefährlichen Bestrebungen der Sozialdemokratie«, gemeinhin genannt »Sozialistengesetz«. Es bildete den vorläufigen Höhepunkt einer längeren Tradition, die Sozialdemokratie durch Verschärfungen der Vereins- und Pressegesetze zu verfolgen. Im Jahr 1874 war ein solcher Gesetzesentwurf noch an den Widerständen der Liberalen gescheitert. Reichskanzler Otto von Bismarck nahm die beiden Attentate auf Kaiser Wilhelm I. vom 11. Mai 1878 durch Max Hödel und vom 2. Juni 1878 durch Karl Nobiling zum Anlass, die Sozialdemokraten der geistigen Mittäterschaft zu beschuldigen, obwohl ihm das Gegenteil bekannt war. Nachdem ein erster Entwurf für ein ›Sozialistengesetz‹ im Mai 1878 noch mit 251 gegen 57 Stimmen abgelehnt worden war, schwächten die nach dem zweiten Attentat angesetzten Neuwahlen zum Reichstag die Nationalliberalen und stärkten gleichzeitig die Konservativen. Die Nationalliberalen verloren bei den Reichstagswahlen 1878 29 Abgeordnetenmandate und fielen von 128 auf 99 Mandate ab (von 27,2% auf 23,1%), während die freikonservative Deutsche Reichspartei ihr Ergebnis um 19 Sitze auf 57 verbessern konnte (von 7,9% auf 13,6%). Die meisten Nationalliberalen ließen daraufhin ihre Einwände gegen die rechtliche Ungleichbehandlung von Reichsbürgern fallen und stimmten dem neuen Entwurf des ›Sozialistengesetzes‹ zu. Die einzige Einschränkung, die sie erreichen konnten, betraf die Geltungsdauer des ›Sozialistengesetzes‹ auf zweieinhalb Jahre. Das ›Sozialistengesetz‹ wurde am 21. Oktober 1878 mit 221 Stimmen der Nationalliberalen und Konservativen gegen 149 Stimmen der Linksliberalen, des Zentrums und der Sozialdemokraten angenommen und bis zum Sommer 1890 regelmäßig verlängert.

Mit seinen 30 Paragrafen legitimierte und organisierte das ›Sozialistengesetz‹ die antisozialistische Verbotspraxis für zwölf Jahre:

- Mit einem elastischen Gummiparagrafen gab Art. 1 den Landespolizeibehörden einen extrem weiten Spielraum, Sozialdemokraten als solche zu definieren und zu verfolgen. Unter Strafe gestellt wurden sämtliche »sozialdemokratischen, sozialistischen und kommunistischen Bestrebungen«, die »den Umsturz der bestehenden Staats- oder Gesellschaftsordnung« bezweckten und die den »öffentlichen Frieden, insbesondere die Eintracht der Bevölkerungsklassen« gefährdeten. Darunter fielen sämtliche Parteigliederungen, Genossenschaften und Hilfskassen im Reich (Art. 2), selbstständige Kassenvereine (Art. 3), besonders aber jegliche Druckschriften, das hieß die gesamte Presse der Arbeiterbewegung (Art. 11 bis Art. 15).

- Die Strafmaße waren empfindlich, wenn auch nicht totalitär. Mitgliedern der SAPD, wie die Partei zwischen dem Gothaer Vereinigungsparteitag 1875 und 1890 hieß, wurden Geldstrafen bis zu 500 Mark oder Gefängnis bis zu drei Monaten angedroht (Art. 17). Noch schärfere Strafen galten für die Sympathisanten, die Räumlichkeiten boten (Art. 18), insbesondere »Gastwirte, Schankwirte und mit Branntwein oder Spiritus Kleinhandel treibende Personen, Buchdrucker, Buchhändler, Leihbibliothekare und Inhaber von Lesekabinetten« (Art. 23). Die Höchststrafen, für viele Staatsanwälte das Normalmaß, waren 1.000 Mark Geldstrafe oder sechs Monate Gefängnis. Diese Bestimmungen sollten die Sozialdemokraten vom Rest der Gesellschaft völlig isolieren.

- Das ›Sozialistengesetz‹ legitimierte nicht nur Rechtsungleichheit, es schuf auch faktisch rechtsfreie Räume. Art. 28 gab Bezirken und Ortschaften, die ihre öffentliche Sicherheit durch Sozialdemokraten gefährdet sahen, die Möglichkeit an die Hand, den »Kleinen Belagerungszustand« zu verhängen und somit missliebige Personen auszuweisen. Bis 1887 war dies in sechs Gebieten der Fall: in Berlin (1878), Hamburg und Altona (Oktober 1880), Leipzig (Juni 1881), Spremberg (Mai 1886), Frankfurt am Main und Offenbach (Dezember 1886 respektive Februar 1887) sowie in Stettin (Februar 1887). Insgesamt wurden 797 Personen ausgewiesen, darunter zwei Frauen, der jüngste betroffene Sozialdemokrat war unter 18 Jahre, der älteste knapp 65 Jahre alt.

- Die Ausführung des ›Sozialistengesetzes‹ lag in der Hand der Landespolizeibehörden und ihrer Organe, vor allen Dingen aber bei den Staatsanwaltschaften der Bundesstaaten und ihrer Kommunen (Art. 6, Art. 8, Art. 10). Dass das Reich nicht über eine eigene Verbotsorganisation verfügte, sondern sich verfassungsgemäß der Länderinstitutionen bediente, stärkte die föderale Ordnung des Reichs unter antisozialistischen und antidemokratischen Vorzeichen. Mehrere Landesbehörden aus den 1866 unterlegenen Staaten wie Sachsen überboten sich geradezu in der akribischen Umsetzung und Verfeinerung des ›Sozialistengesetzes‹.

- Nicht angetastet wurden die sozialdemokratischen Reichstagsmandate. Auch wenn die Partei und ihre Untergliederungen verboten waren, so konnten Einzelpersonen doch für den Reichstag kandidieren und sich dort als Fraktion organisieren. Der Abdruck sozialdemokratischer Reichstagsreden in Flugschriften gehörte zu den wenigen Möglichkeiten für Sozialdemokraten, politisch in die Öffentlichkeit zu wirken, fielen sie doch unter das Parlamentsrecht.

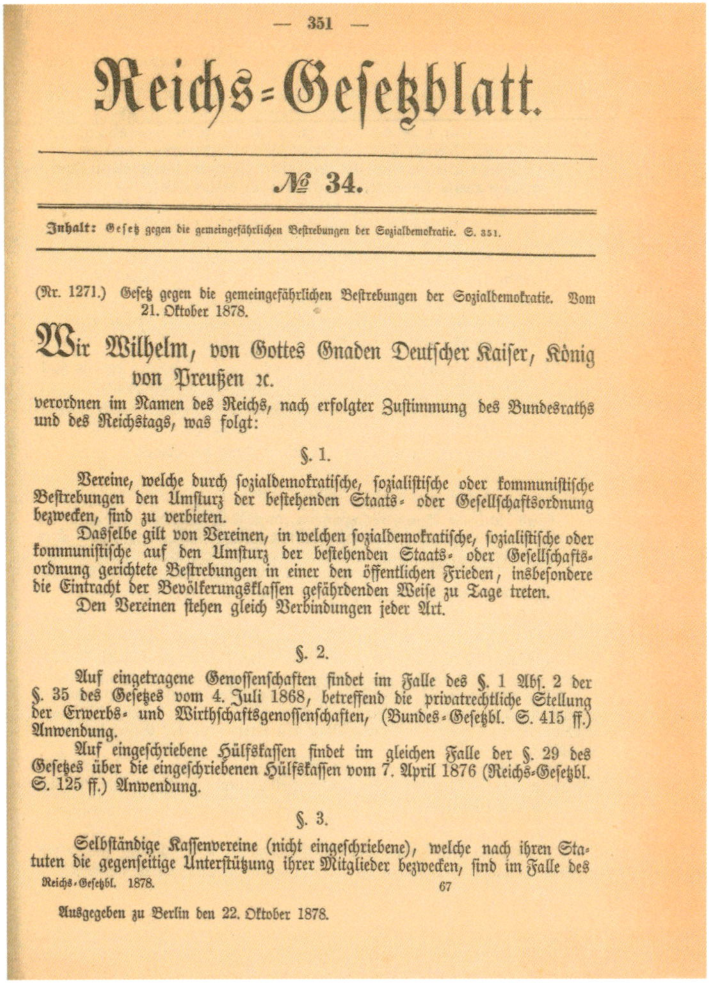

— 351 —

Reichs-Gesetzblatt.

№ 34.

Inhalt: Gesetz gegen die gemeingefährlichen Bestrebungen der Sozialdemokratie. S. 351.

(Nr. 1271.) Gesetz gegen die gemeingefährlichen Bestrebungen der Sozialdemokratie. Vom 21. Oktober 1878.

Wir Wilhelm, von Gottes Gnaden Deutscher Kaiser, König von Preußen rc.

verordnen im Namen des Reichs, nach erfolgter Zustimmung des Bundesraths und des Reichstags, was folgt:

§. 1.

Vereine, welche durch sozialdemokratische, sozialistische oder kommunistische Bestrebungen den Umsturz der bestehenden Staats- oder Gesellschaftsordnung bezwecken, sind zu verbieten.

Dasselbe gilt von Vereinen, in welchen sozialdemokratische, sozialistische oder kommunistische auf den Umsturz der bestehenden Staats- oder Gesellschaftsordnung gerichtete Bestrebungen in einer den öffentlichen Frieden, insbesondere die Eintracht der Bevölkerungsklassen gefährdenden Weise zu Tage treten.

Den Vereinen stehen gleich Verbindungen jeder Art.

§. 2.

Auf eingetragene Genossenschaften findet im Falle des §. 1 Abs. 2 der §. 35 des Gesetzes vom 4. Juli 1868, betreffend die privatrechtliche Stellung der Erwerbs- und Wirthschaftsgenossenschaften, (Bundes-Gesetzbl. S. 415 ff.) Anwendung.

Auf eingeschriebene Hülfskassen findet im gleichen Falle der §. 29 des Gesetzes über die eingeschriebenen Hülfskassen vom 7. April 1876 (Reichs-Gesetzbl. S. 125 ff.) Anwendung.

§. 3.

Selbständige Kassenvereine (nicht eingeschriebene), welche nach ihren Statuten die gegenseitige Unterstützung ihrer Mitglieder bezwecken, sind im Falle des

Reichs-Gesetzbl. 1878. 67

Ausgegeben zu Berlin den 22. Oktober 1878.

Abbildung 1:
Das ›Sozialistengesetz‹
(Bibliothek der FES)

Abbildung 2:
Ein Polizist löst eine legale Arbeiterversammlung auf, circa 1877 (Rechteinhaber nicht ermittelbar)

Das ›Sozialistengesetz‹ verfolgte nicht nur das Ziel, die politische und gewerkschaftliche Arbeiterbewegung auf Dauer zu zerstören. Wiederholt ist darauf hingewiesen worden, dass Bismarck nach dem Juni 1878 die Attentatshysterie schürte, um die Nationalliberalen ebenfalls zu schwächen, was ihm bereits bei der Reichstagswahl 1878 gelang. Wenig später spaltete sich die sogenannte Sezession von den Nationalliberalen ab. Seit 1879 war der »Zerfall des Liberalismus« offensichtlich, zumal die Nationalliberalen zwei liberale Grundsätze aufgegeben hatten: die Freihandelspolitik durch den gleichzeitigen Übergang zu den Schutzzollgesetzen und die Rechtsgleichheit durch die antisozialistische Ausnahmegesetzgebung. Auch das Zugeständnis der Befristung auf zweieinhalb Jahre änderte daran nichts, da das ›Sozialistengesetz‹ jederzeit Straftatbestände erzeugen konnte, die sich als Gegenstand politischer Hysterie eigneten. Dies geschah fortlaufend bis 1890. Außerdem bot der offensiv vorgetragene Antisozialismus eine Rhetorik und Praxis an, bei der sich Reich und Bundesstaaten begegnen, und die Bundesstaaten sich wechselseitig im Wettbewerb überbieten konnten. Auf Reichsebene beschlossen lag der Schwerpunkt der Sozialistenverfolgung in den Bundesstaaten und dort vor allem bei den Kommunen wie Berlin, Leipzig, Frankfurt am Main oder Hamburg. Damit stand auch die Integration der nationalen Gemeinschaft von der Kommune bis zum Reich unter antisozialistischem Vorzeichen.

Umfangreiche Spitzelberichte, die auf der kommunalen Ebene durch Polizisten und Denunzianten geliefert wurden, belegen die antisozialistische Energie und den politischen Furor, mit dem öffentliche Stellen den »Vernichtungskampf gegen die Sozialdemokratie« führten, selbst dann noch, als das ›Sozialistengesetz‹ ausgelaufen war. In diesen Jahren entstand die »Politische Polizei« zur Bespitzelung von Sozialdemokraten. Bis in die belanglosesten alltäglichen Gewohnheiten der sozialdemokratischen Reichstagsabgeordneten, der ehemaligen Parteiführung und ihrer Sympathisanten hinein wusste die Polizei Bescheid. Zum Zusammenstoß kam es immer dann, wenn Sozialdemokraten Versammlungsformen wählten, die nicht der behördlichen Anzeige- und Genehmigungspflicht unterlagen. Dazu zählten in erster Linie demonstrative Leichenbegängnisse beim Tod prominenter Sozialdemokraten. In einem Zirkularerlass an die Osnabrücker Landdrostei stellte der preußische Innenminister am 13. Mai 1885 daher fest:
»Der demonstrative Charakter eines Leichenbegängnisses liegt dann vor, wenn als dessen Zweck die öffentliche Bekundung der sozialdemokratischen Gesinnung angesehen werden muss. Es empfiehlt sich, derartige Demonstrationen vordringlich zu verbieten beziehungsweise in ihrer ersten Entwicklung zu verhindern, da ein polizeiliches Einschreiten, wenn ein öffentlicher Aufzug bereits im Gange ist, mit Schwierigkeiten verknüpft ist und leicht zu bedauerlichen Folgen führen kann.«[1]

Daneben suchten Sozialdemokraten weitere unverfängliche Assoziationsformen wie Kleingärtner-, Geselligkeits- und Bildungsvereine. In Kiel entstand so der Verein »Teutonia«. In Gaarden gründeten Sozialdemokraten bereits zwei Tage vor Inkrafttreten des ›Sozialistengesetzes‹ den Verein »Frohsinn«. Sie gaben zur Tarnung Bälle, spielten Theater und unternahmen Fahrten ins Grüne. Auch in Wilhelmshaven existierte – ein Beispiel von vielen – eine Tarnorganisation in Gestalt des Gesangvereins »Frohsinn«. Damit aber zogen Sozialdemokraten die investigative Energie der Staatsmacht nur auf immer neue Formen der zivilgesellschaftlichen Selbstorganisation.

Aufgrund des ›Sozialistengesetzes‹ wurden unter lautem öffentlichen Trommelwirbel rund 330 sozialdemokratische Vereine verboten, 1.000 Druckschriften beschlagnahmt, 1.500 Jahre Strafhaft verhängt und insgesamt 1.900 Sozialdemokraten ausgewiesen. Rückzugsräume waren in erster Linie England und die Schweiz, wo 1880 der erste Exil-Parteitag in Schloss Wyden stattfand. Das ›Sozialistengesetz‹ zielte auf die Handlungsmöglichkeiten der deutschen Sozialdemokratie als Partei und nahm dafür individuelle Biografien gleichsam in Geiselhaft. An diesen Märtyrergeschichten ranken sich die sozialdemokratischen Gründungsmythen aus der Zeit des ›Sozialistengesetzes‹ empor. Tatsächlich aber gab es große zeitliche und regionale Unterschiede sowie solche zwischen Partei und Gewerkschaften. Die Jahre des ›Sozialistengesetzes‹ waren keineswegs ein homogener Block von Einheit oder Widerstand, wie sie von der nationalen, aber auch von der sozialdemokratischen Propaganda gepriesen wurden.

In der Ausführung und Umsetzung des ›Sozialistengesetzes‹ kann regional von einem Nord-Süd-Gefälle gesprochen werden. Besonders scharf wurde das ›Sozialistengesetz‹ in Preußen und hier in Städten wie Berlin umgesetzt, wo der Staatsanwalt Hermann Tessendorf gegen die Sozialdemokraten wütete, was so weit führte, dass Nationalliberale und Fortschrittler, die für das ›Sozialistengesetz‹ gestimmt hatten, wie Eduard Lasker und Ludwig Loewe, in ihren Fraktionen für die Ausgewiesenen sammelten. Das galt auch für das Königreich Sachsen, das seine antisozialistische Solidarität mit dem nördlichen Nachbarn zum einen dazu nutzte, die Sozialdemokratie in ihrem Stammland zu treffen, zum anderen aber um den eigenen nationalen Sinn unter Beweis zu stellen. Demgegenüber war die Verfolgungspraxis in Württemberg und Baden insgesamt weniger

1 *Reinhard Wilms*, Politische Polizei und Sozialdemokratie im deutschen Kaiserreich. Zur Tätigkeit der politischen Polizei in der Provinz Hannover von der Zeit der Reichsgründung bis zum Ende des Sozialistengesetzes 1871–1890, Frankfurt am Main 1992, S. 163.

rigide. In Württemberg hielt die Regierung an der Pressefreiheit fest, sodass sich in Stuttgart bevorzugt linke Zeitungsverlage ansiedelten. Auch dies blieb nicht ohne Folgen. Die besonders scharfe Handhabung des ›Sozialistengesetzes‹ in Preußen begünstigte dort langfristig eine Ideologisierung der Sozialdemokratie, während in der süddeutschen Arbeiterbewegung die Vertreter der Reformpolitik eher die Oberhand gewannen.

Auch zeitlich gab es Unterschiede. In allen Bundesstaaten wurde das ›Sozialistengesetz‹ bis zur Reichstagswahl von 1881 genau umgesetzt. Als die Reichstagswahlen von 1881 immer noch 6,1% abgegebene sozialdemokratische Stimmen (zwölf Mandate gegenüber neun in 1878) ergaben, wurde deutlich, dass eine einfache Repressionspraxis die Sozialdemokratie nicht zum Verschwinden bringen würde. Württemberg und Baden gingen daraufhin zu einer milderen Praxis über. Beim vierten Verlängerungsantrag Preußens, der weitergehende Maßnahmen zur Ausweisung und Expatriierung von Sozialdemokraten enthielt, äußerte die Stuttgarter Regierung Bedenken und wies ihren Bevollmächtigten im Bundesrat an, eine abwartende Haltung einzunehmen. Auch Bayern teilte diese Bedenken. Zwar billigte der Bundesrat im Dezember 1887 die Verschärfung des ›Sozialistengesetzes‹ noch einmal, der Reichstag verweigerte anschließend jedoch seine Zustimmung zur Verschärfung und verlängerte lediglich die bestehenden Bestimmungen um zwei Jahre. Bismarcks Politik der antisozialistischen Eskalation war damit an eine Grenze geraten, noch bevor Kaiser Wilhelm II. 1888 die politische Bühne betreten hatte.

Nach den ausbleibenden Erfolgen des ›Sozialistengesetzes‹ 1881 setzte Bismarck auf eine Politik des »Zuckerbrots und der Peitsche«, indem er in den 1880er Jahren die Sozialgesetzgebung forcierte, um die Arbeiter dem Staat anzunähern. Die Kaiserliche Botschaft vom 17. November 1881 zielte entsprechend auf ein deutsches Sozialversicherungssystem mit den drei Säulen der gesetzlichen Krankenversicherung (1883), der Unfallversicherung (1884) und der Rentenversicherung (1889). Langfristig gesehen war gerade diese Verbindung von Repression und Wohlfahrtsstaat besonders wirksam, weil sie für die Sozialdemokratie in erster Linie den Staat zum Adressaten der Politik machte: sei es im Widerspruch, sei es im Anspruch.

Während die sozialdemokratische Parteiorganisation in die Illegalität im Ausland und die Konspiration ihrer Kommunikationswege gedrängt wurde, gestaltete sich dies bei den Gewerkschaften anders. Zwar wurden auch sie verboten, wozu unter anderem der deutsche Tabakarbeiterverein mit Sitz in Berlin (8.100 Mitglieder), der deutsche Buchdrucker-Verband mit Sitz in Leipzig (5.500 Mitglieder) oder der »Bund der Tischler und verwandte Berufe« mit Sitz in Mannheim (5.100 Mitglieder) gehörte. Der Organisationswille der Arbeiterbewegung, verstärkt durch Bebels Appell auf dem Wydener Parteitag von 1880, sich zu organisieren, gleichgültig wie, Organisation überall, bis in den entlegensten Ort, betraf in erster Linie die Gewerkschaften. Sie fanden nach 1881 dafür zwei Wege: Mit »Freien Hilfskassen« konnten sie zum einen dem Verbot entgehen, weil diese durch das Hilfskassengesetz von 1876 legalisiert worden waren. Während also zum Beispiel der Bund der Tischler verboten wurde, blieb die »Zentral-Kranken- und Sterbekasse der Tischler Deutschlands« weiter bestehen. Sie wurde – ein Beispiel von vielen – mit der neu gegründeten »Neuen Tischler-Zeitung« zum Ausgangspunkt für die Wiederorganisation der Gewerkschaftstätigkeit. Zum anderen entsprach es Bismarcks Absicht, die Arbeiter mittels der Sozialgesetzgebung an den Staat heranzuführen und lokale Fachvereine zuzulassen. An zahlreichen Orten entstanden daraufhin »Vereine zur Wahrung der Interessen von…«, die um lokale Stammtische, Werkstätten oder Fabriken, Gesellenverbindungen oder Unterstützungskassen herum aufgebaut waren. Allein in Stuttgart wurden zwischen 1880 und 1885 elf solcher Vereine gegründet. Gleichwohl

Abbildung 3:
Der Streik, Gemälde von Robert Koehler, 1886
(DHM, Berlin)

wurden auch diese wie die Hilfskassen polizeilich observiert. Insgesamt zielte die politische Stoßrichtung des ›Sozialistengesetzes‹ in erster Linie auf die Partei, weniger stark dagegen auf die Gewerkschaften. Die Fachvereinsbewegung sollte aus politischer Sicht so etwas wie eine Alternative zur Sozialdemokratie darstellen. Dies war der Kern der »milden Praxis« Mitte der 1880er Jahre. So kam es, dass Ende 1884 wieder 13 Zentralverbände der Fachvereine existierten. Im Jahr darauf gab es sogar mehr Zentralverbände als vor dem ›Sozialistengesetz‹. Die Fachblätter der Fachvereine erhielten die Kommunikation unter den Mitgliedern der Gewerkschaften ebenso aufrecht, wie der illegal aus Zürich vertriebene »Sozialdemokrat« als Ersatz des verbotenen »Vorwärts« die Informationsströme in der Partei am Leben erhielt. Als der preußische Innenminister Robert von Puttkamer 1886 mit seinem Streikerlass hier massiv eingriff, konnte er zwar die Streikaktivitäten behindern, nicht jedoch das Wachstum der Gewerkschaften. Dies wirkte sich letztlich auch auf die Streiks aus, was in der großen Streikwelle zwischen Januar 1889 und April 1890 mit 1.100 Streiks und insgesamt 400.000 Streikenden offensichtlich wurde. Beim Bergarbeiterstreik im Ruhrgebiet vom Mai 1889 streikten über 90.000 Arbeiter. Es war der größte Streik des 19. Jahrhunderts.

Es gelang den Landespolizeibehörden nicht, einen Keil zwischen die Fachvereine und die Sozialdemokratie zu treiben. Damit hatte sich aber auch das Verhältnis zwischen den Gewerkschaften und der SPD eindeutig geklärt: Soziale Interessenvertretung und politische Vertretung bedingten einander. Gewerkschaften und Sozialdemokratie gingen insgesamt gestärkt aus der Ära des ›Sozialistengesetzes‹ hervor. 56.000 Gewerkschaftern im Jahr 1878 standen knapp 300.000 zum Ende des ›Sozialistengesetzes‹ gegenüber. Im gleichen Jahr verdoppelte sich der sozialdemokratische Stimmenanteil bei der Reichstagswahl auf knapp 20%. Sie gewannen 35 Mandate gegenüber elf bei der Wahl 1887.

Die langfristigen Auswirkungen des ›Sozialistengesetzes‹ auf Partei und Gesellschaft können kaum überschätzt werden. Gesellschaftlich verfestigte die Ära des ›Sozialistengesetzes‹ die politisch-kulturellen Grenzen zwischen den Lagern auf lange Sicht. Der Antisozialismus hatte sich in die Raison d'Être des Reichsnationalismus eingeschrieben. Die Sozialdemokraten und die Gewerkschaften antworteten darauf mit dem Ausbau einer eigenen tief gestaffelten und weitreichenden Subkultur aus politischer Vertretung, Gewerkschaften, Konsumvereinen und Kulturorganisationen. Langfristig ist jedoch unverkennbar, dass der Wille zur Anerkennung als gleichberechtigte Deutsche gerade unter Angehörigen der SPD, wie sie seit 1890 hieß, besonders stark war. Auch dies erklärt den kompensatorischen Nationalismus der Sozialdemokratie 1914, als sie sich am Beginn des Ersten Weltkriegs von niemandem in der Treue zum Vaterland übertreffen lassen wollte.

Literaturhinweise:

Heidi Beutin/Wolfgang Beutin/Holger Malterer u.a. (Hrsg.), 125 Jahre Sozialistengesetz. Beiträge der öffentlichen wissenschaftlichen Konferenz vom 28. bis 30. November 2003 in Kiel, Frankfurt am Main/Berlin etc. 2004.

Richard J. Evans (Hrsg.), Kneipengespräche im Kaiserreich. Stimmungsberichte der Hamburger Politischen Polizei 1892–1914, Reinbek 1989.

Reinhard Wilms, Politische Polizei und Sozialdemokratie im deutschen Kaiserreich. Zur Tätigkeit der politischen Polizei in der Provinz Hannover von der Zeit der Reichsgründung bis zum Ende des Sozialistengesetzes 1871–1890, Frankfurt am Main 1992.

Helga Grebing

August Bebel, Die Frau und der Sozialismus (1879)

Als im Oktober 1865 in Leipzig auf dem ersten deutschen Frauenkongress der Allgemeine Deutsche Frauenverein gegründet wurde, war der 25-jährige August Bebel, der Vorsitzende des örtlichen Arbeiterbildungsvereins, als Gast anwesend; ob seine Verlobte Julie Otto ebenfalls vor Ort war, ist nicht überliefert. Aber eine Teilnehmerin könnte er getroffen haben: Josephine Eißner. Die wiederum hatte ihre achtjährige, älteste Tochter Clara (spätere Zetkin) bestimmt nicht mitgebracht. Der neue Verein hatte das Ziel, die Bildungschancen der Frauen zu verbessern und ihre Berufstätigkeit zu fördern.

Bebel scheint also damals bereits die Frauenfrage als Teil der großen sozialen Frage erkannt zu haben. In seiner ersten größeren Publikation über »Unsere Ziele« aus dem Jahr 1869 fehlt deshalb auch nicht eine Stellungnahme zum »natürlichen Beruf als künftige Hausfrau und Mutter«, während Frauenarbeit in der Industrie als Ausnahme gelten soll. Aber bereits 1872 argumentiert er in der dritten Auflage dieser Schrift anders; er fordert für die kommende sozialistische Gesellschaft, dass beide Geschlechter sich frei nach ihren natürlichen Fähigkeiten betätigen sollten. Das war schon weit mehr als das, was der katholische Verband »Arbeiterwohl« noch 1881, also knapp ein Jahrzehnt später, den Frauen in seinem Hilfsbuch »Das häusliche Glück« abverlangte. Das »Mahnwort des Seelsorgers« zählte die Tugenden auf, die für dieses Glück Voraussetzung waren, unter anderem: »Sei vor allem gottesfürchtig und fromm« – »Hege stets die rechte Liebe zu deinem Manne!« – »Ertrage die Fehler deines Mannes mit Geduld!« – »Werde immer friedfertiger und sanftmütiger!« – »Verrichte deine Arbeit mit Fleiß und stets unverdrossen!« – »Halte dich still für dich, möglichst fern von geschwätzigen Freundinnen!«[1] Aber auch der Aufklärer-Philosoph Jean-Jacques Rousseau, der 1762 im »Contrat Social« deklarierte: »Der Mensch ist frei geboren und liegt doch überall in Ketten«, sieht neben Bebel ziemlich klein aus mit dem, was er über die Frau zu sagen hatte. Zwar räumt er in seinem Erziehungsroman »Émile« ein, dass es die Natur nicht vorgesehen habe, dass der Mann aus seiner Gefährtin eine Dienstmagd mache, stattdessen wolle sie vielmehr, »dass die Frau denken, urteilen, lieben und erkennen [soll] und dass sie ihren Geist pflegen [soll] wie ihr Aussehen«. Aber Rousseau vergisst nicht zusätzlich zu bemerken, die Frauen sollten den Männern gefallen wollen, sie trösten und beraten. Bestenfalls konnte das heißen: aus Überlegenheit unterlegen sein.[2]

Im Januar 1877 sprach Bebel auf einer Volksversammlung in Leipzig über »Die Stellung der Frau im heutigen Staat und zum Sozialismus« und forderte zum ersten Mal die Frauen zur aktiven Mitarbeit beim kommenden Reichstagswahlkampf auf. Als Bebel im November desselben Jahres wieder einmal, diesmal für sechs Monate, von den kaiserlichen Justizbehörden ins Gefängnis gesperrt wurde, schrieb er den 180 Seiten starken Text über »Die Frau und der Sozialismus« nieder. Mitte Februar 1879 erschien das Buch, heimlich hergestellt von der Leipziger Genossenschaftsbuchdruckerei – es war das erste Buch, das die Sozialdemokratie unter der Repression des ›Sozialistengesetzes‹ herausbrachte. Die ersten 2.000 Exemplare waren rasch vergriffen. In den folgenden drei Jahrzehnten überarbeitete Bebel das Buch immer wieder; neue Fakten, neue

Abbildung:
Jubiläumsausgabe von 1910
(Bibliothek der FES)

1 Das häusliche Glück. Vollständiger Haushaltsunterricht nebst Anleitung zum Kochen für Arbeiterfrauen, hrsg. vom Verband Arbeiterwohl, München 1975 (Nachdruck der Ausgabe von 1882).

2 *Ursula Pia Jauch*, Träumereien eines einsamen Weltveränderers, in: Süddeutsche Zeitung, 28.6.2012, S. 11.

August Bebel
Die Frau
und der Sozialismus
FREIHEIT
50 · Auflage
Stuttgart 1910
J · H · W · Dietz Nachf ·

Erkenntnisse, aber auch neue Positionsbestimmungen und die Auseinandersetzungen mit politischen, publizistischen und wissenschaftlichen Gegnern erforderten dies. Schließlich hatte das Buch 1909/10 jenen Umfang gefunden, in dem es noch heute zugänglich ist.[3] In 53 Auflagen in 20 Sprachen in 50 Ländern eroberte es sich seine Leser oder zumindest seine Käufer. Allein in Deutschland wurden zu Bebels Lebzeiten über 200.000 Exemplare von all jenen erworben, die eine Anleitung in Theorie und Praxis für ihre demokratisch-sozialistische Weltanschauung suchten. Der ›Arbeiterkaiser‹ Bebel hatte ein Buch geschrieben, das vielen wie eine neue Bibel erschienen sein muss; es war das am meisten ausgeliehene Buch in den Arbeiterbibliotheken, es lag weit vor dem Kommunistischen Manifest und vor dem, was die Marx-Engels'sche Lehre sonst noch anbot, ganz zu schweigen vom »Kapital«, das, wenn überhaupt, dann nur äußerst spärlich und meist vergeblich zu lesen versucht wurde.

Was aber stand in dem Kult- und Kursbuch der demokratisch-sozialistischen Arbeiterbewegung – eine Kennzeichnung, die Bebel zunächst statt sozialdemokratisch bevorzugte? In der Einleitung und in dem ersten Abschnitt beschreibt Bebel die »Stellung der Frau in der Vergangenheit« seit der Urgesellschaft bis zur Gegenwart. In den späteren Auflagen hat er sich intensiv auf die Schrift von Friedrich Engels »Der Ursprung der Familie, des Privateigentums und des Staats« (1884) gestützt und sie teilweise paraphrasiert. Die Schlüsse dieses Abschnitts liegen für Bebel auf der Hand: 1. Frauen und Arbeiter haben gemein, Unterdrückte zu sein, aber die Frauen stehen noch hinter den Arbeitern; 2. Es gibt keine Befreiung der Menschheit ohne die soziale Unabhängigkeit und Gleichstellung der Geschlechter; 3. Die Sozialdemokratie ist die einzige Partei, die die volle Gleichberechtigung der Frau in ihr Programm aufgenommen hat.

Der zweite Abschnitt befasst sich mit der »Frau in der Gegenwart«. Hier erfuhren seinerzeit die Leser und Leserinnen eine Menge über die Beziehungen zwischen Mann und Frau, vor allem über die natürlichen Unterschiede des männlichen und des weiblichen Geschlechtstriebs. Kein Thema bleibt unerwähnt: Prostitution, Abtreibung, uneheliche Kinder, Herz- und Hirngewichte von Männern und von Frauen, Heiratsalter. Und schließlich sagt unser Autor dem ›klassenbewussten Arbeiter‹, was dieser wissen muss: Die Frau ist aus ökonomischen Gründen gezwungen, »sich zum Konkurrenten des Mannes aufzuwerfen«, dass deshalb das Verbot der Frauenarbeit ebenso unsinnig sei wie das Verbot der Anwendung von Maschinen, daher müsse der klassenbewusste Arbeiter danach trachten, »die Frau über ihre Stellung in der Gesellschaft aufzuklären und sie zur Mitkämpferin in dem Befreiungskampf des Proletariats gegen den Kapitalismus erziehen«. Die Wortwahl befremdet etwas bei dem Anwalt der Frauenbefreiung.

Der dritte Abschnitt widmet sich »Staat und Gesellschaft in der Gegenwart«. Nun wird das ganze Repertoire an Beweisen geliefert, warum es die »historische Mission« des Proletariats als »letzte« sein wird, »nicht nur die eigene Befreiung, sondern auch die Befreiung aller anderen Unterdrückten, also auch der Frauen, herbeizuführen«. Aber auch andere klassische Themen der aufstrebenden Arbeiterbewegung werden auf ihre richtige »demokratisch-sozialistische« Linie gebracht: Die Industrie wird die Landwirtschaft verdrängen, der Großbetrieb wird vorherrschend und die Proletarisierung wird wachsen: »Es ist ein ökonomisches Gesetz, dass mit der Konzentration der Betriebe und steigender Produktivität die Zahl der Arbeiter relativ abnimmt, dagegen konzentriert sich der Reichtum prozentual zur Gesamtbevölkerung in immer weniger Händen.« Andererseits werden die Kapitalisten durch die krisenhafte ökonomische Expansion über die ganze Erdkugel gejagt und die konkurrierenden Nationen dazu veranlasst, sich ein möglichst großes Stück der Weltherrschaft zu sichern. Dennoch, so meint Bebel, wird der nächste Krieg der letzte

3 Zum »neu lesen« des Klassikers benutzt wurde die Auflage Stuttgart 1911; sie ist der unveränderte Nachdruck der Jubiläumsausgabe von 1909, die letzte von Bebel selbst bearbeitete Ausgabe. Angesichts der Vielzahl der Ausgaben wurden die Zitate nicht mit der Seitenzahl, sondern durch Hinweise auf die verschiedenen Abschnitte des Buchs belegt.

sein, denn die soziale Revolution wird alles ändern. Hier wie bereits in den vorangegangenen Kapiteln erweist sich Bebel als Liebhaber verschiedener Statistiken, um Belegkraft für seine grundsätzlichen Ausführungen zu gewinnen.

Der vierte Abschnitt zeigt, wie die »Sozialisierung der Gesellschaft« die Welt verändern wird. Es werde keinen Staat mehr geben müssen, wenn das Privateigentum aufgehoben sei, das heißt, das kapitalistische Eigentum in gesellschaftliches Gemeineigentum verwandelt worden ist. Der Staat verliere dann als Regulierungsinstanz seine Existenznotwendigkeit. Hier boten besonders die Auffassungen von Karl Marx und Friedrich Engels über das Absterben des Staats den Kompass für die Argumentationslinie. Andererseits entzog Bebel sich dem ›Bilderverbot‹ von Marx, wenn er zugleich sehr konkret die Zukunftsgesellschaft beschreibt: Die sozialistische Gesellschaft habe Grundgesetze, nach denen sie funktionieren werde. Der Gegensatz der Interessen sei beseitigt; jeder könne seine Fähigkeiten entwickeln, die Befriedigung des persönlichen Egoismus und das Gemeinwohl deckten sich nun; die Herabsetzung der Arbeitszeit werde durch die Steigerung der Produktivität der Arbeit möglich. An diesem Punkt gerät Bebel fast ins Schwärmen über die Entfaltung der Technik: Elektrizität könne, so meint er, durch die Sonne in Afrika erzeugt werden; die verschiedenen Flugapparate und die drahtlosen Systeme der Telegrafie und der »Telephonie« böten bislang ungeahnte Möglichkeiten der Kommunikation. Vor allem aber werde der Gegensatz zwischen Hand- und Kopfarbeit aufgehoben: Bebel paraphrasiert Marx, ohne ihn zu nennen, beruft sich auf Tolstoi, erinnert an Leonardo da Vinci und Abraham Lincoln und schließt: »Die künftige Gesellschaft [...] wird Gelehrte und Künstler jeder Art in ungezählter Menge besitzen, aber jeder derselben wird einen Teil des Tages physisch arbeiten und in der übrigen Zeit nach Geschmack seinen Studien und Künsten und geselligem Umgang obliegen.«

Ein Kabinettstück sozialistischer Utopie ist in diesem Abschnitt die Schilderung der »kommunistischen Küche«. Sie ist nach der Abschaffung der Privatküche eine Großküche und gleicht mehr einem Salon als einem Arbeitsraum. In diesem Salon sind vor allem dank der Elektrizität alle technischen und maschinellen Einrichtungen vorhanden, »welche die unangenehmsten und zeitraubenden Arbeiten spielend erledigen«. Unser Autor erklärt, dass die Beseitigung der Privatküche »für ungezählte Frauen eine Erlösung sein« wird. Woher weiß Bebel das? Hatte Julie, die er 1866 im Jahr der Gründung der Sächsischen Volkspartei geheiratet hatte, ihm diese Einsicht vermittelt? Kann schon sein. Er selbst war zwar kein Gourmet, aber gutes Essen und Trinken schätzte er durchaus, wie sich zum Beispiel seinem Bericht über die Feier von Engels 70. Geburtstag am 28. November 1890 in London entnehmen lässt: Zwölf Gäste feierten bis halb vier morgens und tranken neben nicht genannten Mengen von Bordeaux-Wein 16 Flaschen Champagner und verzehrten zwölf Dutzend Austern. Zu diesem Bild passt denn wohl auch, dass Bebel einer der bestgekleideten Reichstagsabgeordneten gewesen sein muss – er trug immer einen schwarzem Gehrock im Parlament.

Das Wort »Küche« sollte im Sozialismus nicht mehr vorkommen; Bebel spricht vielmehr von »Zentralzubereitungsanstalten«; daneben sollte es »Zentralwaschanstalten«, »Zentralreinigungsanstalten« und »Zentraltrockeneinrichtungen« geben. In einem Bericht über die Chicagoer Weltausstellung 1893 hatte er sogar eine »elektrische Stiefelwichsmaschine« entdeckt. Zu allem passt die abschließende Bemerkung: »Die revolutionäre Umgestaltung, die alle Lebensbeziehungen von Grund aus ändert und insbesondere auch die Stellung der Frau verändert, vollzieht sich also bereits vor unseren Augen.« Und was noch fehlt – alles eine Frage der Zeit.

Den Ausführungen über die kommunistische Küche und die Umwandlung des häuslichen Lebens folgt ein Kapitel »Die Frau in der Zukunft«. »Dieses Kapitel«, schreibt Bebel, »kann sehr kurz sein« und hat dann auch nur acht Seiten, von denen zweieinhalb Zitate sind. Nach der Schilderung der zu erwartenden Zukunftsgesellschaft des Sozialismus bedarf es nur noch der Manifestation der Grundlagen der neuen Welt der Frau: Die Frau ist vollkommen sozial und ökonomisch unabhängig; sie steht dem Mann »als Freie und Gleiche gegenüber und ist Herrin [!] ihrer Geschicke«. Es gibt in der Gleichheit allerdings »Abweichungen«, »welche die Verschiedenheit der Geschlechter und ihre geschlechtliche Funktion bedingen«. Wie die Frau von morgen leben wird, kleidet Bebel in eine Abwandlung der berühmten Sentenz von Karl Marx über den Tag eines von der entfremdeten Arbeit befreiten Menschen: »Eben noch praktische Arbeiterin in irgend einem Gewerbe, ist sie in einem anderen Teil des Tages Erzieherin, Lehrerin, Pflegerin, übt sie in einem dritten Teil irgend eine Kunst aus oder pflegt eine Wissenschaft und versieht in einem vierten Teil irgend eine verwaltende Funktion. Sie treibt Studien, leistet Arbeiten, genießt Vergnügungen und Unterhaltungen mit ihresgleichen oder mit Männern, wie es ihr beliebt und wie sich ihr die Gelegenheit dazu bietet.« Das kurze Kapitel beendet unser Autor mit der Versicherung: »Das ›goldene Zeitalter‹, von dem die Menschen seit Jahrtausenden träumten und nach dem sie sich sehnten, wird endlich kommen. Die Klassengesellschaft hat für immer ihr Ende erreicht, aber mit ihr auch die Herrschaft des Mannes über die Frau.« Da möchte man, nein, frau wiederholen, was Rosa Luxemburg zu dem Ausruf angeregt haben soll: »Ach, August, ich liebe Dir.« Vielleicht war der Anlass ihre Begeisterung darüber, dass Bebel bis ans Lebensende in der sicheren Überzeugung lebte, dass der Kladderadatsch, also der Zusammenbruch der bürgerlich-kapitalistischen Gesellschaft unvermeidlich kommen werde – »in Bälde« sagte er 1885, später verschob er ihn ins 20. Jahrhundert.

Diese Überzeugung vertrat er gegenüber Feinden, vermeintlichen Freunden und, wenn es sein musste, auch gegenüber Genossen. Bebel war darin unermüdlich: Heinrich Herkner, Ernst Haeckel, Rudolf Virchow, auch Marianne Weber und viele andere forderte er heraus oder auf, ihre Einstellungen zu korrigieren. Gegenüber zweien war er vorsichtig: Charles Darwins naturwissenschaftlichen Theorien bescheinigte er im Gefolge von Engels »eine innige Beziehung zur sozialistischen Lehre«, aber er kritisierte Darwins und der Darwinisten gänzlichen Mangel an sozialökonomischem Wissen; letztere sprächen da wie »der Blinde von der Farbe«.[4] Nicht ganz einfach hatte er es mit dem Genossen Simon Katzenstein, der in seiner Rezension der »Frau« 1895 in der sozialdemokratischen Theoriezeitschrift »Die Neue Zeit« einen Ton wählte, der wenige Jahre später in den Revisionismusstreit mündete. Die von Bebel immer wieder betonte »naturgemäße Entwicklung« erschien Katzenstein etwas unheimlich; Bebel wiederum betrachtete das große Gewicht, das sein Rezensent auf die »Rechts- und sittlichen Normen« in der gesellschaftlichen Entwicklung legte, skeptisch.[5]

Bebels Zukunftsvisionen wurden in seinem Buch mehr und mehr zum beherrschenden Kernthema. Im Erfurter Programm von 1891, das nach Bebels Entwürfen von Karl Kautsky und Eduard Bernstein präzisiert wurde, kann man wie in einem Vexierbild deutlich die Spuren von Bebels Werk erkennen. Das galt auch für die Frauen, denen sich die sozialdemokratische Arbeiterpartei zunehmend öffnete. Im Programm wird versichert, dass die deutsche Sozialdemokratie »ohne Unterschied der Geschlechter und der Abstammung« gegen jede Ausbeutung und Unterdrückung, »richte sie sich gegen eine Klasse, eine Partei, ein Geschlecht oder eine Rasse«, kämpfen werde. Die SPD forderte auch das allgemeine, direkte Wahl- und Stimmrecht – ohne Unterschied der Geschlechter

4 *August Bebel*, Die Darwinsche Theorie und der Sozialismus, in: Die Neue Zeit XVI, 1898/99, Nr. 16, S. 484–489, hier: S. 485; vgl. Richard Saage, Zwischen Darwin und Marx. Zur Rezeption der Evolutionstheorie in der deutschen und in der österreichischen Sozialdemokratie vor 1933/34, Wien/Köln etc. 2012, S. 53.

5 *August Bebel*, Kritische Bemerkungen zu Katzensteins kritischen Bemerkungen über »Die Frau und der Sozialismus«, in: Die Neue Zeit XV, 1896/97, Nr. 11, S. 326–336, hier: S. 327.

und verlangte die Abschaffung aller Gesetze, die die Frau gegenüber dem Mann benachteiligten. Das Erfurter Programm wird oft fälschlich als »marxistisch« bezeichnet, und vor allem die DDR-Historiografie wurde nicht müde, Bebel als »den bedeutendsten marxistischen Parteiführer der revolutionären deutschen Sozialdemokratie« zu feiern.[6] Aber so wenig es je »den Marxismus« gegeben hat, so war Bebel auch kein Marxist, allenfalls ein Anhänger der »Marxschen Schule« der Sozialdemokratie vor 1914. Und als ein solcher war er kein Dogmatiker. Die »Lehren und Auffassungen von Marx und Engels [sind] kein ›noli me tangere‹ [...], keine Dogmen, die für ewige Zeiten festliegen«, schrieb er 1899.[7] Das sei allseitig anerkannt; diese Lehren dürften sogar durch die gesellschaftliche Entwicklung modifiziert werden, dennoch blieben sie »in der Hauptsache die feste Grundlage, von der aus wir weiter streben«.

So war denn Bebel im Deutschen Reichstag ein unentwegt reformorientierter Fechter für die Verbesserung der sozialen Lage der Arbeiter im monarchisch-autoritären Klassenstaat. Gewerbeordnung, Alters- und Invalidenversicherung, Arbeitsschutz waren unter anderem seine Themen, aber auch, wie es sich für einen Generalisten gehört, die Chinapolitik, die Kolonialpolitik und der Militäretat. Auf den Parteitagen jedoch bekämpfte er unnachgiebig alle jene Reformisten, Praktizisten und Revisionisten, die sich in seinen Augen gemütlich auf das Hineinwachsen in den Sozialismus einrichteten. Er indessen wusste, dass die Arbeiterbewegung in einem autokratisch-kapitalistisch strukturierten System von Staat und Gesellschaft ohne Zukunftsgewissheit die Kraft zur Transformation des Kapitalismus in den Sozialismus verlieren würde. Um sie zu erhalten, waren die Bilder von einem anderen Morgen unverzichtbar.

Diese Einsicht macht die Lektüre von August Bebels »Die Frau und der Sozialismus« noch heute so anregend und zugleich aufgeregt: Wo ist sie denn geblieben, diese Kraft? Wer kann sie erneuern und wie mit wem? Bestechend ist auch die Genauigkeit und die Universalität dieses Autodidakten, der die ›heilige‹ Wissenschaft vorführt, nicht nur durch sein Wissen, sondern durch seinen eingelösten Anspruch, Wissen in Macht umsetzen zu können. Viele Einzelheiten vermitteln einen Eindruck vom Wissens- und Informationsstand der damaligen Zeit. Vieles davon ist heute eingelöst, nicht wenig überholt oder hat sich als gefährlich erwiesen. Was dazu auffordert, das Buch neu zu lesen, ist etwas anderes: Es ist die Leidenschaft, mit der August Bebel die Verwirklichung der sozialdemokratischen Ziele angestrebt hat. Und es ist das Bewusstsein, dass dazu eine solidarisch wirkende sozialdemokratische Identität vorhanden sein muss. Vergangene Zeiten oder Signal für einen neuen Aufbruch?

6 *Ursula Herrmann/Volker Emmrich* (als Leiter eines Autorenkollektivs), August Bebel. Eine Biographie, Berlin 1989; vgl. auch *Brigitte Seebacher-Brandt*, Bebel. Künder und Kärrner im Kaiserreich, Berlin/Bonn 1988.

7 *Bebel*, Die Darwinsche Theorie, S. 487.

Literaturhinweise:

August Bebel, Aus meinem Leben, ungekürzte Neuausg., Bonn 1997 (zuerst 1911 und 1914).

August Bebel, Schriften 1862–1913, Bd. 1 und 2, hrsg. v. *Cora Stephan*, Frankfurt am Main/Wien 1981.

August und Julie Bebel, Briefe einer Ehe, hrsg. von *Ursula Herrmann*, Bonn 1997

August Bebel. Repräsentant der deutschen Arbeiterbewegung (Kleine Schriften der Stiftung Reichspräsident-Friedrich-Ebert-Gedenkstätte, Nr. 7), Heidelberg 1991.

Juliane Brauer

Der Oldie als Dauerbrenner: Die Internationale

Wer heute nach einer Version der »Internationale« sucht, wird schnell fündig. Allein die Internetplattform »antiwarsongs.org« bietet sie in 98 Sprachen und Bearbeitungen an. Kaum ein anderes Lied der europäischen Arbeiterbewegung scheint sich so sehr in das kollektive Gedächtnis der europäischen Gesellschaften des 20., aber auch des 21. Jahrhunderts eingeschrieben zu haben. In einem Comic des Helden »Popeye, der Seemann« wird es 1975 von einem widerständigen Ameisenvolk angestimmt, und Superman gewinnt in einer Reihe aus dem Jahr 1976 mit den Versen »auf zum letzten Gefecht« aus einem entmaterialisierten Zustand in einem Labor wieder Gestalt. Selbst der deutsche Entertainer Harald Schmidt schmetterte 2006 inbrünstig und mit erhobener Faust in seiner Late-Night-Show die »Internationale«, wie man es auf dem hiervon existierenden YouTube-Video erkennen kann. Schmidt spaltete mit dieser Performance die Gemüter: Während die einen eine klare Verletzung ihrer sozialdemokratischen Identitätsgefühle reklamierten, lobten die anderen die Überzeugung und Authentizität, mit der Schmidt in Begleitung seiner Band und im Übrigen auch mit tatkräftiger Unterstützung seines Studiopublikums sang.

Abbildung 1: **Lithografie von Théophile-Alexandre Steinlen, 1902 genutzt zur Illustration eines Liedblatts zur »Internationale«** (Privatbesitz)

Zu dieser großen Popularität im Widerspruch steht allerdings das begrenzte historische Wissen um Entstehung und Wirkungsgeschichte dieses einen, wenn nicht sogar des bedeutendsten Lieds der Arbeiterbewegung. Der Text der »Internationale« entstand in einer politisch aufregenden Zeit von Aufbruch, Hoffnung, aber auch Niederlage und Enttäuschung, in der Zeit der ersten proletarischen Revolution, der Pariser Commune im Frühjahr 1871. Der Dichter der ursprünglich sechs Strophen war Eugène Poittier (1816–1887), Chansonnier, Verfasser politischer Schlager und Singspiele, Intellektueller und gleichzeitig als Sohn eines Packers und Kistenmachers erfolgreicher Dekorationsmaler. Er war Aktivist der ersten Stunde, Mitglied in der Ersten Internationale und als gewählter Delegierter der Arbeiter im Zentralkomitee der Stadtbezirke und im Commune-Rat tätig. In diesen zahlreichen Funktionen war er eng mit den Zielen, Idealen und Kämpfen der Pariser Commune verwoben. Nach deren Niederschlagung versteckte sich Poittier und flüchtete ins britische und später ins US-amerikanische Exil. Er schrieb sein Gedicht unmittelbar in dieser Zeit auf der Flucht, den überwältigenden Eindruck der anfänglichen Hoffnung, aber auch der Enttäuschung über die gescheiterte Revolution im Gepäck. Diese emotionale Gemengelage und die persönliche Betroffenheit des Autors gaben dem Gedicht seinen unverwechselbaren Ton, seine mitreißende Kraft. Der kommunistische Schriftsteller Erich Weinert nannte es nicht von ungefähr ein halbes Jahrhundert später das »optimistischste und zuversichtlichste Lied des kämpferischen Proletariats«.[1] So prägten den Text der »Internationale« die Leitideen der Internationalen Arbeiterassoziation (»Erste Internationale«), die am 28. September 1864 in London gegründet worden war und in der Poittier gewirkt hatte. Die Überzeugung von der historischen Mission der Arbeiterklasse, sich von Ausbeutung und Unterdrückung zu befreien, ihre Kraft in der Gemeinschaftlichkeit, im solidarischen Zusammenschluss zu suchen, fand somit ihren Widerhall, genauso wie die französischen Erfahrungen von Straßenkampf und Niederlage. In kaum einem anderen Lied ist der Aufforderungscharakter so nachdrücklich, so mitreißend und unausweichlich formuliert wie in den Versen: »Wacht auf, Verdammte dieser

1 *Erich Weinert*, Eugène Po[i]ttier und seine Lieder, Berlin 1951, S. 21.

L'INTERNATIONALE
LABOUR
SOCIALISTE
DEMOKRATIE
Steinlen
T. A. STEINLEN - 1859-1923 - Lithographie originale en couleurs -

Erde / die stets man noch zum Hungern zwingt / […] / Völker hört die Signale / auf zum letzten Gefecht«.

Poittier durfte in den 1880er Jahren nach Paris zurückkehren, wo er 1887 hochangesehen und verehrt starb. In seinem letzten Lebensjahr erschien die »Internationale« erstmalig im Druck zusammen mit einer Auswahl seiner anderen revolutionären Gedichte und Lieder. Als solche gelangten die Texte 17 Jahre nach ihrer Entstehung in den Norden Frankreichs, nach Lille, in die Hände des gelernten Drechslers und Leiters des örtlichen Arbeiterchors Pierre Degeyter. Der gerade erst gegründete Chor mit dem Namen »La Lyre des Travailleurs« war auf der Suche nach geeigneten Arbeiterliedern für sein Repertoire. So kam ihm der Band mit den »revolutionären Liedern« Poittiers gerade recht. Nach Erinnerungen von Zeitzeugen vertonte Degeyter innerhalb weniger Tage ein paar dieser Gedichte, die dann sofort im Chor geprobt wurden. Im Juli des Jahres 1888 erklang erstmalig die »Internationale« in der Vertonung Degeyters, unter seiner Leitung vom Arbeiterchor in Lille anlässlich eines Fests gesungen. Das erste Liedblatt dieser Komposition wurde noch im gleichen Jahr in einer Auflage von 6.000 Stück vertrieben.

In den darauffolgenden Jahren blieb der Verbreitungsraum des Lieds auf Nordfrankreich und Südbelgien begrenzt. Dann gelangte es über verschiedene Wege in die Welt. 1895 sangen es Delegierte auf einem Gewerkschaftskongress in der Nähe von Paris. Nachdem es auch auf einem Parteitag der unabhängigen französischen Arbeiterpartei erklungen war, wurde es rasch in ganz Frankreich bekannt. Ausländische Delegierte lernten auf Versammlungen das neue Lied der französischen Arbeiterbewegung kennen und nahmen es mit in ihre Länder. Ihre Feuertaufe aber bestand die »Internationale« im Alltag des Straßenkampfs. So wird überliefert, dass Delegierte einer Versammlung der Arbeiterpartei von katholischen Studenten in den Straßen von Lille in eine politische Auseinandersetzung verwickelt wurden. Diese Begegnung entwickelte sich zu einem ›Liederkampf‹. Die Studenten stimmten die »Marseillaise« an, das ursprünglichste Lied französischer Revolutionäre, was jedoch am Ende des 19. Jahrhunderts zunehmend von bürgerlichen Gesellschaftskreisen vereinnahmt wurde. Die Arbeiter antworteten mit der »Internationale« und trugen den Sieg davon. Auch wenn diese Überlieferung sehr idealisiert erscheint, so offenbart diese Geschichte den Gebrauchswert von Liedern innerhalb der Arbeiterbewegung als Kampflieder. Sie sollten das Gefühl gemeinschaftlicher Stärke vermitteln, motivieren und den Gegner einschüchtern.

Mit diesem symbolischen Sieg der »Internationale« über die »Marseillaise« setzte sich die internationale Verbreitung als neue Hymne der Arbeiterbewegung fort. Um 1900 erreichte die »Internationale« auch den deutschsprachigen Raum. So entstand vermutlich 1901 die erste deutsche Fassung von Franz Diederich. In der Festschrift für die Delegierten zum SPD-Parteitag 1903 in Dresden findet sich der Hinweis »Wortlaut dem Französischen des Eugen Poittier nachgebildet von Franz Diederich. Sangesweise von Degeyter. Bearbeitet und für den vierstimmigen Männerchor gesetzt von Eugen Thari«. Dieser Fassung sollten zahllose weitere folgen, die zum Teil nebeneinander existierten und gesungen wurden.

Ein früher Nachweis einer deutschen Fassung lässt sich auch in der deutschen Arbeitersänger-Zeitung »Lieder-Gemeinschaft« aus dem Mai 1902 finden. Dort wurde die Bearbeitung von Rudolf Lavant abgedruckt mit Verweis auf den Dichter Eugène Poittier. Zudem wird den deutschen Arbeitersängern berichtet, dass die »Internationale« von den französischen Sozialisten zu allen Festen gesungen werde und dass dieses Lied die »Marseillaise« als »offizielle Hymne der Bourgeois-Republik« verdrängt habe. Die bis heute verbreitete dreistrophige Fassung von Emil Luckhardt erschien erstmalig 1910 zusammen mit dem ersten deutschen Notendruck des Lieds in einer Chorfassung zur Verwendung im Deutschen Arbeiter-Sängerbund. So abgedruckt erschien das Lied auch im Dortmunder »Arbeiter-Liederbuch für den Massengesang«. Das zuständige königliche Landgericht verfügte daraufhin sofort ein Verbot des Buchs. Indem die Herausgeber künftig eine andere Version des Lieds nutzten, konnte dieses Urteil jedoch erfolgreich umgangen werden. So lässt sich auch erklären, warum in den 1920er Jahren mehrere Fassungen im Umlauf waren.

Auch wenn es um die Jahrhundertwende einige Verwirrung um die Urheberschaft der Komposition gab, spätestens 1914 wurde in einem Rechtsstreit endgültig geklärt, dass Pierre Degeyter die Melodie der »Internationale« zuzuschreiben ist und ihm die Einkünfte aus dem Verkauf der Notenblätter zustanden. Als Schöpfer dieses bedeutenden Lieds nahm der schon 79-Jährige im Herbst 1927 an den Feierlichkeiten anlässlich des 10. Jahrestags der Oktoberrevolution in Moskau teil. Als Tausende mit dem Gesang der »Internationale« – zu diesem Zeitpunkt war das die Nationalhymne der UdSSR – an der Ehrentribüne vorbeizogen, liefen dem »alten Revolutionär« Tränen über die Wangen, so die Erinnerungen eines Anwesenden. 1932 starb Degeyter, angeblich folgten 50.000 Menschen seinem Sarg.

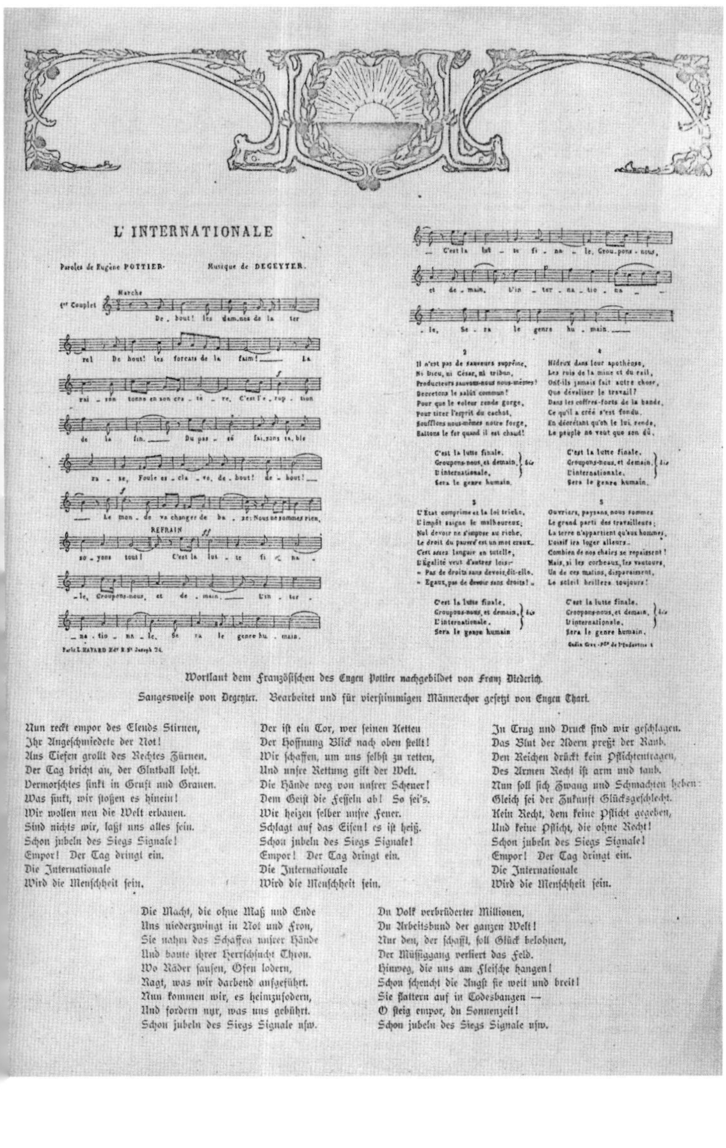

Abbildung 2:
Notenblatt, 1903
(Bibliothek der FES)

Die Melodie ergriff jedenfalls Zehntausende in Europa. Sie ist gleichzeitig anspruchsvoll ausdifferenziert und leicht zu erlernen. Zudem ist sie mitreißend. Am ehesten stand sie in der Tradition von Freiheitsgesängen, wie sie sich Ende des 19. Jahrhunderts in fortschrittlichen Opern finden ließen. Mit stilistischen Mitteln wie der Auftakt-Melodik und der melodischen und rhythmisch vorwärtsdrängenden Dynamik bestehen Ähnlichkeiten zu revolutionären Hymnen wie der »Marseillaise«, aber auch zu Nationalhymnen. Neben dem eindringlichen Text ermöglicht die klare Struktur und dennoch ansprechende und ausdifferenzierte Melodie ein leichtes Mitsingen dieses Massenlieds. So geben Erinnerungen von Zeitzeugen darüber Aufschluss, wie schnell sich die »Internationale« anscheinend im deutschen Arbeitermilieu verbreitete. Der politische Nachwuchs lernte das Lied, indem es in aller Regel am Abschluss von Parteiveranstaltungen gesungen wurde. Doch erst nach 1918, zusammen mit der Novemberrevolution, avancierte die »Internationale« in ganz Deutschland zum Kampflied der mittlerweile gespaltenen Arbeiterbewegung, als Lied des Aufbegehrens und des Protests. So erinnerte sich der spätere kommunistische Schriftsteller Hans Lorbeer an den November 1918. Als 17-Jähriger nahm er an den Demonstrationen in Berlin teil und beschrieb, wie in der Menge der demonstrierenden Arbeiter plötzlich die »Internationale« gesungen wurde: »Ganz vorn stimmten sie ein Lied an. Ich kannte es noch nicht. Und viele, viele andere kannten es noch nicht. Aber es drang durch und nahm uns alle in seine Gewalt. Zuletzt erhob es sich allgewaltig und donnernd. Und es dröhnte eisern zu den Werken rüber«.[2] Aufgrund dieses Bedeutungsgehalts war das Lied während der NS-Herrschaft als Hymne der internationalen Arbeiterbewegung verboten. Wie bei vielen Liedern versuchten die Nationalsozialisten auch der »Internationale« ihren Stachel zu nehmen, indem auf die bekannte Melodie ein nationalsozialistischer Text gedichtet wurde. So entstand bereits 1931 eine »Hitlernale«, die sich allerdings nicht durchsetzen konnte.

Im Geheimen sangen deutsche Sozialdemokraten und Kommunisten auch nach 1933 weiter ihre Lieder. Die »Internationale« galt zudem als Erkennungslied der Internationalen Brigaden im Spanischen Bürgerkrieg. In einem von Ernst Busch herausgegebenen Liederbuch von 1938 erscheint das Lied in 14 verschiedenen Sprachen. In ähnlich zahlreichen Übersetzungen sangen es die Delegierten zum Abschluss des VII. Weltkongresses der Komintern 1935 in Moskau. Auch in deutschen Konzentrationslagern war es bekannt und wurde an Gefangene aus allen besetzten Ländern Europas weitergegeben, die es in ihren Sprachen, abends, heimlich, leise und gemeinsam mit Häftlingen verschiedener Nationen anstimmten. So tauchte nicht von ungefähr die »Internationale« neben neuen Liedern der Arbeiterbewegung und Liedern aus den Konzentrationslagern in einem kleinen Liederbuch auf, das ehemalige Gefangene des Konzentrationslagers Sachsenhausen direkt nach ihrer Befreiung im Jahr 1945 zusammenstellten. Vielleicht war dieses Liederbuch der erste offizielle und legale Ort für die »Internationale« nach ihrem jahrelangen Verbot.

Dies weist schon auf die große Popularität der »Internationale« in der Sowjetischen Besatzungszone und später in der Deutschen Demokratischen Republik voraus. Dort gründete sich das Selbstbewusstsein vordergründig auf Traditionen der Arbeiterbewegung und den aktiven Kampf gegen das nationalsozialistische Deutschland. Antifaschismus diente als Legitimationsideologie. Das gemeinsame Singen traditioneller und neuerer Arbeiterlieder, die in den 1950er Jahren zahlreich entstanden, spielte daher im öffentlichen Leben der DDR eine große Rolle. Die verbindende Funktion der Arbeiterlieder wird auch deutlich an der im Auftrag des Landesvorstands der SED in Thüringen 1948 entstandenen ›Festouvertüre‹ von Ottmar Gerster. In Erinnerung an die Revolution von

2 *Hans Lorbeer*, Wacht auf! Erzählungen, Berlin 1928, S. 36ff.

1848 verarbeitete der Komponist unter anderem die bekanntesten Arbeiterlieder wie »Brüder zur Sonne zur Freiheit«, »Die Internationale« und auch die »Marseillaise«. Symbolisch stand in der neuen sozialistischen Gesellschaft die »Internationale« für den Sieg des Proletariats. Der bekannte Komponist Hanns Eisler verwendete einige musikalische Motive der »Internationale« gleich mehrfach in seinen neuen Liedkompositionen der 1950er Jahre. In den Schulbüchern der DDR und Liederbüchern der Freien Deutschen Jugend und anderer Massenorganisationen ist die »Internationale« mit großer Verlässlichkeit immer auf den ersten Seiten zu finden. Generationen von Schülerinnen und Schülern lernten genau dieses Lied im Musikunterricht und daran regimekonform die Ideale und Ziele des Proletariats in seinem revolutionären Kampf. Im öffentlichen Gebrauch verschwand die »Internationale« allerdings in den 1970er und 1980er Jahren. Zu einer Wiederbelebung kam es im Zuge der Montagsdemonstrationen in Leipzig im Herbst 1989. Demonstranten sangen das Lied jetzt nicht mehr für die DDR, sondern als Zeichen ihres eigenen Aufbegehrens gegen das sozialistische Herrschaftssystem.

In der Bundesrepublik Deutschland gingen die meisten politischen Organisationen bis in die 1970er Jahre auf kritische Distanz zum gemeinsamen Gesang traditioneller Lieder, zu sehr erinnerte dies an die singenden Kohorten des ›Dritten Reichs‹. Das Singen traditioneller Arbeiterlieder wurde unpopulär. Das änderte sich entscheidend, als sich verstärkt Bürgerbewegungen formierten und Streiks zunahmen. Plötzlich war die »Internationale« wieder zu hören, ob auf Versammlungen des Sozialistischen Deutschen Studentenbunds oder zu den Ostermärschen, ob auf SPD-Delegiertenkonferenzen und während der Versammlungen und Kundgebungen der 68er-Bewegung. Vor allem die protestierende Jugend entdeckte das kämpferische und appellierende Potenzial der alten Arbeiterlieder für sich neu. In den 1970er Jahren profilierten sich darüber hinaus politische Liedermacher wie Hannes Wader, der neben Friedens- und Protestliedern an traditionelle deutsche und internationale Arbeiterlieder anknüpfte und diese wieder in das öffentliche Bewusstsein brachte. Auch in der SPD und den Gewerkschaften erinnerte man sich wieder der Arbeiterlieder. So fehlt die »Internationale« bis heute in keinem der sozialdemokratischen Liederbücher, die seitdem in unzähligen Auflagen erschienen sind – gesungen wird sie aber nur noch bei den Bundeskongressen der Jusos.

Literaturhinweise:

Hermann Kurzke, Hymnen und Lieder der Deutschen, Mainz 1990.

Inge Lammel, Politisches Lied und Volkslied in der Gesangspraxis der Arbeiterklasse, in: Arbeiterklasse und Musik. Theoretische Positionen in der deutschen Arbeiterklasse zur Musikkultur vor 1945. Eine Dokumentation des Arbeiterliedarchivs, Berlin 1974, S. 26–51.

Hans Lorbeer, Wacht auf! Erzählungen, Berlin 1928.

Walter Moßmann/Peter Schleunig, Alte und neue politische Lieder. Entstehung und Gebrauch. Texte und Noten, Reinbek 1978.

Reichspräsident Friedrich Ebert, Reichskanzler Konstantin Fehrenbach und die Regierungsmitglieder bei einem Hoch auf die Republik, 21. August 1919
(Bundesarchiv, Bild 146-1978-042-11/Robert Sennecke)

1918–1933

Manuel Gogos

Demokratie, kulturelle Entfaltung und Selbstverteidigung – Die Sozialdemokratie in der Weimarer Republik

Die Gründung der Weimarer Republik begann mit einer Revolution. Und die Novemberrevolution 1918/19 begann mit einer Meuterei: Heizer in den Stahlrümpfen der kaiserlichen Schlachtschiffe weigerten sich gegen Ende des Ersten Weltkriegs in einem letzten Gefecht einen ›ehrenvollen Untergang‹ zu suchen. Ihre Befehlsverweigerung war die Initialzündung eines Aufstands gegen den wilhelminischen Obrigkeitsstaat, der zunächst auf die Arbeiterschaft der Nordsee-Werften und dann, innerhalb weniger Tage, auf ganz Deutschland übergriff. Die Matrosen forderten die Beseitigung der Monarchie, vollständige Rede- und Pressefreiheit, Aufhebung der Briefzensur sowie die Freilassung aller politischen Gefangenen. In allen größeren Städten Deutschlands übernahmen nun revolutionäre Soldaten- und Arbeiterräte die Macht. Mit dem Eintreffen der Kieler Matrosen auf dem Lehrter Bahnhof am Morgen des 9. November erreichte die revolutionäre Stimmung Berlin. Schlagartig änderte sich das Straßenbild der Metropole: Tausende formierten sich zu gewaltigen Demonstrationszügen, überall wurden rote Fahnen gehisst und rote Armbinden getragen. Noch war nicht klar, welche politische Richtung der Aufstand nehmen würde. Sollte die Revolution in ein parlamentarisches System nach dem Vorbild westlicher Demokratien münden oder könnte auch der radikalere Verlauf der russischen Oktoberrevolution Modell stehen?

Noch am selben Tag rief der SPD-Abgeordnete Philipp Scheidemann gegen 14 Uhr vom Fenster des Reichstags die »deutsche Republik« aus: »Am 9. November 1918 glich der Reichstag schon in den Morgenstunden einem großen Heerlager. Mit Ebert und anderen Freunden saß ich hungrig im Speisesaal. Es gab wieder nur eine dünne Wassersuppe. Da stürmte ein Haufen von Arbeitern und Soldaten in den Saal, gerade auf unseren Tisch zu. ›Kommen Sie mit uns.‹ Ich wehrte ab. ›Draußen stehen Tausende, die verlangen, dass Sie reden. [...] Liebknecht will die Sowjetrepublik ausrufen.‹ [...] Schon stand ich im Fenster. Vieltausende von Armen reckten sich, um die Hüte und Mützen zu schwenken. Dann wurde es still, ich sprach nur wenige Sätze: ›Arbeiter und Soldaten! Seid euch der geschichtlichen Bedeutung dieses Tages bewusst. [...] Nichts darf geschehen, was der Arbeiterbewegung zur Unehre gereicht. Seid einig, treu und pflichtbewusst. Das Alte und Morsche, die Monarchie ist zusammengebrochen. Es lebe das Neue! Es lebe die deutsche Republik!‹«[1]

Zwei Stunden später proklamierte Karl Liebknecht, damals noch Mitglied der USPD, im Lustgarten des Berliner Stadtschlosses »die freie sozialistische Republik«: »Der Tag der Revolution ist gekommen. Wir haben den Frieden erzwungen. Der Friede ist in diesem Augenblick geschlossen. Das Alte ist nicht mehr. Die Herrschaft der Hohenzollern, die in diesem Schloss jahrhundertelang gewohnt haben, ist vorüber. Die Herrschaft des Kapitalismus, der Europa in ein Leichenfeld verwandelt hat, ist gebrochen. In dieser Stunde proklamieren wir die freie sozialistische Republik Deutschland.«[2]

Der von der SPD zur USPD gewechselte Reichstagsabgeordnete Kurt Eisner, der im Jahr 1898 von Wilhelm Liebknecht als Redakteur des »Vorwärts« angeworben worden war, avancierte zum führenden Kopf der revolutionären Umwälzungen in Bayern. Die Novemberrevolution hatte München noch vor der Reichshauptstadt Berlin erreicht. »Die Dynastie Wittelsbach ist abgesetzt! Bayern ist fortan ein Freistaat!«, erklärt Eisner bereits am 8. November 1918. Die Bewegung der Schwabinger Räterepublik, deren Kunst-Einschlag bemerkenswert ist und zu der auch Dramatiker wie Ernst Toller oder anarchistische Schriftsteller wie Erich Mühsam gehörten, leitete Eisner zusammen

Abbildung 1:
Novemberrevolution 1918
(Bundesarchiv,
Bild 183-18594-0045)

Abbildung 2:
Reichskongress der Arbeiter- und Soldatenräte im preußischen Abgeordnetenhaus, Dezember 1918
(Bundesarchiv,
Bild 146-1972-030-63)

Abbildung 3:
Der Rat der Volksbeauftragten, 1918 (AdsD)

Abbildung 4:
Errungenschaften des Rats, 1918 (AdsD)

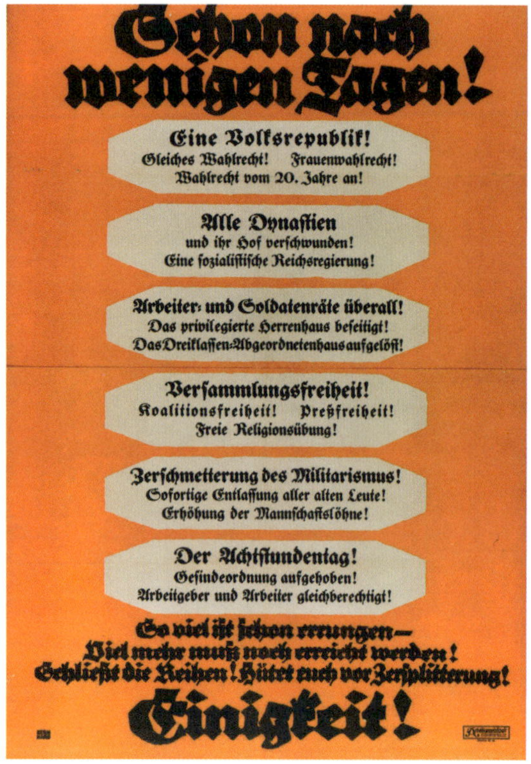

mit dem Philosophen Gustav Landauer, der bald zum prominentesten Vertreter der Münchner Räterepublik aufstieg und einen ganz neuen, horizontal-egalitären Staatsbegriff prägte: »Die sind eitle Wortmacher, die den Staat für so ein Ding halten, den man zertrümmern kann, um ihn zu zerstören. Der Staat ist ein Verhältnis, ist eine Beziehung zwischen den Menschen, ist eine Art, wie Menschen sich zueinander verhalten. Der absolute Monarch konnte sagen: ›Ich bin der Staat‹. Wir, die wir im absoluten Staat uns selbst gefangen gesetzt haben, wir müssen die Wahrheit erkennen: Wir sind der Staat.«[3] Dieser zunächst erfolgreiche Versuch einer demokratischen Regierungsform wurde im Mai 1919 blutig niedergeschlagen, nachdem bereits zuvor Kurt Eisner von Anton Graf Arco-Valley – einem beurlaubten Leutnant im Infanterie-Leibregiment – ermordet worden war.

In Berlin stellte sich die SPD an die Spitze der Revolution, um sie in parlamentarische Bahnen zu lenken. Der am 10. November, einen Tag nachdem Friedrich Ebert von Max von Baden die Regierungsgeschäfte übergeben bekommen hatte, als Übergangsregierung gebildete Rat der Volksbeauftragten setzte sich paritätisch aus drei gemäßigten sogenannten Mehrheitssozialdemokraten (MSPD) und drei radikaleren unabhängigen Sozialdemokraten (USPD) zusammen. Der Rat entschied schnell über erste Maßnahmen der Demobilmachung und der Rückkehr zu einer Friedensgesellschaft. Er machte sich das zwischen Spitzenvertretern von Industrie und Gewerkschaften geschlossene Stinnes-Legien-Abkommen zu eigen, mit dem die Grundlage für den Weimarer Sozialstaat und – trotz mancher Zugeständnisse an die Unternehmerseite – für die deutlich verbesserte Position der Gewerkschaften gelegt wurde. Die Entscheidung zum weiteren politischen Vorgehen hingegen wurde im Rat der Volksbeauftragten kontrovers diskutiert; nicht zuletzt als Reaktion auf die sogenannten »Weihnachtskämpfe«, die den Höhepunkt der Auseinandersetzungen um die Volksmarinedivision bildeten, verließen die Abgeordneten der USPD in der Nacht vom 28. auf den 29. Dezember 1918 die Koalition. Als Vorsitzender der Mehrheitssozialdemokraten setzte sich Friedrich Ebert für baldige Wahlen zu einer Verfassunggebenden Nationalversammlung ein, um in Deutschland eine demokratisch legitimierte Regierung zu bilden. In seiner tief verwurzelten Demokratieauffassung sah er die Parlamentarisierung des Reichs politisch

Abbildung 5:
Friedrich Ebert spricht vor der Nationalversammlung im Weimarer Nationaltheater am 6. Februar 1919 (Bundesbildstelle, Presse- und Informationsamt der Bundesregierung)

als den einzig gangbaren Weg: »Wollen wir jetzt keine Verständigung mit den bürgerlichen Parteien und der Regierung, dann müssen wir die Dinge laufen lassen, dann greifen wir zur revolutionären Taktik [...] und überlassen das Schicksal der Partei der Revolution. Wer die Dinge in Russland erlebt hat, der kann im Interesse des Proletariats nicht wünschen, dass eine solche Entwicklung bei uns eintritt. Wir müssen uns im Gegenteil in die Bresche werfen, wir müssen sehen, ob wir genug Einfluss bekommen, unsere Forderung durchzusetzen und, wenn es möglich ist, sie mit der Rettung des Landes zu verbinden, dann ist es unsere verdammte Pflicht und Schuldigkeit, das zu tun.«[4]
Die SPD setzte sich, gemeinsam mit den Gewerkschaften, mit ihrer Forderung nach einer parlamentarischen Demokratie durch. Aus der Wahl am 19. Januar 1919 ging die MSPD als deutlich stärkste Kraft hervor, am 11. Februar wurde der ehemalige Sattler Friedrich Ebert von der Nationalversammlung im Weimarer Staatstheater zum ersten Reichspräsidenten gewählt. Für links wie für rechts wurde Ebert zum Symbol der Demokratie und zur Zielscheibe des Hasses. Von der linken Seite als Verräter der Revolution geschmäht, wurde er von der rechten Presse verfemt. Der wohl berühmteste Fall einer Hetzkampagnen verband sich mit dem Bild eines Strandfotografen, das den Reichspräsidenten Ebert in einem Ostseebad ohne damals schickliches Ganzkörper-Badekostüm zeigte – eine Momentaufnahme vom 16. Juli 1919, die von rechtskonservativen Kreisen auf Jahre hinaus benutzt wurde, um die angeblich mangelnde Repräsentativität des Reichspräsidenten zu belegen.

Während das Kabinett unter der Führung von Philipp Scheidemann die Festigung der parlamentarischen Demokratie vorantrieb, stritt der Spartakusbund um Rosa Luxemburg und Karl Liebknecht für die Fortschreibung der Revolution und die Etablierung einer Räterepublik nach sowjetischem Muster. Das blieb auch das erklärte Ziel der am 1. Januar 1919 gegründeten Kommunistischen Partei Deutschlands (KPD), in die der Spartakusbund aufging. Durch die Bildung des Spartakusbunds und der KPD war die Spaltung zwischen Sozialdemokraten und Kommunisten – und damit die Spaltung der deutschen Arbeiterbewegung – besiegelt. So beobachtete der deutsch-englische Diplomat und Schriftsteller Harry Graf Kessler am 6. Januar 1919 zwei Demonstrationszüge, in denen sich die gemeinsamen Wurzeln der Arbeiterschaft wie die Entfremdungsprozesse der Parteien auf paradoxe

Abbildung 6:
Die Belegschaft der Sattlerei Conrad Scherz in Wesel, wo Ebert kurze Zeit arbeitete. Er steht rechts neben dem bärtigen Meister und hält ein Pferde-Rückengeschirr, 1888/89
(Stiftung Reichspräsident-Friedrich-Ebert-Gedenkstätte)

Abbildung 7:
Straßenkämpfe im Berliner Zeitungsviertel, Januar 1919
(Rechteinhaber nicht ermittelbar)

Weise verschlangen: »Beide [Demonstrationszüge] bestehen aus den gleichen, genau gleich gekleideten Kleinbürgern und Fabrikmädchen, schwingen dieselben roten Fahnen, marschieren den gleichen Familien Marschtritt. Nur tragen sie verschiedene Inschriften, höhnen einander im Vorbeiziehen und werden heute noch vielleicht aufeinander schießen.«[5] Mit diesen Demonstrationen begann der Spartakusaufstand, der durch Freikorps blutig niedergeschlagen wurde. Mit der Ermordung der beiden Wortführer Rosa Luxemburg und Karl Liebknecht wurde die Novemberrevolution am 15. Januar 1919 de facto beendet. Die SPD fragte sich später immer wieder, ob die Einbeziehung der Reichswehr beziehungsweise die Überlassung der Straße an die nach dem Krieg gebildeten rechtsgerichteten Freikorps nicht ein zu hoher Preis und eine Belastung für den Start der Republik gewesen waren. Auch in der Geschichtswissenschaft ist der Umgang der Sozialdemokratie mit den alten Eliten des Deutschen Kaiserreichs intensiv diskutiert worden. Insbesondere der Reichswehrminister Gustav Noske stand für die Härte, mit der seit 1918/19 nicht nur gegen Putschversuche von rechts vorgegangen wurde. Selbst eine gewisse Genugtuung, nun auch die Rolle der innenpolitischen Ordnungsmacht zu spielen, kann bis heute an seinem berühmten Diktum abgelesen werden: »Meinetwegen! Einer muß der Bluthund werden, ich aber scheue die Verantwortung nicht.«[6]

Doch nicht nur und nicht vor allem von linksradikalen Kräften wurde die erste Republik bedroht. Die alten Eliten des Kaiserreichs ließen keine Gelegenheit aus, die Sozialdemokraten und mit ihnen die parlamentarische Demokratie insgesamt zu diskreditieren und auch mit Gewalt auf die Probe zu stellen. Gleich zu Beginn bildeten die Verhandlungen um den Friedensvertrag in Versailles eine Belastung für die junge Republik. Viele Sozialdemokraten wollten die Vereinbarung nicht mittragen, Philipp Scheidemann trat deshalb sogar als Regierungschef zurück. Dennoch musste die Folgeregierung unter dem Sozialdemokraten Gustav Bauer mit den Reichsministern Hermann Müller und Johannes Bell den Versailler Vertrag am 28. Juni 1919 notgedrungen unterschreiben. Um sich als führende Militärs der Verantwortung für die Kriegsniederlage zu entziehen, entwickelte die ehemalige Oberste Heeresleitung unter Paul von Hindenburg die sehr populäre Verschwörungstheorie, mit ihrer Friedensresolution von 1917 und ihrer Haltung zum Streik der Munitionsarbeiter 1918 sei die Sozialdemokratie den Soldaten in den Rücken gefallen. Bis in die Zeit des Nationalsozialismus hinein musste sich die SPD immer wieder gegen diese äußerst wirkmächtige »Dolchstoßlegende« verwahren, ebenso wie gegen die Diffamierung als »Novemberverbrecher«. Es ist nicht zuletzt diese Legende, aus der sich der rechtsradikale Kapp-Lüttwitz-Putsch vom 13. März 1920 legitimieren wollte – ein Umsturzversuch, der bereits die noch junge Weimarer Republik an den Rand eines Bürgerkriegs brachte. Er zwang die Regierung zur Flucht aus Berlin. Schon nach fünf Tagen konnte der Putschversuch der Militärs jedoch niedergeschlagen werden, vor allem aufgrund des erfolgreichen Generalstreiks der Gewerkschaften, den diese von 1918 bis 1933 in besonderen Situationen als politisches Instrument einsetzten, um die Demokratie zu schützen oder gar zu retten.

Innerhalb der geschilderten, oft prekären gesellschaftlichen Druckverhältnisse der Weimarer Republik erreichte die politische Arbeit der Sozialdemokraten durchaus Bahnbrechendes. Der moderne Sozialstaat erhielt seine entscheidenden Impulse, die Reichsverfassung aus dem Jahr 1919 spiegelte das wohlfahrtsstaatliche Verantwortungsgefühl der Republikgründer wider. Was der Revisionismus von Eduard Bernstein in der Theorie gefordert hatte – die Sozialdemokratie möge sich mit dem Staat aussöhnen – setzte sich nun in gelebte Wirklichkeit um, der Sozialstaat wurde zur wichtigsten Vermittlungsinstanz zwischen Kapital und Arbeit. Es war der Gestaltungswille von Sozialdemokraten, der in der Folge einer reichsweiten Sozialpolitik zum Durchbruch verhalf.

In der Weimarer Republik bestand erstmals ein umfassender Rechtsanspruch auf Sozialleistungen. Ein modernes Fürsorgerecht löste die althergebrachte Armenpflege ab. Die Absicherung von Lebensrisiken wie Krankheit, Unfall und Altersvorsorge wurde solidarisch organisiert und 1927 durch die Arbeitslosenversicherung erweitert. Zudem entwickelte die SPD in Städten und Gemeinden eine beispielhafte Kommunal- und Wohnungsbaupolitik. Der Weimarer SPD gelangen wichtige Fortschritte auch in den Arbeitsbeziehungen, das bereits durch das Stinnes-Legien-Abkommen geschaffene moderne Tarifvertragssystem wurde 1920 durch ein Gesetz zur Gründung von Betriebsräten ergänzt. Im Zeichen des ›Roten Herzens‹ gründeten die SPD-Reichstagsabgeordneten Marie Juchacz und Louise Schroeder im Dezember 1919 zusammen mit anderen Frauen aus dem sozialdemokratischen Umfeld die Arbeiterwohlfahrt. Sie begriffen ihre politische Arbeit vor allem als »Wohlfahrtspolitik«, insbesondere für Kinder in prekären Verhältnissen und benachteiligte Frauen.

Anfang des 20. Jahrhunderts war die Anzahl weiblicher Mitglieder in keiner anderen Partei höher als in der SPD, und es war nicht zuletzt ihren Aktivitäten zu verdanken, dass es schrittweise zu Konzessionen in der Gesetzgebung kam. Die Weimarer Reichsverfassung ließ dann endlich ihre Bestrebungen Wirklichkeit werden: Am 19. Januar 1919 wählten Frauen zum ersten Mal und stellten sich selbst zur Wahl. Unter den insgesamt 20 weiblichen SPD-Abgeordneten fanden sich Marie Juchacz, die Gründerin der Arbeiterwohlfahrt, sowie ausgewiesene Bildungspolitikerinnen wie Antonie Pfülf und Anna Blos. Juchacz war die erste Frau, die in einem deutschen Parlament das Wort ergriff: »Meine Herren und Damen! (Heiterkeit.) Es ist das erste Mal, daß eine Frau als Freie und Gleiche im Parlament zum Volke sprechen darf, und ich möchte hier feststellen, und zwar ganz objektiv, daß es die Revolution gewesen ist, die auch in Deutschland die alten Vorurteile überwunden hat.«[7]

»Die Arbeit ist die Quelle allen Reichtums und aller Kultur«, hatte es im Gothaer Programm von 1875 geheißen. Zur Weimarer Zeit hatten die Arbeiter noch kaum Anteil an der Kultur der bürgerlichen Welt. Allerdings war das Spielfeld der Kultur nicht bloß in den Artefakten einer irgendwie definierten Hochkultur angesiedelt – Schlacken der Alltagskultur lagerten sich an allen möglichen Orten ab. Die kulturelle Gegenbewegung, für die die Arbeiterschaft bereits im Kaiserreich die Grundlagen geschaffen hatte, kam in der Weimarer Republik zur vollen Blüte. Mit dem Boom von Mannschaftssportarten wie Fußball in den 1920er Jahren erlebte die Arbeitersportbewegung einen rasanten Aufstieg. Der Arbeiter-Turn- und -Sportbund, bereits 1893 gegründet, demokratisierte Sportarten wie das Fahrradfahren, die bis dahin in erster Linie noch ein Privileg der besitzenden bürgerlichen Klasse gewesen waren. Die Arbeiterturner setzten sich intensiv mit der nationalchauvinistischen Gesinnung in der Deutschen Turnerschaft auseinander: Statt des Wettkampfgedankens, der sich leicht in Kriegshandlungen überführen ließ, war den Arbeitern das Turnen als Ausgleich für die Industriearbeit wichtiger. Während ihrer kärglichen Freizeit planierten Arbeiter nun allerorts Sportplätze oder stampften Waldheime aus dem Boden, spielten Gewerkschaftslotterie oder hörten sich Vorträge über »Kunst und Proletariat« an. Sie bauten gemeinsam Radioapparate oder spielten Theater. Die Büchergilde Gutenberg, ebenfalls in der Tradition der Arbeiterbewegung stehend, versuchte noch vor der Entstehung von Taschenbüchern allen Bevölkerungsschichten den uneingeschränkten Zugang zur Literatur und Geistesgeschichte zu ermöglichen. Hergestellt wurden die Gutenberg-Bücher im neusachlichen Stil des Bauhauses, innerhalb weniger Jahre stieg die Zahl der Abonnenten auf über 80.000 an. Ob im Laientheater, in der Sängerbewegung oder im Sport: Die Freizeitaktivitäten sollten die Arbeiter aus der ungesunden Luft der Werkstätten und Wohnungen herausholen und ihnen nicht zuletzt eine gesunde Körperkultur vermitteln.

Selbst Ansätze einer alternativen Lebensweise fanden sich in den Arbeitervereinen, wie sie die

Abbildung 8:
Marie Juchacz, 1922 (Rechteinhaber nicht ermittelbar)

Abbildung 9:
Die ersten Sozialdemokratinnen in der Nationalversammlung, Weimar 1919 (AdsD)

Abbildung 10:
Veranstaltung der freien Turnerschaft Reinheim, circa 1927 (Rechteinhaber nicht ermittelbar)

Abbildung 11:
1. Fußballmannschaft des Arbeiter-Turnvereins Gräfenroda, Kreis Arnstadt (heute Ilm-Kreis), circa 1924 (Rechteinhaber nicht ermittelbar)

Abbildung 12:
Zeltlager der Sozialistischen Arbeiter-Jugend, 1929 (AdsD)

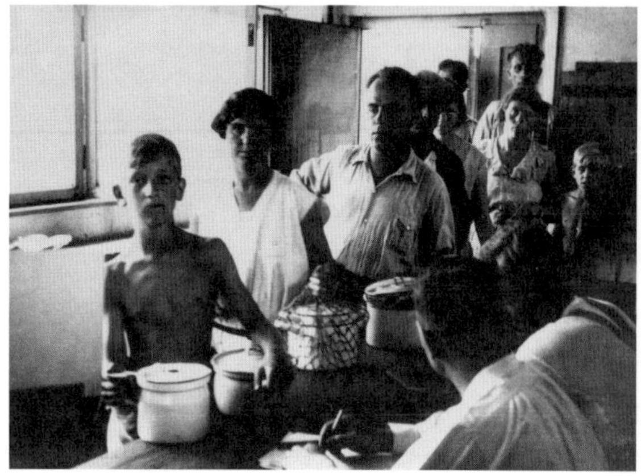

Lebensreformbewegung seit der Jahrhundertwende propagierte. Die Sozialistische Arbeiter-Jugend (SAJ), wie sich der 1923 gegründete Dachverband der Arbeiterjugendvereine nannte, verstand sich als wichtiges Feld der Reformpädagogik, sie wollte den Kindern und Jugendlichen den Raum eröffnen, um selbstbestimmt und spielerisch demokratische Strukturen zu erlernen und in den Lagerparlamenten der Zeltlager ›Politik‹ zu erproben. Überall konnten sich progressive Tendenzen dieser Art lebensweltlich manifestieren. Die Frauenriege für Figurenschwimmen teilte sich eine Umkleidekabine mit den Männern, man zog einfach einen Kreidestrich in der Mitte der Kabine – ein revolutionärer Standpunkt zu einer Zeit, als das Korsett noch obligatorischer Bestandteil der Turnerkleidung war. Ob in der freizügigen Frauenriege der Synchronschwimmer oder der zugeknöpften Kinderrepublik, im Arbeitertheater oder im Spielmannszug der Bergleute – auf ihrem Höhepunkt in den 1920er Jahren bot die Arbeiterkulturbewegung ein lückenlos verflochtenes Netz von Vereinigungen und Aktivitäten, die alle Lebensbereiche der Arbeiter durchdrang. Die Bewegung kreierte ihre eigenen Orte, die auch gerade in der radikal sich wandelnden Gesellschaft der Weimarer Republik als Heimat empfunden wurden. Diese Nischen waren es, in denen die Sozialdemokratie ihren starken gesellschaftlichen Rückhalt hatte.

Die Weltwirtschaftskrise von 1929 stellte die Weimarer Republik mit ihren sozialpolitischen und demokratischen Institutionen auf eine harte Probe. Heftige Diskussionen entbrannten zum Verhältnis von Wirtschaft und Demokratie, ab 1930 regierte der Zentrumspolitiker Heinrich Brüning mit Notverordnungen – nicht zuletzt, um radikale Sparmaßnahmen durchzusetzen. In der krisenhaften Endphase der Weimarer Republik versuchten sozialdemokratische Parlamentarier fast verzweifelt, die zerbrechliche Demokratie mit allen Mitteln des Rechtsstaats zu retten. Die Bereitschaft der alten Eliten, die Demokratie wie beim sogenannten Preußenschlag 1932 zu schwächen, indem die dortige sozialdemokratische Landesregierung per Notverordnung abgesetzt wurde, sowie die aus der Reichstagswahl im Juli 1932 resultierende antidemokratische Parlamentsmehrheit erschwerten diese Aufgabe ungemein.

Aber es gab auch Kräfte in der SPD, die den Radikalen nicht die Straßen und Säle überlassen wollten. Das 1924 gegründete überparteiliche Reichsbanner Schwarz-Rot-Gold verstand sich als Republikschutzorganisation, die maßgeblich von Männern des sozialdemokratischen Arbeitermilieus getragen wurde. Seit dem Hambacher Fest von 1832 galten Schwarz, Rot und Gold als Farben der Demokratie. In der Weimarer Republik zierten sie die Nationalflagge. Die SPD pflegte diese Tradition, während die Republikfeinde sie verspotteten. Das Reichsbanner, anfangs hauptsächlich aus Veteranen des Ersten Weltkriegs gebildet, verstand sich als wehrhaft, aber nicht gewalttätig. Es suchte in Aufmärschen überall

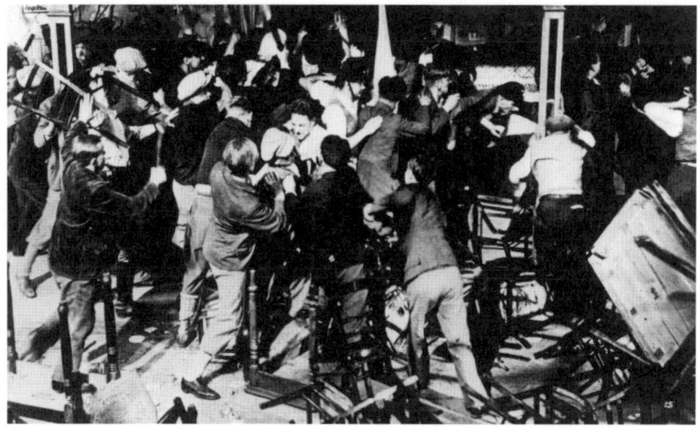

Abbildung 13:
Reichskanzler Hermann Müller wirbt auf dem SPD-Parteitag in Magdeburg 1929 für seine Politik (Rechteinhaber nicht ermittelbar)

Abbildung 14:
Erwerbslosenküche der Ebertsiedlung, 1932 (Stadtarchiv Frankfurt am Main)

Abbildung 15:
Verfassungsfeier des Reichsbanners am 11. August 1929 (Archiv der Münchner Arbeiterbewegung e.V.)

Abbildung 16:
Saalschlacht zwischen Angehörigen des Reichsbanners und des kommunistischen Roten Frontkämpferbundes, um 1930 (bpk)

in der Republik nach symbolischen Repräsentationsformen einer demokratischen Kultur. Doch letztlich konnten auch die Verteidiger der Republik den 11. August 1929 – den zehnten Jahrestag der Verfassungsunterzeichnung durch den Reichspräsidenten Ebert – nicht zum ›Volksfest‹ machen. Angesichts des beängstigenden Aufstiegs der NSDAP gründeten Vertreter des Reichsbanners schließlich im Dezember 1931 zusammen mit Gewerkschaften und weiteren die Demokratie bejahenden Kräften die Eiserne Front. Doch sie fand nicht genügend Bündnispartner. Letztlich scheiterte die Republik an der grassierenden Demokratiefeindlichkeit – insbesondere der alten Machteliten des Kaiserreichs.

1 Persönlicher Bericht von Philipp Scheidemann über den 9. November 1918 (1924), zit. nach: *Manfred Jessen-Klingenberg*, Die Ausrufung der Republik durch Philipp Scheidemann am 9. November 1918, in: Geschichte in Wissenschaft und Unterricht 19, 1968, S. 649–656, hier: S. 653f.

2 Karl Liebknecht proklamiert die sozialistische Republik, zit. nach: *Gerhard A. Ritter/Susanne Miller* (Hrsg.), Die deutsche Revolution 1918–1919. Dokumente, Frankfurt am Main 1968, S. 78–79, hier: S. 78.

3 *Gustav Landauer*, Schwache Staatsmänner, schwächeres Volk, in: Der Sozialist 2, 1910, S. 89.

4 Zit. nach: *Walter Mühlhausen*, Friedrich Ebert 1871–1925. Reichspräsident der Weimarer Republik, Bonn 2006, S. 100.

5 *Harry Graf Kessler*, Das Tagebuch, Bd. 7: 1919–1923, hrsg. v. *Angela Reinthal*, Stuttgart 2006, S. 25 (Eintrag vom 6. Januar 1919).

6 *Gustav Noske*, Von Kiel bis Kapp. Zur Geschichte der deutschen Revolution, Berlin 1920, S. 68.

7 Juchacz während der 11. Sitzung der Nationalversammlung in Weimar am 19. Februar 1919, in: *Eduard Heilfron* (Hrsg.), Die Deutsche Nationalversammlung im Jahre 1919/20 in ihrer Arbeit für den Aufbau des neuen deutschen Volksstaates, 9 Bde., Berlin 1919/20, Bd. 1, S. 404–476, hier: S. 421.

Literaturhinweise:

Gerhard A. Ritter, Arbeiter, Arbeiterbewegung und soziale Ideen in Deutschland, München 1996.

Volker Ulrich, Die Revolution von 1918/19, München 2009.

Heinrich August Winkler, Von der Revolution zur Stabilisierung. Arbeiter und Arbeiterbewegung in der Weimarer Republik 1918–1924, Berlin/Bonn 1984.

Heinrich August Winkler, Der Schein der Normalität. Arbeiter und Arbeiterbewegung in der Weimarer Republik 1924 bis 1930, Berlin/Bonn 1985.

Heinrich August Winkler, Der Weg in die Katastrophe. Arbeiter und Arbeiterbewegung in der Weimarer Republik 1930 bis 1933, Berlin/Bonn 1987.

Wilfried Rudloff

Ausbau und Krise – Der deutsche Sozialstaat in der Weimarer Republik

Abbildung 1:
Im Reichstagswahlkampf 1920 wirbt die SPD mit ihren sozialen Errungenschaften (AdsD)

Der deutsche Sozialstaat war im 20. Jahrhundert zahlreichen Belastungsproben ausgesetzt, leichteren wie schweren. Zu den größten Herausforderungen und schwersten Bewährungsproben gehörten zweifellos die, welche er in der Weimarer Republik zu durchstehen hatte. Die 14 Jahre der ersten deutschen Demokratie waren über lange Strecken Zeiten eines sozialpolitischen Ausnahmezustands. Zu Beginn der Republik mussten unter denkbar schwierigen Umständen die sozialen Folgeprobleme bewältigt werden, die der Erste Weltkrieg hinterlassen hatte. Wenig später zersetzte die Inflation die finanziellen Fundamente der sozialen Sicherungssysteme. Und nachdem der Sozialstaat in den Mitteljahren der Republik nicht nur neu befestigt, sondern auch weiter ausgebaut worden war, geriet er seit 1929 erneut in einen zerstörerischen Strudel, ruinöser als alles im Industriezeitalter bisher Dagewesene: die Weltwirtschaftskrise. Diese größte Zerreißprobe des deutschen Sozialstaats seit seiner Entstehung griff tief in seine Substanz ein, am Ende glich er, überfordert und angefochten, in mancherlei Hinsicht nur noch einem Zerrbild seiner selbst.

Die Geschichte des Weimarer Sozialstaats ist jedoch nicht nur eine Krisengeschichte, sondern auch eine Geschichte der Expansion, Erneuerung und Erweiterung. Die fragile Säule der Sozialstaatlichkeit war zugleich eine der wichtigsten Stützen des Weimarer Staatswesens. Historiker haben den Aufbau und Ausbau des Sozialstaats als Gründungskompromiss der Weimarer Demokratie bezeichnet: als die Formel, auf die sich die heterogenen politischen Kräfte, welche die Republik anfänglich trugen, verständigen konnten. Eine von sozialen Spannungen, politischen Konflikten und wirtschaftlichen Krisen derart belastete Gesellschaft wie die des Nachkriegsdeutschlands schien in besonderer Weise auf die Integrationsmittel des Sozialstaats angewiesen zu sein. Die besondere Bedeutung sozialpolitischer Programmsätze in der Weimarer Verfassung verlieh der sozialstaatlichen Fundierung des demokratischen Staatswesens einen grundsätzlichen Rang. Unter den Parteien waren das Zentrum und die Sozialdemokratie die Protagonisten des Weimarer Sozialstaats, ungeachtet zahlreicher Divergenzen im Einzelnen und trotz weit auseinanderlaufender Vorstellungen in den Schlussjahren der Republik. Historisch gesehen war der deutsche Sozialstaat, darin lag eine gewisse Ironie, zwar eine Erbschaft Bismarcks, zu den Erben gehörten dann aber in der Weimarer Republik vor allem jene politischen Kräfte, die zu schwächen eines der Motive des ehemaligen Reichskanzlers gewesen war. Noch zu Zeiten des Kaiserreichs hatten die Sozialdemokraten ihre anfängliche Distanz zu den Sozialversicherungsgesetzen überwunden. Die SPD war immer mehr zur Sozialstaatspartei geworden, mochten auch Parteilinke wie Rosa Luxemburg über das Bestreben, »das Meer der kapitalistischen Bitternis durch flaschenweises Hinzufügen der sozialreformerischen Limonade in ein Meer der sozialistischen Süßigkeit zu verwandeln«[1], ihren Spott ergießen. In der Weimarer Republik gehörten sozialpolitische Erfolge und Rückschläge zu den wichtigsten Posten in der doppelten Buchführung politischer Rechenschaftslegung der SPD. Im »Jahresbuch der Deutschen Sozialdemokratie für das Jahr 1926« hieß es, der gegenüber der Vorkriegszeit

1 *Rosa Luxemburg*, Sozialreform oder Revolution?, in: *dies.*, Politische Schriften, Bd. I, hrsg. und eingel. von *Ossip K. Flechtheim*, Neuaufl., Frankfurt am Main 1975, S. 47–133, hier: S. 81.

gestiegene Sozialetat sei »ein Ausdruck für die Wandlungen der politischen Verhältnisse und ist, wenn auch nur zum verschwindenden Teil, ein Ergebnis der Politik, aus dem alten Obrigkeitsstaat den Staat der sozialen Wohlfahrt zu machen. Alle Versuche der Unternehmer, die Ausgaben für die Sozialversicherung als eine ›Last‹ hinzustellen, werden die fortschreitende Entwicklung in dieser Richtung nicht aufhalten können. Den Sozialetat im Verhältnis zu den anderen Ausgaben des Staatshaushalts zu erhöhen, ist das Ziel der sozialdemokratischen Sozialpolitik«.[2]

Das Stinnes-Legien-Abkommen und das Tarifvertragswesen

Als Gründungsdokument des Weimarer Sozialstaats kann das Abkommen angesehen werden, das führende Vertreter der Industrie mit der Generalkommission der Freien Gewerkschaften angesichts des bevorstehenden Kriegsendes ausgehandelt hatten und das am 15. November 1918, wenige Tage nach dem Staatsumsturz, von den großen Arbeitgeberverbänden und den Gewerkschaften unterzeichnet wurde. Das nach den prominentesten Vertretern beider Seiten benannte Stinnes-Legien-Abkommen enthielt eine ganze Reihe von Vereinbarungen, für die die sozialistischen Gewerkschaften vormals jahrzehntelang erfolglos gekämpft hatten: die Anerkennung der Gewerkschaften als berufene Vertreter der Arbeiterschaft, die Aufhebung aller Beschränkungen der Koalitionsfreiheit, die Regelung der Arbeitsbedingungen für alle Arbeiter und Arbeiterinnen durch mit den Gewerkschaften ausgehandelte Tarifverträge, die Einsetzung von Arbeiterausschüssen in allen Betrieben mit mindestens 50 Beschäftigten, die Einführung des Achtstundentags ohne Lohneinbußen und anderes mehr. Im Angesicht von militärischem Zusammenbruch und anschließendem Staatsumsturz wollten die in die Defensive gedrängten Arbeitgeber retten, was noch zu retten war. Den Gewerkschaftsvertretern hingegen war es nicht nur darum zu tun, ihren alten Kernanliegen zum Durchbruch zu verhelfen, sondern auch einen möglichst geordneten Übergang der Wirtschaft in die neuen Verhältnisse sicherzustellen. Sozialreform statt soziale Revolution, Sozialpartnerschaft statt Sozialisierung, so lautete die Geschäftsgrundlage des Abkommens; den Arbeitgebern schien dies einstweilen ein Preis, der unter den gegebenen Bedingungen nicht zu hoch war.

Das Stinnes-Legien-Abkommen ließ erkennen, wo sozialpolitisch aus Sicht der Gewerkschaften der größte Handlungs- und Veränderungsbedarf lag: nicht auf dem Feld der sozialen Sicherung, sondern dem des kollektiven Arbeitsrechts. In Fragen des Koalitions-, Streik- und Tarifrechts war die Rechts- und Sozialordnung des monarchischen Staats den Arbeitern – nicht zu Unrecht – als ein System schwerer klassengesellschaftlicher Benachteiligung erschienen. Den sozialdemokratischen Arbeiterführern ging es unter den veränderten Machtverhältnissen von 1918/19 deshalb darum, dem Gedanken einer paritätischen und kollektiven Regelung der Arbeitsbeziehungen Geltung zu verleihen. Hierin lag »die tragende Idee aller Sozialpolitik der Nachkriegszeit«, wie der sozialdemokratische Sozialpolitiker Ludwig Preller, zugleich Autor einer noch immer unverzichtbaren Geschichte der Weimarer Sozialpolitik, geschrieben hat[3], und hier lagen dann auch die wichtigsten sozialpolitischen Neuerungen der frühen Weimarer Jahre. Noch im Dezember 1918 verlieh eine Verordnung des Rats der Volksbeauftragten dem Tarifvertrag eine gültige rechtliche Form. Tarifverträge besaßen nunmehr den Charakter der Unabdingbarkeit, abweichende Vereinbarungen im Einzelarbeitsvertrag erlangten nur dann Gültigkeit, wenn sie zugunsten des Arbeitnehmers ausfielen. Gegenüber dem bisherigen Rechtszustand war das ein bedeutsamer Fortschritt.

Die frühen Jahre der Republik bilden im Tarifvertragswesen eine epochale Wasserscheide: Tarifverträge breiteten sich auch in Branchen und Gewerbezweigen aus, die

2 Jahrbuch der Deutschen Sozialdemokratie für das Jahr 1926, hrsg. vom Vorstand der Sozialdemokratischen Partei Deutschlands, Berlin 1927, S. 259.

3 *Ludwig Preller*, Sozialpolitik in der Weimarer Republik, Kronberg im Taunus 1949 (unveränderter Nachdruck, Düsseldorf 1978), S. 390.

ihnen zu Zeiten des Kaiserreichs vollends verschlossen geblieben waren. 1922 hatte sich die Zahl der von laufenden Tarifverträgen erfassten Beschäftigten mit über 14 Millionen gegenüber dem Stand von 1913 mehr als verzehnfacht. Die frühen Jahre der Republik waren zugleich eine Zeit enorm gestiegener Arbeitskampfintensität. Um den sich häufenden wirtschaftlichen Störungen entgegenzutreten, übernahm der Staat deshalb im Tarifkonflikt bald die Rolle eines aktiv intervenierenden Akteurs. Nicht so sehr das Prinzip der Tarifautonomie, sondern das der staatlichen Schlichtung drückt dem Tarifvertragswesen in der Folge den Stempel auf. Zu Beginn des Jahres 1919 erstmals institutionalisiert, besiegelte eine im Oktober 1923, auf dem Höhepunkt der Inflation, ergangene Schlichtungsverordnung die besondere Rolle der staatlich eingesetzten Schlichtungsinstanzen. Kam es bei der Schlichtung nicht zu einer von beiden Seiten akzeptierten Einigung, konnte der Schiedsspruch der Schlichter selbst dann durch Verbindlichkeitserklärung in einen rechtskräftigen Tarifvertrag umgewandelt werden, wenn beide Parteien ihn ablehnten. Eine Folge der damit verbundenen Schwächung der Tarifautonomie war, dass die Konfliktparteien im Arbeitskampf vielfach nur noch begrenzt bereit waren, selbstständig zu Kompromissen zu gelangen. Das Finden einer für beide Seiten verbindlichen Lösung wurde auf die Schultern der staatlichen Schlichter abgewälzt – als besonders anfällig für eine solche Haltung erwiesen sich dabei die Tarifparteien in der Schwerindustrie. Die freien Gewerkschaften und die Sozialdemokratie haben, bei aller Kritik, nicht wirklich an der staatlichen Zwangsschlichtung gerüttelt, sondern sie vielmehr, als das Schlichtungswesen unter den Beschuss der Arbeitgeber geriet, für einstweilen unverzichtbar erklärt.

Abbildung 2:
Sozialer Fortschritt durch gewerkschaftliche Organisation: In den 1920er Jahren warb der Verband der Nahrungs- und Getränke-Arbeiter um neue Mitglieder (AdsD)

Die Schlichtungsverordnung von 1923 hatte Einzelstreitigkeiten aus dem Tarifvertrag an die Gewerbegerichte und Kaufmannsgerichte verwiesen. Beide Gerichte hatten schon im Kaiserreich, dem Grundsatz der Laienbeteiligung verpflichtet und paritätisch verfasst, über individuelle Arbeitskonflikte entschieden, dort für die gewerbliche Arbeiterschaft, hier für die kaufmännischen Angestellten. Die bereits bestehenden Vorläuferinstitutionen wurden 1926 unter dem Dach einer einheitlichen Arbeitsgerichtsbarkeit zusammengefasst, in ihrer Reichweite weiter ausgedehnt und in einen Instanzenzug gebracht, an dessen Spitze das neue Reichsarbeitsgericht stand. In der mit großer Hartnäckigkeit ausgefochtenen Streitfrage, ob die Arbeitsgerichte als Sondergerichte fortbestehen oder aber in die ordentliche Gerichtsbarkeit eingegliedert werden sollten, wurde eine Kompromisslösung gefunden, bei der insbesondere die unterste Instanz ihre Sonderstellung bewahrte. Gewerkschaften und SPD hatten sich in diesem Punkt gegenüber Arbeitgebern und organisierter Juristenschaft durchgesetzt. Da es trotz gewisser Anläufe nie gelang, ein einheitliches Arbeitsrecht mittels eines eigenen Gesetzbuchs zu kodifizieren, besaßen die Arbeitsgerichte, deren Inanspruchnahme schnell erhebliche Ausmaße annahm, eine bedeutsame Funktion als arbeitsrechtliche »Ersatzgesetzgeber«. Dabei geriet die Rechtsprechung insbesondere des Reichsarbeitsgerichts schnell in die Kritik sozialdemokratischer Arbeitsrechtler, denen die höchstrichterliche Betonung der »betriebsgemeinschaftlichen« Verbundenheit zwischen Arbeitgebern und Belegschaft, aber auch die Anerkennung der Tariffähigkeit der wirtschaftsfriedlichen ›gelben‹ Werkvereine oder die Rechtsprechung zum Mittragen des Betriebsrisikos durch die Arbeitnehmer ein Dorn im Auge war.

Betriebsrätegesetz und Arbeitszeitverordnung

Ein weiterer Baustein in der nachrevolutionären Neuordnung des kollektiven Arbeitsrechts hatte 1920 in der Verabschiedung des Betriebsrätegesetzes gelegen. Sieht man von dem wenig wirkungsvollen »Vorläufigen Reichswirtschaftsrat« einmal ab, waren die durch das Gesetz geschaffenen Betriebsräte das Einzige, was von den Forderungen der radikalen Arbeiterschaft und der Linken jenseits der MSPD, ein umfassendes, mit weitgehenden wirtschaftlichen Kompetenzen ausgestattetes Rätesystem zu errichten, übriggeblieben war. In diesem Lichte betrachtet hatten sie nur wenig zu bieten. Die Verabschiedung des Gesetzes wurde denn auch von massiven Protesten der USPD und KPD begleitet, die in den beschränkten Befugnissen der Räte einen Verrat an der Revolution erblickten – kulminierend in blutigen Auseinandersetzungen vor dem Reichstag mit 42 Toten. Die freien Gewerkschaften, durch eigene Vertreter als SPD-Minister in wichtigen Regierungsämtern vertreten (Reichskanzler, Reichswirtschafts- und Reichsarbeitsminister!), hatten in der Situation von 1919 zwar zunächst das Entstehen von konkurrierenden Kristallisationspunkten betrieblicher Interessenvertretung gefürchtet, dann aber bald ihren Frieden mit dem Gesetz geschlossen, das, wie sie erkannten, ihre Position im Betrieb vielmehr stärkte. Sie brachten die Betriebsräte in den 1920er Jahren weitgehend unter ihre Kontrolle. Den Wirkungschancen der Betriebsräte waren durch das Gesetz freilich enge Grenzen gesteckt worden. Sie hatten nicht nur der Vertretung der Arbeitnehmerinteressen zu dienen, das Gesetz verpflichtete sie vielmehr auch auf die »Unterstützung des Arbeitgebers in der Erfüllung der Betriebszwecke« (§ 1). Als wirtschaftliche Kontrollorgane waren sie zahnlose Tiger. Am ehesten ließen Kompetenzen wie die zugestandenen Einspruchsrechte im Fall von Kündigungen, die Mitwirkung bei der Anwendung der Tarifverträge auf die einzelnen Betriebe oder die Mitsprache beim Arbeiterschutz Ansätze einer weiterentwickelten betrieblichen Mitbestimmung erkennen. Mitte der 1920er Jahre war die Bilanz der sozialpolitischen Entwicklung in vielem gleichwohl ernüchternd. Die Ende 1918 mit dem Stinnes-Legien-Abkommen entstandene Zentralarbeitsgemeinschaft (ZAG) von Gewerkschaften und Arbeitgebern hatte ihre Funktionsfähigkeit lange schon eingebüßt gehabt, als sie 1924 auch formell aufgekündigt wurde. Die Verständigungsbereitschaft zwischen Arbeiterschaft und Unternehmern war schnell zusammengeschmolzen. Die Forderung der Unternehmerschaft nach einem Vorrang der Wirtschafts- vor der Sozialpolitik, einem Primat der »produktionspolitischen Notwendigkeiten«, hatte, als Machtposition und Schlagkraft der Gewerkschaften im Zuge der Inflation immer mehr geschwächt worden waren, zunehmend Gehör gefunden. Ein Indiz hierfür war das Schicksal des Achtstundentags, der zu jenen Errungenschaften gehört hatte, deren Durchsetzung der sozialistischen Arbeiterbewegung im November 1918 besonders vordringlich gewesen war – eine Forderung von hohem Symbolwert, seit 1889 von der Zweiten Internationale verfochten und am 1. Mai regelmäßig in Erinnerung gerufen. Der Achtstundentag war indes schon bald wieder zur Zielscheibe massiver Kritik vonseiten der Arbeitgeber geworden. Eine Arbeitszeitverordnung der Reichsregierung vom 21. Dezember 1923 bestätigte ihn zwar im Grundsatz, versah ihn zugleich aber mit einer solchen Vielzahl von Ausnahmeregelungen und Schlupflöchern, dass er für das Gros der Arbeiter bald nur noch auf dem Papier stand.

Soziale Sicherungssysteme

Für den Wandel des Weimarer Sozialstaats war die Neuordnung der Arbeitsverfassung das zentrale und zugleich strittigste Moment. Aber auch die sozialen Sicherungssysteme durchlebten unruhige Zeiten. In den frühen 1920er Jahren vermochte insbesondere die

Alters- und Invalidenversicherung der sich immer weiter zuspitzenden Inflation nicht mehr standzuhalten. Obwohl durch mehrfach erhöhte Teuerungszulagen ergänzt, büßten die Renten rapide an Wert ein. Um der allenthalben zu beobachtenden Pauperisierung der Alters- und Invalidenrentner zu begegnen, wurden die Gemeinden 1921 verpflichtet, ergänzend eine Sonderfürsorge für Sozialrentner einzurichten. Ein Jahr später waren 30 bis 50 Prozent aller Rentenempfänger gezwungen, diese Fürsorgeleistungen der Gemeinden in Anspruch zu nehmen. Vielen Rentnern blieb eine solche Unterstützung aufgrund der vorgeschriebenen Bedürftigkeitsprüfung jedoch vorenthalten. Im Strudel der Hyperinflation des Jahres 1923 sank der Wert der Rente vollends gegen null; viele Empfänger verzichteten nun darauf, sie überhaupt noch von der Post abzuholen. Nach der Währungsstabilisierung führte der Wiederaufbau der Rentenversicherung die Rentenleistungen von einem zunächst noch äußerst geringen, überdies stark nivellierten Ausgangsniveau bis 1929 auf einen Stand, der immerhin deutlich über dem der Vorkriegszeit lag. Dennoch blieben rund 23 Prozent der Rentenempfänger auch jetzt noch auf zusätzliche Fürsorgeleistungen angewiesen. Zu bedenken ist dabei, dass insgesamt der Anteil der Rentenempfänger an der Bevölkerung gegenüber dem Vorkriegsstand von knapp zwei Prozent bis zum Ende der Weimarer Republik auf nahezu fünf Prozent gestiegen war (was seinen Grund nicht zuletzt im erstmaligen Aufbau eines erheblichen Bestandes an Witwen- und Waisenrenten hatte). Insgesamt bewahrte die Rente ihren Charakter als bloße Zuschussleistung zum Lebensunterhalt, als existenzsichernder Lohnersatz war sie auch Ende der 1920er Jahre noch keineswegs zu verstehen. Die Angestellten, mit einer eigenen Rentenversicherung ausgestattet, stellten sich angesichts sehr viel höherer Durchschnittsrenten demgegenüber weit besser.

Die Sozialversicherung insgesamt erfuhr in den Weimarer Mitteljahren eine Phase der Regeneration und Expansion. Die Sozialpolitik folgte dabei nicht etwa einem großen und geschlossenen Reformdesign. Die verschiedenen Zweige der Sozialversicherung unter einem Dach zu vereinigen und zu vereinheitlichen, wie es die SPD im Görlitzer Programm von 1921 und im Heidelberger Programm von 1925 als Ziel formuliert hatte, und diese »allgemeine Volksfürsorge« dann für die gesamte Erwerbsbevölkerung zu öffnen, blieb ein aussichtsloses Unterfangen und gelangte nie über das Stadium vager pogrammatischer Forderungen hinaus. Auch eine von Vielen dringend für notwendig erachtete organisatorische Vereinfachung kam nicht zustande. Bei grundsätzlicher Wahrung der überkommenen Grundstruktur der Sozialversicherung kam es stattdessen zu einer Reihe von Einzelveränderungen in Organisationsfragen und im Leistungsprofil. Die Krankenversicherung beispielsweise weitete den Kreis der Versicherten auf Landarbeiter, bestimmte Gruppen von Angestellten, Hausbedienstete und auf die im Krieg von der Versicherung ausgenommenen Hausgewerbetreibenden aus. Durch die freiwillige Ausdehnung der Familienmitversicherung erfasste sie 1929 gegenüber zehn Millionen Familienangehörigen 1913 nunmehr 22 Millionen.

Der Sozialstaat in der Kritik

Unterm Strich war es ein untrügliches Zeichen für die gestiegene Bedeutung des Weimarer Sozialstaats, dass sich der Anteil der Sozialausgaben an den gesamten öffentlichen Ausgaben zwischen 1913/14 und 1929/30 von 26,8 auf 48,2 Prozent, der Anteil am Volkseinkommen von 4,9 auf 16,9 Prozent erhöht hatte. Die deutliche Expansion des Sozialstaats, einerseits Frucht politischen Willens, andererseits aber auch Folge schierer sozialer Notwendigkeiten (man denke nur an die Kriegsopferversorgung mit 1929 samt Witwen und Waisen über 1,8 Millionen Versorgungsrenten), fand nicht nur Anerkennung, sondern rief auch zahlreiche Kritiker auf den Plan. Die Diskussion über Nutzen und Nachteile des bestehenden Sozialstaatsgehäuses riss niemals ab. Die Arbeitgeber erlahmten nicht in ihrer Klage, dass gestiegene Sozialbeiträge, »Tariffesseln« und insbesondere staatliche Zwangsschlichtung das Lohnniveau in wirtschaftlich ungesunder Weise in die Höhe getrieben hätten – über den wahren Kern dieser Kritik bestehen auch unter den heutigen Historikern noch höchst verschiedene Auffassungen. Radikale Sozialstaatskritiker wollten in der Sozialversicherung eine Quelle von Rentenbegehrlichkeit und Versorgungsmentalität, physischer und psychischer Korruption, sinkender Selbstverantwortlichkeit und wachsender Verweichlichung ausgemacht haben, als »Frevel am Volk« (Ernst Horneffer); der konservative Angestelltenfunktionär Gustav Hartz empfahl, sie durch ein System privaten Zwangssparens zu ersetzen. Die zunehmend Gehör findenden Eugeniker erklärten die unteren Netze des Sozialstaats zum Nährboden für die Aufzucht unerwünschter, als »minderwertig« apostrophierter Sozialgruppen. Selbst unter den Sozialdemokraten fanden sich Sozial- und Gesundheitsexperten, die in bio- und bevölkerungspolitischer Absicht die Rezepturen einer »positiven Eugenik« empfahlen, zu denen beispielsweise Ehetauglichkeitszeugnisse oder auch freiwillige Sterilisierung von »Minderwertigen« gehören sollten. Kurzum, der Weimarer Sozialstaat war, kaum dass seine Fundamente neu befestigt worden waren, nicht nur material äußerst angespannt, sondern auch ideell stark umstritten und angefochten. Unter seinen Verteidigern bildeten die Sozialdemokraten die größte Phalanx. Dabei stand die Partei aber immer auch vor dem Problem, die stabilisierende Wirkung des Sozialstaats in die längere Zielflucht des Systemumbaus zu integrieren. Die am stärksten ausgefeilte Begründungstheorie lieferte in dieser Hinsicht Eduard Heimanns »Soziale Theorie des Kapitalismus« aus dem Jahr 1929. Sozialpolitik als Abbau von Herrschaft zugunsten der Beherrschten war für Heimann gleichbedeutend mit dem »Einbau des Gegenprinzips in den Bau der Kapitalherrschaft und Sachgüterordnung; es ist die Verwirklichung der sozialen Idee im Kapitalismus gegen den Kapitalismus«. Die Sozialpolitik treibe den Kapitalismus in ihrer »revolutionär-konservativen Doppelseitigkeit« über sich selbst hinaus, sie stehe in ihrer Ausrichtung auf eine soziale Freiheitsordnung dabei völlig im Einklang mit dem Sozialismus als sozialer Bewegung.[4] Das war, wie sich bald zeigen sollte, eine zu zukunftsgewisse Ausdeutung.

Sozialpolitik auf kommunaler Ebene

Nicht nur auf der zentralstaatlichen, auch auf kommunaler Ebene durchlief der Sozialstaat im Übrigen eine Phase beträchtlichen Ausbaus – häufig aus purer Not und Notwendigkeit, vielfach aber auch einem bemerkenswerten sozialreformerischen Erneuerungswillen gehorchend. Einer Denkschrift des Deutschen Städtetags zufolge erhöhten sich die Anteile für Wohlfahrtspflege und Soziales am Gesamtfinanzbedarf der Gemeinden zwischen 1913 und 1925 von zwölf auf 32 Prozent. Das gegenüber Vorkriegszeiten beträchtlich gestiegene Armutsniveau auch in den relativ ›normalen‹ Mitteljahren der Republik (von den frühen und späten Jahren sozialen Niedergangs ganz zu schweigen) machte einen erheblichen Ausbau des gemeindlichen Fürsorgewesens erforderlich. Mit dem Anspruch, den Almosencharakter der alten Armenpflege zu überwinden, wurden das staatliche Fürsorgerecht und die gemeindlichen Fürsorgestrukturen im Zeichen der Weimarer Sozialstaatlichkeit auf eine neue Grundlage gestellt. Kommunale Wohlfahrts-, Jugend- und auch Gesundheitsämter entstanden, deren Aktionsradius sich besonders in der Jugend- und Gesundheitsfürsorge beträchtlich ausweitete. Der Ausbau der Säuglingsfürsorge, Tuberkulosefürsorge und Geschlechtskrankenfürsorge war dafür besonders charakteristisch.

4 *Eduard Heimann*, Soziale Theorie des Kapitalismus. Theorie der Sozialpolitik, Tübingen 1929 (Neudruck Frankfurt am Main 1980), S. 167f., 190 und 290f.

Jenseits der Fürsorge lag die bedeutsamste Erweiterung des sozialpolitischen Wirkungsfelds der Gemeinden in der Wohnungspolitik. Die grassierende Wohnungsnot der Nachkriegszeit zwang den Städten sozialpolitisch eine neue Rolle auf. Städtische Mieteinigungsämter griffen in die Mietpreisbildung ein, kommunale Wohnungsämter erfassten, bewirtschafteten und verteilten den verfügbaren Wohnraum. Die Mieten unterlagen seit dem Weltkrieg in vormals völlig unbekannter Weise amtlicher Regulierung und Begrenzung. Der Mieterschutz wurde enorm verschärft, die Aufhebung von Mietverhältnissen war zeitweilig nur noch unter außerordentlich erschwerten Bedingungen möglich. Wohnraum wurde von einem privaten zu einem öffentlichen Gut. Wichtiger noch war aber, dass der im Weltkrieg weitgehend zum Erliegen gekommene Wohnungsbau auch nach dem Krieg ohne staatliche Hilfe nicht mehr auf eigenen Füßen stehen konnte. Wohnungsbau war deshalb in der Weimarer Republik im Wesentlichen öffentlich geförderter Wohnungsbau, mehrheitlich von Genossenschaften und gemeinnützigen Gesellschaften getragen und durch Darlehen der öffentlichen Hand finanziert. In den Weimarer Mitteljahren legten viele deutsche Städte, darunter gerade auch solche, in denen die SPD kommunalpolitisch ein wichtiges Wort mitzureden hatte, groß dimensionierte Wohnungsbauprogramme auf. Deren Finanzierung beruhte zu guten Teilen auf den Mitteln der »Hauszinssteuer«, welche 1924 dem inflationsbedingt weitgehend entschuldeten Hausbesitz auferlegt worden war. Die Reichstagsfraktion der SPD stellte 1925 ein wohnungspolitisches Programm vor, das sich zum Ziel gesetzt hatte, den gravierenden Wohnungsmangel binnen sieben Jahren zu beseitigen. Um dies zu erreichen, sollte die Hauszinssteuer auf 20 Prozent der Friedensmiete erhöht und fortan – durch Reichszuschüsse ergänzt – ausschließlich für Zwecke des Wohnungsneubaus verwendet werden. Bauvorhaben sollten nur dann aus deren Mitteln gefördert werden dürfen, wenn die Bauten dauernd im Eigentum öffentlich-rechtlicher oder gemeinnütziger Stellen verbleiben würden. Da sich die SPD in der Opposition befand und ein solches Vorhaben im Parteispektrum zu keinem Zeitpunkt konsensfähig war, blieb es politisch ohne Folgen.

In der Weltwirtschaftskrise allerdings fiel das System der öffentlichen Wohnungsbaupolitik, ein Kernbereich sozialstaatlicher Expansion und ein Markenzeichen des Weimarer Sozialstaats, in sich zusammen; die geschrumpften Finanzmittel der öffentlichen Hand wurden nun benötigt, um an anderer Stelle Löcher im Haushalt zu stopfen. Im Übrigen hatten die organisierten Hausbesitzer, und abgestuft auch die bürgerlichen Parteien, nach der Währungsstabilisierung mehr und mehr darauf gedrängt, Mieterschutz, Mietpreisbindung und Zwangsbewirtschaftung abzubauen. Das Privateigentum und das Wirken der Marktkräfte sollten wieder in seine alten Rechte eingesetzt werden. Die Sozialdemokraten als Fürsprecher der Mieterinteressen suchten sich dem entgegenzustellen, vermochten den schrittweisen Abbau der »Wohnungszwangswirtschaft« aber allenfalls zu verzögern, indes nicht zu verhindern. 1931 beschloss das Kabinett Brüning, dass diese mit dem Jahr 1933 ein Ende haben sollte.

Die Arbeitslosenversicherung als vierte Säule

Zu den großen sozialstaatlichen Innovationen der Weimarer Republik gehört schließlich die Einführung einer vierten Säule der Sozialversicherung: Im Juli 1927 beschloss der Reichstag nach langer Vorgeschichte die Errichtung einer Arbeitslosenversicherung. Im internationalen Horizont bestanden ähnliche Zwangsversicherungen zu diesem Zeitpunkt lediglich in einigen wenigen Ländern, in England vor allem, aber auch in Italien und Österreich. Ob und auf welche Weise es sinnvoll und möglich war, das Risiko der Arbeitslosigkeit auf Reichsebene durch eine obligatorische Sozialversicherung abzudecken, war bereits im Kaiserreich diskutiert worden. Vor dem Weltkrieg hatte sich unter den Parteien allerdings nur die SPD unzweideutig für einen solchen Zweig des Systems der sozialen Sicherung ausgesprochen, während die Reichsregierung an ihrer ablehnenden Haltung festgehalten hatte. Im November 1918, nur wenige Tage nach dem Sturz des alten Systems, gehörte dann die Errichtung einer besonderen Erwerbslosenfürsorge zu den ersten Maßnahmen des obersten Revolutionsorgans, des Rats der Volksbeauftragten. Zunächst nur für ein Jahr vorgesehen, erwies sie sich bald als Dauerprovisorium. Erst nach neun Jahren gelang es, die Erwerbslosenfürsorge durch ein Versicherungsmodell abzulösen. Eine wichtige Etappe auf dem Weg dorthin war bereits im Oktober 1923 genommen worden, als die Reichsregierung die Mittelaufbringung auf eine neue Grundlage gestellt hatte: An die Stelle einer anteiligen Finanzierung durch die Gebietskörperschaften waren nun paritätisch von Arbeitnehmern und Arbeitgebern zu entrichtende Beiträge getreten. Das mochte bereits nach einem Sozialversicherungsmodell aussehen, blieb durch die vorgängige Bedürftigkeitsprüfung bei Unterstützungsleistungen jedoch zugleich dem Fürsorgeprinzip verpflichtet. Diese Zwitterstellung konnte für Gewerkschaften und Sozialdemokratie auf Dauer keine akzeptable Lösung sein, sie forderten eine Versicherungslösung mit Rechtsansprüchen und sozialer Selbstverwaltung.

Als nach langer Vorgeschichte der Gesetzentwurf für eine Arbeitslosenversicherung 1927 vor den Reichstag gelangte – vorgelegt von Reichsarbeitsminister Heinrich Brauns (Zentrum), der dieses Amt von 1920 bis 1928 innehatte –, war die Reichstagsfraktion der SPD, obwohl in der Opposition, konstruktiv bemüht, an der Verabschiedung des Gesetzes mitzuwirken. Einige Erfolge konnte sie dabei zwar verbuchen. Anders als zunächst vorgesehen, wurden Arbeitslosenversicherung und Arbeitsvermittlung unter dem Dach einer einheitlichen Reichsanstalt zusammengeführt. Die Möglichkeit, Ersatzkassen zu errichten, wurde aufgrund des Widerspruchs der SPD verhindert, wodurch Arbeiter und Angestellte unter einem Versicherungsträger vereint blieben. Mit einer ganzen Reihe von Forderungen scheiterten die Sozialdemokraten jedoch. Weder wurden die Landarbeiter einbezogen, noch die vorgesehenen Unterstützungsleistungen erhöht, noch die Pflichtarbeit gestrichen, noch gar der Paragraf getilgt, wonach die Unterstützung im Fall arbeitskampfbedingter Arbeitslosigkeit ausgeschlossen war. Das Gesetz kam so zwar auf einer breiten Parteibasis zustande und es war damit Ausdruck einer ungewöhnlichen Bereitschaft zur Zusammenarbeit. Der vonseiten der SPD erhobene Anspruch, es maßgeblich mitgeprägt zu haben, war unterm Strich gleichwohl etwas zu hoch gegriffen.

Der Etat der Arbeitslosenversicherung war auf eine maximal dreimonatige Unterstützung von 600.000 Arbeitslosen ausgelegt. Das mochte zwar gerade noch ausreichen, solange man von einer wirtschaftlichen Lage ausging, wie sie zum Zeitpunkt der Verabschiedung des Gesetzes 1927 geherrscht hatte, führte aber unter den sich bald verschlechternden Rahmenbedingungen – und damit weit höheren Arbeitslosenzahlen – dazu, dass die Reichsanstalt in eine schwere finanzielle Schieflage geriet. Sie konnte zunächst nur durch wachsende Zuschüsse des Reichs ausgeglichen werden; eine Neujustierung der Finanzen wurde indes, je mehr auch der Reichshaushalt aus dem Ruder lief, immer dringlicher. 1930 zerbrach die von Reichskanzler Hermann Müller (SPD) geführte Große Koalition zwischen SPD, Zentrum und den bürgerlichen Parteien DDP und DVP, mit der die Sozialdemokraten 1928 nach vierjähriger Abstinenz wieder auf die Regierungsbank zurückgekehrt waren, genau an dieser Frage. Darüber, ob die SPD gut beraten war, die letzte Regierung vor 1933, die auf einer regulären parlamentarischen Grundlage regiert hatte, an der Frage einer Erhöhung der Versicherungsbeiträge – wie sie von SPD und ADGB gefordert, von der unternehmernahen DVP aber abgelehnt worden war – scheitern zu lassen, ist viel diskutiert worden. Dabei ist freilich zu bedenken, dass der Streit um die Arbeitslosenversicherung nur den Auslöser, nicht aber die tiefere Ursache für den Zerfall der Großen Koalition gebildet hatte. Im Hintergrund standen vielmehr Bestrebungen einflussreicher Kreise, in der Reichspolitik eine autoritäre Wende zu vollziehen, nicht zuletzt um dann auch die sozialstaatlichen Grundlagen der Weimarer Republik angreifen zu können. Zu diesem Zweck hatten zunächst die Sozialdemokraten aus der Regierung gedrängt werden müssen.

Abbildung 3:
Frau auf Arbeitssuche, 1930
(Rechteinhaber nicht ermittelbar)

Die Krise des Sozialstaats seit 1929

Die Reichstagsfraktion der SPD hatte in ihrem Bericht für den Parteitag 1929 auf ihrer »Kreditseite« vor allem die »Abwehr der Angriffe« verbucht, die »von kapitalistischer Seite ganz allgemein gegen die Sozialpolitik unternommen wurden«.[5] Als Kampfansage der Arbeitgeber an die Gewerkschaften und als Angriff auf ein wesentliches Moment der sozialstaatlichen Neuordnung nach 1918 war im Jahr zuvor ein schwerer Konflikt um das System der staatlichen Zwangsschlichtung verstanden worden. Beim Auslaufen eines Zwangstarifs in der Eisenindustrie hatten die Ruhrunternehmer 1928 rund 230.000 Arbeitnehmer ausgesperrt und einen neuerlich vom Reichsarbeitsminister für verbindlich erklärten Schiedsspruch nicht akzeptiert. Das Ergebnis der stark beachteten Auseinandersetzung war zwiespältig. Auch die Arbeitgeber mussten sich zuletzt einem Schiedsspruch unterwerfen, den der sozialdemokratische Reichsinnenminister Carl Severing als Oberschlichter fällte. Zugleich erhielten sie aber vor dem Reichsarbeitsgericht darin Recht, dass die seit Längerem bestehende Praxis der »Ein-Mann-Schiedssprüche« staatlicher Schlichter (Stichentscheide bei einem Patt in den paritätischen Schiedskammern) für ungesetzlich erklärt wurde. Das war ohne Zweifel eine Niederlage für den Reichsarbeitsminister. Das staatliche Schlichtungswesen konnte gleichwohl vor 1933 nicht gänzlich aus den Angeln gehoben werden. Allerdings wog es schwer genug, dass die Tarifverträge während der Weltwirtschaftskrise durch Notverordnungen der Präsidialregierungen auf vielfältige Weise durchlöchert wurden.

Der Kern der schweren Krise, in die der Sozialstaat seit 1929 hineingeriet, lag jedoch nicht im kollektiven Arbeitsrecht: Unter den Bedingungen der Weltwirtschaftskrise, deren zerstörerische Kraft beispiellose Ausmaße annahm, gerieten vor allem die sozialen Sicherungssysteme aus den Fugen. Der Sozialstaat war schon in den Jahren zuvor durch das in seinen Dimensionen neuartige Dauerproblem einer strukturellen Arbeitslosigkeit herausgefordert worden. Als mit der Weltwirtschaftskrise der Arbeitsmarkt dann vollständig zusammenbrach, erreichte die Zahl der Arbeitslosen beängstigende Höhen: Bis Ende 1929 war sie auf drei Millionen hochgeschnellt, im Februar 1932 erreichte sie mit 6,1 Millionen Personen ihren Höchststand. Der Umstand, dass die sozialen Sicherungssysteme in der Regel genau dann am wenigsten leistungsfähig sind, wenn sie am meisten benötigt werden, bewahrheitete sich auf fatale Weise. Um die überlastete Arbeitslosenversicherung finanziell zu sanieren, wurden ihre Leistungen sukzessive beschnitten, und Ähnliches widerfuhr dann auch, bedingt durch die Einbrüche auf der Einnahmenseite, den anderen Zweigen der Sozialversicherung: So wurde durch eine Notverordnung vom Dezember 1931 allein 130.000 Waisen und 190.000 Witwen die Rente aus der Invalidenversicherung gestrichen. Das Niveau der durchschnittlichen Arbeitslosenunterstützung lag im Juni 1932 bei lediglich 46 Prozent der Leistungen von 1927. Nach sechs Wochen Bezug der Arbeitslosenunterstützung wurde diese auch nur noch dann zugestanden, wenn zuvor die Bedürftigkeit der Empfänger geprüft und nachgewiesen worden war – der

5 Protokoll über die Verhandlungen des SPD-Parteitags in Magdeburg 1929 vom 26. bis 31. Mai in der Stadthalle, Magdeburg 1929 (unveränd. Nachdruck, Glashütten im Taunus 1974), S. 164.

Versicherungscharakter war damit weitgehend aufgegeben worden. Unterdessen sickerten immer mehr Arbeitslose aus der Versicherung heraus und landeten auf der Ebene der darunter gelegenen Sicherungsnetzen, zunächst als Empfänger der sogenannten Krisenunterstützung für Dauererwerbslose, dann aber in immer größerer Zahl als »Wohlfahrtserwerbslose«, für die, wenn überhaupt, nur noch die armseligen Leistungen der kommunalen Fürsorge bereitstanden. Die längsten Schlangen bildeten sich jetzt nicht mehr vor den Arbeits-, sondern vor den kommunalen Wohlfahrtsämtern. Im Dezember 1932 waren über die Hälfte der unterstützten Arbeitslosen »Wohlfahrtserwerbslose«, während die Arbeitslosenversicherung gerade noch 18 Prozent der unterstützten Arbeitslosen erfasste. Die Gemeinden standen finanziell vor dem Zusammenbruch. Die zeitgenössischen Beobachter wurden Zeugen einer überaus widersprüchlichen Situation: 1932, auf dem Höhepunkt der Arbeitslosigkeit, sah sich die Reichsanstalt für Arbeitsvermittlung und Arbeitslosenversicherung in der glücklichen Lage, wachsende Überschüsse anzusammeln, während ringsum die Gemeinden nicht mehr wussten, woher sie die Mittel für die Unterstützung der Wohlfahrtserwerbslosen noch nehmen sollten.

Die Sozialdemokraten waren 1930 in eine scheinbar ausweglose Lage geraten – insbesondere seitdem die Reichstagswahl dieses Jahres mit dem gewaltigen Stimmenzuwachs der NSDAP die politische Lage weiter verschärft hatte. Um Schlimmeres zu verhindern – und um den Bestand der SPD-geführten Regierungskoalition mit dem Zentrum in Preußen nicht zu gefährden – tolerierte die Partei aus der Opposition heraus das nur mit Rückendeckung des erzkonservativen Reichspräsidenten von Hindenburg regierende Kabinett des Zentrumspolitikers Heinrich Brüning, auch wenn dessen Notverordnungsregime eine Phase systematischen Sozialabbaus einleitete, die jeder parlamentarischen Legitimation entbehrte. Als Brüning 1932 stürzte, sah die Reichstagsfraktion zwar keinen Anlass mehr, ihren Tolerierungskurs fortzusetzen, allerdings besaß sie auch keine Strategie, um der weiteren Zersetzung des Sozialstaats und der Zertrümmerung der Demokratie etwas entgegenzusetzen. Mit dem Sozialabbau waren zugleich auch gravierende Legitimationseinbußen des demokratischen Staatswesens verbunden. Gerade unter den Arbeitern, der sozialdemokratischen Stammwählerschaft, schlugen diese immer schwerer zu Buche.

Der Sozialstaatskompromiss, der eine tragende Grundlage der Republik gewesen war, war freilich nicht erst jetzt zerbrochen. Die Weimarer Demokratie erwies sich, lässt man die schwierigen wirtschaftlichen Rahmenbedingungen einmal beiseite, als Sozialstaat auch deshalb als überfordert, weil ihre bemerkenswerten sozialen Errungenschaften keine Verankerung in einem hinreichend stabilen Fundament ideeller sozialpolitischer Gemeinsamkeiten der sozialen und politischen Kräfte gefunden hatten.

Literaturhinweise:

Werner Abelshauser (Hrsg.), Die Weimarer Republik als Wohlfahrtsstaat. Zum Verhältnis von Wirtschafts- und Sozialpolitik in der Industriegesellschaft, Stuttgart 1987.

Ludwig Preller, Sozialpolitik in der Weimarer Republik, Kronberg im Taunus 1949 (unveränd. Nachdruck, Düsseldorf 1978).

Petra Weber, Gescheiterte Sozialpartnerschaft – Gefährdete Republik? Industrielle Beziehungen, Arbeitskämpfe und der Sozialstaat. Deutschland und Frankreich im Vergleich (1918–1933/39), München 2010.

Heinrich August Winkler, Von der Revolution zur Stabilisierung. Arbeiter und Arbeiterbewegung in der Weimarer Republik 1918 bis 1924, Berlin/Bonn 1984.

Heinrich August Winkler, Der Schein der Normalität. Arbeiter und Arbeiterbewegung in der Weimarer Republik 1924 bis 1930, Berlin/Bonn 1985.

Heinrich August Winkler, Der Weg in die Katastrophe. Arbeiter und Arbeiterbewegung in der Weimarer Republik 1930 bis 1933, Berlin/Bonn 1987.

Andreas Biefang

Frauen! Wählt sozialdemokratisch! – Wahlplakate und der Kampf um die Republik

Am 30. November 1918 gab die Revolutionsregierung, der aus führenden Vertretern der SPD und der USPD gebildete Rat der Volksbeauftragten, die Regeln für die Wahl zur Verfassunggebenden Nationalversammlung bekannt. Darin waren zwei grundlegende Neuerungen enthalten: zum einen die Einführung des strikten Verhältniswahlrechts, womit die Ungerechtigkeiten des Wahlsystems des Kaiserreichs beseitigt werden sollten, zum anderen die Ausweitung der Wählerschaft durch die Altersabsenkung und vor allem durch die Einführung des Wahlrechts für Frauen. In Paragraf 2 der Verordnung hieß es knapp: »Wahlberechtigt sind alle deutschen Männer und Frauen, die am Wahltag das 20. Lebensjahr vollendet haben.«[1] Damit wurden die Frauen plötzlich zu einer machtpolitisch relevanten Größe und zur heftig umworbenen Zielgruppe für die Wahlwerbung der Parteien.

Ikone:
»Frauen! Gleiche Rechte – Gleiche Pflichten. Wählt sozialdemokratisch!«, Plakat für die Wahl zur Nationalversammlung am 19. Januar 1919, Entwurf von Fritz Gottfried Kirchbach, 93,6 x 71 cm
(SPD/AdsD)

Wie die SPD sich auf die neue Wählergruppe ausrichtete, zeigt beispielhaft die hier vorgestellte Ikone. Die Bildmitte des Plakats wird von einem Paar eingenommen, wobei die Frauenfigur als die aktivere erscheint: Sie trägt mit entschlossen in die Höhe gerecktem Arm die stilisierte, viel zu große rote Fahne mit dem Appell an die »Frauen!«. Allerdings ist es der Mann, der sie mit seinem linken Arm sanft in den Vordergrund schiebt. Feingliedrig, mit gesenkter Faust und sensiblen Gesichtszügen ist er deutlich effeminiert, jedenfalls weit entfernt von den proletarischen Recken, die den »Wahren Jacob« bevölkert hatten. Auch die Frauengestalt ist modernisiert. Mit ihrer Kleidung, einer einfachen Bluse und einem schlank geschnittenen Rock, vor allem mit ihren mit Absätzen und Schleifen versehenen Schuhen, verkörpert sie ein aufstrebendes, dem Elend entwachsenes Proletariat. Sie ist die vermenschlichte Ausgabe der in der sozialdemokratischen Bilderwelt so beliebten Allegorie der Freiheit, wie sie etwa noch auf dem von Arnold Schütz entworfenen Wahlplakat vor aufgehender Sonne zu sehen ist (Abb. 1). In Kirchbachs Plakat schreitet das harmonische Paar im Sonntagsstaat aus dem Dunkel der aufgehenden Sonne entgegen. Die verschatteten Gesichtshälften und der Schattenwurf am Boden weisen die Richtung: Die Wahl zur Nationalversammlung erscheint als der letzte Schritt ins Licht.

Tatsächlich hatten die (Mehrheits-)Sozialdemokraten der Wahl mit großen Erwartungen entgegengesehen. Schließlich waren sie es gewesen, die seit Jahrzehnten für die Parlamentarisierung des politischen Systems gestritten hatten. Seit dem Parteitag von Erfurt 1891 hatte die Partei zudem die Ausdehnung des Wahlrechts auf die Frauen gefordert. Im Verlauf der Revolution war ihr dann die Regierungsmacht wie selbstverständlich zugefallen, auch wenn sie mit ihrer Linksabspaltung, der USPD, geteilt werden musste. Jetzt hatte sie sich für einen möglichst frühen Termin für die Wahl zur Nationalversammlung eingesetzt, um die revolutionäre Übergangsphase zu beenden und zu legal geordneten Verhältnissen zurückzukehren.

Das Wahlergebnis fiel allerdings in mehrfacher Hinsicht ernüchternd aus. Nur 37,9 Prozent der Stimmen landeten bei der SPD, kaum mehr als bei den letzten Wahlen 1912, bei denen allerdings das Elektorat noch ganz anders zusammengesetzt war. Damit war eine sozialdemokratische Regierung auch dann unmöglich, wenn man die Stimmen der USPD, die 7,6 Prozent erzielt hatte, hinzunahm. Stattdessen sah sich die SPD

1 Verordnung des Rats der Volksbeauftragten über die Wahlen zur Verfassunggebenden Deutschen Nationalversammlung (Reichswahlgesetz) vom 30. November 1918 (Auszug), zit. nach: *Gerhard A. Ritter/Susanne Miller*, Die deutsche Revolution 1918–1919, 2., erhebl. erw. und überarb. Aufl., Hamburg 1975, S. 369–371, hier: S. 369.

ROTOPHOT A.G. BERLIN SW 68
Frauen!
KIRCHBACH
Gleiche Rechte – Gleiche Pflichten
Wählt sozialdemokratisch!
SOZIALDEMOKRATISCHE PARTEI DEUTSCHLANDS.

zur Bildung einer Koalition mit dem katholischen Zentrum und den Linksliberalen genötigt, den beiden bürgerlichen Parteien, mit denen sie im Reichstag bereits seit 1917 immer wieder zusammengearbeitet hatte. In einem solchen Regierungsbündnis war die SPD zu Kompromissen gezwungen, die die hochfliegenden Erwartungen ihrer Anhängerschaft weiter enttäuschen mussten. Enttäuschung gab es schließlich auch über das Wahlverhalten der Frauen, die den Einsatz der Sozialdemokraten für ihr Wahlrecht nicht recht honoriert hatten. Überdurchschnittlich viele Frauen hatten das katholische Zentrum gewählt, in protestantischen Gegenden auch die konservative DNVP. Die Einstellung dieser Parteien zu Familie und Religion spielte für die Wahlentscheidung oft die ausschlaggebende Rolle. Das sollte sich auch bei den nachfolgenden Wahlen nicht mehr grundlegend ändern.

Die Parlamentarisierung des politischen Systems und die Ausweitung des Wahlrechts hatten zur Folge, dass die Wahlkämpfe im Vergleich zum Kaiserreich noch leidenschaftlicher geführt wurden. Ausufernde »Wahlschlachten« wurden zum Kennzeichen der Weimarer Republik. Als wichtigstes neues Medium kann dabei das Wahlplakat gelten. Vor allem die SPD tat sich mit einer umfangreichen Produktion hervor, die von einer erstaunlichen Vielfalt und Qualität geprägt war. Oft knüpfte sie an die überkommene Ikonografie der Arbeiterbewegung an. Daneben gab es auch Versuche zu einer moderneren Ästhetik und zu einer zielgruppenorientierten Ansprache. Tradition und Innovation standen dabei recht unverbunden nebeneinander, wie etwa zwei speziell für die weibliche Wählerschaft entworfene Plakate belegen: mal eher sentimental, an die Mutterrolle erinnernd (Abb. 2), mal mehr kämpferisch und betont modern (Abb. 3). Allerdings gelang es der SPD nicht, mit ihrer Plakatwerbung ein unverwechselbares visuelles Erscheinungsbild, ein leicht erkennbares Markenzeichen zu formen. Auch konnte sie sich nicht dazu durchringen, mit Bildnissen ihrer führenden Politiker zu werben. Das war einerseits ein Nebeneffekt der reinen Listenwahl, denn auch die konkurrierenden Parteien gingen nur allmählich dazu über, ihre Spitzenleute zu plakatieren. Hinzu kam aber der traditionelle Egalitarismus der Partei, der die Hervorhebung einzelner Personen nicht schätzte. Die Sozialdemokratie, die als Oppositionspartei im Kaiserreich noch ein untrüglich sicheres Gespür für politische Symbolik besessen hatte, schwächelte in dieser Hinsicht in der Weimarer Republik.

Erst die Reichstagswahl vom 14. September 1930 brachte die SPD dazu, ihre öffentliche Kommunikation zu überdenken. Auslöser war der Wahlerfolg der Nationalsozialisten, die 107 Parlamentssitze erobert und damit von einer Splitterpartei zur zweitstärksten Kraft aufgestiegen waren. Jetzt fanden Leute wie Carlo Mierendorff allmählich Gehör, die die Werbearbeit der Partei vereinheitlichen und intensivieren wollten und dazu eine zeitgemäße Bildsprache forderten. Zum wichtigsten visuellen Erkennungszeichen wurden die »Drei Pfeile«, ein von Sergej Tschachotin entworfenes Symbol, das von Ferne an El Lissitzkys berühmten »roten Keil« anknüpfte, mit dem im russischen Bürgerkrieg die ›weißen‹ Gegenrevolutionäre zerschmettert werden sollten. Tatsächlich betonten auch die »Drei Pfeile« den Kampf: Ein Wahlplakat der SPD vom November 1932 zeigt die Pfeile als Speere in roten Fäusten, mit denen Krone, Hakenkreuz sowie Hammer und Sichel, die Symbole für Reaktion, Nationalsozialismus und Kommunismus, vernichtet werden (Abb. 4). Die Sozialdemokraten, das ist die Botschaft, sind zum Kampf für die Republik entschlossen.

Auch die »Eiserne Front«, Ende 1931 von SPD, Gewerkschaften, dem Reichsbanner Schwarz-Rot-Gold und den Arbeitersportverbänden als Antwort auf die »Harzburger Front« der rechten Parteien und Verbände gegründet, übernahm die Pfeile als offizielles Erkennungszeichen (Abb. 5). Eine psychologische Schwäche des Symbols liegt allerdings in seiner defensiven Ausrichtung. Die Wahlplakate weisen nicht mehr auf sozialdemokratische Ziele hin, sondern richten sich vor allem gegen die politischen Widersacher. Bei den kurz aufeinanderfolgenden Reichstagswahlen im Juli und November 1932 verlor die SPD weiter an Stimmen, wenn auch nicht mehr so stark wie 1930. Auf der anderen Seite musste im November auch die NSDAP Verluste von über vier Prozent gegenüber dem Ergebnis vom Juli hinnehmen, sodass innerhalb der Partei die Zweifel wuchsen, ob ihr angeblicher »Legalitätskurs« tatsächlich zum Erfolg führen würde. Womöglich deutete sich hier schon das Ende ihrer Erfolgsgeschichte an. Tatsächlich gelangte die NSDAP nicht vorrangig durch Wahlen und eine vermeintlich überlegene Wahlpropaganda zur Macht, sondern weil die Konservativen ihr im Januar 1933 ohne Not den Staatsapparat auslieferten.

Abbildung 1:
»Wählt die Mehrheits-Sozialdemokraten«, Plakat für die Wahl zur Nationalversammlung am 19. Januar 1919, Entwurf von Arnold Schütz, 109,7 x 79,6 cm
(DHM, Berlin)

Literaturhinweise:

Dirk Lau, Wahlkämpfe der Weimarer Republik. Propaganda und Programme der politischen Parteien bei den Wahlen zum Deutschen Reichstag von 1924 bis 1930, Marburg 2008.

Gerhard Paul, Kampf um Symbole. Symbolpublizistischer Bürgerkrieg 1932, in: *ders.* (Hrsg.), Das Jahrhundert der Bilder, Bd. 1: 1900 bis 1949, Göttingen 2009, S. 420–427.

Politische Plakate der Weimarer Republik 1918–1933. Ausstellungskatalog, Hessisches Landesmuseum, Darmstadt, bearb. v. *Rainer Schoch*, Darmstadt 1980.

Plakate als Spiegel der politischen Parteien in der Weimarer Republik. Ausstellungskatalog, Bayerisches Hauptstaatsarchiv, München, bearb. v. *Siegfried Weinisch*, München 1996.

Abbildung 2:
»Wählt Sozialdemokraten«, Plakat zur Reichstagswahl am 20. Mai 1928, Entwurf von Fritz Gottfried Kirchbach, 144 x 94,5 cm
(SPD/AdsD)

Abbildung 3:
»Frauen – Für Freiheit und Frieden! wählt Sozialdemokraten. Liste 2«, Plakat zur Reichstagswahl am 6. November 1932, Entwurf von »K.«, 85 x 59 cm
(SPD/AdsD)

Abbildung 4:
»Gegen Papen, Hitler, Thälmann.
Liste 2 Sozialdemokraten«,
Plakat zur Reichstagswahl
am 6. November 1932,
30 x 21 cm (SPD/AdsD)

Abbildung 5:
»Liste 1 Sozialdemokraten!
Eiserne Front gegen
Hitler-Barone«,
Plakat zur Reichstagswahl
am 31. Juli 1932,
Entwurf von Otto Baumberger, 84 x 59,5 cm (SPD/AdsD)

Stefan Berger

»Keine Revolutionen machende Partei« – Die Reaktion im »Vorwärts« auf die Novemberrevolution

Am 9. November 1918 hatte die deutsche Revolution Berlin erreicht. Gleich zwei Mal wurde an diesem Tag in der Hauptstadt des Deutschen Reichs die Republik ausgerufen – von dem an einem Reichstagsfenster stehenden Mehrheitssozialdemokraten Philipp Scheidemann und von dem vor demonstrierenden Arbeitern im Tierpark sprechenden Unabhängigen Sozialdemokraten Karl Liebknecht. Die Träger der Revolution waren Arbeiter und Soldaten, und so fällt beim ersten Blick auf die Titelseite des zentralen sozialdemokratischen Parteiorgans »Vorwärts« der sich explizit als Arbeiterpartei verstehenden Sozialdemokratie auf, dass sich die Zeitung am 10. November zunächst einmal nicht an die Arbeiter wendet, sondern explizit »an die deutschen Bürger«. Es ist also nicht die Berichterstattung über den erfolgreichen Kampf der Arbeiter und Soldaten, die im Mittelpunkt der Titelseite steht, sondern ein Abdruck eines Aufrufs des neuen mehrheitssozialdemokratischen Vorsitzenden des Rats der Volksbeauftragten, Friedrich Ebert, der in diesen Tagen noch als Reichskanzler firmiert. Er verkündet, dass die letzte kaiserliche Regierung von Max von Baden zurückgetreten sei und durch eine neue, von der MSPD geführte Regierung ersetzt werde. Der Aufruf atmet den Geist der mehrheitssozialdemokratischen Reichstagsfraktion, die eine ordnungsgemäße Regierungsbildung im Gespräch mit anderen Parteien erreichen will und für die die demonstrierenden Arbeiter und Soldaten auf den Straßen Berlins eine Irritation auf dem seit 1917 eingeschlagenen Weg der Parlamentarisierung des Deutschen Reichs waren. Immerhin hatte Karl Kautsky die Sozialdemokratie bereits 1893 als »revolutionäre, nicht aber eine Revolutionen machende Partei«[1] bezeichnet.

Abbildung 1:
Vorwärts-Titelseite vom 10. November 1918
(Bibliothek der FES)

Der seit 1876 erscheinende »Vorwärts«, der auch unter dem ›Sozialistengesetz‹ illegal unter dem Titel »Der Sozialdemokrat« weiter erschien, gehörte im Kaiserreich zum marxistischen Zentrum der Partei und hatte zwischen 1910 und 1916 mit Rudolf Hilferding einen Chefredakteur, der eher mit der Parteilinken sympathisierte, die Unterstützung des Kriegs durch die Mehrheit der SPD kritisch sah und später der USPD beitrat. Der Chefredakteur des »Vorwärts« seit 1916, Friedrich Stampfer, war dagegen ein dezidierter Vertreter der Burgfriedenspolitik und des Reformismus, was dazu beitrug, dass sich die Zeitung in den Wirren der Revolutionstage konsequent zum Sprachrohr der parlamentarischen Fraktion der Mehrheitssozialdemokratie machte.

Ebert richtet sich in dem abgedruckten Aufruf klassenübergreifend an alle Mitbürger und bittet um ihre Mithilfe. Ihn treibt die Sorge um, die durch die Kriegsblockade extrem erschwerte Ernährung der Bevölkerung nicht weiter garantieren zu können, und er fürchtet, die Revolution ›von unten‹ könnte auf den Straßen zu einem nicht mehr zu kontrollierenden Chaos führen. Der Aufruf zeigt deutlich, wie sehr sich Mehrheitssozialdemokraten von einer Politik der Straße verabschiedet hatten, wie tief sie den revolutionären Arbeitern misstrauten und wie stark sie glaubten, mit den parlamentarischen

1 *Karl Kautsky*, Ein sozialdemokratischer Katechismus, in: Die Neue Zeit XII, 1893/94, Nr. 12, S. 361–369, hier: S. 368 (auch online unter URL: <http://library.fes.de/nz> [18.7.2012]).

Nr. 310. 35. Jahrg.

Bezugspreis: Vierteljährl. 5,40 Mk., monatl. 1,80 Mk. frei ins Haus, vorausbezahlbar. Einzelne Nummern 10 Pfennig. [illegible] Erscheint täglich.

Telegramm-Adresse: „Sozialdemokrat Berlin".

Vorwärts

Berliner Volksblatt.

Zentralorgan der sozialdemokratischen Partei Deutschlands.

10 Pfennig

Anzeigenpreis: Die sechsgespaltene Kolonelzeile kostet 80 Pfg. „Kleine Anzeigen", das fettgedruckte Wort 50 Pfg. [illegible] 7 Uhr abends.

Redaktion: SW. 68, Lindenstraße 3. Fernsprecher: Amt Moritzplatz, Nr. 151 90—151 97.

Sonntag, den 10. November 1918.

Expedition: SW. 68, Lindenstraße 3. Fernsprecher: Amt Moritzplatz, Nr. 151 90—151 97.

An die deutschen Bürger!

Berlin, 9. November. Der neue Reichskanzler Ebert erläßt folgende Kundgebung an die deutschen Bürger:

Mitbürger!

Der bisherige Reichskanzler Prinz Max von Baden hat mir unter Zustimmung der sämtlichen Staatssekretäre die Wahrnehmung der Geschäfte des Reichskanzlers übertragen. Ich bin im Begriff, die neue Regierung im Einvernehmen mit den Parteien zu bilden und werde daher über das Ergebnis der Oeffentlichkeit in Kürze berichten.

Die neue Regierung wird eine Volksregierung sein. Ihr Bestreben wird sein müssen, dem deutschen Volke den Frieden schnellstens zu bringen und die Freiheit, die es errungen hat, zu befestigen.

Mitbürger! Ich bitte Euch alle um Eure Unterstützung bei der schweren Arbeit, die unser harrt. Ihr wißt, wie schwer der Krieg die Ernährung des Volkes, die erste Voraussetzung des politischen Lebens, bedroht.

Die politische Umwälzung darf die Ernährung der Bevölkerung nicht stören.

Es muß die erste Pflicht aller in Stadt und Land bleiben, die Produktion von Nahrungsmitteln und ihre Zufuhr in die Städte nicht zu hindern, sondern zu fördern.

Nahrungsmittelnot bedeutet Plünderungen und Raub, mit Elend für alle! Die Aermsten würden am schwersten leiden, die Industriearbeiter am bittersten getroffen werden.

Wer sich an Nahrungsmitteln oder sonstigen Bedarfsgegenständen oder an den für ihre Verteilung benötigten Verkehrsmitteln vergreift, versündigt sich aufs schwerste an der Gesamtheit.

Mitbürger! Ich bitte Euch alle dringend: Verlaßt die Straßen! Sorgt für Ruhe und Ordnung!

Berlin, den 9. November 1918.

Der Reichskanzler. Ebert.

An alle Behörden und Beamten!

Berlin, 9. November. Der Reichskanzler Ebert veröffentlicht nachfolgenden Aufruf:

Die neue Regierung hat die Führung der Geschäfte übernommen, um das deutsche Volk vor Bürgerkrieg und Hungersnot zu bewahren und seine berechtigten Forderungen auf Selbstbestimmung durchzusetzen. Diese Aufgabe kann sie nur erfüllen, wenn alle Behörden und Beamten in Stadt und Land ihre hilfreiche Hand leisten.

Ich weiß, daß es vielen schwer werden wird, mit den neuen Männern zu arbeiten, die das Reich zu leiten unternommen haben, aber ich appelliere an ihre Liebe zu unserem Volke. Ein Versagen der Organisation in dieser schweren Stunde würde Deutschland der Anarchie und dem schrecklichsten Elend ausliefern.

Helft also mit mir dem Vaterlande durch furchtlose und unverdrossene Weiterarbeit, ein jeder auf seinem Posten, bis die Stunde der Ablösung gekommen ist.

Berlin, den 9. November 1918.

Der Reichskanzler. gez. Ebert.

Soldaten! Es ist der Wunsch der in Bildung begriffenen sozialistischen Regierung, daß Ihr heute wieder in Eure Kasernen zurückkehrt, wo Ihr durch Soldatenräte Eure Angelegenheiten selbst verwalten könnt. Nur dort könnt Ihr Eure Verpflegung sichern.

Kein Bruderkampf!

Einen Sieg hat das deutsche Volk und insbesondere auch das Berliner Proletariat errungen, der ohne Beispiel in der ganzen Geschichte dasteht. Selbst die Ereignisse von 1848 verblassen gemessen an dem gewaltigen Umsturz, der sich am 9. November 1918 vollzogen hat. In unserer gestrigen Extra-Abendausgabe, die wir den meisten unserer Leser noch zustellen konnten, haben wir an dieser Stelle die Bedeutung des ersten Revolutionstages ausführlich gewürdigt.

Heute gilt es nicht, sich hemmungslosem Jubel hinzugeben, sondern es heißt, für die Zukunft zu sorgen und zu schaffen. Aufgabe über Aufgabe drängt sich an die Arbeiter- und Soldatenregierung heran. Die neue Volksregierung soll nach außen den Frieden schließen, nach innen die Volksernährung organisieren, die Demobilisierung von 10 Millionen Soldaten in geordnete Bahnen bringen, das Wirtschaftsleben organisieren und [illegible] andere Dinge mehr, von denen jedes einzelne von höchster Bedeutung ist. Alle haben bis zum äußersten zu tun, alle arbeiten bis zur Erschöpfung, und doch fehlt es allerorten noch an Händen und Gehirnen.

Und doch können und werden wir die Aufgabe lösen. Dazu aber ist eins unumgängliche Voraussetzung: daß die Arbeiterklasse einig und geschlossen bleibt. Ohne das geht es nicht! Wenn Gruppe gegen Gruppe, Seite gegen Seite arbeitet, dann entsteht das russische Chaos, der allgemeine Niedergang, das Elend statt des Glückes.

Schon gestern ist von einzelnen kleinen Gruppen, oft unter unbekannter und unverantwortlicher Führung der Versuch gemacht worden, eigene Wege zu gehen und die Arbeit der Arbeiter- und Soldatenräte zu durchkreuzen. Das ist die schwerste Versündigung an der Arbeiterschaft, [illegible] ist. Das Werk, das von der großen Masse der Arbeiterschaft getragen wird, darf nicht durch kleine Minderheiten gefährdet werden. Alle solche Versuche müssen an dem [illegible] Sinn und an der entschlossenen [illegible] der Arbeiterschaft scheitern, oder die Arbeiterschaft selber wird [illegible].

Der gestrige Sieg des Volkes über das alte System ist nur mit geringem Blutvergießen bezahlt worden. Soll nun der Welt nach solchem herrlichen Triumph das Schauspiel einer Selbstzerfleischung der Arbeiterschaft in sinnlosem Bruderkampf geboten werden?

Das darf nimmermehr geschehen! Der gestrige Tag hat in der Arbeiterschaft das Gefühl für die Notwendigkeit innerer Einheit hoch emporlodern lassen. Aus fast allen Städten, aus ganzen Ländern, aus ganzen Landschaften hören wir, daß alte Partei und Unabhängige sich am Tage der Revolution wieder zusammengefunden und zu der alten geschlossenen Partei geeint haben. In Bayern ist diese Einigung für den ganzen Staat vollzogen. Dort gibt es keine Parteispaltung mehr! Soll Berlin zurückstehen?!

Die Einigung muß auch hier durchgeführt werden! Sie muß! Es geht um Wohl und Zukunft der gesamten Arbeiterklasse. Und wenn auch [illegible] sich eingefressen hat, wenn auch der eine Teil dem anderen [illegible] aus der Vergangenheit vorwirft und vorwerfen kann, [illegible] der gestrige ist groß und überwältigend genug, um all das vergessen zu machen.

Das Versöhnungswerk darf nicht an einigen Verbitterten scheitern, deren Charakter nicht stark genug ist, um [illegible] überwinden und vergessen zu können. [illegible] den Massen selber vollkommen fern, [illegible] Arbeiter und Arbeiter die Einigkeit [illegible] gestellt werden. Kein Führer darf das hemmen. [illegible] denn muß sie gemacht werden ohne [illegible] Frage darf ein Werk von so ungeheurer Bedeutung scheitern.

Die alte sozialdemokratische Partei erstrebt die Einigung mit aller Kraft auch unter eigenen Opfern. Sie weiß sich in diesem Bestreben eins mit dem [illegible] der Arbeiterschaft, [illegible] Masse es nie begriffen hat, [illegible] Schulter an Schulter [illegible] hat, daß man sich morgen auf den Barrikaden gegenüberstehen sollte. Die Sozialdemokratie [illegible] ihrem Streben daher keinerlei [illegible] durchdrungen von dem Gedanken, daß das Werk der Rettung aus dem Abgrund, in den uns der [illegible] geführt hat, nur von einer einmütigen und geschlossenen Arbeiterschaft ausgeführt werden kann.

Die Bruderhand liegt offen — schlagt ein!

Veränderungen im Reichstag bereits ihr Ziel eines grundlegenden politischen und gesellschaftlichen Wandels erreicht zu haben.

›Die Straße‹ war für die MSPD nicht mehr Symbol revolutionärer Hoffnung, sondern Zeichen der Gefahr. Dabei spielte sicher auch eine Rolle, dass ein Jahr nach dem Sieg der Bolschewiki in Russland den Mehrheitssozialdemokraten nur allzu bewusst war, dass radikale Kräfte eine dezidierte Straßenpolitik geschickt für ihre eigenen Ziele nutzen konnten. Und aufseiten der Mehrheitssozialdemokraten wollte man keinen deutschen Lenin, sondern war entschlossen, nicht, wie die Menschewiki in Russland, von radikaleren Linkskräften von der Macht verdrängt zu werden. Von daher steht am Ende des Aufrufs auch konsequent: »Verlasst die Straßen! Sorgt für Ruhe und Ordnung!«

Die zwei wichtigsten Ziele, die Ebert in seinem Aufruf benennt, sind Frieden und Freiheit. Mit keinem Wort werden hier soziale, wirtschaftliche und gesellschaftliche Umbrüche erwähnt, wie sie von vielen demonstrierenden Arbeitern gefordert wurden und wie man sie von einer sich zum Marxismus bekennenden Partei hätte erwarten können. Damit zeigt der Aufruf deutlich, wie weit sich die Mehrheitssozialdemokratie im Krieg von ihren marxistischen Wurzeln im Kaiserreich entfernt hatte, wie sehr sie sich in die Nation integriert hatte, wie schwer auf ihr die Verantwortung für die Geschicke dieser Nation nach einem verlorenen Krieg lastete und wie überzeugt sie war, dass die Überwindung des autoritären konstitutionellen Regimes der Kaiserzeit und die Errichtung einer parlamentarischen Demokratie, also eine politische demokratische Revolution, das Endziel der Umwälzung von 1918 sein sollten. Nach ihrer Einschätzung würden soziale Reformen und gesellschaftliche Umwälzungen als Folge sozialdemokratischer Politik in der parlamentarischen Demokratie durchgesetzt, nicht aber als Folge einer sozialen Revolution am Ende eines verlorenen Kriegs. Vor den unabsehbaren Auswirkungen der Radikalisierung der Revolution fürchteten sich die Mehrheitssozialdemokraten ebenso wie die meisten Bürger im Deutschen Reich.

Auch der zweite, im »Vorwärts« abgedruckte Artikel richtet sich nicht an die Arbeiter, sondern an die Beamten und Angestellten in den Behörden, die zur Zusammenarbeit mit der neuen sozialdemokratisch geführten Regierung angehalten werden. Hier spiegelt sich die Furcht, dass die bürgerlichen Beamten und Angestellten die sozialen und politischen Parias des Kaiserreichs, die sozialdemokratischen Arbeiter und ihre Repräsentanten, nicht anerkennen und ihre Mitarbeit verweigern könnten. Auch das hätte ein ruhiges und ordnungsgemäßes Weiterführen der Regierungsgeschäfte erschwert. In diesem Aufruf beschränken sich die Ziele der neuen Reichsregierung schon darauf, Bürgerkrieg und Hungersnot zu verhindern sowie Deutschland gegenüber den Alliierten effektiv zu vertreten. Der Appell geht an das Verantwortungsbewusstsein und die Vaterlandsliebe der Staatsdiener.

Erst ganz rechts und in kleineren Lettern als auf der linken Seite wendet sich der »Vorwärts« am Tag nach der Revolution an die Soldaten und Arbeiter. Den Soldaten wird in zwei knappen Sätzen nahezu befohlen (auch wenn es als »Wunsch« deklariert wird), in die Kasernen zurückzukehren. Ihnen wird dort ihre Selbstverwaltung durch Soldatenräte zugesichert, und auch hier wird wiederum das Argument verwendet, dass die Verpflegung der Soldaten nur über die Kasernen gewährleistet bliebe.

Die berühmte Überschrift über der Sektion, die sich dann explizit an die Arbeiter wendet, lautet: »Kein Bruderkampf«. Sie nimmt eine der zentralen Forderungen der demonstrierenden Arbeiter auf, die in zahlreichen Plakaten die beiden sozialdemokratischen Parteien, die Mehrheitssozialdemokraten und die Unabhängigen Sozialdemokraten, dazu aufriefen, zusammen die Regierungsverantwortung zu übernehmen und sich an die

Spitze der Revolution zu stellen. Hier wird nun der Sieg des Proletariats vom 9. November 1918 gewürdigt und positiv mit den Leistungen der 1848er-Revolution verglichen, die in der sozialdemokratischen Erinnerungskultur im Kaiserreich traditionell eine große Rolle gespielt hatte. Doch gleich im nächsten Absatz werden die Arbeiter wiederum an die große Verantwortung erinnert, die die Revolution für ganz Deutschland trage. Erneut sind es die Friedensverhandlungen, die Ernährungslage und die Demobilisierung sowie die Wiederbelebung der Wirtschaft, die, nach Aussage des »Vorwärts«, der Mitarbeit aller bedürfe. Zentrale Aufgabe zum Gelingen der Arbeit sei die Einigkeit des Proletariats und der Arbeiterbewegung. Als Gegensatz zur Einheit warnte die Zeitung vor »dem Chaos« – ein Begriff, der auch schon in den Aufrufen an die Bürger und die Beamten einen zentralen Platz als Schreckgespenst der Revolution eingenommen hatte. Gewarnt werden die Arbeiter explizit vor nicht näher benannten kleinen Gruppen, die sie dazu auffordern würden, nicht auf die Leitung des Arbeiter- und Soldatenrats zu hören.

Abbildung 2:
Novemberrevolution in Berlin (Rechteinhaber nicht ermittelbar)

Spätestens mit der Erwähnung des Arbeiter- und Soldatenrats erinnert der »Vorwärts« an die doppelte Legitimation der mehrheitssozialdemokratischen Führung im November 1918, denn sowohl das Parlament als auch der zentrale Arbeiter- und Soldatenrat hielten der mehrheitssozialdemokratischen Führung die Stange, wobei letzterer auf eine Regierungsbeteiligung der Unabhängigen Sozialdemokraten drängte, während es der Mehrheitssozialdemokratie auf parlamentarischem Parkett wohl nähergelegen hätte, mit der Zentrumspartei und den Linksliberalen zu paktieren. Die Parteizeitung spricht sich für die ›von unten‹ immer wieder geforderte Überwindung der Parteispaltung aus und ruft MSPD und USPD zur Einigkeit auf. Die Revolution soll zur Versöhnung führen und alte Bitterkeiten und Verletzungen vergessen machen. Wiederum werden nicht näher benannte Arbeiterführer angeklagt, ihre Verbitterung nicht überwinden zu können und damit dem Einigungswerk im Weg zu stehen. Die Mehrheitssozialdemokratie stellt sich also hier als Kraft für die Einheit des Proletariats und ihrer Vertreter dar. Damit reagiert man auf die Forderungen ›von unten‹, greift sie auf und versucht, sie für die Mehrheitssozialdemokratie fruchtbar zu machen. Die MSPD wollte so die Kraft der Arbeiter- und Soldatenräte in sicheres Fahrwasser bringen und vermeiden, dass ihre Radikalisierung Strudel erzeugte, in denen die junge Republik versinken würde.

Insgesamt zeigt die Titelseite des »Vorwärts« vom 10. November 1918, wie groß das Bemühen der Mehrheitssozialdemokratie war, alle Schichten des deutschen Volks so anzusprechen, dass ihr Hauptziel im November 1918, die Aufrechterhaltung von Ruhe und Ordnung, die Überführung der Revolution in demokratische Institutionen und die ordnungsgemäße Weiterführung der Regierungsgeschäfte unter mehrheitssozialdemokratischer Regie gewährleistet blieben. Bürger, Beamte, Soldaten und Arbeiter sollten alle das Ihre dazu beitragen. Dabei wurden die verschiedenen Gruppen durchaus unterschiedlich angesprochen – den Arbeitern wird ihr großer Sieg bestätigt und zugleich wird angemahnt, dass sie nun einig hinter ihrer ebenfalls angeblich zur Einheit drängenden sozialdemokratischen Führung stehen sollten; den Soldaten wird befohlen, in ihre Kasernen zurückzukehren; die Beamten werden an ihre Rolle als Diener des Staats erinnert, die erfüllt sind von Liebe und Verantwortung für das Vaterland, und den Bürgern wird das Vermeiden des Bürgerkriegs und eine Zusammenarbeit mit anderen (bürgerlichen) politischen Parteien versprochen. Damit steht die Titelseite des »Vorwärts« vom 10. November 1918 für die Janusgesichtigkeit mehrheitssozialdemokratischer Politik in der deutschen Revolution – zu einer Zeit, in der man ganz verschiedenen sozialen und politischen Gruppen sehr unterschiedliche Versprechungen machte, in der Hoffnung, eine möglichst geordnete politische Reform und den friedlichen Übergang zur Nachkriegsgesellschaft zu vollziehen.

Zugleich erinnert die Titelseite des »Vorwärts« auch daran, von welch zentraler Bedeutung die Revolution von 1918 für die Entwicklung der Sozialdemokratie und der sozialen Demokratie in Deutschland war. Der Krieg hatte die sozialdemokratische Partei zutiefst gespalten, doch war es nicht nur die Haltung zum Krieg, die MSPD und USPD trennten. Es spiegelte sich in dieser institutionellen Trennung auch eine ideologische Spaltung der Arbeiterbewegung, die bis in das Kaiserreich zurückreichte. Ein rechter Flügel von Reformisten und Revisionisten strebte nach einer positiven Integration der Partei in das politische System, um durch die aktive Mitarbeit in diesem System soziale und politische Reformen zu erreichen. Ein kleiner linker Flügel von Marxisten wollte die Partei auf eine radikale Ablehnung des bestehenden politischen und wirtschaftlichen Systems festlegen und aktiv auf die Revolution hinarbeiten. Dazwischen standen die marxistischen Zentristen um den ›Papst des Vorkriegssozialismus‹, Karl Kautsky, die in einer Art von

»revolutionärem Attentismus« (Dieter Groh) erstarrt, sich weder so richtig zur Mitarbeit noch zu einer aktiven revolutionären Politik durchringen konnten, sondern lieber auf den »großen Kladderadatsch« (August Bebel) warteten. Als der dann 1918 kam, waren die meisten Revolutionäre darauf nur schlecht vorbereitet. Lediglich eine kleine linke Minderheit in der USPD entwickelte Ideen für eine strategische Nutzung der Revolution zu einer dauerhaften gesellschaftlichen, wirtschaftlichen und politischen Umwälzung; die Mehrheit der USPD schwankte in ihren Reaktionen, und die MSPD unter Friedrich Ebert arbeitete gezielt darauf hin, die politischen Reformen zu sichern, dem Chaos und Elend eines Bürgerkriegs zu entgehen, eine Hungerkatastrophe abzuwenden und den Alliierten einen milden Frieden abzuringen. Ebert wollte nicht der deutsche Kerenski[2] werden, und die Furcht vor einer bolschewistischen Radikalisierung der Massen spielte eine wichtige Rolle bei der konsequenten Suche der MSPD nach einer baldmöglichsten Beendigung der Revolution.

Und dennoch bleibt damit die Frage bestehen, ob die MSPD die demokratische Bewegung von unten nicht hätte konsequenter nutzen können, um zentrale Elemente einer sozialen Demokratie dauerhaft in der deutschen Gesellschaft zu verankern. Stattdessen verbündete sich die MSPD mit den reaktionären Freikorps und den alten Eliten des Kaiserreichs, um die radikalen Elemente in der Arbeiterschaft zu besiegen. Damit legte sie den Grundstein zu einer dauerhaften Spaltung der Arbeiterbewegung und zur Entstehung der mächtigsten kommunistischen Partei der Zwischenkriegszeit außerhalb der Sowjetunion. Zugleich sollten die alten Eliten maßgeblich zur Unterminierung der sozialen Demokratie von Weimar beitragen und die meisten Vertreter dieser Eliten weinten der Demokratie 1933 keine Träne nach. Die politischen Konstellationen in der Weimarer Republik erlaubten der SPD nicht, unter den katastrophalen wirtschaftlichen Bedingungen der Zwischenkriegszeit nachhaltige soziale und wirtschaftliche Reformen durchzuführen. Die Weimarer Koalition hatte schon bald keine tragfähigen Mehrheiten mehr und die konstruktive Zusammenarbeit mit bürgerlichen Parteien gestaltete sich schwierig. Und auch die Hoffnungen auf einen milden Frieden der Alliierten für die junge Republik erfüllten sich nicht, sodass sich der Versailler Vertrag wie ein Mühlstein um den Hals der Republik legte. Damit soll nicht behauptet werden, dass das Scheitern der Demokratie bereits in ihren Anfängen angelegt war, aber die Frage bleibt interessant, ob nicht ein anderer Anfang auch das Seine zu einer anderen Entwicklung der ersten deutschen Demokratie hätte beitragen können.

2 Alexander Fjodorowitsch Kerenski (1881–1970) war kurzzeitig Chef der sozialistisch-liberalen Übergangsregierung zwischen Februar- und Oktoberrevolution 1917.

Literaturhinweise

Karl Christian Führer/Jürgen Mittag/Axel Schildt u.a. (Hrsg.), Revolution und Arbeiterbewegung in Deutschland 1918–1920, Essen 2012 (i.E.).

Sebastian Haffner, 1918/19. Eine deutsche Revolution, Reinbek 1981.

Ulrich Kluge, Die deutsche Revolution 1918/19. Staat, Politik und Gesellschaft zwischen Weltkrieg und Kapp-Putsch, Frankfurt am Main 1985.

Eberhard Kolb, Umbrüche deutscher Geschichte 1866/71, 1918/19, 1929/33. Ausgewählte Aufsätze zum 60. Geburtstag, hrsg. v. *Dieter Langewiesche/Klaus Schönhoven*, München 1993.

Wolfgang J. Mommsen, Die deutsche Revolution 1918–1920. Politische Revolution und soziale Protestbewegung, in: Geschichte und Gesellschaft 4, 1978, S. 362–391.

Reinhard Rürup, Demokratische Revolution und »dritter Weg«. Die deutsche Revolution von 1918/19 in der neueren wissenschaftlichen Diskussion, in: Geschichte und Gesellschaft 9, 1983, S. 278–301.

Wolfgang Schroeder

Fritz Naphtali, Wirtschaftsdemokratie. Ihr Wesen, Weg und Ziel (1928)

Mit dem 1928 unter Federführung von Fritz Naphtali (1888–1961) entstandenen Text zur »Wirtschaftsdemokratie« legte der sozialdemokratische Gewerkschaftsdachverband (ADGB) eine Programmschrift vor, wie sie in der Geschichte der deutschen Gewerkschaften eher ungewöhnlich war und ist. Schließlich verstehen sich Gewerkschaften weniger als programmatische, sondern mehr als pragmatische Organisationen. Warum haben sie sich trotzdem zu dieser anspruchsvollen programmatischen Arbeit entschieden? Neben vielen Gründen, die in den Debatten und Krisen der damaligen Konstellation zu suchen sind, lassen sich zwei strategische Hauptziele herausheben: Einerseits wollten sie damit deutlich machen, dass sie auf Augenhöhe und in Partnerschaft mit der Sozialdemokratischen Partei einen eigenen konzeptionellen Ansatz auf dem Weg zum Sozialismus vertraten. Andererseits grenzten sie sich mit der Wirtschaftsdemokratie von ihren Konkurrenten im christlich-sozialen, sozial-bürgerlichen und kommunistischen Lager ab.
Im Anschluss an die wirtschaftsdemokratischen Versprechungen der Weimarer Republik, wie sie zunächst in rätedemokratischen Überlegungen und später ansatzweise im Betriebsrätegesetz und einem vorläufigen Reichswirtschaftsrat enthalten waren, sollte sich in der Wirtschaftsdemokratie das sozialdemokratische Leitbild einer gemeinwirtschaftlichen Wirtschaftsordnung, die von lebendigen wirtschaftlichen Selbstverwaltungskörpern getragen wird, widerspiegeln.

Abbildung:
Erstausgabe von 1928
(Bibliothek der FES)

Auf der Suche nach einem Leitkonzept wählte der ADGB auf seinem Reichskongress in Breslau (1925) das Programmwort der Wirtschaftsdemokratie. Zu diesem Zwecke setzte er damals eine Kommission ein, der unter anderem Hugo Sinzheimer, Rudolf Hilferding und Fritz Naphtali angehörten. Die Gewerkschaften waren nach Währungs- und Weltwirtschaftskrisen arg gebeutelt. Vor allem außerordentlich starke Mitgliederverluste prägten die innergewerkschaftlichen Debatten. Mithin verband sich mit der eigenen attraktiven gewerkschaftspolitischen Konzeption auch die Hoffnung, sich gegenüber den gewerkschaftlichen Konkurrenten zu stärken und sich zugleich auch von der Sozialdemokratie zu emanzipieren. So entwickelten die Intellektuellen des ADGB zwischen 1925 und 1928 für den sozialdemokratischen Dachverband mit dem Konzept der Wirtschaftsdemokratie ein gewerkschaftliches Zukunftsprogramm, das den politischen und ökonomischen Transformationsvorstellungen der Arbeiterbewegung neue Impulse geben sollte. Der Historiker Hans Mommsen sah darin im internationalen Vergleich »das modernste europäische Gewerkschaftsprogramm«.[1] Er begründete dies damit, dass in dieser Konzeption Gegenwartsarbeit und Zukunftsziele der Gewerkschaften eng miteinander verklammert waren, was sich insbesondere darin äußerte, dass der Zusammenhang von politischer und industrieller Demokratie betont werde. In diesem Sinne war die Schrift von der »Wirtschaftsdemokratie« eine »sozialdemokratische Meistererzählung«. Die demokratische, sozialistische Linke konnte sich mit diesem Konzept von den Ideen des Bürgertums, der kommunistischen Politik und einer nur pragmatischen Gewerkschaftspolitik, wie sie vor allem die US-amerikanischen Gewerkschaften vertraten, absetzen.

1 *Hans Mommsen*, Klassenkampf oder Mitbestimmung. Zum Problem der Kontrolle wirtschaftlicher Macht in der Weimarer Republik, Köln 1978, S. 25.

WIRTSCHAFTS DEMOKRATIE

Ihr Wesen, Weg und Ziel

Herausgegeben
im Auftrage des Allgemeinen
Deutschen Gewerkschaftsbundes
von Fritz Naphtali

BERLIN 1928

Verlagsgesellschaft des Allgemeinen
Deutschen Gewerkschaftsbundes GmbH.
Berlin S 14, Inselstrasse 6a

Der Kommission, die zur Ausarbeitung eines Konzepts zur Wirtschaftsdemokratie eingesetzt war, gehörten verschiedene Wissenschaftler, Publizisten und Gewerkschafter an. Fritz Naphtali diente dabei als Namensgeber, sodass die Schrift schließlich unter seinem Namen veröffentlicht wurde. Nach einem ersten einführenden Grundsatzkapitel zu »Begriff und Wesen der Wirtschaftsdemokratie«, das die wesentlichen Positionen und Ergebnisse zusammenfasst, folgen fünf weitere inhaltliche Kapitel.

Den ideenpolitischen Ausgangspunkt für das Konzept der Wirtschaftsdemokratie sieht die Naphtali-Kommission in den Überlegungen der britischen Industriesoziologen Sidney und Beatrice Webb, die 1897 das grundlegende Werk zur »Industrial Democracy« vorlegten. Entscheidend sei die demokratische Basis für eine Transformation der ökonomischen Strukturen. Insofern war die Abgrenzung von der kommunistischen Politik eine der wesentlichen Funktionen dieser Schrift, denn eine konstitutive Voraussetzung für eine Wirtschaftsdemokratie seien erste Erfahrungen der Arbeiterschaft mit der politischen Demokratie in einem Land: »Die Idee der Wirtschaftsdemokratie kann nur dann in einem Lande lebendig werden, wenn die Arbeiterschaft dieses Landes schon bestimmte Erfahrungen in der Politischen Demokratie hat« (S. 13). Die »Demokratie bleibt ein notwendiger Ausgangspunkt und eine unerlässliche Voraussetzung« für die angestrebte politische, kulturelle und wirtschaftliche Befreiung der arbeitenden Menschen« (S. 15). Aus dieser Perspektive verbiete sich eine putschistische Strategie, die durch eine Minderheit getragen »die wirtschaftliche Befreiung unter der Herrschaft eines neuartigen aufgeklärten Absolutismus verwirklicht« (S. 15). Die Strategie des ökonomischen Umsturzes sei ein gefährlicher »Irrweg«, eine bloße Utopie und keine »Lösung des Problems«. Vielmehr bedeute dies eine »furchtbare Vernichtung der Produktivkräfte und in letzter Linie einen sicheren Verlust für die Arbeiterschaft« (S. 15).

Der umgekehrte Weg sei genauso wenig akzeptabel wie die Trennung der ökonomischen Frage von der demokratischen. Insofern sei nämlich auch die »bürgerliche Demokratie« zu kritisieren, die in gewisser Weise einen »Missbrauch der Demokratie« (S. 16) darstelle. Deshalb sei es wichtig, dass die Arbeiterschaft es lerne, »die Demokratie in ihrem Interesse zu gebrauchen und die bloß politische Demokratie zur sozialen auszugestalten« (S. 16). An diesem Punkt zieht die Naphtali-Gruppe eine Grenzlinie gegenüber der US-amerikanischen Arbeiterbewegung, die den Begriff der Wirtschaftsdemokratie schon früher als die deutsche Arbeiterbewegung nutzte: »Diese Art der wirtschaftsdemokratischen Ideologie erscheint als eine nicht ganz konsequente und widerspruchsvolle Ersatzideologie für den Sozialismus. Man hat das Gefühl, dass die amerikanischen Ideologen der Wirtschaftsdemokratie künstlich den Gegensatz ihres Gedankengutes zum Sozialismus übersteigern, um sich vor dem Verdacht des Eingehens auf sozialistische Gedankengänge zu schützen« (S. 16).

Neben der Demokratie ist der Sozialismus der zweite zentrale ideenpolitische Bezugspunkt für die Konzeption der Wirtschaftsdemokratie, womit zugleich auch signalisiert werden sollte, dass die sozialistischen Gewerkschaften sich nicht mit der alltäglichen Auseinandersetzung mit den Unternehmen begnügen: »Wenn die deutschen Gewerkschaften die Forderung der Wirtschaftsdemokratie aufstellen, so bedeutet das für sie keinen Verzicht auf das sozialistische Ziel und keinen Ersatz für den Sozialismus, sondern es bedeutet eine Ergänzung der sozialistischen Idee in der Richtung der Klärung des Weges zur Verwirklichung. Sozialismus und Wirtschaftsdemokratie sind als Endziel untrennbar miteinander verknüpft« (S. 16).

Der Weg zum Sozialismus sei weder über Revolution noch im Selbstlauf erreichbar. Vielmehr führe er über den mühsamen Weg der ständigen Demokratisierung der Wirtschaft. An dieser Stelle kommen die grundlegenden Überlegungen von Rudolf Hilferding zum Strukturwandel des Kapitalismus mit der treibenden Rolle des Finanzkapitals zum Tragen. Denn dadurch, dass sich der individualistische Kapitalismus der freien Konkurrenz hin zum organisierten Kapitalismus mit seinen Kartellen und Verflechtungen verändert habe, müsse auch die strategische Orientierung der Arbeiterbewegung grundlegend verändert werden. Durch den Strukturwandel des Kapitalismus seien Arbeitnehmer und Konsumenten gleichermaßen einer »wirtschaftlichen Autokratie« (S. 17), einer neuen »kapitalistischen Despotie ausgeliefert« (S. 17). Trotz dieser strukturellen Veränderung der Verhältnisse, die den revolutionären Vorstellungen der frühen Arbeiterbewegung in der ersten Phase der kapitalistischen Entwicklung den Boden unter den Füßen weggezogen hätte, bestand nunmehr aber auch die begründete Hoffnung, dass sich diese Entwicklung hin zum organisierten Kapitalismus nicht einfach gegen die Arbeiterschaft richte. So ergebe sich aus einem ebenfalls zu beobachtenden »ununterbrochenen Vormarsch der öffentlichen Wirtschaft« (S. 18), dass man nicht auf die Umwälzung der gesamten Gesellschaftsordnung warten müsse und vorher alles so bleibe, wie es sei. Stattdessen kristallisierte sich allmählich die Einstellung heraus, »dass die Struktur des Kapitalismus selbst veränderlich ist, und dass der Kapitalismus, bevor er gebrochen wird, auch gebogen werden kann«. Hinzu kam die Erfahrung, dass man mit der Arbeitszeitpolitik und in der Arbeitsrechtsprechung schon erste Erfolge bei der Einschränkung der »kapitalistischen Despotie« errungen habe (S. 19).

Im Kern sind es also zwei argumentative Ausgangspunkte, die das gewerkschaftliche Projekt der Wirtschaftsdemokratie begründen: Erstens die Unzulänglichkeit der politischen Demokratie und zweitens die Kritik der wirtschaftlichen Autokratie (S. 21). Aus dieser Analyse resultieren das zentrale Credo und die inhaltliche Bestimmung der Wirtschaftsdemokratie als »Ausbau der politischen Demokratie durch die Demokratisierung der wirtschaftlichen Beziehungen« (S. 21). Als entscheidendes Instrument dieser Strategie der Demokratisierung wird die Mitbestimmung und zwar »durch alle Wirtschaftsgenossen« identifiziert. In diesem Sinne wird die Wirtschaftsdemokratie mit einer Gemeinwirtschaft gleichgesetzt (S. 22).

Auch wenn die überbetriebliche Mitbestimmung in dieser Konzeption zentral ist, so besitzt auch die betriebliche Mitbestimmung eine wichtige Funktion, die mit dem Betriebsrätegesetz aus dem Jahr 1920 begonnen habe: »Durch die öffentlich-rechtliche Regelung wird anerkannt, dass die Verhältnisse im einzelnen Betrieb nicht bloß Privatsache der einzelnen unmittelbar beteiligten Personen, Unternehmer und Arbeiter, sondern auch von Bedeutung für die Allgemeinheit sind« (S. 23). In diesem Sinne tragen auch Tarifverträge, die Arbeitslosenversicherung und nicht zuletzt die Verrechtlichung der Arbeitsverhältnisse dazu bei, die wirtschaftlichen Prozesse dem Interesse der Allgemeinheit unterzuordnen: »Unterordnung jeder wirtschaftlichen Tätigkeit unter die Interessen der Allgemeinheit, und der Kampf der Arbeiterschaft für die Demokratisierung der Wirtschaft als Weg zum Sozialismus« (S. 25).

Auf dem Weg zur Umgestaltung des Wirtschaftssystems kommt der Stärkung des Staats gegenüber der Wirtschaft eine zentrale Rolle zu. So sollen die marktbeherrschenden Unternehmen durch den Staat kontrolliert werden: einerseits indem ihre Aktivitäten einer weitgehenden Verpflichtung zur Publizität ausgesetzt werden (S. 39), andererseits indem die Arbeitnehmerschaft in der Geschäftsführung der einzelnen monopolartigen Unternehmensorganisation direkt vertreten ist, um die »Interessen der Gesamtwirtschaft in der Geschäftsführung zum Ausdruck zu bringen« (S. 41). Damit definiert

Naphtali die unternehmerische Führung nicht durch Besitz, sondern durch den Bezug auf das Gemeinwohl.

Anknüpfend an die Weimarer Reichsverfassung wird die Selbstverwaltung in der Wirtschaft zum wichtigen Vehikel, um die Verantwortung der Wirtschaft für das Allgemeinwohl sicherzustellen. Die Selbstverwaltungskörper sollen eine arbeiterliche Führungselite ermöglichen und zugleich die privaten Monopolinteressen zügeln (S. 60). Zu den öffentlichen Betrieben, die durch den Staat verantwortet werden, gesellen sich genossenschaftliche und gewerkschaftliche Eigenbetriebe. In diesen wirtschaftlichen Einheiten solle es nicht um Gewinn und Profit gehen, sondern um Bedarf und Versorgung und um Produzenten- und Konsumenteninteressen (S. 78). Gerade die genossenschaftlichen und gewerkschaftlichen Aktivitäten bringen die Selbsthilfe des freien Gruppenzusammenhangs (S. 83) zum Tragen. In diesem Denken kommt auch den Konsumenten eine wichtige Rolle zu. Sie alle zusammen bilden die bedarfsorientierten und unkapitalistischen Elemente in der modernen Wirtschaft, womit ihnen schon der Rang des transformatorischen Kapitals für eine neue »Bedarfsdeckungswirtschaft« (S. 89) zukommt oder anders formuliert: »Gemeinwirtschaft für den Menschen und nicht der Mensch für die Wirtschaft« (S. 75).

Auch wenn bekanntlich sowohl in der Weimarer Republik wie auch in der Bundesrepublik alle Versuche scheiterten, dieses Programm zu verwirklichen, so blieb dieses Konzept für die Gewerkschaften auch in der Bundesrepublik programmatisch und mental richtungsweisend. Wie lässt sich dies erklären, wenn zugleich konstatiert werden kann, dass diese Schrift »keine praktikablen Verfahrensvorschläge zu entwickeln [vermochte], wie das gemeinwirtschaftliche Vorhaben den konträren Erfordernissen des Interessenausgleichs, der Produktivitätssteigerung und der Kundenorientierung gerecht werden könne«?[2] Der entscheidende Grund dürfte darin zu suchen sein, dass mit der naphtalischen Programmschrift zur Wirtschaftsdemokratie die Gewerkschaften nicht nur als Sachwalter von Arbeiterinteressen definiert werden, sondern zugleich auch als Sachwalter des öffentlichen Interesses. An dieses selbstbewusste Selbstverständnis haben die Gewerkschaften nach 1945 vor allem in der Tarif- und Mitbestimmungspolitik angeknüpft. Dabei war entscheidend, dass die Instrumente der Mitbestimmung mehr waren als eng umrissene Institutionen. Sie bildeten vielmehr Wegmarken und Räume auf dem evolutionären Weg zu einer demokratiebasierten, gemeinwirtschaftlichen Bedarfswirtschaft. Diese sollte sich über die Ausdehnung öffentlicher Wirtschaftsräume und durch die zunehmend stärkere Beteiligung der Beschäftigten mittels überbetrieblicher, betrieblicher und konsumentenbezogener Mitbestimmung realisieren. Doch auch wenn der 1951 errungene Erfolg bei der Gesetzgebung zur Montanmitbestimmung nicht auf andere Bereiche ausgedehnt werden konnte, so ist das Ziel einer gleichberechtigten inner- und überbetrieblichen Mitbestimmung der Beschäftigten in einer veränderten Dimension gemeinwirtschaftlicher Neuordnung bis heute vital. Jedenfalls hat eine allein auf finanziellen Eigentumstiteln beruhende Entscheidungsmacht in einer wissensbasierten Ökonomie heute spektakuläre Legitimationsprobleme, die nicht nur politischer, sondern auch wirtschaftlicher Natur sind. Von den Gewerkschaften würde man sich wünschen, dass sie eine neue Konzeption der Wirtschaftsdemokratie verantworten könnten, die dem Stand der demokratiepolitischen und ökonomischen Verhältnisse und Herausforderungen in Europa angemessen ist.

2 *Franz-Xaver Kaufmann*, Sozialpolitisches Denken, Frankfurt am Main 2003, S. 94.

Literaturhinweise:

Franz-Xaver Kaufmann, Sozialpolitisches Denken, Frankfurt am Main 2003.

Hans Mommsen, Klassenkampf oder Mitbestimmung. Zum Problem der Kontrolle wirtschaftlicher Macht in der Weimarer Republik, Köln 1978.

Klaus Schönhoven, Geschichte der deutschen Gewerkschaften: Phasen und Probleme, in: *Wolfgang Schroeder/Bernhard Weßels*, Die Gewerkschaften in Politik und Gesellschaft der Bundesrepublik Deutschland, Wiesbaden 2003, S. 40–63.

Alexander J. Schwitanski

»Das Schicksal unserer jungen Republik legen wir in Eure Hände«: Der Film über die Kinderrepublik Seekamp

Der Film »Kinderrepublik Seekamp« dokumentiert das erste reichsweite Zeltlager der Reichsarbeitsgemeinschaft der Kinderfreunde, das 1927 auf Gut Seekamp bei Kiel stattfand. Obschon der Film mit einem Kinderzeltlager offensichtlich kein wichtiges politisches Thema oder Ereignis zum Gegenstand hat, ist er doch eine bedeutende Quelle, um die Geschichte der Sozialdemokratie vor dem besonderen Hintergrund der gesellschaftlichen und politischen Situation der Weimarer Republik zu verstehen. Dies beginnt schon mit dem Medium selbst. Der Stummfilm zur Kinderrepublik Seekamp wurde im 16-Millimeterformat von der Nordmark-Film mit Sitz in Kiel im Auftrag des Film- und Lichtbilddiensts des Reichsausschusses für sozialistische Bildungsarbeit der SPD gedreht. Er hat eine Länge von circa 1.239 Metern und eine Dauer von knapp 38 Minuten. Bei der diesem Beitrag zugrundeliegenden Version handelt es sich um eine restaurierte Fassung, die zum 100-jährigen Jubiläum der SPD angefertigt und dieser gewidmet wurde.

Der Film zeigt in mehreren, durch Zwischentitel gegliederte Kapitel wichtige Stationen des Zeltlagers und bettet dies in die soziale Situation von Arbeiterkindern ein. So stehen am Anfang des Films Aufnahmen von großstädtischen Arbeiterquartieren, es folgen Szenen der Anfahrt nach Kiel, des Empfangs der Kinder durch die dortigen sozialdemokratischen Organisationen und Arbeiterinnen und Arbeiter. Hier ruft Kurt Löwenstein, der pädagogische Spiritus Rector der Weimarer Kinderfreundebewegung, vom Balkon des Gewerkschaftshauses die erste Kinderrepublik aus. Der Film zeigt danach die Ankunft der Kinder und ihrer Helferinnen und Helfer auf Gut Seekamp und den Aufbau des Zeltlagers. Es folgt die Darstellung eines Tags im Zeltlager, angefangen mit dem Wecken durch Hornsignal, gefolgt vom Waschen, Schuheputzen und gemeinsamen Dauerlauf zum Strand. Dort wird gebadet, die Kinder ertüchtigen sich durch gemeinsame Gymnastik, erst danach gibt es das Frühstück.

Der Film zeigt weiter Einrichtungen des Zeltlagers wie die Küche und die Sanitätsstation, er zeigt verschiedene Spiele der Kinder, eine Dampferfahrt der Kinder auf der Ostsee, eine Rettungsschwimmübung, einen Besuchstag im Zeltlager für die

Film:
Kinderrepublik Seekamp, 1927
(Archiv der Arbeiterjugendbewegung)

Quartiergeber und einen offenen Besuchstag für jedermann, den Besuch Carl Severings im Zeltlager, die zentrale Friedensfeier in den Ruinen der Festung Herwarth und die »Gemüsehilfsaktion«.

Der Film als neues Medium ist ein Faktor, der Weimar als Epoche von der vorangegangenen Zeit abgrenzt. Zwar gibt es Filme seit Mitte der 1890er Jahre, doch setzte sich das Medium in Deutschland bis zum Ersten Weltkrieg nur langsam durch. Während des Kriegs wurde der Film staatlicherseits als Mittel der Kriegspropaganda gefördert und erlebte danach als Mittel der Freizeitgestaltung einen Boom. Nach dem Ersten Weltkrieg entstanden wenige große und eine Vielzahl kleiner und kleinster Filmgesellschaften, darunter die Nordmark-Film. Nur wenige ihrer Produkte fanden das Wohlwollen sozialdemokratischer Kritiker, die einem an der literarischen Hochkultur orientierten Bildungsideal anhingen. Für sie waren die meisten Filme, die versuchten, ein an Unterhaltung interessiertes Massenpublikum zu gewinnen, entweder sittlich oder politisch fragwürdig, etwa wenn Filme im Stile von »Fridericus Rex« (1920–1923) kriegsverherrlichenden, vaterländischen Kitsch boten.

Neben der Ablehnung dieser Filme im medienpädagogischen Diskurs der SPD und ihrer Umfeldorganisationen stand jedoch die vorsichtige Aneignung des Films durch eigene Produktionen. Mit dem Aufbau eines eigenen Repertoires an geeignetem Bildmaterial war unter anderem die Lichtbildzentrale des Reichsausschusses für sozialistische Bildungsarbeit, später Film- und Lichtbilddienst benannt, beauftragt, die sowohl Diaserien und ab Mitte der 1920er Jahre auch richtige Filme produzierte oder produzieren ließ und nach 1924 zum wichtigsten Vermittler von Lichtbildmedien und Vorführgeräten für die SPD und ihre Umfeldorganisationen wurde. Die Dokumentation des Zeltlagers fand also durch ein modernes Medium statt, und auch der Seekamp-Film machte den Versuch, die noch nicht völlig ausgetesteten Möglichkeiten des Mediums zu nutzen. So montierten die Produzenten zum Beispiel in einer Szene Bilder rückwärts, sodass der Film nicht nur Kinder zeigt, die kopfüber in das Meer hineinspringen, sondern auch Kinder, die mit den Füßen voran wieder aus dem Meer hinaushüpfen. Oder es wurden Bilder übereinander montiert, etwa bei der Darstellung der Friedensfeier, bei der die dokumentarischen Aufnahmen aus dem Zeltlager überblendet sind von Opferstatistiken und Bildern von Massengräbern des Weltkriegs. Der Film als Unterhaltungsmedium hatte aber offenbar auch die städtischen Proletarierkinder erreicht, die das Zeltlager besuchten. Während des öffentlichen Besuchstags erschien ein als »Doktor Gründlich« betitelter Besucher im Lager, der in weißen Hosen und Hemd mit Krawatte, versehen mit runder Hornbrille und Panama-Hut an den Komiker Harold Lloyd erinnerte und im Zeltlager einen Slapstickauftritt hatte. Die Assoziation mit Lloyd war, so lässt sich aus dem illustrierten Buch zum Zeltlager deuten, von den Organisatoren offenbar intendiert. Sie rechneten damit, dass die Kinder, vermittelt durch das Kino, die Figur wiedererkennen würden, und kalkulierten damit die medialen Erfahrungen der Kinder ein.

Auf zweierlei Weise war aber auch das Dargestellte typisch für die Sozialdemokratie der Weimarer Republik, nämlich hinsichtlich der dargestellten Organisation und der Intentionen, die sie mit dem Zeltlager verfolgte. Die Reichsarbeitsgemeinschaft der Kinderfreunde (RAG) war erst 1923 als Zusammenschluss mehrerer lokaler Initiativen gegründet worden, die sich der Verbesserung der Erziehung und der Lebensumstände von proletarischen Kindern verschrieben hatten. Mit der Gründung der RAG wurde die institutionelle Durchdringung des sozialdemokratischen Milieus, in dem die Menschen möglichst umfassend ihr Leben innerhalb und mithilfe von SPD-nahen Organisationen gestalten können sollten, altersmäßig nach unten abgeschlossen. Vor der Revolution von 1918 wäre eine Organisation von Kindern mit dem Zweck, diese sozialistisch zu erziehen, durch die Bestimmungen des Reichsvereinsgesetzes nicht möglich gewesen, die Jugendlichen unter 18 Jahren eine politische Betätigung untersagten. Die Entstehung des sozialdemokratischen Milieus geht auf das Kaiserreich zurück, in der Republik aber erfuhr es seine höchste institutionelle Durchdringung und Ausdifferenzierung, auch weil auf neue gesellschaftliche und kulturelle Phänomene durch die Gründung spezialisierter Milieuorganisationen reagiert wurde. Der Film reflektiert den Übergang vom Alten zum Neuen unter anderem in einer Szene, in der einem Mädchen, nach Einblendung des Zwischentitels »Die Hermine ist och nicht mehr königstreu, die hat den Willem abgeschafft«, die Zöpfe abgeschnitten werden. Hier verbindet sich der politische Umsturz mit dem der Damenmode, die auch eine neue politische und soziale Situation von Frauen signalisierte – wenngleich in der Realität weniger für proletarische Frauen.

Die RAG war aber nicht nur organisatorisch eine Frucht der Republik. Letztere stand auch als politische Errungenschaft im Mittelpunkt des pädagogischen Interesses. Das Programm der sozialistischen Erziehung – und die Verwendung von Zeltlagern als eines ihrer pädagogischen Mittel – war in Deutschland wesentlich von Kurt Löwenstein formuliert worden. Im Jahr 1885 in einem jüdischen Elternhaus geboren, hatte Löwenstein zunächst das Rabbinerseminar in Berlin besucht, bevor er in Erlangen Philosophie studierte. Dort promovierte er mit einer Arbeit über »J. M. Guyau's pädagogische Anschauungen«. Geprägt durch die Erfahrungen des Kriegs schloss er sich im Ersten Weltkrieg der USPD an, deren Schulprogramm er ausarbeitete. Später übernahm er für die SPD Mandate in der Berliner Stadtverordnetenversammlung und im Reichstag und avancierte zum Stadtschulrat für Neukölln. 1924 wurde er zum Vorsitzenden der RAG gewählt.

In Anlehnung an Jean-Jacques Rousseau war Löwenstein der Ansicht, dass die Erziehung der Kinder sich nach den Eigenarten des Kindes richten müsse. Die Eigenart des Kindes aber sei es, zu werden und in eine Gesellschaft hineinzuwachsen, die sich entwickle. Wenn Kindeserziehung also darauf abziele, das Kind zu ertüchtigen, als späterer Erwachsener ein vollwertiges Mitglied der Gesellschaft zu sein, so dürfe sich die Erziehung nicht an den Erfordernissen der Gegenwartsgesellschaft orientieren, sondern müsse die Bedingungen der zukünftigen Gesellschaft, der Gesellschaft des Kindes als Erwachsenem in Rechnung stellen. Zwar sei die künftige Gesellschaft nicht eindeutig bekannt, auf Basis der materialistischen Geschichtsauffassung seien jedoch Tendenzen erkennbar, die die Gesellschaft der Gegenwart mit derjenigen der als sozialistisch vorgestellten Zukunft verbänden. Als bereits wirksame Tendenzen benannte Löwenstein Demokratie, produzierende Tätigkeit, Genossenschaftlichkeit, Internationalismus, Pazifismus und Weltlichkeit. Indem nun die Erziehung sich an diesen Tendenzen orientierte, sollten Kinder einerseits für die Zukunft ertüchtigt werden, andererseits sollten sie diese Zukunft miterschaffen, da ja die Gesellschaft der Zukunft nichts anderes sei als die für diese Zukunft heranwachsenden Kinder.

Im Film finden die demokratischen Einrichtungen der Kinderrepublik eher wenig Beachtung. Allerdings spielt der Film mehrfach auf die demokratische Verantwortung der Kinder in der Weimarer Republik an, etwa wenn Andreas Gayk, damals sozialdemokratischer Stadtverordneter in Kiel, den Kindern und Jugendlichen zurief: »Das Schicksal unserer jungen Republik legen wir in Eure Hände«. Oder als Kurt Löwenstein, sicher nicht ohne historische Reminiszenz an die Proklamierung der Republik am 9. November 1918, die erste Kinderrepublik vom Balkon des Gewerkschaftshauses ausrief. Die demokratische Eigenverantwortung, die eine zu erlernende Selbstständigkeit der Kinder voraussetzte, wird im Film deutlich, vor allem anhand der pädagogischen Mittel. Dass die Zelte des Lagers von den Kindern selbst aufzubauen waren, ja dass überhaupt ein Zeltlager als Lernort gewählt und gestaltet wurde, lag daran, dass aufgrund der einfachen Mittel – Strohsäcke, Zeltplanen, Seile und Zeltstangen – die Kinder ihre Umgebung tatsächlich selbst herrichten konnten. »Wir sind das Bauvolk der kommenden Welt«, heißt es in einem bekannten Arbeiterlied, und die Kinder in Seekamp bauten ihre Kinderrepublik buchstäblich selbst. Damit konnten sie demokratische Eigenverantwortung und Selbstorganisation nicht nur anhand abstrakter, im Unterricht vermittelter Inhalte lernen, sondern ganz praktisch.

Wo ihre eigene Kompetenz nicht ausreichte, half die Solidarität anderer Organisationen aus dem sozialdemokratischen Milieu. Zwar zeigt der Film auch, wie die Kinder beim Kartoffelschälen für das Mittagessen helfen, doch wurde die Küche von Helferinnen und Helfern aus der Arbeiterwohlfahrt betrieben und der Arbeiter-Samariter-Bund stellte Sanitäter und Lagerarzt. Hier wurde Solidarität ebenso deutlich wie in der

Abbildung 1:
Sitzung eines Lagerparlaments mit Kurt Löwenstein
(AdsD)

Gemüsehilfsaktion. Als der Lagerarzt nach vitaminreicherer Kost für die Kinder verlangte und die Lagerkasse dies nicht hergab, wurden durch die Kieler Zeitungen die umliegenden Kleinpächter und Gartenbesitzer um Spenden von Obst und Gemüse gebeten. Der Film zeigt die Aufrufe und die in einer Scheune gesammelten Lebensmittel, an denen die Kinder vorbeidefilierten: »Viele Wenige machen ein Viel!« war die auch im Film zu sehende Botschaft. Hier wurde die Solidarität als Grundlage der sozialistischen Gesellschaft für die Kinder ebenso deutlich wie in dem Angebot der Kieler Arbeiterinnen und Arbeiter, die angereisten Kinder vor deren Weiterfahrt nach Seekamp in Privatquartieren unterzubringen. Es wurden sogar mehr Quartiere angeboten, als belegt werden konnten.

Die Zersplitterung der deutschen Gesellschaft in Milieus hatte aber auch für die Kinderfreunde Schattenseiten. Andere Parteien und Gruppierungen verfügten ebenfalls über eine eigene Organisationsstruktur und über eigene weltanschauliche Deutungsmuster, die sich nicht miteinander vertrugen. Der sozialistischen Gemeinschaftsidee, wie sie die Kinderfreunde pflegten, stellten sie eigene Vorstellungen von Gemeinschaft entgegen. Der im Film gezeigte Priester fungiert als Repräsentant eines anderen, des katholischen Milieus, in dem zum Beispiel die bei den Kinderfreunden zwischen Jungen und Mädchen gepflegte Gemeinschaft in gemischtgeschlechtlichen Zeltgruppen als unmoralisch verworfen wurde. Auch die Weltlichkeit der Erziehung und die Einstimmung der Kinder und Jugendlichen auf die sozialdemokratische Versammlungskultur – der Film zeigt mehrfach die unter roten Fahnen und Wimpeln marschierenden Kinder des Zeltlagers – wurden als politisch und damit nicht kindgemäß verurteilt. Es gehört zu den Eigenarten von Weimar als Epoche, dass der Gedanke einer pluralistischen Gesellschaft noch nicht ausgeprägt war. Die verschiedenen Parteien versuchten, auch über staatliche Politik die miteinander konkurrierenden Gemeinschaftsentwürfe als Muster zur Organisation der Gesellschaft durchzusetzen. Das bereits 1930 erfolgte staatliche Verbot der Kinderfreunde in Bayern ist ein Beispiel, wie sich die Republik langsam, noch bevor Hitler Reichskanzler wurde, in Teilen zu einem autoritären Regime wandelte. Auch der Gemeinschaftsgedanke der Kinderfreunde musste anderen, autoritäreren Idealen weichen.

Dass die Pädagogik der Kinderfreunde demgegenüber einen vom Kind ausgehenden Ansatz verfolgte, zeigt der Film durch die breite Darstellung der vielen sportlichen und spielerischen Aktivitäten, die im Zeltlager angeboten wurden: vom Fußballspiel und Tauziehen bis hin zu Lagerzirkus und Kasperletheater. Auch Zirkus und Theater wurden den Kindern nicht vorgesetzt, sondern von diesen selbst gestaltet, und förderten so deren Kreativität. Diesen Aktivitäten lag ein ganzheitlicher Bildungsgedanke zugrunde, der seinen Ausdruck auch im gemeinsamen Lesen von Zeitungen fand.

Der Beginn des Films zeigt den Aufbruch aus den schlechten Wohnquartieren der Arbeiter. Die Züge, die im Film aus dem Reichsgebiet über eine schematische Landkarte nach Kiel rollen, symbolisieren den erfolgreichen Aufbau der Organisation der Kinderfreunde ebenso wie den Zukunftsoptimismus, der der pädagogischen Theorie Löwensteins zugrunde lag, und die Hoffnung, im Rahmen der parlamentarischen Demokratie der Weimarer Republik eine sozialistische Gesellschaft gestalten zu können – auch dies eine für die Sozialdemokratie der Weimarer Zeit typische Idee.

Das Ende des Films zeigt die Friedensfeier des Zeltlagers und gemahnt an die Toten des Weltkriegs. 1927 war die Erinnerung an den Krieg ein Rückblick auf eine Vergangenheit, die in die Republik hineinragte und ihre politischen und kulturellen Auseinandersetzungen prägte. Der sozialistische Internationalismus, auch Teil der Pädagogik der Kinderfreunde und im Film sichtbar durch die Gäste aus Österreich, der Tschechoslowakei und Dänemark, war ein Ansatz, die Vergangenheit zu überwinden und einen erneuten Weltkrieg zu verhindern. Aus heutiger Sicht wirkt der Schluss des Films jedoch wie eine beklemmende Aussicht auf die Schrecken der Zukunft, die den Kindern des Zeltlagers noch bevorstand.

Abbildung 2:
Anti-Kriegsfeier in der Kinderrepublik Seekamp, 1927 (AdsD)

Literaturhinweise:

Heinrich Eppe/Ulrich Herrmann (Hrsg.), Sozialistische Jugend im 20. Jahrhundert. Studien zur Entwicklung und politischen Praxis der Arbeiterjugendbewegung in Deutschland, Weinheim/München 2008.

Roland Gröschel (Hrsg.), Auf dem Weg zu einer sozialistischen Erziehung. Beiträge zur Vor- und Frühgeschichte der sozialdemokratischen »Kinderfreunde« in der Weimarer Republik. Eine Festschrift für Heinrich Eppe, Essen 2006.

Kurt Löwenstein, Sozialismus und Erziehung. Eine Auswahl aus den Schriften 1919–1933, neu hrsg. von *Ferdinand Brandecker/Hildegard Feidel-Mertz*, Bonn 1976.

Nikolaus Richartz, Die Pädagogik der »Kinderfreunde«. Theorie und Praxis sozialdemokratischer Erziehungsarbeit in Österreich und in der Weimarer Republik, Weinheim/Basel 1981.

Besetzung des Osnabrücker Gewerkschaftshauses durch die SA, 11. März 1933 (Rechteinhaber nicht ermittelbar)

1933–1945

Manuel Gogos

Mut der Verzweiflung – Die deutsche Sozialdemokratie 1933 bis 1945

Die Nationalsozialisten zeigten sich von Anfang an entschlossen, eine Diktatur zu errichten. Als Reichspräsident Hindenburg Adolf Hitler am 30. Januar 1933 zum Reichskanzler ernannte, kam es noch in derselben Nacht zu ersten Verhaftungen. Auf den Reichstagsbrand am 27. Februar folgte dann bereits einen Tag später die »Verordnung zum Schutz von Volk und Staat«, die die Grund- und Bürgerrechte weitestgehend außer Kraft setzte. Gleichzeitig lösten die Nationalsozialisten eine regelrechte Welle des Terrors gegen Sozialdemokraten und Kommunisten aus – in Hitlers Augen waren sie alle »Novemberverbrecher« oder Agenten Moskaus, die das deutsche Volk durch ihren »Klassenkampf« spalten und in den Bürgerkrieg stürzen wollten. Die Plakate der NSDAP zu der Reichstagswahl am 5. März forderten dann auch offen: »Zerstampft den Kommunismus! Zerschmettert die Sozialdemokratie!« Obwohl diese Wahl nur noch als »halbfrei« (Karl Dietrich Bracher) bezeichnet werden kann, wählten noch einmal 7,1 Millionen Wähler (18,3%) die SPD. Die Reaktion der Nationalsozialisten ließ nicht lange auf sich warten: Am 12. März wurde das »Vorwärts«-Gebäude in der Berliner Lindenstraße ›ausgeräuchert‹; die Verbote des Reichsbanners und der Eisernen Front folgten. Doch Hitler versuchte sein Vorgehen auch politisch zu legitimieren. Am 23. März ließ er sich im Reichstag die Scheinrechtsgrundlage für seine totalitäre Herrschaft geben, mit der Zustimmung zum »Ermächtigungsgesetz« schaffte sich das Parlament de facto selbst ab. Allerdings war es zum Zeitpunkt der Stimmabgabe nur noch als Rumpf vorhanden: Die Kommunisten waren verboten, einige Sozialdemokraten wie Wilhelm Sollmann lagen schwer misshandelt im Krankenhaus, andere wie Rudolf Hilferding waren aus Sicherheitsgründen krankgemeldet, manchen war die Flucht ins Exil gelungen. Selbst noch auf dem Weg zur Krolloper – wo das Parlament nach dem Reichstagsbrand tagte – wurden führende Köpfe der SPD wie Julius Leber und Carl Severing verhaftet. Der Einzug der sozialdemokratischen Abgeordneten durch die Phalanx der SA glich einem Spießrutenlauf. Dennoch stimmten die SPD-Abgeordneten geschlossen gegen Hitlers Ermächtigung – ihr mutiges Nein zum »Ermächtigungsgesetz« wurde zum letzten großen Akt des parlamentarischen Widerstands gegen das Hitlerregime. In einer Situation der politischen Ohnmacht begründete der SPD-Vorsitzende Otto Wels die parlamentarische Demonstration gegen Hitler mit den letzten freien Worten im Deutschen Reichstag: »Freiheit und Leben kann man uns nehmen, die Ehre nicht. [...] Wir deutschen Sozialdemokraten bekennen uns in dieser geschichtlichen Stunde feierlich zu den Grundsätzen der Menschlichkeit und der Gerechtigkeit, der Freiheit und des Sozialismus. [...] Kein Ermächtigungsgesetz gibt Ihnen die Macht, Ideen, die ewig und unzerstörbar sind, zu vernichten.«[1]

Entgegen ihrem Namen war Hitlers »Nationalsozialistische Deutsche Arbeiterpartei« (NSDAP) weder sozialistisch noch eine Arbeiterpartei. Zwar gelang es ihr, sich während der katastrophalen Weltwirtschaftskrise als »Arbeitsbeschaffungspartei« zu präsentieren; doch in der organisierten Arbeiterschaft sahen die Nationalsozialisten weiterhin einen ihrer stärksten Gegner, den es ›umzudrehen‹ galt. Allerdings bedurfte es dazu einer ganz besonderen, besonders perfiden Strategie: Adolf Hitler erklärte den 1. Mai – den traditionellen Kampftag der Arbeiterklasse – zum nationalen Feiertag und erfüllte damit eine alte Forderung der Arbeiterbewegung. Der Maibeginn 1933 wurde als eine Art Frühlingsfest des ›nationalen Erwachens‹ ausgestaltet. Die neuen Machthaber waren angekommen – und zeigten es: Überall wurde paradiert, plakatiert, geflaggt, geböllert, gesungen und gesendet. Die deutschen Gewerkschaften hatten angesichts der pompösen Feierlichkeiten die Hoffnung, weiterhin eigenständig existieren zu können. Für Adolf Hitler und Propagandaminister Joseph Goebbels aber waren die wirkungsvollen Inszenierungen nur der Auftakt

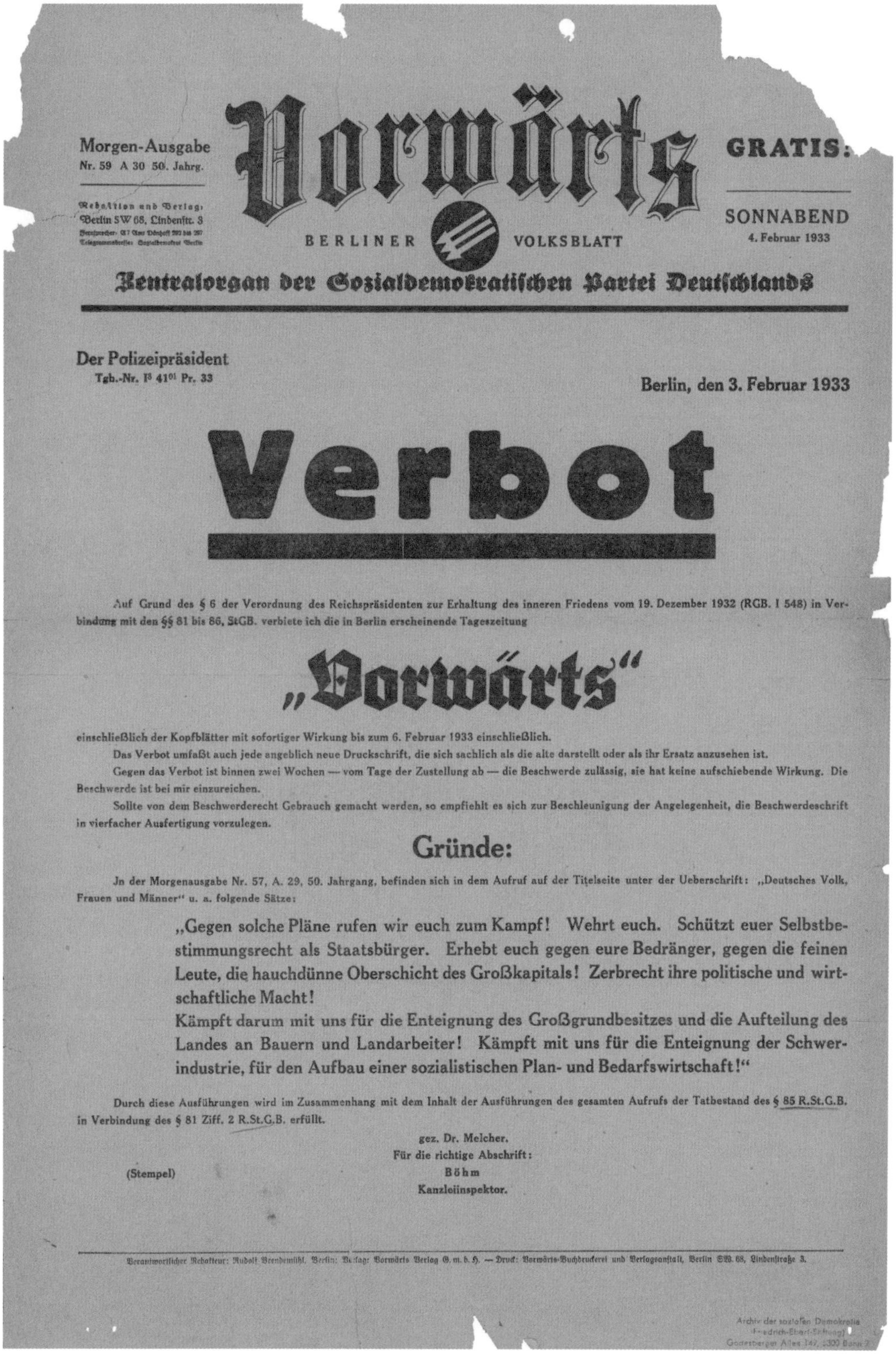

Morgen-Ausgabe
Nr. 59 A 30 50. Jahrg.

Redaktion und Verlag:
Berlin SW 68, Lindenstr. 3
Fernsprecher: A 7 Amt Dönhoff 292 bis 297
Telegrammadresse: Sozialdemokrat Berlin

Vorwärts

BERLINER VOLKSBLATT

GRATIS:

SONNABEND
4. Februar 1933

Zentralorgan der Sozialdemokratischen Partei Deutschlands

Der Polizeipräsident
Tgb.-Nr. I^{3} 41^{01} Pr. 33

Berlin, den 3. Februar 1933

Verbot

Auf Grund des § 6 der Verordnung des Reichspräsidenten zur Erhaltung des inneren Friedens vom 19. Dezember 1932 (RGB. I 548) in Verbindung mit den §§ 81 bis 86, StGB. verbiete ich die in Berlin erscheinende Tageszeitung

„Vorwärts"

einschließlich der Kopfblätter mit sofortiger Wirkung bis zum 6. Februar 1933 einschließlich.

Das Verbot umfaßt auch jede angeblich neue Druckschrift, die sich sachlich als die alte darstellt oder als ihr Ersatz anzusehen ist.

Gegen das Verbot ist binnen zwei Wochen — vom Tage der Zustellung ab — die Beschwerde zulässig, sie hat keine aufschiebende Wirkung. Die Beschwerde ist bei mir einzureichen.

Sollte von dem Beschwerderecht Gebrauch gemacht werden, so empfiehlt es sich zur Beschleunigung der Angelegenheit, die Beschwerdeschrift in vierfacher Ausfertigung vorzulegen.

Gründe:

Jn der Morgenausgabe Nr. 57, A. 29, 50. Jahrgang, befinden sich in dem Aufruf auf der Titelseite unter der Ueberschrift: „Deutsches Volk, Frauen und Männer" u. a. folgende Sätze:

„Gegen solche Pläne rufen wir euch zum Kampf! Wehrt euch. Schützt euer Selbstbestimmungsrecht als Staatsbürger. Erhebt euch gegen eure Bedränger, gegen die feinen Leute, die hauchdünne Oberschicht des Großkapitals! Zerbrecht ihre politische und wirtschaftliche Macht!
Kämpft darum mit uns für die Enteignung des Großgrundbesitzes und die Aufteilung des Landes an Bauern und Landarbeiter! Kämpft mit uns für die Enteignung der Schwerindustrie, für den Aufbau einer sozialistischen Plan- und Bedarfswirtschaft!"

Durch diese Ausführungen wird im Zusammenhang mit dem Inhalt der Ausführungen des gesamten Aufrufs der Tatbestand des § 85 R.St.G.B. in Verbindung des § 81 Ziff. 2 R.St.G.B. erfüllt.

gez. Dr. Melcher.
Für die richtige Abschrift:
(Stempel) Böhm
Kanzleiinspektor.

Verantwortlicher Redakteur: Rudolf Brendemühl, Berlin; Verlag: Vorwärts Verlag G. m. b. H. — Druck: Vorwärts-Buchdruckerei und Verlagsanstalt, Berlin SW. 68, Lindenstraße 3.

Archiv der sozialen Demokratie
(Friedrich-Ebert-Stiftung)
Godesberger Allee 147, 5300 Bonn 2

Abbildung 1:
Dreitägiges Verbot des »Vorwärts« am 3. Februar 1933 anlässlich des Reichstagswahlkampfs
(AdsD)

Abbildung 2:
Besetzung des Berliner Gewerkschaftshauses am Engelufer durch die SA (Rechteinhaber nicht ermittelbar)

Abbildung 3:
Besetzung des »Vorwärts«-Hauses und des Parteivorstands in Berlin durch die SA, die Büros durchsucht, 1933 (AdsD)

Abbildung 4:
Besetzung des Osnabrücker Gewerkschaftshauses durch die SA, 11. März 1933 (Rechteinhaber nicht ermittelbar)

zur Zerschlagung der Gewerkschaftsbewegung am Tag danach. Die Arbeitnehmervertretungen wurden nun zusammen mit den Arbeitgeberverbänden zwangsweise der Deutschen Arbeitsfront (DAF) einverleibt, die Gleichschaltung der Gewerkschaften und ihrer Jugendgruppen machte jede Hoffnung auf legale Opposition zunichte. Der Terror auf dem Papier und der Terror auf der Straße gingen dabei Hand in Hand: Sozialdemokraten, Kommunisten und Gewerkschafter wurden in die gerade errichteten Konzentrationslager verschleppt, gedemütigt, gefoltert und ermordet; während der sogenannten Köpenicker Blutwoche, die am 21. Juni begann, wurden über 500 Gegner des nationalsozialistischen Regimes Opfer des Berliner »SA-Sturmbanns 15«. Am Tag darauf, dem 22. Juni 1933, folgte für die SPD dann das offizielle Parteiverbot sowie das Verbot aller ihr nahestehenden Organisationen. Die deutsche Sozialdemokratie war nun publizistisch wie politisch buchstäblich ihrer Stimme beraubt.

Heinrich Heine hatte bereits in seiner Tragödie »Almansor« (1823) geahnt: »Das war ein Vorspiel nur, dort wo man Bücher verbrennt, verbrennt man am Ende auch Menschen.«[2] Wie Recht er damit hatte, vor der Verbindung von Macht und Ungeist zu warnen, hat sich vollends erst unter der Herrschaft des Nationalsozialismus gezeigt. Bei dessen Generalangriff gegen den Geist gingen Tausende Bücher in Flammen auf, den Bücherverbrennungen fielen vor allem pazifistische und emanzipatorische, sozialistische und sozialdemokratische Autoren zum Opfer, zu denen neben dem ›Juden‹ Heine auch die Schriften August Bebels und Eduard Bernsteins gehörten. Und es war Karl Marx, der bei den von der SA deutschlandweit inszenierten Austreibungsritualen immer den Anfang machte. »Ich übergebe der Flamme die Schriften von Marx und Kautsky« – so lautete der erste der »Feuersprüche«, welche die »Deutsche Studentenschaft« 1933 per Rundschreiben an alle deutschen Universitäten verschickt hatte.

Wieder, wie schon unter dem ›Sozialistengesetz‹, wurden Sozialdemokraten verfemt und verfolgt. Wieder, wie schon zur Zeit des Kaiserreichs, war die Sozialdemokratie für Jahre illegal. Doch während Reichskanzler Otto von Bismarck das Briefgeheimnis noch ansatzweise respektierte, verschrieb sich die Gestapo der Bekämpfung vermeintlich staatsgefährdender Bestrebungen mit allen Mitteln – insbesondere mit Folter und Mord. Während unter dem ›Sozialistengesetz‹ die wichtigsten Vertreter der Sozialdemokratie noch im Parlament gesessen hatten, saßen sie nun im KZ.

Eine Gestapo-Statistik aus dem Jahr 1939 zählte 302.562 politische Häftlinge, Zehntausende davon wurden hingerichtet. Kommunisten und Sozialdemokraten stellten bei Weitem den größten Anteil unter diesen Opfern. Als die Reichstagsabgeordnete Clara Bohm-Schuch im August 1933 nach einer Hausdurchsuchung in das berüchtigte Polizeigefängnis am Alexanderplatz verschleppt wurde und es nach nur 15 Tagen verlassen konnte, war sie körperlich und seelisch gebrochen. Und sie war alles andere als ein Einzelfall: Auch eine Reihe sozialdemokratischer Funktionäre (Kurt Magnus, Hans Flesch, Heinrich Giesecke, Alfred Baum und Friedrich Ebert jun.) wurde im August 1933 von SA-Schergen verhaftet und in das Konzentrationslager Oranienburg verschleppt. Eines der eindrucksvollsten und erschütterndsten Zeugnisse der Verhältnisse aus Angst und Entwürdigung ist der vom SPD-Vorstand in Prag herausgegebene Bericht Gerhart Segers über das KZ Oranienburg: »Schutzlos ist der ›Schutzhaft‹-Gefangene (welche blutige Ironie der Bezeichnung!) jeder moralischen und körperlichen Mißhandlung preisgegeben. Es ist ein Zustand unheimlicher Rechtlosigkeit, daß ein Mensch, der da hineingerät, jeden Halt, jedes Ziel seiner Gedanken, jede Möglichkeit einer Zukunftsvorstellung verliert – der Zustand allein schon ist Qual.«[3] Jüdische Sozialdemokraten wie der ehemalige SPD-Fraktionsvorsitzende im preußischen Landtag, Ernst Heilmann, waren einer doppelten Verfolgung ausgesetzt. Mit seiner Verhaftung am 26. Juni 1933 im Berliner Café Josty begann ein siebenjähriges Martyrium durch die Folterkammern des Regimes. Nach seiner Internierung im KZ Oranienburg und einem Aufenthalt in Dachau wurde Heilmann 1941 im Konzentrationslager Buchenwald mit einer Giftinjektion ermordet.

Während das NS-Regime Sozialdemokraten verfolgte und die Arbeiterbewegung zerschlug, wurden die Arbeiterinnen und Arbeiter zugleich alltagsweltlich umworben. In Kinos und Cafés, auf Urlaubsfahrten und am Arbeitsplatz wurde das Bild einer ›Volksgemeinschaft‹ und Konsumgesellschaft gezeichnet. Willy Brandt räumte diese Verführbarkeit auch der Arbeiterschaft durch den Nationalsozialismus in seinen Erinnerungen ein: »Warum sich nicht klarmachen, dass auch die Menschen, die früher links gewählt hatten, sich beeindruckt zeigten?«[4] Durch eine vom NS-Regime propagierte »Statusaufwertung« (Hans-Ulrich Wehler) der Arbeit (»Arbeit adelt«), der gleichzeitigen wirtschaftlichen Erholung und vor allem durch die Aktivitäten von Robert Leys DAF bröckelte das ohnehin verbotene Vereinsleben der Arbeiterbewegung, selbst der Rest an sozialer Bindekraft verblasste, den der Milieusozialismus insbesondere in Mitteldeutschland noch hatte. Freizeitorganisationen wie »Kraft durch Freude« gelang es, neue Gemeinschaftsgefühle zu erzeugen, die nicht mehr der Solidargemeinschaft der Arbeiter, sondern der Schicksalsgemeinschaft des Volks galten. Gezielt wurden dabei, wie schon beim Maifeiertag, Institutionen der Arbeiterbewegung imitiert und entlang der NS-Ideologie uminterpretiert – die Hitlerjugend etwa übernahm ihr Camp-Modell von der Sozialistischen Arbeiter-Jugend. Auch der technische Fortschritt wurde der NS-Propaganda dienstbar gemacht – so sollte der Volksempfänger als Resonanzraum eines völkischen Gehorsams dienen. Ob sich die Familie zur Stimme des Führers im Wohnzimmer versammelt hat oder ob dies doch letztlich nur zu den (wirkungsvollen) Mythen der NS-Zeit gehörte, bleibt eine Streitfrage. Zweifelsohne jedoch führten Gleichschaltung und Propagandaoffensive auch in den Häusern der Arbeiter zum allmählichen Schwinden jeder Form einer Gegenöffentlichkeit und zum Rückzug auf engste Freunde.

Ganz wesentlich bestand die ›Überzeugungskraft‹ des Nationalsozialismus in der Erzeugung eines Klimas der Angst. Die Einschüchterungen zeigten Wirkung, das Netz zog sich immer enger zu. Nicht zuletzt aufgrund der Erfahrungen während der Zeit von Bismarcks ›Sozialistengesetz‹, die sich tief in das sozialdemokratische Gedächtnis eingegraben hatten, lehnte man widerständische Aktionen oder gar Gewaltmaßnahmen, wie sie gerade junge Sozialdemokraten forderten, vorerst ab; viele Sozialdemokraten traten resigniert den Rückzug ins Private an. Widerstand gegen das nationalsozialistische Regime bestand unter diesen Umständen bestenfalls in der Aktivierung alter Netzwerke aus der Arbeiterbewegung, um sich gegen die wirkmächtige nationalsozialistische Propaganda zu immunisieren.

Nach Morddrohungen von NS-Reichsinnenminister Wilhelm Frick im Reichstag gegen die Sozialdemokraten fiel in der Parteispitze um Otto Wels, Hans Vogel, Siegmund Crummenerl, Paul Hertz, Erich Ollenhauer und Friedrich Stampfer die Entscheidung für das Exil, um vom Ausland aus ein Widerstandsnetz aufzubauen. Die Sopade – wie sich die SPD im Exil nannte – wählte Prag als Sitz und stellte sich die Aufgabe, das Gespinst nationalsozialistischer Propaganda zu zerreißen und der Weltöffentlichkeit für den menschenverachtenden Charakter der nationalsozialistischen Bewegung die Augen zu öffnen. Eine der ersten Maßnahmen war darum die Herausgabe einer Exilzeitung. Bereits 1934 veröffentlichte die Sopade im »Neuen Vorwärts« ein Grundsatzprogramm, das gesellschaftspolitische Forderungen für die Zeit nach der Diktatur stellte. Der Aufruf fand allerdings in der ›zivilisierten Welt‹ auf absehbare Zeit kaum Gehör, die Wege seines Bekanntwerdens sind verschlungen. Über Karlsbad wurde das »Prager Manifest« ins Deutsche Reich eingeschleust – getarnt als Beipackheft für Hygieneartikel und überschrieben mit: »Die Kunst des Selbstrasierens. Neue Wege männlicher Kosmetik«. Darin hieß es eingangs im harmlosen Plauderton der Werbung: »Ihre äußere Erscheinung ist für Ihr Leben, Ihren Erfolg, Ihr Selbstbewußtsein nicht gleichgültig. Dürfen wir Sie auf das Beispiel des englischen Gentleman verweisen? [...] Sie werden in der englischen Romanliteratur häufig Hinweise auf die Kunst des Selbstrasierens finden.« Und dann schlägt der Text ganz unvermittelt in den Ton politischer (Gegen-) Propaganda um: »Kampf und Ziel des revolutionären Sozialismus. Die Politik der Sozialdemokratischen Partei Deutschlands«.[5]

Mit ihrem Untergrund-Manifest löste sich die SPD von ihrer Einstellung zur Legalität: Jetzt war ihr zur Bekämpfung des NS-Regimes buchstäblich jedes Mittel recht. Um grenzüberschreitend Widerstand zu leisten oder den Schmuggel von Broschüren, Flugblättern oder Handzetteln ins ›Deutsche Reich‹ zu organisieren, spielten die Grenzsekretäre der Sopade in Karlsbad, St. Gallen, aber auch in Straßburg und anderen Städten eine entscheidende Rolle. Auch in Gewerkschaftskreisen regte sich Widerstand. Bemerkenswert waren die klandestinen Aktivitäten der Eisenbahnarbeiter und Seeleute, die ihre beruflichen Wege nutzten, um illegal Material zu verteilen und Informationen zu streuen. Dabei gerieten mit dem

Abbildung 5:
Kurt Schumacher im KZ Dachau, 1936 (AdsD)

Abbildung 6:
Ankunft im KZ Oranienburg, August 1933, von links: Ernst Heilmann, Friedrich Ebert jun., Kurt Magnus, Hans Flesch, Heinrich Gieseke, Alfred Braun (Bundesarchiv, Bild 183-R88978)

Einmarsch der Wehrmacht in die Tschechoslowakische Republik und dem folgenden Expansionskrieg Hitlerdeutschlands auch die Mitglieder des Sopade-Vorstands immer wieder in die Gefahr, verhaftet zu werden.

Typisch sind die Kriegserlebnisse Fritz Heines, der nach 1945 hauptamtlich für den SPD-Vorstand arbeitete: Bereits im Prager Exil hatte er das ›Mädchen für alles‹ gespielt, nahezu jedes Wochenende war er irgendwo an der deutsch-tschechischen Grenze im Einsatz, zumeist im Riesengebirge, und häufig auch als geheimer Kurier im ›Dritten Reich‹. Von den Nationalsozialisten ausgebürgert, reiste der staatenlose Heine am 20. April 1938 nach Frankreich, zwei Tage später blickte er von einer kleinen Mansardenwohnung über die Dächer von Paris. Doch im Mai 1940 marschierten deutsche Truppen in Frankreich ein, Heine konnte seine politische Arbeit nicht fortsetzen und hatte sich in einem Internierungslager einzufinden. Buchstäblich im letzten Moment gelang es ihm, sich nach Marseille abzusetzen. Im Hotel de Berne am Bahnhof dieser Stadt bezog Heine ein Zimmer, das bald zur Hauptanlaufstelle vieler Flüchtlinge wurde. Der Fluchthelfer fälschte Pässe und setzte auch sonst alles daran, möglichst viele Emigranten außer Landes zu bringen (was freilich nur in einem Bruchteil der Fälle gelang). Die Situation in Südfrankreich war dramatisch: Wer keinerlei Ausweispapiere und keine feste Wohnung hatte, musste stets fürchten, bei geringfügigstem Anlass zu einem Verhör geholt zu werden. Heine gehörte selbst zu denen, die am meisten gefährdet waren, mehrfach ermahnte ihn Erich Ollenhauer, Marseille endlich zu verlassen. Mitte Januar tauchte

Abbildung 7:
Besprechung des Vorstandsmitglieds Fritze Heine (hinten, 3. von links), der Widerstand und Fluchthilfe organisierte, Marseille 1940 (Rechteinhaber nicht ermittelbar)

Abbildung 8:
Sozialdemokratisches Netzwerk zwischen Exil und Reich (IFZ, München)

Heines Name auf einer Liste von Personen auf, die den Deutschen ausgeliefert werden sollten, das Risiko seiner Festnahme wuchs beträchtlich. Vor seiner eigenen Flucht versuchte er noch, den prominenten Parteitheoretiker Rudolf Hilferding vor der drohenden Verhaftung zu retten. Hilferding floh ebenfalls 1941, beging aber schließlich verzweifelt Selbstmord.

Für viele wie Fritz Heine selbst, für Erich Ollenhauer oder Gerhard Gleissberg, dem späteren Chefredakteur der »Sozialistischen Mitteilungen«, führte der Weg weiter nach England – wo Heine für den englischen Geheimdienst tätig wurde – oder nach Skandinavien. Noch vor dem Krieg war ein junger Mann namens Herbert Frahm der 1931 gegründeten Sozialistischen Arbeiterpartei Deutschlands (SAP) beigetreten – einer Splitterpartei links von der SPD. Nach Hitlers Machtübernahme erhielt Frahm von der SAP auf dem Untergrund-Parteitag in Dresden den Auftrag, von Nordeuropa aus den Widerstand gegen das NS-Reich zu organisieren. »Mir selbst dienten die Mütze eines Oberprimaners vom Johanneum und der Allerweltsname Willy Brandt zur Tarnung, als ich per Eisenbahn über Berlin ins Sächsische fuhr. [...] Trotz aller Rechthaberei gegenüber den Altparteien, in der wir uns auch jetzt sonnten, stand die Widerstandsarbeit im Vordergrund. Einige sollten ins Ausland gehen, um von draußen die Arbeit drinnen zu unterstützen.«[6]

Am höchsten war das Risiko für Widerstandsaktionen in Deutschland. Hier waren es oft junge, entschlossene Oppositionelle aus verschiedenen Kreisen der Arbeiterbewegung, die konspirative Gruppen formierten wie die »Sozialistische Front Hannover« oder »Neu Beginnen«, die mit außerordentlichem Erfindungsreichtum operierten: Flugblätter tauchten überall auf, in Turnhallen, Restaurants, Straßenbahnen, Hausfluren und Briefkästen; die Parole »Nie wieder Krieg« wurde wie von Geisterhand an Häuserwände geschrieben. Unter der Tarnung vegetarischer Restaurants wurden Widerstandszellen aufgebaut, Mikrofilme in Puppenköpfe eingenäht oder Stempel unter Reisekoffern befestigt, um unbemerkt regimekritische Botschaften auf dem Bürgersteig zu hinterlassen.

Doch trotz der gelegentlichen Sabotage, auch in der Rüstungsindustrie: Die Widerstandsaktionen der Regimegegner blieben in ihren Einflussmöglichkeiten begrenzt, eher waren sie von großer symbolischer Bedeutung, bewusst gesetzte Zeichen, dass das ›andere Deutschland‹ noch existierte. So im Falle des »Roten Stoßtrupps Berlin«, der vor allem aus besonders entschlossenen NS-Gegnern des Reichsbanners, der Gewerkschaften und der SPD bestand: Fast jede Woche gaben die Mitglieder der Interventionsgruppe eine illegale Zeitung heraus, bis zu ihrer Enttarnung im November 1933 konnten circa 40.000 Untergrundschriften verbreitet und damit tatsächlich so etwas wie eine Gegenöffentlichkeit geschaffen werden. Oder wie im Falle der »Germania« in Duisburg-Hamborn: Dort hatte Hermann Runge aus der Sozialistischen Arbeiter-Jugend gemeinsam mit dem gelernten Bäcker Sebastian Dani eine Brotfabrik aufgekauft, um die Ausfahrt der Teigwaren zum Verteilen illegaler Schriften zu nutzen. Der wirtschaftliche Aufschwung der Firma erlaubte die Anschaffung weiterer Lieferautos – und damit zugleich die Ausdehnung des Aktionsradius der ›Brotverkäufer‹ vom Niederrhein bis nach Bad Godesberg. Doch bereits Anfang 1935 wurde auch dieses Widerstandsnetzwerk aus 200 Personen zerschlagen; die meisten Widerstandsgruppen waren bis zum Ende der 1930er Jahre enttarnt.

Der Widerstand von Sozialdemokraten und Gewerkschaftern manifestierte sich nicht allein in den Aktionen kleiner, dezentraler Splittergruppen. Auch im Umfeld des Hitler-Attentats vom 20. Juli 1944, das von Personen ganz unterschiedlicher Herkunft und politischer Ausrichtung vorbereitet wurde, bezeugten Sozialdemokraten ihre hohe Risikobereitschaft: Julius Leber, 1937 aus dem KZ Sachsenhausen entlassen, konspirierte im Hinterraum einer Kohlenhandlung. Für die Zeit nach dem Sturz Hitlers war er als Innenminister vorgesehen. Nach dem Scheitern des Attentats wurde er – ebenso wie der Gewerkschaftsführer Wilhelm Leuschner – zum Tode verurteilt und hingerichtet. Es waren nicht nur Männer, die ihr Leben riskierten: Johanna Kirchner, die sich als Kind einer sozialdemokratisch orientierten Familie früh in der Frankfurter Arbeiterwohlfahrt engagiert hatte, war bereits seit 1933 untergetaucht. Von Luxemburg und Paris aus unterstützte sie den Widerstand, schrieb Berichte an die Sopade und organisierte Fluchtwege. 1942 wurde sie vom Vichy-Regime ausgeliefert. In ihrem Abschiedsbrief an ihre Töchter heißt es: »Meine Lotte, meine Inge, und meine Herzlieben alle. Dieser Brief bringt Euch meine letzten Grüße und Wünsche.

Abbildung 9:
Ludwig Gehm mit griechischen Partisanen im Pelion-Gebirge (stehend, 4. von links) (AdsD)

Abbildung 10:
Der Gewerkschaftsführer Wilhelm Leuschner vor dem NS-Volksgerichtshof, 1944 (Rechteinhaber nicht ermittelbar)

Abbildung 11:
Auslieferung illegaler Schriften per Brotkurier: Lieferwagen der »Germania«, Duisburg-Hamborn, 1930er Jahre (AdsD)

Ich gehe tapfer und unverzagt meinen letzten Gang. Und meine letzte große Herzensbitte an Euch ist: seid auch tapfer und unverzagt. Laßt Euch vom Leid nicht niederdrücken. Weint nicht unnötig um mich. Denkt immer an unsere gemeinsame glückliche Vergangenheit und glaubt daran, daß meine Mutterliebe und Segen Euch allen eine bessere Zukunft bringen wird.«[7] Das Todesurteil an Johanna Kirchner wurde am 9. Juni 1944 im Strafgefängnis Plötzensee vollstreckt.

Ein weiteres Beispiel war Ludwig Gehm. Zu Beginn seiner Widerstandsarbeit war er Fahrer für den Internationalen Sozialistischen Kampfbund (ISK), einer kleinen, elitären sozialistischen Splittergruppe, die sich im Gegensatz zur SPD bereits ab 1932 intensiv auf eine Arbeit im Untergrund vorbereitet hatte. 1936 kam Gehm für das Schreiben von Anti-Nazi-Parolen an Brückenpfeiler ins KZ Buchenwald, 1943 wurde er zum Strafbataillon 999 abkommandiert. Zur Partisanenbekämpfung auf den Balkan geschickt, desertierte er, um sich dem bewaffneten Freiheitskampf der griechischen Partisanen anzuschließen.

Das 1946 in London vom Vorstand der Sozialdemokratischen Partei Deutschlands herausgegebene »Weißbuch der deutschen Opposition gegen die Hitlerdiktatur« gab Auskunft über die ganze Vielgestaltigkeit der Formen und Formationen, die selbst unter diesen Bedingungen der Unmöglichkeit Widerstand geleistet hatten – und die ihren Kampf gegen das NS-Regime mit außerordentlicher Energie und unter Lebensgefahr führten.

Kaum jemand symbolisiert besser das Leid, dem die Sozialdemokraten in der NS-Zeit ausgesetzt waren, aber auch den ungebrochenen Willen zum Widerstand, als Kurt Schumacher. Bereits in der Weimarer Zeit hatte der Reichsbanneraktivist und Reichstagsabgeordnete sein kämpferisches Engagement unter Beweis gestellt. Nach Hitlers Machtübernahme wollten SA-Funktionäre Rache nehmen, vom 13. Juni 1933 an wurde Schumacher steckbrieflich gesucht. Schumacher lehnte es gegenüber der Parteiführung mehrfach ab, sich ins Ausland abzusetzen. Als er gefasst wurde, stimmte die Stuttgarter Zeitung ein regelrechtes Triumphgeheul an, endlich sei einer der »schamlosesten sozialdemokratischen Hetzer« ins Netz gegangen. Sadistische Lagerkommandanten ließen nun den verhassten Sozialdemokraten Schumacher perfide ›Sonderbehandlungen‹ angedeihen – der einarmige Kriegsinvalide aus dem Ersten Weltkrieg musste sinnlos Steine von einem Ende des Lagers zum anderen schleppen. Doch Schumacher blieb auch nach seiner Verhaftung unbeugsam, als Bibliotheksverantwortlicher erwarb er sich unter seinen Mithäftlingen größten Respekt. Als ihn ein SA-Mann mit »Mensch, häng' dich doch gleich auf, heraus kommst du hier nie« zu entmutigen suchte, soll Schumacher entgegnet haben: »Nein, die Verantwortung dafür müssen Sie schon selbst übernehmen.« Und einem Mithäftling in Dachau gegenüber entwickelte Schumacher bereits eine Perspektive für die Zeit danach: »Was wir hier erdulden müssen, wird uns die Berechtigung zur politischen Führung in den Jahren nach Hitler geben.«[8] Und tatsächlich: Nach dem Ende des NS-Regimes gaben Verfolgung und Widerstand der SPD-Nachkriegsführung eine besondere Legitimation. Ausgerechnet Schumacher, diesem Kriegsinvaliden des Ersten Weltkriegs und vollkommen ausgezehrten KZ-Überlebenden, gelang mit einer geradezu unheimlichen Energie von Hannover aus der Aufbau der Nachkriegs-SPD.

1 Protokoll der Reichstagssitzung vom 23. März 1933, VIII. Wahlperiode, 2. Sitzung, Bd. 457, Berlin 1934, S. 32–34, hier: S. 33f.

2 *Heinrich Heine*, Werke und Briefe in zehn Bänden, Bd. 2, Berlin/Weimar 1972, S. 480.

3 *Gerhart Seger*, Oranienburg. Erster authentischer Bericht eines aus dem Konzentrationslager Geflüchteten [1934], Potsdam 2003, S. 50.

4 *Willy Brandt*, Erinnerungen, erw. Ausg., München 2003, S. 110.

5 Die Kunst des Selbstrasierens. Neue Wege männlicher Kosmetik, S. 3f. Die Tarnschrift ist online verfügbar unter URL: <http://library.fes.de/library/netzquelle/rechtsextremismus/pdf/tarnschrift.pdf> [9.8.2012].

6 Ebd., S. 96f.

7 Abschiedsbrief Johanna Kirchners aus der Todeszelle in Plötzensee vom 9. Juni 1944, in: *Antje Dertinger/Jan von Trott*, »... und lebe immer in Eurer Erinnerung«. Johanna Kirchner – Eine Frau im Widerstand, Bonn 1985, S. 198.

8 Zit. nach: *Peter Merseburger*, Kurt Schumacher. Patriot, Volkstribun, Sozialdemokrat, München 2010, S. 181.

Literaturhinweise:

Willy Brandt, Erinnerungen, erw. Ausg., München 2003.

Peter Merseburger, Kurt Schumacher. Patriot, Volkstribun, Sozialdemokrat, München 2010.

Michael Schneider, Unterm Hakenkreuz. Arbeiter und Arbeiterbewegung 1933 bis 1939, Bonn 1999.

Gerhart Seger, Oranienburg. Erster authentischer Bericht eines aus dem Konzentrationslager Geflüchteten [1934], Potsdam 2003.

Mike Schmeitzner

Erneuerung und Wandel im Exil. Zur Politik der sozialdemokratischen Organisationen 1933–1945

»Zerbrecht die Ketten! Die Geschlagenen von heute werden die Sieger von morgen sein.« Als der »Neue Vorwärts« am 18. Juni 1933 mit dieser Schlagzeile die sozialdemokratische Flagge in Prag weithin sichtbar wieder aufzog, war ein Schweigen gebrochen, das für manchen schon viel zu lange angedauert hatte. Immerhin waren bereits mehrere Wochen vergangen, ehe sich der emigrierte Teil der SPD-Führung öffentlich zu Wort meldete. Von Saarbrücken, dann von Prag aus hatte die Exil-Spitze um die beiden Vorsitzenden Otto Wels und Hans Vogel seit Mai 1933 beobachten können, wie sich der braune Terror in Deutschland weiter verstärkte und dabei weder einfache Mitglieder noch Mandatsträger verschonte; ein Teil von ihnen war bereits in den eilends eingerichteten Konzentrationslagern des ›Dritten Reichs‹ verschwunden. Trotz der Verfolgungen, der Stürmung der Gewerkschaftshäuser und der vielerorts zerstörten Parteistrukturen bemühte sich allerdings in Berlin noch ein Rumpfvorstand der Partei (vergeblich) weiter um den organisatorischen Zusammenhalt und um bereits inhaftierte Mitglieder, wobei er sich – willentlich oder nicht – immer stärker den (diktatorischen) Gegebenheiten anzupassen versuchte. Spätestens im Juni war für den Prager Exil-Vorstand klar, dass weiteres »Stillhalten« nicht mehr helfen würde, auch nicht den »Genossen im Inland«. Stillhalten, so die Funktionäre in Prag, münde letztlich in der eigenen »Vernichtung«.[1]

Abbildung 1:
Mitglieder des Sopade-Vorstands in Prag 1933, von links: Erich Ollenhauer, Hans Vogel, Friedrich Stampfer, Otto Wels, Albert Grezinski und Siegmund Crummenerl
(AdsD)

1 »Zu uns, wer kämpfen will!«, in: Neuer Vorwärts, 25.6.1933.

Für diese klarsichtige Prognose sprachen alle bisherigen Fakten: die eigene Verfolgung, die blutige Unterdrückung von KPD und der kleinen (Links-)Sozialistischen Arbeiterpartei (SAP), die Selbstauflösungstendenzen der bürgerlichen Parteien. Deutschland hatte in diesen Wochen tatsächlich »aufgehört, ein Rechtsstaat zu sein« – so die treffende Beschreibung des Exil-Vorstands in seinem Juni-Aufruf.

Innerhalb der sich festigenden braunen Diktatur in Deutschland machte es daher keinen Sinn mehr, am Prinzip der Legalität festzuhalten, auch nicht um vermeintlich Schlimmeres zu verhindern oder die eigenen Anhänger schützen zu wollen, die spätestens seit Frühjahr 1933 den Nationalsozialisten ohnehin schutzlos ausgeliefert waren. Jetzt ergab nur mehr die Umstellung der Organisationsmethoden Sinn. Das hieß nichts anderes als die bisherige Opposition durch konspirativen Widerstand zu ersetzen – auch und gerade durch Widerstand von außen, der nach Deutschland hineinwirken konnte. Der Übergang zu diesen neuen Formen der politischen Arbeit schien allerdings für eine (ehemalige) Massen- und Regierungspartei wie die SPD weit schwieriger als für die KPD oder die SAP, doch in der Konsequenz unvermeidlich. Fünf Tage nach dem ersten Aufruf des Exil-Vorstands der SPD, die sich jetzt Sopade nannte, schufen die NS-Machthaber selbst klare Fronten: Am 22. Juni 1933 wurde die SPD im Reich nun auch formal verboten, was für Prag »nicht mehr überraschend« kam. Für die nationalsozialistische Regierung hatte der Aufruf vom 18. Juni nur einen günstigen Verbotsvorwand geliefert. Den deutschen Schlussakkord quittierte der Sopade-Vorstand seinerseits mit dem Bekenntnis, dass für den Kampf um die »Befreiung Deutschlands« nun alle »Hemmungen« entfallen seien. Eine dementsprechende Erklärung verbreitete der »Neue Vorwärts« noch am 2. Juli 1933.

Jedoch verdeckten solche öffentlichkeitswirksamen Bekundungen die materiellen, organisatorischen und mentalen Schwierigkeiten, die den nun anbrechenden Kampf der Prager beeinflussten. Und sie überspielten die inneren Gegensätze und Zerreißproben, denen sich die emigrierten Anhänger der Sozialdemokratie ausgesetzt sahen. Überdies herrschten noch in der Anfangszeit nicht wenige Illusionen über die vermeintlich kurze Dauer der NS-Diktatur vor.

Die Trennung vom Reich bedeutete zuerst einmal den Verlust von annähernd einer Million Mitgliedern, von Parteistrukturen, von Kommunikationsmitteln und nicht zuletzt von einem Teil des (beschlagnahmten) Parteivermögens. Andererseits mussten mehrere Tausend Sozialdemokraten, die vor den Nationalsozialisten geflüchtet waren, materiell versorgt werden, was unter Einsatz der geretteten Parteigelder und verschiedener Hilfsfonds allenfalls notdürftig gelang. Mithilfe der geretteten Gelder vermochte der Sopade-Vorstand allerdings den eigenen »Treuhänder«-Anspruch gegen Konkurrenz im eigenen sozialistischen Milieu durchzusetzen. Massive organisatorische Unterstützung erhielt er außerdem von der Deutschen Sozialdemokratischen Arbeiterpartei in der Tschechoslowakei (DSAP), die dort seit 1929 Regierungspartei war. So gelang es der Sopade innerhalb weniger Monate, eine eigene kleine Organisationsstruktur mit zuerst 40 Mitarbeitern und einen Verlag mit eigenen Printmedien aufzubauen. Nebenden besoldeten Kräften in Prag unterhielt die Sopade zudem ein Netz von elf Grenzsekretariaten entlang der deutschen Süd-, West- und Nordgrenze. Der im westböhmischen Karlsbad geschaffene Graphia-Verlag verlegte seit 1933 den »Neuen Vorwärts« als Auslandsorgan, die »Sozialistische Aktion« als illegale Deutschland-Ausgabe, die »Zeitschrift für Sozialismus« als Theorieorgan und eine ganze Reihe von Broschüren. Bemerkenswerte Aufklärungsarbeit für das Ausland leisteten darüber hinaus die »Deutschland-Berichte«, die seit Frühjahr 1934 von Erich Rinner, dem mit 31 Jahren jüngsten Vorstandsmitglied der Sopade, herausgegeben wurden. Die dort versammelten Stimmungsberichte

Abbildung 2:
Erste Ausgabe des »Neuen Vorwärts« vom 18. Juni 1933
(Bibliothek der FES)

Nr. 1

Redaktion und Verlag:
Karlsbad, Haus „Graphia"
Fernsprecher Nr. 1081.

Herausgeber: Ernst Sattler, Karlsbad. Verantwortlicher Redakteur: Wenzel Horn, Karlsbad.
Druck: „Graphia", Karlsbad.

Neuer Vorwärts

Sozialdemokratisches Wochenblatt

SONNTAG
18. Juni 1933

Bezugspreis für die CSR.:
Einzel-Nummer . Kč 1.40
Monatlich . . . „ 6.—
Vierteljährlich . „ 18.—
Bezugspreis für das Ausland
Einzel-Nummer . Kč 2.—
Monatlich . . . . „ 8.—
Vierteljährlich . „ 24.—

Zerbrecht die Ketten!

Die Geschlagenen von heute werden die Sieger von morgen sein

Ein Ruf erhebt sich, der Ruf der ver- | demokratie, mit ihr die Republik und die | Ohne den Bauern zu helfen, belastet sie | eignung der Großkapitalisten und Groß-

und Analysen basierten auf einer Vielzahl vertraulich beschaffter Informationen aus dem Reich. Besondere Verbreitung in deutschen illegalen Kreisen fanden hingegen Exemplare der eingeschleusten »Sozialistischen Aktion« und der Broschüren-Literatur. Hier überwogen Aufklärungsschriften über das NS-System und politisch-programmatische Texte wie das ins Reich geschmuggelte »Prager Manifest« der Sopade, das als Dünndruckausgabe unter dem Decknamen »Die Kunst des Selbstrasierens« vertrieben wurde. Der Auflagen-»Bestseller« aber war zweifellos Gerhart Segers KZ-Erlebnisbericht »Oranienburg«.

Auch wenn derartige organisatorische und publizistische Bemühungen den besonderen Stellenwert der Sopade unterstreichen, so blieb doch deren »Treuhänder«-Anspruch im sozialistischen Emigrationsmilieu nie unangefochten. Dass sich der Exil-Vorstand vor allem 1933/34 massiver Kritik von linken, nicht kommunistischen Gruppen und auch aus den eigenen Reihen ausgesetzt sah, hatte vor allem mit der jüngeren deutschen Geschichte, insbesondere mit dem Verhalten der SPD während der Revolution 1918/19, in der Weimarer Republik und während ihres nahezu kampflosen Untergangs zu tun. Nicht wenige Kritiker warfen ihr Versäumnisse, Fehlverhalten, ja auch Anbiederungen an bestehende Entwicklungen vor. Vor allem die NS-Machtübernahme und der Untergang der SPD provozierten Fragen nach den Ursachen dieser Entwicklung und den dafür Verantwortlichen. Binnendifferenzierungen und Abspaltungstendenzen, die schon 1931 mit der Gründung der SAP eingesetzt hatten, bekamen im Exil vorerst weiter Auftrieb, wobei sich im Exil-Vorstand selbst oppositionelle Kräfte (»Revolutionäre Sozialisten«) als Gruppe zu organisieren begannen.

Insofern verwundert es nicht, dass der Sopade-Vorstand sowohl in programmatischer als auch in organisatorischer Hinsicht zu Selbstprüfung und Zugeständnissen bereit war. Als weithin sichtbarer Ausdruck einer solchen selbstkritischen Sicht und zeitweiligen Linkswende kann das bereits erwähnte Prager Manifest von Anfang 1934 gelten, das auch radikalere proletarisch-diktatorische Tendenzen in der eigenen Anhängerschaft im Reich aufnahm. Ausgangspunkt des von Rudolf Hilferding verfassten Manifests war der erhoffte revolutionäre Sturz der NS-»Despotie«. Doch anders als 1918/19 sollte sich diesmal die Arbeiterbewegung »mit radikalem, kompromisslosem Geist« stärken, um den alten Staatsapparat, der in der Novemberrevolution »fast unverändert übernommen« worden war, umzubilden für die Durchsetzung einschneidender gesellschaftspolitischer Maßnahmen: Da nach marxistischer Lesart ein enger Zusammenhang zwischen der NS-Diktatur auf der einen und den alten Eliten, dem Finanz- und Großkapital sowie den Großagrariern, auf der anderen Seite bestand, hatte die künftige Revolutionsregierung nicht nur die Hauptverbrecher abzuurteilen und die alten Eliten zu entmachten. Sie sollte vielmehr auch – und gleichsam den »schweren historischen Fehler« von 1918/19 korrigierend – die »sofortige entschädigungslose Enteignung« des Großgrundbesitzes und der Schwerindustrie sowie die Vergesellschaftung der Großbanken in die Wege leiten. Erst nach der Liquidierung der gegenrevolutionären Bastionen und NS-Protegés war an eine Abhaltung demokratischer Reichstagswahlen gedacht.[2]

Die im Prager Manifest beschworene Absichtserklärung, die Publikationsorgane der Sopade auch nicht kommunistischen, linken Gruppen zu öffnen, mündete tatsächlich in eine entsprechend weitgehende Toleranz. Dies betraf ab 1934 vor allem zwei Gruppierungen: die »Revolutionären Sozialisten« (RS), die mit Karl Böchel und Siegfried Aufhäuser eine Minderheit der Sopade hinter sich wussten, und den Geheimbund »Neu Beginnen« (NB), der gerade einen Wandlungsprozess von einer leninistischen zu einer sozialdemokratisch-sozialistischen Organisation durchlief und zumindest zeitweise die Sopade von innen zu erobern versuchte. Während die RS ihre von der Sopade-Mehrheit abweichenden Vorstellungen nur gelegentlich im Theorieorgan »Zeitschrift für Sozialismus« verbreiteten und dabei mit Forderungen nach einer »Diktatur des Proletariats« deutlich über das Prager Manifest hinausgingen, nahmen Vertreter von NB die ›Einladung‹ zur publizistischen Mitarbeit weit intensiver wahr: Ungeachtet ähnlicher politischer Ziele (wie die RS) zeichneten sich etwa deren Faschismus-Analysen durch eine erheblich höhere intellektuelle Qualität aus. Das lag vor allem in ihrem Vordenker Richard Löwenthal begründet, der sowohl im Theorieorgan wie in der »Sozialistischen Aktion« veröffentlichte, die ihm Paul Hertz, Chefredakteur und NB-Sympathisant, bereitwillig öffnete. Auch Rudolf Hilferding, dem früheren Reichsfinanzminister und Chefredakteur des Theorieorgans, gelang es, seine Zeitschrift in ein anregendes Debattenorgan zu verwandeln: Hier schrieben unter anderem Karl Kautsky, Richard Löwenthal, Franz L. Neumann, Franz Borkenau, Curt Geyer und Alexander Schifrin.

Ein weitgehendes publizistisches wie organisatorisches Eigenleben führten in den frühen Jahren der Emigration die SAP und der »Internationale Sozialistische Kampfbund« (ISK). Anders als die Sopade verfügte die revolutionär-sozialistische SAP über eine deutlich schmalere Organisationsstruktur in Paris, dem Vorort der Auslandszentrale um Jacob Walcher, und im Wesentlichen nur über ein Periodikum (»Neue Front – Organ für proletarisch-revolutionäre Sammlung«). Daneben konnte die Partei in dem von Willy Brandt geleiteten Sekretariat des »Internationalen Büros revolutionärer Jugendorganisationen« (IBRJ) in Oslo einigen Einfluss geltend machen. Eine Art Sonderfall markiert die autoritär geprägte Kleinorganisation ISK: Als Vorsitzender der Auslandsorganisation agierte von Paris aus Willi Eichler, der Sekretär und Nachfolger des 1927 verstorbenen Gründers Leonard Nelson. Eichler war zudem Chefredakteur der Zeitschrift »Sozialistische Warte«, die vorerst weiter an einem ethisch motivierten, nicht marxistischen, aber auch undemokratischen Sozialismus festhielt. Der »Schwierigkeit«, eine »gleichzeitig antifaschistische und antidemokratische politische Anschauung« zu vertreten (gepaart mit einem »Anspruch auf Führerschaft«), war sich Eichler dabei durchaus bewusst. Andererseits legte er den »Finger in die Wunde« des marxistischen Sozialismus, als er mit Blick auf 1933 die »Tragik des sogenannten Marxismus« wie folgt beschrieb: »Eine revolutionäre Theorie mit dem Bremsklotz der Entwicklungsgläubigkeit«.[3]

2 Prager Manifest der Sopade 1934: Kampf und Ziel des revolutionären Sozialismus. Die Politik der Sozialdemokratischen Partei Deutschlands, in: *Dieter Dowe/Kurt Klotzbach* (Hrsg.), Programmatische Dokumente der deutschen Sozialdemokratie, 4., überarb. und aktual. Aufl., Bonn 2004, S. 204–215.

3 Neue Wege. Moralischer und politischer Wiederaufbau, in: Sozialistische Warte. Blätter für kritisch-aktiven Sozialismus 1, 1934, H. 1 (ohne Seitenangaben). Der mit »Die Schriftleitung« gezeichnete Artikel dürfte von Eichler stammen.

Weniger Gläubigkeit denn Hoffnung war es, die alle linken Gruppen in ihrem Widerstand beflügelte – Hoffnung auf einen Sturz des NS-Regimes ohne die von vielen inzwischen befürchteten kriegerischen Auseinandersetzungen. Eine solche Hoffnung schien zumindest noch Ende 1935 Ernst Fraenkels Aufsatz »Der Sinn illegaler Arbeit« zu vermitteln, der in der »Sozialistischen Warte« erschien. Fraenkel, vor 1933 Anwalt des Parteivorstands der SPD und (nach seiner Flucht aus Deutschland 1938) Autor der viel gerühmten Analyse des NS-»Doppelstaats«, plädierte darin für einen wohlüberlegten, aber »sichtbaren Widerstand«, um »den Arbeitenden Kraft, den Schwankenden Vertrauen, den Leidenden Hoffnung und den Herrschenden Furcht« zu vermitteln und um den 1933 »ruhmlos zusammengebrochenen« Sozialismus zu einer neuen »moralischen Kraft« zu entwickeln und zu seiner »Neugeburt« im Reich zu kommen.[4]

Auch wenn derartige Hoffnungen immer mehr zu schwinden begannen: Die Neuformierung des Sozialismus im Exil innerhalb der nicht kommunistischen linken Gruppierungen setzte ebenfalls zu diesem Zeitpunkt – Ende 1935 – ein. Bemerkenswert erscheint, dass der Anstoß dazu von jenen Kräften ausging, die – wie in Frankreich – für eine »Volksfront« aller antinazistischen, »fortschrittlichen« Kräfte plädierten, also auch von den Kommunisten. In Paris hatten sich dazu unter Leitung Heinrich Manns und unter entscheidendem Zutun der KPD-Auslandsleitung Kristallisationskerne einer »Deutschen Volksfront« herausgebildet. Erklären ließ sich diese neue Entwicklung nur mit der Richtungsänderung, die sich auf dem VII. Weltkongress der Komintern (1935) vollzogen hatte: Erst jetzt und ziemlich abrupt hatte auch die KPD ihre »Generallinie« geändert, die mit der »Sozialfaschismus-Theorie« bislang immer noch gegen die Sozialdemokratie gerichtet gewesen war. Mit entsprechenden Vorbehalten reagierten deshalb nicht kommunistische linke Gruppen, die sich dennoch bald und erstmals in dieser Breite zu gemeinsamen Gesprächen und Erklärungen zusammenfanden. In Paris verhandelten so Vertreter der SAP, der RS, des ISK, von NB und führende ehemalige SPD-Funktionsträger wie der vormalige Chef der Reichstagsfraktion, Rudolf Breitscheid, die hierher emigriert waren. Zweifellos gelang es dadurch auch, jeweils eigene ideologische Gewissheiten zu überprüfen und teilweise infrage zu stellen. Eine kritiklose Anpassung an KPD-Vorstellungen war damit aber nicht verbunden. Und anders als es die spätere DDR-Legende wollte, entwickelte sich auch Breitscheid keineswegs zu einem Einheits- und Volksfrontapostel.

Unbeteiligt blieb von Anfang an der Sopade-Vorstand, der sich schon im November 1935 – nach Spitzengesprächen mit der KPD – in der »Frage der Einheitsfront« ablehnend verhalten hatte. Eine Mehrheit der Sopade erblickte in dem allzu abrupten Schwenk der Komintern und deren »Bekenntnis zur Demokratie lediglich ein taktisches Mittel, eine neue Methode des politischen Kampfes, aber keine grundsätzliche Änderung der kommunistischen Auffassung«. Diese würde, so der »Neue Vorwärts« am 8. Dezember 1935, am »Prinzip einer Diktatur des Proletariats ausdrücklich« festhalten. Die begründeten Vorbehalte sollten sich zumindest mittelfristig – mit Stalins Schauprozessen ab 1936 und dem großen Terror in der UdSSR sowie mit kommunistischen Säuberungen während des Spanischen Bürgerkriegs – bestätigen. Die feste Haltung der Sopade hatte aber auch mit der eigenen programmatischen Entwicklung zu tun, die immer mehr von den Vorstellungen des Prager Manifests abrückte: Von »revolutionärem Sozialismus« war schon 1935/36 keine Rede mehr, vielmehr von Demokratie und Sozialismus und unveräußerlichen Freiheitsrechten. Ziel sei es nicht, eine neue Diktatur an die Stelle der alten zu setzen, sondern »die Freiheit des ganzen Volkes«, eine parlamentarische Demokratie ohne »wenn« und »aber«, wie der »Neue Vorwärts« am 2. Februar 1936 verbreitete.

4 *Fritz Dreher [Ernst Fraenkel]*, Der Sinn illegaler Arbeit, in: Sozialistische Warte. Blätter für kritisch-aktiven Sozialismus, 10. Jahrgang des ISK, 1935, H. 11, S. 241–247.

Solche Aussagen richteten sich auch gegen Sympathisanten einer »Diktatur des Proletariats«, wie sie noch bei Vertretern der kleineren linken Gruppen anzutreffen waren – so bei Walcher, Böchel oder Löwenthal. Die neue Freiheitsdiktion der Sopade gründete vor allem auf den Vorstellungen der Chefredakteure des »Neuen Vorwärts«, Friedrich Stampfer und Curt Geyer, die den Freiheitsrechten nunmehr den eindeutigen Vorrang gegenüber sozialistischen Umwälzungen zubilligten. Eine solche Akzentverschiebung, die zum Beispiel Löwenthal als »schweren Rückschlag« begriff[5], gründete vor allem auf den immer gewalttätiger werdenden, (individuelle) Freiheit vernichtenden Diktaturen Hitlers und Stalins. In seiner 1939 erschienenen Schrift »Die Partei der Freiheit« konzipierte Geyer deshalb gar die Sozialdemokratie als politische Kraft, die an die Stelle der NS-»Despotie« die »uneingeschränkteste breiteste Demokratie, die Freiheit der öffentlichen Meinung« setzen müsse. Sie habe gegen jede »Totalitätsidee« und Spielart der Diktatur zu kämpfen.[6] Schon zuvor hatte Rudolf Hilferding, der einstige Verfasser des Prager Manifests, intern und mit Blick auf Stalins Diktatur erklärt: Der große Gegensatz heute ist nicht Sozialismus und Kapitalismus [...], sondern Freiheit oder Staatssklaverei. Das klingt ideologisch, ist es aber nicht.«[7]

Abbildung 3:
Maifeier sozialdemokratischer Emigranten in London, 1940 (AdsD)

Kein Wunder also, dass nicht Geyer, Stampfer oder Hilferding, sondern Paul Hertz, der zwischen Sopade und NB politisch beheimatet war, zum Motor der sozialdemokratisch-sozialistischen Konzentrationsdebatte avancierte: Seinen Versuchen, das sozialistische Exil zu einen, war allerdings vor Kriegsbeginn noch kein Erfolg beschieden. Erst als die »Furie des Krieges über Europa raste«, die Hoffnung auf eine »Erhebung des Volkes in Deutschland« sich als Illusion erwies und die Exil-Führungen selbst in (physische) Bedrängnis gerieten, stieg die Einigungsbereitschaft der Beteiligten.[8] Hinzu kam, dass die »Vordenker« der pointiert freiheitlichen Position nacheinander ausfielen: Hilferding,

5 *Paul Sering [Richard Löwenthal]*, Die Aufgaben der deutschen Revolution, in: Zeitschrift für Sozialismus 3, 1936, H. 33, S. 1041–1049, hier: S. 1048. Das war eine direkte Replik auf die Sopade-Erklärung vom 30. Januar 1936, die der »Neue Vorwärts« drei Tage später verbreitet hatte.

6 Zit. nach: *Mike Schmeitzner*, Proletarische Diktatur oder freiheitliche Diktatur? Die Wandlungen des Curt Geyer, in: Jahrbuch für Historische Kommunismusforschung 2008, S. 285–295, hier: S. 295.

7 Rudolf Hilferding an Paul Hertz, 5.3.1936, AdsD, NL Paul Hertz, Nr. XLII.

8 *Heinrich Potthoff/Susanne Miller*, Kleine Geschichte der SPD 1848–2002, 8., aktual. und erw. Aufl., Bonn 2002, S. 164.

der aus Frankreich nicht mehr rechtzeitig fliehen konnte, kam in Gestapohaft ums Leben, Stampfer flüchtete weiter in die USA und Geyer wandte sich schließlich in London der prononciert antideutschen Vansittart-Bewegung zu.[9] In der britischen Hauptstadt, in der sich die Kerne der nicht kommunistischen, linken Exil-Organisationen nach Hitlers Westfeldzug neu formiert hatten, kam im März 1941 die Einigung zustande: Sopade, SAP, NB, ISK und Gewerkschafter hoben gemeinsam die »Union deutscher sozialistischer Organisationen in Großbritannien« aus der Taufe. Hans Vogel, der vormalige zweite Vorsitzende der SPD, wurde Vorsitzender der »Union« (Wels war schon 1939 gestorben). Ihm zur Seite standen insbesondere Erich Ollenhauer (Sopade), Erwin Schoettle und Waldemar von Knoeringen (NB) sowie Willi Eichler (ISK).

Diese Form der Zusammenarbeit mochte sicherlich für eine Mehrheit der circa 160 in Großbritannien lebenden Sozialdemokraten nachvollziehbar erscheinen, doch ging zumindest manch einer der nach Übersee geflüchteten SPD-Anhänger auch auf Abstand zur neuen Einigungslinie. Es war – gerade in Kriegszeiten – ohnehin kein leichtes Unterfangen, die Kommunikation zu geflüchteten Sozialdemokraten in den USA, Kanada, Lateinamerika, Australien oder Schweden aufrechtzuerhalten und Argumente auszutauschen. Lässt man einmal den persönlichen Briefverkehr außer Acht, so existierte mit den »Sozialistischen Mitteilungen« nur noch ein einziges Kommunikationsorgan der »Londoner«, mit dem überdies erst nach einer längeren Anlaufphase Anhänger in Übersee erreicht werden konnten. Aber selbst in Großbritannien, das deutschen Sozialdemokraten politisches Asyl gewährte, waren interne Kommunikation und Unterstützung durch die Labour Party nicht automatisch gegeben: Zu Anfang des Kriegs hatte die britische Regierung selbst einen Teil der deutschen Sozialdemokraten internieren lassen, während später auch die Solidarität der Labour Party spürbar nachließ.

Trotz solcher Einschränkungen kam in London die inhaltliche Arbeit der »Union« rasch voran, wobei sich auch in dieser wichtigen Frage so etwas wie eine Synthese andeutete: Freiheitsimpetus und sozialistische Vision standen in programmatischen Einlassungen bald gleichrangig nebeneinander. Nirgends deutlicher wurde dies als in der Rede des früheren SAJ-Vorsitzenden Ollenhauer, in der er Ende 1942 bestehende linke Positionen zu integrieren versuchte. Dabei ging er im Übrigen von einer »geeinten sozialistischen Partei in Deutschland« aus – quasi einer »Union« in der Heimat. Auch dort sollten nach seiner Meinung einzelne Kommunisten, aber nicht die KPD als Ganzes, aufgenommen werden, verkörperte diese Partei doch für ihn wie für alle Beteiligten weiterhin das diktatorische Prinzip. Damit hatte er die spätere West-SPD unter seiner und Kurt Schumachers Führung bereits antizipiert. In London plädierte er für einen »tiefen Eingriff in die alte gesellschaftliche Ordnung« nach dem militärischen Sieg der Alliierten über Hitler-Deutschland. »Zur dauernden Sicherung der neuen deutschen Demokratie, ihres sozialen Charakters und ihrer friedlichen Außenpolitik« müsse – so Ollenhauer – dem »Großgrundbesitz, der Schwerindustrie und der Hochfinanz, der nazistisch-reaktionären Bürokratie und dem Militarismus die Verfügungsgewalt über Produktion und Staatsapparat für dauernd entzogen werden«. Korrespondierend damit sollten Freiheit und Rechtssicherheit, die »stärkste Triebkraft aller oppositionellen Regungen gegen das Naziregime«, vollständig Geltung erlangen.[10]

Solche Positionen, die nur partiell an das Prager Manifest anknüpften, finden sich in kompakter Form in den 1945 veröffentlichten »Richtlinien für eine deutsche Staatsverfassung«. Darin forderte die »Union« eine parlamentarische Demokratie auf neu gestalteter föderaler Grundlage, die Überführung »wirtschaftlicher Schlüsselstellungen« in öffentlichen Besitz und eine staatliche Wirtschaftsplanung. Weitergehende sozialistische

9 *Rainer Behring*, Option für den Westen. Rudolf Hilferding, Curt Geyer und der antitotalitäre Konsens, in: *Mike Schmeitzner* (Hrsg.), Totalitarismuskritik von links. Deutsche Diskurse im 20. Jahrhundert, Göttingen 2007, S. 135–160, hier: S. 158.

10 Zit. nach: *Dowe/Klotzbach*, Programmatische Dokumente, S. 233–247, hier: S. 236 und 240.

Eingriffe und Umgestaltungen waren nicht vorgesehen.[11] Als Leitvorstellung galt die »politische und soziale Demokratie, getragen von der Mitbestimmung und Mitverantwortung aller Bürger«.[12]

Wenn – bei der inneren Gestaltung der »Union« – von Synthese die Rede war, bleibt festzuhalten, dass sich maßgebliche Vertreter der kleineren linken Gruppen stärker auf die Sopade zubewegt hatten als umgekehrt. Gut nachvollziehen lässt sich das besonders bei den Spitzenfunktionären von NB (Richard Löwenthal) und dem ISK (Willi Eichler), die aktiv die »Union«-Politik gestalteten, aber auch bei jüngeren SAP-Funktionären wie Willy Brandt, der mit seiner SAP-Gruppe 1944 symbolträchtig in die SPD-Landesgruppe Schweden übertrat, die dort anstelle der »Union« zum Kristallisationskern der nicht kommunistischen Linken avancierte. Wie stark sich beispielsweise ein Umdenkprozess bei Löwenthal vollzogen hatte, wird anhand seines Buchs »Jenseits des Kapitalismus« deutlich, an dem er 1945/46 arbeitete. Eigene frühere Vorstellungen von einer »Diktatur des Proletariats« waren dort nicht mehr präsent. Vielmehr bestimmten jetzt Möglichkeiten einer parlamentarisch-demokratisch gestützten Umgestaltung der Wirtschaft sein Denken. Als vorbildlich galt für ihn schon lange nicht mehr die Politik der Sowjetunion, sondern die der britischen Labour Party, die seit Sommer 1945 eine derartige Reformpolitik umzusetzen versuchte. Löwenthals programmatische Einlassungen favorisierten einen europäischen demokratisch-sozialistischen Weg jenseits der totalitären Diktaturen Hitlers und Stalins und jenseits eines liberalen Kapitalismus, den er für den Wiederaufbau Europas für ungeeignet hielt. Wie man sieht, hatten »Anglisierung« (Löwenthal, Eichler) und »Skandinavisierung« (Brandt) ihre Wirkung nicht verfehlt, die »Verwestlichung« ihrer politischen Ideen ging einher mit ihren persönlichen lebensweltlichen Erfahrungen in ihren Exilstaaten.

Personell und programmatisch strahlte die »Union« weit über die Zäsur von 1945 hinaus: Während Ollenhauer, Schoettle und von Knoeringen jahrzehntelang die Politik der (West-)SPD gestalteten, hinterließen Eichler und Löwenthal in programmatischer Hinsicht unübersehbare Spuren: Der frühere ISK-Chef prägte in maßgeblicher Weise das Godesberger Programm der SPD, der ehemalige KPD-Funktionär schärfte hingegen das sozialdemokratische Profil gegenüber dem diktatorischen Kommunismus.

Eine bleibende Bedeutung hatten die Jahre des Exils aber auch in anderer Hinsicht: Die hier von führenden sozialdemokratischen Emigrationspolitikern gestaltete »Demokratische Außenpolitik für Deutschland« (Rainer Behring) zeigte der Welt ein anderes, demokratisches, antimilitaristisches, europäisch-westliches Gesicht deutscher Politik, an die nach 1945 wenigstens teilweise angeknüpft werden konnte. Der Begriff »Außenpolitik« beinhaltete dabei verschiedene Aspekte: öffentliche Appelle des Sopade-Vorstands gegen den Krieg und für den Sturz des NS-Systems (darunter auch Rundfunkansprachen im Krieg über britische Sender), Aufklärungsvorträge von führenden Politikern (wie Rudolf Breitscheid) vor westlichen Parlamentsfraktionen, um vor den Aufrüstungs- und Kriegsgefahren durch die Hitler-Diktatur zu warnen, im Krieg dann dringende Appelle gegen alliierte Aufteilungs- und Abtrennungspläne gegenüber Deutschland sowie programmatische Entwürfe für eine neue europäische Nachkriegsordnung unter Verzicht traditioneller Souveränitätsrechte einzelner Nationalstaaten.

11 Zit. nach: *Manfred Botzenhart*, Deutsche Verfassungsgeschichte 1806–1949, Köln 1993, S. 177f.

12 Zit. nach: *Potthoff/Miller*, Kleine Geschichte der SPD, S. 168.

Literaturhinweise:

Rainer Behring, Demokratische Außenpolitik für Deutschland. Die außenpolitischen Vorstellungen deutscher Sozialdemokraten im Exil 1933–1945, Düsseldorf 1999.

Marlis Buchholz/Bernd Rother, Der Parteivorstand der SPD im Exil. Protokolle der Sopade 1933–1940, Bonn 1995.

Jan Foitzik, Zwischen den Fronten. Zur Politik, Organisation und Funktion linker politischer Kleinorganisationen im Widerstand 1933 bis 1939/40, Bonn 1986.

Ursula Langkau-Alex, Deutsche Volksfront 1932–1939. Zwischen Berlin, Paris, Prag und Moskau, 3 Bde., Berlin 2004/5.

Mit dem Gesicht nach Deutschland. Eine Dokumentation über die sozialdemokratische Emigration. Aus dem Nachlass von Friedrich Stampfer ergänzt durch andere Überlieferungen, hrsg. v. *Erich Matthias*, bearb. v. *Werner Link*, Düsseldorf 1968.

Werner Röder, Die deutschen sozialistischen Exilgruppen in Großbritannien. Ein Beitrag zur Geschichte des Widerstandes gegen den Nationalsozialismus, Hannover 1968.

Andreas Biefang

Julius Leber vor dem ›Volksgericht‹ – Bild der Demütigung und Pathosformel der Würde

Ikone:
Julius Leber als Angeklagter vor dem »Volksgerichtshof«, 20. Oktober 1944, unbekannter Fotograf, im Auftrag des NS-Regimes aufgenommen
(Bundesarchiv)

Für Julius Leber begann der Widerstand gegen das NS-Regime am Abend des 31. Januar 1933, als er sich an Demonstrationen des Reichsbanners Schwarz-Rot-Gold gegen den Fackelzug der NSDAP und verschiedener rechter Verbände beteiligte. Dabei kam es zu gewalttätigen Zusammenstößen zwischen Mitgliedern des Reichsbanners, der Polizei und der SA, die sich bis in die Morgenstunden des 1. Februar hinzogen. Ein SA-Mann kam durch einen Messerstich zu Tode. Die Waffe hatte ein Mitglied des Reichsbanners geführt, das als Leibwächter Lebers eingesetzt war. Noch am selben Tag wurde Leber in Haft genommen und im Mai des Jahres als »geistiger Urheber« der Tat zu 20 Monaten Gefängnis verurteilt. Nach Verbüßung der Strafe verblieb er in »Schutzhaft«, die er bis zu seiner Entlassung im Sommer 1937 in verschiedenen Gefängnissen zubrachte, zuletzt im Konzentrationslager Sachsenhausen bei Berlin.

Der verurteilte Julius Leber war bereits 1912 als Schüler in die SPD eingetreten. Aus kleinen Verhältnissen stammend, hatte er eine kaufmännische Lehre in einer Tapetenfabrik absolviert, anschließend das Abitur gemacht und ein Studium der Geschichte und Volkswirtschaftslehre begonnen. Zu Kriegsbeginn meldete er sich freiwillig und stieg bis zum Leutnant auf. Erst nach Kriegsende kamen ihm Zweifel. Er nahm sein Studium wieder auf, das er mit dem Doktortitel abschloss. Als 30-Jähriger wurde er 1921 Chefredakteur des sozialdemokratischen »Lübecker Volksboten«. Im Mai 1924 kandidierte er erfolgreich für den Reichstag, dem er als Experte für Wehrpolitik bis 1933 angehörte.

Nach seiner Entlassung aus dem Gefängnis 1937 schlug Leber sich zunächst als Kohlehändler in Berlin durch, nahm aber bald Verbindung zu sozialdemokratischen Freunden auf und kam in Kontakt mit Carl Goerdeler und dem Kreisauer Kreis. In Planspielen für die Zeit nach einem möglichen Sturz Hitlers war er als Innenminister vorgesehen. Aufgrund einer Denunziation wurde Leber bereits am 5. Juli 1944, also noch vor dem Attentat auf Hitler, verhaftet. Am 19. August folgte die Anklage wegen Hoch- und Landesverrats vor dem »Volksgerichtshof«. Im Vorfeld des Prozesses wurde er gefoltert und durch die Verhaftung von Frau und Kindern unter Druck gesetzt, um ihm Informationen über die Vorbereitung des Attentats vom 20. Juli zu entlocken. Am 24. Oktober 1944 verurteilte ihn der »Volksgerichtshof« zum Tod durch den Strang. Leber wurde am 5. Januar 1945 im Gefängnis Plötzensee in Berlin hingerichtet.

Die Prozesse gegen die »Verschwörer« des 20. Juli fanden im Großen Verhandlungssaal des Berliner Kammergerichts in Schöneberg statt, da das Gebäude des »Volksgerichtshofs« nach Bombenangriffen nicht mehr zu benutzen war. Die Verfahren dienten nicht der Rechtsfindung, sondern sie waren als Schauprozesse angelegt, um die Angeklagten öffentlich zu demütigen, bevor man sie verurteilte. Zu diesem Zweck hatte Propagandaminister Josef Goebbels einen Dokumentarfilm über den Prozess in Auftrag gegeben, der unter dem Titel »Verräter vor dem Volksgericht« erscheinen sollte. Auch die bereits im Detail geplanten Hinrichtungen der »Verschwörer« sollten gefilmt werden.

Die Dreharbeiten wurden von Kameramännern der Deutschen Wochenschau durchgeführt. Sie arbeiteten mit versteckten Kameras, die an verschiedenen Stellen im Raum platziert wurden. Außerdem waren einige regimetreue Pressefotografen anwesend. Sie filmten und fotografierten, wie die Angeklagten in fremder, schlecht sitzender Kleidung, unter dem Gebrüll des niederträchtigen Präsidenten Roland Freisler und in Erwartung des Todesurteils um ihre Würde rangen.

Mit den Ergebnissen der Filmaufnahmen war Goebbels nicht zufrieden. Er bezweifelte ihre Verwendbarkeit für Propagandazwecke, da die Farce der Prozessführung zu deutlich wurde und die aufrechte Haltung der Opfer erkennbar war. Er befürchtete, dass die Filme beim Publikum Mitleid mit den Opfern auslösen könnten. Die Aufnahmen wurden deshalb zur »Geheimen Reichssache« erklärt und verschwanden in den Archiven. Nach 1945 gelangten sie zunächst in US-amerikanische Hände und später in das Bundesarchiv.

Die hier als Ikone ausgewählte Fotografie entstand am 20. Oktober 1944, als Julius Leber dem »Volksgerichtshof« vorgeführt wurde. Sie wurde aus der Perspektive der Täter aufgenommen und gehört zu dem Material, das die Nationalsozialisten anfertigen ließen, um die gedemütigten Angeklagten öffentlich vorzuführen. Die gezeigte Fotografie ist in dieser Form im Bundesarchiv überliefert. Leber nimmt in dem Dreiviertelbildnis die Mittelachse ein, er ist umgeben von Polizisten und einem Zivilisten, die teilnahmslos blicken. Die Schulterpartie und der Kopf befinden sich in der oberen Hälfte des Bilds und heben sich von dem grauen Hintergrund der Wand ab. Exakt im Schnittpunkt der Diagonalen befinden sich die Hände Lebers in einer eigentümlichen Geste. Was es damit auf sich hat, ist nicht eindeutig zu beantworten. In jedem Fall handelt es sich um eine überkommene Geste der abendländischen Rhetorik. So war ihr etwa in einem Lehrbuch aus dem 17. Jahrhundert der Begriff »Extollo« zugeordnet (Abb. 1).

Abbildung 1:
Geste der abendländischen Rhetorik (*John Bulwer*, Chirologia, or, The Naturall Language of the Hand..., London 1644)

Nach diesem lateinischen Wort handelt es sich um eine Geste der Selbsterhebung oder Selbstbestärkung in bedrängter Lage, was auf die Situation Lebers vor dem ›Volksgericht‹ anwendbar ist, da er, den sicheren Tod vor Augen, die Demütigungen des Schauprozesses überstehen wollte. Als Hilfsmittel zur Introspektion, als Versuch, die Angst unter Kontrolle zu behalten, hat Leber die tradierte Geste vermutlich unwillkürlich aufgerufen. Diese ambivalente, Verzweiflung und Selbstachtung vereinende Geste ist wohl auch der Grund, warum aus der Vielzahl der überlieferten Prozessbilder ausgerechnet diese Fotografie in der Bundesrepublik zu ikonischer Berühmtheit gelangte.

Einer breiteren Öffentlichkeit wurde das Bild durch ein Buch bekannt, das Annedore Leber, die sozialdemokratische Publizistin und Witwe Lebers, 1954 gemeinsam mit Willy Brandt und dem Politikwissenschaftler Karl Dietrich Bracher herausgab. Es enthielt 64 biografische Porträts von Oppositionellen, die allesamt mit einer Fotografie versehen waren. Dabei handelte es sich meist um klassische Atelier- oder Privatbilder, aber in 17 Fällen – darunter Julius Leber – wurden Aufnahmen aus dem Propagandamaterial der Nationalsozialisten verwendet (Abb. 2).

Im Vorwort berichtet die Herausgeberin, wie diese Bilder, die ihr bald nach Kriegsende zugänglich gemacht worden waren, den Anstoß zur Veröffentlichung des Buchs gaben. Mit ihnen, meinte sie, könne »eindringlicher« als mit Worten das Geschehen in der Diktatur vermittelt werden, da uns aus ihnen »der einzelne Mensch in seinem Schicksal« entgegentrete. »Wir sehen uns seinem Mut, seinen Leiden und seiner seelischen Größe gegenübergestellt.« Ganz wollten sich die Herausgeber aber nicht auf die Aussagekraft des Bildmaterials verlassen, denn es wurde in einigen Fällen retuschiert – so auch im Falle Lebers: Der Bildausschnitt ist jetzt kleiner gewählt, wodurch die Figur Lebers dominanter

Abbildung 2:
Julius Leber vor dem »Volksgerichtshof« – aus dem Buch »Das Gewissen steht auf« (Bundesarchiv)

Abbildung 3:
Buchumschlag zu »Julius Leber. Sozialdemokrat zwischen Reform und Widerstand« von Dorothea Beck (Bibliothek der FES)

Abbildung 4:
Briefmarke der Deutschen Bundespost aus Anlass des 100. Geburtstags von Julius Leber, Entwurf von Antonia Graschberger, ausgegeben am 5. November 1991 (AdsD)

Abbildung 5:
Bildnis Julius Lebers, Ölgemälde von Derlin, vermutlich aus den 1970er Jahren (SPD Lübeck/Jan Lindenau)

wirkt. Zugleich ruft die schwarze Vignettierung am oberen Bildrand den Eindruck eines Heiligenscheins hervor; durch die nachträgliche Schwärzung einzelner Partien des Gesichts wird zudem der Ausdruck der Entschlossenheit gestärkt – Mut, Leiden, seelische Größe. Ohne Zweifel wird Leber hier in die Tradition christlichen Märtyrertums gerückt. Vielleicht rief das Foto auch Assoziationen an Martin Luther vor dem Reichstag in Worms wach, an sein angebliches Diktum: »Hier stehe ich und kann nicht anders«.

An einem solchen Bildgebrauch entzündete sich scharfe Kritik. In seinem 1956 erschienenen Buch mit biografischen Würdigungen verfolgter Reichstagsabgeordneter wurde der Pazifist und Widerstandsforscher Walter Hammer, der als kämpferischer Demokrat selbst lange Jahre in nationalsozialistischen Gefängnissen und Lagern verbracht hatte, deutlich: Er hielt die im Auftrag der Nationalsozialisten angefertigten Aufnahmen für »absolut unbrauchbar«. Diese Bilder hätten nur den Zweck gehabt, »die Erniedrigung sichtbar zu machen.« Vor allem die Verwendung in einem Gedenkbuch lehnte er ab, weil die Bilder die »Helden und Märtyrer« des Widerstands als »Bemitleidenswerte in ihrer tiefsten Demütigung« zeigten. Die Angeklagten selbst hätten sich stets dagegen gewehrt, vor Gericht »von Neugierigen schamlos beobachtet oder sogar fotografiert« zu werden. Der Abdruck der Bilder sei deshalb keine Totenehrung, sondern »eine Beteiligung an der von Goebbels gewollten letzten Demütigung seiner wehrlosen Opfer noch über ihren Tod hinaus«.[1]

Nun kann kein Zweifel bestehen, dass Annedore Leber dies ebenso wenig im Sinn hatte wie ihre Mitherausgeber. Im Gegenteil. Dennoch traf die Kritik Hammers einen empfindlichen Punkt, wenn er auf die Gefahren eines Bildgebrauchs hinwies, der den Entstehungskontext nicht berücksichtigt. Das lässt sich am weiteren Umgang mit dem Bildmaterial nachvollziehen. So wurde die Fotografie Lebers zum Beispiel auf dem Buchumschlag der bis heute maßgeblichen Biografie aus der Hand Dorothea Becks verwendet (Abb. 3). Durch die Verkleinerung des Bildausschnitts wurde dabei die Geste Lebers aus ihrem Kontext herausgelöst: Polizei und Gerichtssaal sind verschwunden. Zugleich drängt die Figur Lebers über den Buchrand hinaus und wirkt dadurch mächtiger.

Auf die Spitze getrieben wurde diese Methode durch die Briefmarke, die die Deutsche Bundespost 1991 aus Anlass des 100. Geburtstags Lebers herausgab (Abb. 4). Erneut wurde hier mit Schwarztönen gearbeitet, um die Gesichtszüge Lebers entschlossener erscheinen zu lassen. Die Konzentration auf Kopf und Hände wenden Lebers Geste in eine universelle Geste des Widerstehens. Der Betrachter kann weder die Gerichtssituation erkennen noch die verzweifelte Lage erahnen, in der Leber sich befunden hat. Im Grunde bleiben Bild und Geste unverständlich. Endgültig ins Monumentale geriet die visuelle Würdigung Lebers durch das Ölgemälde, das im Julius-Leber-Haus, dem Parteigebäude der Lübecker SPD, hängt (Abb. 5). Leber steht hier, erneut im Dreiviertelbildnis, im Zentrum eines schwarz-rot-goldenen Gewölks. Seine Körpersprache wird zur selbstbewussten Widerstandsgeste umgedeutet, die durch den Farbgebrauch im Hintergrund zur Legitimation der Bundesrepublik herhalten muss – eine schöne, aber doch sehr einseitige Geschichte. Tatsächlich erinnert die wuchtige Inszenierung eher an die heldenhaften Bismarck-Bildnisse Anton von Werners als an das Bild eines Angeklagten im Angesicht des Todesurteils.

Die hier als Ikone vorgestellte Fotografie vom 20. Oktober 1944 war auf Befehl der Nationalsozialisten angefertigt worden, um Julius Leber im Moment seiner höchsten Demütigung als verängstigten »Volksverräter« vorzuführen. Allerdings enthielt das Bild etwas, das die Auftraggeber von seiner propagandistischen Verwendung abhielt. In Körperhaltung und Geste waren Würde und Selbstachtung angelegt. Im Laufe der

1 *Walter Hammer*, Hohes Haus in Henkers Hand. Rückschau auf die Hitlerzeit, auf Leidensweg und Opfergang Deutscher Parlamentarier, Frankfurt am Main 1956, S. 111.

Zeit hat sich eine Verwendung des Bilds etabliert, die den Kontext seiner Entstehung in den Hintergrund treten und die Geste Lebers ins zeitlos Monumentale wachsen ließ. Die ursprüngliche Ambivalenz von Todesangst und Demütigung auf der einen Seite sowie von Würde und Selbstbehauptung auf der anderen Seite ging dabei verloren. Vielleicht wäre es angemessen, den posthumen Sieg der Würdeformel über die angestrebte Demütigung zu feiern, ohne den historischen Kontext aus den Augen zu verlieren – aus Respekt vor Julius Leber und seinen Mitangeklagten.

Literaturhinweise:

Dorothea Beck, Julius Leber. Sozialdemokrat zwischen Reform und Widerstand, Berlin 1983.

Walter Hammer, Hohes Haus in Henkers Hand. Rückschau auf die Hitlerzeit, auf Leidensweg und Opfergang Deutscher Parlamentarier, Frankfurt am Main 1956.

Annedore Leber (Hrsg.) in Zusammenarbeit mit *Willy Brandt und Karl Dietrich Bracher*, Das Gewissen steht auf. 64 Lebensbilder aus dem deutschen Widerstand 1933–1945, Berlin/Frankfurt am Main 1954.

Bernd Sösemann, Verräter vor dem Volksgericht – Die denkwürdige Geschichte eines Filmprojekts, in: *Manuel Becker/Christoph Studt* (Hrsg.), Der Umgang des Dritten Reiches mit den Feinden des Regimes, Münster 2009, S. 147–164.

Johannes Tuchel, Vor dem »Volksgerichtshof«. Schauprozesse vor laufender Kamera, in: *Gerhard Paul* (Hrsg.), Das Jahrhundert der Bilder, Bd. 1: 1900 bis 1949, Göttingen 2009, S. 648–657.

Meik Woyke

Für Freiheit und Demokratie. Die Rede von Otto Wels zur Ablehnung des nationalsozialistischen »Ermächtigungsgesetzes«

»Freiheit und Leben kann man uns nehmen, die Ehre nicht« – diesen bekannten Satz sprach der SPD-Vorsitzende Otto Wels in seiner mutigen Erklärung zur Ablehnung des sogenannten Ermächtigungsgesetzes während der Reichstagssitzung am 23. März 1933 in der Berliner Krolloper. Über dem Rednerpult hing eine großformatige Hakenkreuzfahne. Der Sitzungssaal war nach dem Reichstagsbrand provisorisch als Ersatz hergerichtet worden und die Nationalsozialisten demonstrierten ihre neu gewonnene Macht. Bewaffnete SA- und SS-Männer bewachten die Ein- und Ausgänge, durch die sich die Reichstagsabgeordneten den Weg zu ihren Plätzen bahnen mussten. Das zur Abstimmung stehende »Gesetz zur Behebung der Not von Volk und Reich«, wie es offiziell und euphemistisch hieß, zielte auf die Ermächtigung der von Adolf Hitler geführten Reichsregierung, auch von der Verfassung abweichende Gesetze beschließen und ausfertigen zu dürfen. Wels und die übrigen sozialdemokratischen Abgeordneten stellten sich diesem undemokratischen Ansinnen entgegen, da es das Parlament und den Reichsrat von der Gesetzgebung ausschloss.

Abbildung 1:
Stenografisches Protokoll der Reichstagssitzung mit der Rede von Otto Wels
(Bibliothek der FES)

Das politische Wirken von Otto Wels sollte allerdings nicht auf seine letzte Reichstagsrede reduziert werden. Geboren am 15. September 1873 als Sohn eines Gastwirts in Berlin, besuchte er die Volksschule und arbeitete danach als gelernter Tapezierer unter anderem in Regensburg und München. In der Gastwirtschaft seines Vaters traf er auf August Bebel, Wilhelm Liebknecht und weitere sozialdemokratische Führungspersönlichkeiten des Deutschen Kaiserreichs, was ihn 1891 nach dem Auslaufen des ›Sozialistengesetzes‹ zum Eintritt in die SPD bewog. Nach dem zweijährigen Militärdienst wurde er im Verband der Tapezierer gewerkschaftlich und in Berlin kommunalpolitisch aktiv. Im Jahr 1906 trat er hauptamtlich in die Gewerkschaftsarbeit ein, 1907 bestellte ihn die SPD zum Bezirkssekretär für die Provinz Brandenburg. In dieser Funktion unternahm er zahlreiche Agitationsreisen in ländliche Gebiete. Auch dank seines autodidaktischen Bildungsstrebens errang Wels 1912 im Wahlkreis Calau-Luckau zum ersten Mal ein Reichstagsmandat. Im Folgejahr wurde er auf Vorschlag von Bebel in den SPD-Vorstand gewählt. Zudem übernahm er den Vorsitz der Pressekommission der sozialdemokratischen Parteizeitung »Vorwärts«.

Nachdem Wels während des Ersten Weltkriegs das Büro der SPD-Reichstagsfraktion geleitet hatte, schloss er sich am 9. November 1918 einem Arbeiter- und Soldatenrat an. Am Tag darauf wurde er zum Stadtkommandanten von Berlin ernannt, trat jedoch nur wenige Wochen später von diesem Amt zurück, weil ihn radikal-revolutionäre Matrosen in der chaotischen Situation kurzzeitig festgesetzt hatten. Fortan stand Wels der Übernahme von Staatsämtern zurückhaltend gegenüber, seinen Platz sah er in der Partei. Im Jahr 1919 gemeinsam mit Hermann Müller zum

(**Hitler**, Reichskanzler.)

(A) blutig verlaufen wie die der Erhebung des deutschen Volks in diesen Wochen.

(Lebhafter Beifall bei den Nationalsozialisten.)

Es ist mein Wille und meine feste Absicht, für diese ruhige Entwicklung auch in Zukunft zu sorgen. Allein um so nötiger ist es, daß der nationalen Regierung jene souveräne Stellung gegeben wird, die in einer solchen Zeit allein geeignet ist, eine andere Entwicklung zu verhindern.

(Sehr richtig! bei den Nationalsozialisten.)

Die Regierung beabsichtigt dabei, von diesem Gesetz nur insoweit Gebrauch zu machen, als es zur Durchführung der lebensnotwendigen Maßnahmen erforderlich ist. Weder die Existenz des Reichstags noch des Reichsrats soll dadurch bedroht sein. Die Stellung und die Rechte des Herrn Reichspräsidenten bleiben unberührt; die innere Übereinstimmung mit seinem Willen herbeizuführen, wird stets die oberste Aufgabe der Regierung sein.

(Bravo! rechts.)

Der Bestand der Länder wird nicht beseitigt, die Rechte der Kirchen werden nicht geschmälert, ihre Stellung zum Staate nicht geändert.

Da die Regierung an sich über eine klare Mehrheit verfügt, ist die Zahl der Fälle, in denen eine innere Notwendigkeit vorliegt, zu einem solchen Gesetz die Zuflucht zu nehmen, an sich eine begrenzte. Um so mehr aber besteht die Regierung der nationalen Erhebung auf der Verabschiedung dieses Gesetzes. Sie zieht in jedem Falle eine klare Entscheidung vor. Sie bietet den Parteien des Reichstags die Möglichkeit einer
(B) ruhigen deutschen Entwicklung und einer sich daraus in der Zukunft anbahnenden Verständigung; sie ist aber ebenso entschlossen und bereit, die Bekundung der Ablehnung und damit die Ansage des Widerstands entgegenzunehmen.

(Lebhafter Beifall bei den Nationalsozialisten.)

Mögen Sie, meine Herren, nunmehr selbst die Entscheidung treffen über Frieden oder Krieg.

(Stürmischer Beifall und Händeklatschen bei den Nationalsozialisten. — Beifall bei den Deutschnationalen. — Heil-Rufe bei den Nationalsozialisten.)

Präsident Göring: Ich schlage vor, daß das Haus sich nach dieser Erklärung der Reichsregierung, die wie keine andere die Probleme aufgezeigt und ihre Lösung angezeigt hat, nach diesem Dokument der deutschen Entwicklung auf die Dauer von zwei Stunden vertagt und daß wir die nächste Sitzung in zwei Stunden ansetzen.

Zur Geschäftsordnung hat das Wort der Abgeordnete Esser (Euskirchen).

Esser (Euskirchen) (Z), Abgeordneter: Der Ältestenrat hat sich in seiner heutigen Sitzung einstimmig dahin verständigt, daß die Unterbrechung der Sitzung drei Stunden dauern soll und daß nach dieser Pause, also noch im Laufe des Tages, die Besprechung der Regierungserklärung und die Verabschiedung des Ermächtigungsgesetzes in drei Lesungen erfolgen soll. Ich bitte, es bei dieser Vereinbarung des Ältestenrats zu belassen.

Präsident Göring: Dann schlage ich vor, die Sitzung auf drei Stunden zu unterbrechen und den Wiederbeginn auf 6 Uhr 15 Minuten anzusetzen. (C)

(Unterbrechung der Sitzung von 3 Uhr 12 Minuten bis 6 Uhr 16 Minuten.)

(Die nationalsozialistischen Mitglieder stimmen das Deutschland-Lied an, in das die Versammelten begeistert einstimmen.)

Präsident Göring: Die Sitzung ist wieder eröffnet. Wir beginnen mit der

Besprechung der **Regierungserklärung**

in Verbindung mit der

ersten Beratung des Antrages Dr. Frick, Dr. Oberfohren u. Gen. (Nr. 6 der Drucksachen).

Das Wort hat der Abgeordnete Wels.

Wels (SPD), Abgeordneter: Meine Damen und Herren! Der außenpolitischen Forderung deutscher Gleichberechtigung, die der Herr Reichskanzler erhoben hat, stimmen wir Sozialdemokraten um so nachdrücklicher zu, als wir sie bereits von jeher grundsätzlich verfochten haben.

(Sehr wahr! bei den Sozialdemokraten.)

Ich darf mir wohl in diesem Zusammenhang die persönliche Bemerkung gestatten, daß ich als erster Deutscher vor einem internationalen Forum, auf der Berner Konferenz am 3. Februar des Jahres 1919, der Unwahrheit von der Schuld Deutschlands am Ausbruch des Weltkrieges entgegengetreten bin.

(Sehr wahr! bei den Sozialdemokraten.) (D)

Nie hat uns irgendein Grundsatz unserer Partei daran hindern können oder gehindert, die gerechten Forderungen der deutschen Nation gegenüber den anderen Völkern der Welt zu vertreten.

(Bravo! bei den Sozialdemokraten.)

Der Herr Reichskanzler hat auch vorgestern in Potsdam einen Satz gesprochen, den wir unterschreiben. Er lautet: »Aus dem Aberwitz der Theorie von ewigen Siegern und Besiegten kam der Wahnwitz der Reparationen und in der Folge die Katastrophe der Weltwirtschaft.« Dieser Satz gilt für die Außenpolitik; für die Innenpolitik gilt er nicht minder.

(Sehr wahr! bei den Sozialdemokraten.)

Auch hier ist die Theorie von ewigen Siegern und Besiegten, wie der Herr Reichskanzler sagte, ein Aberwitz.

Das Wort des Herrn Reichskanzlers erinnert uns aber auch an ein anderes, das am 23. Juli 1919 in der Nationalversammlung gesprochen wurde. Da wurde gesagt: »Wir sind wehrlos, wehrlos ist aber nicht ehrlos.

(Lebhafte Zustimmung bei den Sozialdemokraten.)

Gewiß, die Gegner wollen uns an die Ehre, daran ist kein Zweifel. Aber daß dieser Versuch der Ehrabschneidung einmal auf die Urheber selbst zurückfallen wird, da es nicht unsere Ehre ist, die bei dieser Welttragödie zugrunde geht, das ist unser Glaube bis zum letzten Atemzug.«

(Sehr wahr! bei den Sozialdemokraten. — Zuruf von den Nationalsozialisten: Wer hat das gesagt?)

Name	Abstimmung
Gerlach	Nein
Graf (Leipzig)	Nein
Graßmann	Nein
Graupe (Zwickau)	Nein
Grotewohl	Nein
Hartsch (Chemnitz)	Nein
Heilmann	Nein
Heinig	Nein
Henßler	Nein
Dr. Hertz	Nein
Dr. Hilferding	krank
Dr. Hoegner	Nein
Höltermann	Nein
Hünlich	Nein
Husemann	Nein
Janschek	Nein
Frau Juchacz	Nein
Karsten	Nein
Kirschmann	Nein
Krätzig	Nein
Künstler	Nein
Kuhnt	—
Frau Kunert	krank
Landsberg	—
Larssen	Nein
Dr. Leber	—
Lipinski	Nein
Litke (Berlin)	Nein
Löbe	Nein
Dr. Löwenstein	krank
Lübbe	Nein
Lufft	krank
Dr. Marum	—
Meier (Baden)	—
Mertins	Nein
Metz	Nein
Dr. Mierendorff	—
Moltmann	Nein
Frau Nemitz	Nein
Nowack	Nein
Partzsch (Hannover)	Nein
Passehl	Nein
Peine	Nein
Peters	Nein
Petrich	Nein
Frau Pfülf	Nein
Pohle	Nein
Puchta	—
Raloff	Nein
Reißner (Frankfurt)	Nein
Reuter (Magdeburg)	Nein
Richter (Hildesheim)	Nein
Richter (Neumünster)	Nein
Ritzel	Nein
Roßmann (Württemberg)	Nein
Roth (Mannheim)	—
Saupe (Leipzig)	Nein
Scheffel	Nein
Scheidemann	krank
Schirmer	Nein
Schlebusch	Nein
Schmidt (Köpenick)	Nein
Schnabrich	Nein
Schneppenhorst	Nein
Schreck	Nein
Frau Schroeder (Schleswig-Holstein)	Nein
Frau Schulz (Westfalen)	Nein
Dr. Schumacher	Nein
Schumann (Stettin)	Nein
Seger (Dessau)	—
Frau Sender	krank
Dr.-Ing. Severing	Nein
Soldmann (Franken)	—
Sollmann (Köln)	krank
Stampfer	Nein
Frau Starrmann	krank
Dr. Staudinger	Nein
Stelling	Nein
Tarnow	Nein
Tempel	Nein
Uhlig (Chemnitz)	Nein
Ulrich (Württemberg)	Nein
Unterleitner	Nein
Vogel	Nein
Wagner (Pfalz)	—
Weber (Hessen)	Nein
Weimer	Nein
Wels	Nein
Wendemuth	Nein
Dr. Wissell	Nein
Witte	Nein
Frau Wurm	Nein
Frau Zammert	Nein

Zentrum

Name	Abstimmung
Asmuth	Ja
Beck (Oppeln)	Ja
Becker (Arnsberg)	Ja
Dr. Bell	Ja
Bielefeld	Ja
Blum (Krefeld)	Ja
Dr. Bockius	Ja
Dr. Bolz (Stuttgart)	Ja
Bornefeld-Ettmann	Ja
Dr. Brüning	Ja
Dr. Crone-Münzebrock	Ja
Dr. Dessauer	Ja
Diez	entsch.
Dr. Drees	Ja
Ehrhardt	Ja
Ernst (Aachen)	Ja
Ersing	Ja
Esser (Euskirchen)	Ja
Fahrenbrach	Ja
Farny	Ja
Dr. Föhr (Baden)	Ja
Dr. Fonk	Ja
Gerig	Ja
Gibbert	Ja
Groß (Württemberg)	Ja
Dr. Dr. Hackelsberger	Ja
Hofmann (Ludwigshafen)	Ja
Imbusch	Ja
Joos	Ja
Dr. Kaas	Ja
Kaiser (Köln)	Ja
Kampschulte	Ja
Dr. Klöckner	Ja
Knoll	Ja
Dr. Krone	Ja
Kuhnen	Ja
Neyses	Ja
Dr. D. Offenstein	Ja
Frau Dr. Peerenboom	Ja
Dr. Perlitius	Ja
Pradel (Thüringen)	Ja
Dr. Respondek	Ja
Riesener	Ja
Roeingh	Ja
Dr. Schauff	Ja
Dr. Schetter (Köln)	Ja
Schlack	Ja
Schmidt (Lippstadt)	Ja
Schmitt (Berlin)	Ja
Dr. Schmitt (Karlsruhe)	Ja
Schmitz (Duisburg)	Ja
Schnitzler	Ja
D. Dr. Schreiber	Ja
Schwarz (Frankfurt)	Ja
Frau Siebert	Ja
Dr. Stegerwald	Ja
Teschner	Ja
Frau Teusch	Ja
Tremmel	Ja
Ulitzka	Ja
Verhülsdonk	Ja
Dr. Vockel	Ja
Dr. Wages	Ja
Warnke (Frankfurt)	Ja
Frau Dr. Weber (Berlin)	Ja
Weber (Westfalen)	Ja
Wegmann	Ja
Weiser	Ja
Wiedemeier	Ja
Winkler	Ja
Dr. Wirth	Ja
Frau Zillken	Ja
Dr. Zorn	Ja

Deutschnationale Volkspartei

Name	Abstimmung
Abicht (Thüringen)	Ja
Dr. Agena	Ja
von Arnim	Ja
Dr. Baerwolff	Ja
Dr. Bang	Ja

Abbildung 2:
Ergebnis der namentlichen Abstimmung; links die Nein-Stimmen der Sozialdemokraten (Bibliothek der FES)

Abbildung 3:
Otto Wels auf einer Kundgebung der Eisernen Front im Berliner Lustgarten, 1932 (Ullstein/ADN-Bildarchiv)

SPD-Vorsitzenden gewählt, kümmerte er sich dementsprechend vornehmlich um organisatorische Belange, während sein Genosse parlamentarische Aufgaben erledigte. Den Kapp-Lüttwitz-Putsch im März 1920 betrachtete Wels zu Recht als eminente Gefährdung der noch jungen Weimarer Republik und organisierte daher zusammen mit dem Vorsitzenden des Allgemeinen Deutschen Gewerkschaftsbunds (ADGB), Carl Legien, den Generalstreik gegen den reaktionären Aufstand. Als Wels die Nachfolge des im Zuge des Putsches zurückgetretenen Reichswehrministers Gustav Noske (SPD) angetragen bekam, lehnte er auch wegen seiner Erfahrungen als Stadtkommandant ab, wodurch seine Partei eine strategisch wichtige Position verlor.

Wels gehörte zu den Gründern des Reichsbanners Schwarz-Rot-Gold (1924) und der Eisernen Front (1931) und war entschlossen, die Demokratie gegen ihre Feinde von rechts wie von links zu verteidigen. Trotz seines Engagements in diesen Republikschutz-organisationen befürwortete er die sozialdemokratische Tolerierungspolitik gegenüber dem 1930 eingesetzten Präsidialkabinett von Reichskanzler Heinrich Brüning. Gewalt als politisches Mittel lehnte er ab. Nach der Machtübernahme der Nationalsozialisten am 30. Januar 1933 konnte sich Wels nicht mehr ungefährdet in seinem Haus in Berlin-Köpenick aufhalten. Während seine Frau und seine beiden Söhne nach Dresden übersiedelten, reiste er nach Salzburg, kehrte aber bald auf Wunsch seiner Partei nach Deutschland zurück.

Zwei Tage vor der Abstimmung über das »Ermächtigungsgesetz« beriet die SPD-Reichstagsfraktion, wer im Plenum dagegen Stellung beziehen sollte. Der Fraktionsvorsitzende Rudolf Breitscheid stand krankheitsbedingt nicht zur Verfügung, sodass Wels diese schwierige Aufgabe übernahm, obwohl er ebenfalls unter gesundheitlichen Problemen litt. Den Text seiner Rede verfasste er gemeinsam mit Friedrich Stampfer, Ernst Heilmann und Kurt Schumacher, der sich als junger, selbstbewusst-energischer Parlamentarier angeboten hatte, anstelle von Breitscheid zu sprechen.

Nachdem Hitler am 23. März 1933 in der Krolloper die antidemokratische Gesetzesvorlage in brauner Uniform begründet hatte, sangen die nationalsozialistischen

Abgeordneten das Deutschlandlied, in das die anderen Fraktionen – aus voller Überzeugung oder unter psychischem Druck stehend – einstimmten. Dann trat Otto Wels nach einer dreistündigen Sitzungspause ans Rednerpult.[1] Er vermied zu scharfe Polemik und kam den Nationalsozialisten in einigen politischen Forderungen entgegen, um sie nicht zu provozieren und den Abdruck seiner Erklärung in der Presse und damit eine möglichst große Öffentlichkeit zu erreichen. Die Präsenz von SA und SS bildete zudem eine wirkungsvolle Drohkulisse. So wies Wels die Schuld Deutschlands am Ausbruch des Ersten Weltkriegs zurück und unterstützte die von der NSDAP erhobene Forderung nach außenpolitischer Gleichberechtigung für das Deutsche Reich. Das vermochte zu überraschen, stand aber im Einklang mit der kritisch-differenzierten Haltung der Sozialdemokratie gegenüber dem Versailler Vertrag, den Wels – immer wieder von höhnischen Zwischenrufen der Nationalsozialisten und Beifallsbekundungen der Sozialdemokraten unterbrochen – sogar als »Gewaltfrieden« mit fatalen innenpolitischen Auswirkungen bezeichnete. Eine wirkliche »Volksgemeinschaft« habe sich darauf nicht gründen lassen.[2]

Trotz solcher aus heutiger Sicht irritierender Äußerungen zeigte die Rede von Wels demokratische Standfestigkeit angesichts des nationalsozialistischen Terrors. Ihr dezidiertes Eintreten für Freiheit und Demokratie machte sie zum Manifest der Verteidigung von Rechtsstaatlichkeit und Parlamentarismus. Wels zog eine Analogie zwischen Außen- und Innenpolitik. Ebenso wie der Friedensvertrag nach dem Ersten Weltkrieg ungerecht gewesen sei und politische Frontstellungen verhärtet habe, sei die nach der nationalsozialistischen Machtübernahme ausgelebte Siegerjustiz zu verurteilen. Auch Besiegte, also die Sozialdemokraten, hätten das Recht, vom Staat vor Gewalttaten geschützt zu werden. Stattdessen mussten insbesondere die Funktionäre der SPD die Repressionen der NS-Schergen erdulden. Hausdurchsuchungen, Schutzhaft, Einlieferungen in Gefängnisse oder Konzentrationslager waren ebenso an der Tagesordnung wie Beschlagnahmungen, Zeitungsverbote und andere Drangsalierungen.

Dementsprechend stellte Wels in seiner letzten Reichstagsrede fest: »Noch niemals, seit es einen Deutschen Reichstag gibt, ist die Kontrolle der öffentlichen Angelegenheiten durch die gewählten Vertreter des Volkes in solchem Maße ausgeschaltet worden, wie es jetzt geschieht, (Sehr wahr! bei den Sozialdemokraten), und wie es durch das neue Ermächtigungsgesetz noch mehr geschehen soll. Eine solche Allmacht der Regierung muß sich um so schwerer auswirken, als auch die Presse jeder Bewegungsfreiheit entbehrt« (S. 33). Es fehle an Rechtssicherheit, die unbedingt wiederhergestellt werden müsse. Die Zerstörung des Bestehenden sei noch keine Revolution, hielt Wels

Abbildung 4:
Die SA marschiert in die Krolloper ein, wo das »Ermächtigungsgesetz« beschlossen wurde (Ullsteinbild)

1 Ein Ausschnitt der Reichstagsrede von Otto Wels gegen das »Ermächtigungsgesetz« findet sich als Tondokument unter URL: <http://www.fes.de/archiv/wels-rede> [3.8.2012].

2 Die Wels-Rede ist dokumentiert im Protokoll der Reichstagssitzung vom 23. März 1933, VIII. Wahlperiode, 2. Sitzung, Bd. 457, Berlin 1934, S. 32–34, die Zitate auf S. 33. Die folgenden Seitenangaben in runden Klammern beziehen sich auf dieses Dokument.

den Nationalsozialisten vor. Gefragt sei nicht, sich zu einer nationalen Bewegung mit revolutionärem Anspruch zu stilisieren, sondern eine wirksame Politik gegen die grassierende Weltwirtschaftskrise zu betreiben. Sodann erinnerte der Sozialdemokrat an die Leistungen, die seine Partei während der Weimarer Republik in Regierungsverantwortung erbracht hatte. Dabei spannte er den Bogen vom Wiederaufbau von Staat und Wirtschaft nach dem Zusammenbruch der Monarchie und der Novemberrevolution bis hin zu sozialpolitischen Errungenschaften.

»Die Verfassung von Weimar ist keine sozialistische Verfassung«, schloss Otto Wels seine Rede mit einem politischen Bekenntnis. »Aber wir stehen zu den Grundsätzen des Rechtsstaates, der Gleichberechtigung, des sozialen Rechtes, die in ihr festgelegt sind. Wir deutschen Sozialdemokraten bekennen uns in dieser geschichtlichen Stunde feierlich zu den Grundsätzen der Menschlichkeit und der Gerechtigkeit, der Freiheit und des Sozialismus. [...] Kein Ermächtigungsgesetz gibt Ihnen die Macht, Ideen, die ewig und unzerstörbar sind, zu vernichten« (S. 34). Die Sozialdemokratie habe das ›Sozialistengesetz‹ überstanden, und aus den gegenwärtigen Verfolgungen würde die Partei ebenfalls gestärkt hervorgehen. In diesem Punkt machte sich Wels noch Illusionen über den wahren Charakter der NS-Herrschaft. Die gewiss aggressive Politik Otto von Bismarcks gegen die als Reichsfeinde stigmatisierten Sozialdemokraten im Deutschen Kaiserreich unterscheidet sich im Rückblick deutlich von der brutalen Repression des nationalsozialistischen Terrorapparats, die Folterungen von Häftlingen einschloss und bis zu politisch motivierten Ermordungen reichte.

Hitler, dem es mit dem »Ermächtigungsgesetz« darum ging, sich die Loyalität des staatlichen Apparats durch einen zum Schein legalen Akt zu sichern, war die Rede von Wels vor Sitzungsbeginn zugespielt worden. Er antwortete ausführlich und vermeintlich spontan, vor allem jedoch höhnisch auf die Kritik: »Ich will auch gar nicht, daß Sie dafür stimmen. Deutschland soll frei werden, aber nicht durch Sie«. Die Verabschiedung des »Ermächtigungsgesetzes« ließ sich nicht mehr aufhalten. Zwar votierten die 94 anwesenden von insgesamt 120 SPD-Reichstagsabgeordneten dagegen, alle übrigen Parteien jedoch geschlossen dafür, wobei ein Abgeordneter des Zentrums als »entschuldigt« und einer der Deutschen Volkspartei als »krank« fehlte. Die 81 kommunistischen Abgeordneten waren von den Nationalsozialisten im Vorweg geschlossen daran gehindert worden, ihre Mandate auszuüben. Auch Sozialdemokraten wie der frühere Reichsinnenminister Wilhelm Sollmann und Julius Leber mussten der Sitzung fernbleiben. Sie wurden von den Schlägertrupps des NS-Regimes schwer misshandelt, verhaftet oder in die Emigration getrieben.

Als einziges Presseorgan, das nicht von den Nationalsozialisten geführt wurde, druckte die Frankfurter Zeitung die Erklärung von Otto Wels ab. Der Redner habe tiefernst und mit verschleierter Stimme gesprochen, mit verhaltenem Pathos und moralischem Appell. Der konservative britische Botschafter Sir Horace Rumbold berichtete zurückhaltend, insgesamt jedoch anerkennend nach London.

Indem Wels unter Lebensgefahr für den demokratischen Verfassungsstaat eintrat, war Deutschland für ihn zu unsicher geworden. Auf Beschluss der SPD-Führung flüchtete er im Mai 1933 zunächst ins Saarland und später nach Prag, um die Sopade als Exilorganisation der Partei aufzubauen. Drei Monate später erkannten ihm die Nationalsozialisten in der ersten Ausbürgerungsliste des Deutschen Reichs die Staatsbürgerschaft ab. Im Zuge des Münchner Abkommens von 1938 verließ Wels die Tschechoslowakei und ging nach Paris, wo er am 16. September 1939, einen Tag nach seinem 66. Geburtstag, an seiner langjährigen Herzerkrankung verstarb.

Literaturhinweise:

Hans J. L. Adolph, Otto Wels und die Politik der deutschen Sozialdemokratie 1894–1939. Eine politische Biographie, Berlin 1971.

Manfred Stolpe, Otto Wels und die Verantwortung der Demokratie. Vortrag im Rahmen der Reihe »Profile des Parlaments« der Evangelischen Akademie zu Berlin am 14. Februar 2002, Bonn 2002.

Otto Wels, Rede zur Begründung der Ablehnung des »Ermächtigungsgesetzes« durch die Sozialdemokratische Fraktion in der Reichstagssitzung vom 23. März 1933 in der Berliner Krolloper. Mit einem Essay von Iring Fetscher, Hamburg 1993.

Johannes Tuchel

»Die Kunst des Selbstrasierens« – Das Prager Manifest vom 10. Januar 1934

Sie ist winzig, misst knapp fünf auf sieben Zentimeter und ist federleicht: Die vom Exilvorstand der Sozialdemokratischen Partei Deutschlands (Sopade) herausgegebene Tarnschrift »Die Kunst des Selbstrasierens – Neue Wege männlicher Kosmetik«.[1] Diese auf Dünndruckpapier vervielfältigte Schrift sieht genauso aus, als ob sie als Betriebsanleitung einem Nassrasierer der frühen 1930er Jahre beigelegen habe. Doch ihr Inhalt ist brisant: Hier war das Prager Manifest der Sopade abgedruckt, das auf diesem Weg den Sozialdemokraten in Deutschland vermittelt werden sollte.

Der Prager Exilvorstand begann angesichts der nationalsozialistischen Machtübernahme und des Verbots der SPD im Deutschen Reich mit dem Aufbau eines Netzes von Vertrauensleuten und Grenzsekretären in den deutschen Grenzgebieten, gleichzeitig aber auch mit verstärkten publizistischen Aktivitäten. Die Unterstützung der illegalen Arbeit im Inland durch Publikationen aus dem Ausland orientierte sich dabei an dem sozialdemokratischen Auslandszentrum während des ›Sozialistengesetzes‹. Das Netz der Grenzsekretariate wurde bis 1935 deutlich ausgebaut. Diese hatten zum einen die Aufgabe, die Aktivitäten im Reich zu unterstützen. Dazu gehörte die Organisation des Material- und Druckschriftenschmuggels nach Deutschland – vor allem des »Neuen Vorwärts« und dessen Pendant für das Inland, die »Sozialistische Aktion«. Zum anderen besaßen die Grenzsekretariate eine Scharnierfunktion zwischen den Illegalen im Reich und dem Vorstand in Prag. Bei den Grenzsekretären liefen jene Informationen zusammen, die in Deutschland gesammelt und später in den »Deutschland-Berichten« der Sopade veröffentlicht wurden.

Erst im Laufe des zweiten Halbjahres 1933 wurde dem Prager Parteivorstand deutlich, dass sich die etablierende nationalsozialistische Diktatur in Deutschland jeder historischen Analogie entzog und in keiner Weise mit der Situation unter dem ›Sozialistengesetz‹ verglichen werden konnte. Heftig wurde innerhalb des Vorstands – und auch mit den Vertretern des Prager Auslandssekretariats der sozialistischen Splittergruppe »Neu Beginnen« über den richtigen Weg zur Überwindung der nationalsozialistischen Diktatur gerungen. Großen Einfluss besaß dabei die von Walter Loewenheim (»Miles«) im Oktober 1933 in Prag veröffentlichte Schrift »Neu Beginnen!«. Loewenheim sah in der nationalsozialistischen Diktatur kein labiles, von inneren Krisen bedrohtes System, sondern ein im Kern konsolidiertes, totalitär allgegenwärtiges System mit Organisations- und Propagandamonopol. Hiervon wurde die Diskussion im Parteivorstand stark beeinflusst. Es zeichnete sich im Herbst 1933 eine neue Strategie ab. Ziel der Bemühungen in Deutschland sollte nicht mehr die Wiederherstellung der parlamentarischen Ordnung, sondern eine sozialistische Revolution sein. Ende Oktober 1933 beauftragte der Parteivorstand Curt Geyer, Erich Rinner und Friedrich Stampfer mit dem Entwurf eines neuen Parteiprogramms. Ein im Dezember 1933 von diesen vorgelegter Entwurf stieß jedoch nicht auf Zustimmung. Georg Decker und der ehemalige Finanzminister Rudolf Hilferding wurden mit der Überarbeitung beauftragt. Ein erster Entwurf Deckers wurde von Hilferding bis zum 10. Januar 1934 überarbeitet und danach intensiv im Parteivorstand

1 Die Tarnschrift ist online verfügbar unter URL: <http://library.fes.de/library/netzquelle/rechtsextremismus/pdf/tarnschrift.pdf> [2.8.2012]. Alle wörtlichen Zitate folgen dieser Ausgabe: Prager Manifest der Sopade 1934: Kampf und Ziel des revolutionären Sozialismus/Die Politik der Sozialdemokratischen Partei Deutschlands, in: *Dieter Dowe/Kurt Klotzbach* (Hrsg.), Programmatische Dokumente der deutschen Sozialdemokratie, 4., überarb. und aktual. Aufl., Bonn 2004, S. 204–215.

Abbildung 1:
»Die Kunst des Selbstrasierens« (AdsD)

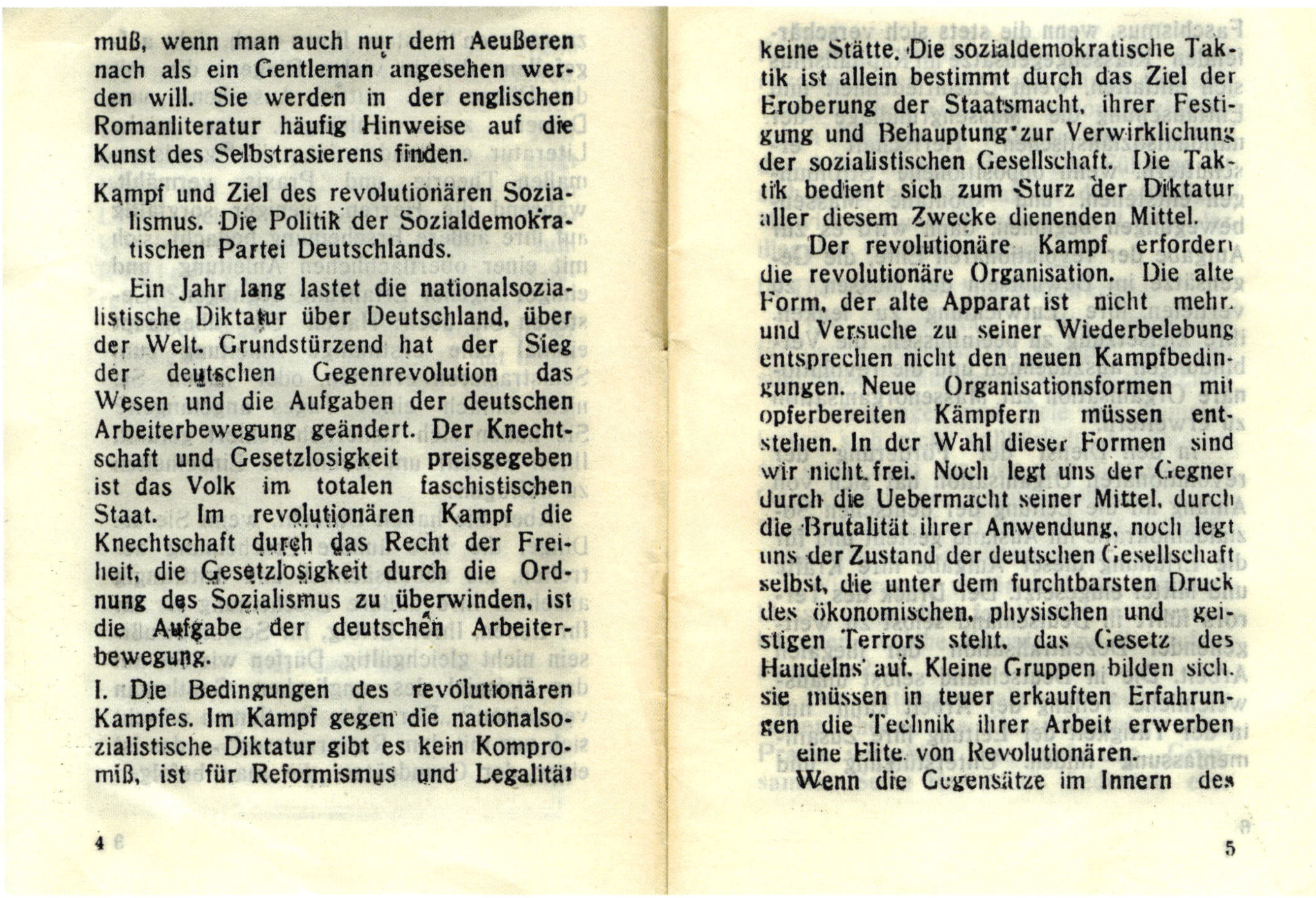

muß, wenn man auch nur dem Aeußeren nach als ein Gentleman angesehen werden will. Sie werden in der englischen Romanliteratur häufig Hinweise auf die Kunst des Selbstrasierens finden.

Kampf und Ziel des revolutionären Sozialismus. Die Politik der Sozialdemokratischen Partei Deutschlands.

Ein Jahr lang lastet die nationalsozialistische Diktatur über Deutschland, über der Welt. Grundstürzend hat der Sieg der deutschen Gegenrevolution das Wesen und die Aufgaben der deutschen Arbeiterbewegung geändert. Der Knechtschaft und Gesetzlosigkeit preisgegeben ist das Volk im totalen faschistischen Staat. Im revolutionären Kampf die Knechtschaft durch das Recht der Freiheit, die Gesetzlosigkeit durch die Ordnung des Sozialismus zu überwinden, ist die Aufgabe der deutschen Arbeiterbewegung.

I. Die Bedingungen des revolutionären Kampfes. Im Kampf gegen die nationalsozialistische Diktatur gibt es kein Kompromiß, ist für Reformismus und Legalität

4

keine Stätte. Die sozialdemokratische Taktik ist allein bestimmt durch das Ziel der Eroberung der Staatsmacht, ihrer Festigung und Behauptung zur Verwirklichung der sozialistischen Gesellschaft. Die Taktik bedient sich zum Sturz der Diktatur aller diesem Zwecke dienenden Mittel.

Der revolutionäre Kampf erfordert die revolutionäre Organisation. Die alte Form, der alte Apparat ist nicht mehr, und Versuche zu seiner Wiederbelebung entsprechen nicht den neuen Kampfbedingungen. Neue Organisationsformen mit opferbereiten Kämpfern müssen entstehen. In der Wahl dieser Formen sind wir nicht frei. Noch legt uns der Gegner durch die Uebermacht seiner Mittel, durch die Brutalität ihrer Anwendung, noch legt uns der Zustand der deutschen Gesellschaft selbst, die unter dem furchtbarsten Druck des ökonomischen, physischen und geistigen Terrors steht, das Gesetz des Handelns auf. Kleine Gruppen bilden sich, sie müssen in teuer erkauften Erfahrungen die Technik ihrer Arbeit erwerben eine Elite von Revolutionären.

Wenn die Gegensätze im Innern des

5

Abbildung 2:
Besprechung der Sopade in Prag 1933, von links: Paul Hertz, der tschechische Journalist Krejci und Otto Wels
(AdsD)

diskutiert. Am 20. Januar wurde er dort angenommen und am 28. Januar 1934 sowohl im »Neuen Vorwärts« als auch in der »Sozialistischen Aktion« veröffentlicht.

Unter dem Titel »Kampf und Ziel des revolutionären Sozialismus. Die Politik der Sozialdemokratischen Partei Deutschlands« resümierte das Prager Manifest zuerst die »Bedingungen des revolutionären Kampfes« und stellte fest: »Im Kampf gegen die nationalsozialistische Diktatur gibt es kein[en] Kompromiss, ist für Reformismus und Legalität keine Stätte. Die sozialdemokratische Taktik ist allein bestimmt durch das Ziel der Eroberung der Staatsmacht, ihrer Festigung und Behauptung zur Verwirklichung der sozialistischen Gesellschaft. Die Taktik bedient sich zum Sturz der Diktatur aller diesem Zweck dienenden Mittel. Der revolutionäre Kampf erfordert die revolutionäre Organisation. Die alte Form, der alte Apparat ist nicht mehr, und Versuche zu seiner Wiederbelebung entsprechen nicht den neuen Kampfbedingungen. Neue Organisationsformen mit opferbereiten Kämpfern müssen entstehen. In der Wahl dieser Formen sind wir nicht frei. Noch legt uns der Gegner durch die Übermacht seiner Mittel, durch die Brutalität ihrer Anwendung, noch legt uns der Zustand der deutschen Gesellschaft selbst, die unter dem furchtbarsten Druck des ökonomischen, physischen und geistigen Terrors steht, das Gesetz des Handelns auf. Kleine Gruppen bilden sich, sie müssen in teuer erkauften Erfahrungen die Technik ihrer Arbeit erwerben – eine Elite von Revolutionären« (S. 205).

Mit diesen Formulierungen wollte der Parteivorstand nicht nur die eigene Position neu definieren, sondern auch die von linken Oppositionellen an der bisherigen Vorstandsposition geäußerte Kritik auffangen. Sie waren zugleich eine Reaktion auf die Radikalisierung von Teilen der Basis in Deutschland, die man nicht an die KPD oder an sozialistische Splittergruppen verlieren wollte.

Ein zweiter Abschnitt definierte die »Ziele der Massenbewegung« sehr klar: »Der Kampf um die Demokratie erweitert sich so zum Kampf um die völlige Niederringung der nationalsozialistischen Staatsmacht. Dieser Kampf ist nur revolutionäres

Durchgangsstadium zur Eroberung der ganzen Staatsmacht. Der Sturz der Despotie wird sich, wenn nicht äußere Katastrophen ihn herbeiführen, nur in der gewaltsamen Niederringung, nur durch den Sieg im revolutionären Kampfe vollziehen« (S. 207). Damit sind die beiden Optionen klar benannt: Sieg durch revolutionäre Veränderung im Innern oder Befreiung durch »äußere Katastrophen« – also durch eine militärische Niederlage Deutschlands in jenem Krieg, den auch die deutschen Sozialdemokraten als unausweichliche Folge der nationalsozialistischen Herrschaft erwarten konnten.

Im dritten Abschnitt über die »Ausübung der Macht« kritisierte der Parteivorstand die sozialdemokratische Haltung während der Revolution 1918/19. Zugleich spiegelt sich in diesem Abschnitt die Diskussion darüber wider, welche Faktoren zum Untergang der Weimarer Republik führten, ob möglicherweise die verhinderte Revolution ein Aspekt des Scheiterns von Weimar sei: »Die Sozialdemokratie als einzig intakt gebliebene organisierte Macht übernahm ohne Widerstand die Staatsführung, in die sie sich von vornherein mit den bürgerlichen Parteien, mit der alten Bürokratie, ja mit dem reorganisierten militärischen Apparat teilte. Dass sie den alten Staatsapparat fast unverändert übernahm, war der schwere historische Fehler, den die während des Krieges desorientierte deutsche Arbeiterbewegung beging. Die neue Situation schließt jede Wiederholung aus. Die Niederwerfung des nationalsozialistischen Feindes durch die revolutionären Massen schafft eine starke revolutionäre Regierung, getragen von der revolutionären Massenpartei der Arbeiterschaft, die sie kontrolliert. Die erste und oberste Aufgabe dieser Regierung ist es, die Staatsmacht für die siegreiche Revolution zu sichern, die Wurzeln jeder Widerstandsmöglichkeit auszureißen, den Staatsapparat in ein Herrschaftsinstrument der Volksmassen zu verwandeln. Der revolutionären Regierung obliegt deshalb die sofortige Durchführung einschneidender politischer und sozialer Maßnahmen zur dauernden völligen Entmachtung des besiegten Gegners« (S. 208).

Wirtschaft und Gesellschaft sollten grundlegend revolutionär umgebaut werden. Hier nahm das Prager Manifest fast schon utopisch-visionäre Züge an: »Die Massen werden nicht mehr arbeiten, um den Monopolbesitzern [...] einen dürftigen Lebensraum und ein [...] von Krisen bedrohtes Dasein abzuringen, sondern sie werden arbeiten für die Gestaltung der sozialistischen Zukunft. Die planmäßige Lenkung des technischen Fortschrittes wird die Produktivität der menschlichen Arbeit gewaltig steigern. Die Ausschaltung der Krisen wird den gesellschaftlichen Wohlstand ständig vermehren. Die dadurch ermöglichte Verkürzung der Arbeitszeit, vor allem aber die Befreiung des Menschengeschlechtes von den täglichen materiellen Sorgen der Lebensfristung und der Arbeitssuche ermöglicht allen Gliedern des sozialistischen Gemeinwesens die Anteilnahme an den Schätzen der Kultur, an den Erkenntnissen der Wissenschaft und an den Genüssen der Kunst. Ein neuer Gemeinsinn, eine neue Lebensauffassung, ein neuer Wetteifer um die Entfaltung aller Fähigkeiten erwächst: die sozialistische Gesinnung, in der die neue Gesellschaft unzerstörbar verankert sein wird« (S. 212).

Hierfür sei die »Einheit des Revolutionären Sozialismus« erforderlich: »Der Kampf zum Sturz der Diktatur kann nicht anders als revolutionär geführt werden. Ob Sozialdemokrat, ob Kommunist, ob Anhänger der zahlreichen Splittergruppen, der Feind der Diktatur wird im Kampf durch die Bedingungen des Kampfes selbst der gleiche sozialistische Revolutionär. Die Einigung der Arbeiterklasse wird zum Zwang, den die Geschichte selbst auferlegt. Die Führung der deutschen Sozialdemokratie weiß sich deshalb frei von jeder sektenhaften Abschließung und ist sich ihrer Mission bewusst, die Arbeiterklasse in einer politischen Partei des revolutionären Sozialismus zu vereinigen. Wie sie die illegale Arbeit aller Gruppen, die den Kampf gegen die Diktatur und nicht gegen andere Parteien der Arbeiterklasse führen, zu unterstützen bereit ist, so öffnet sie ihre Zeitungen, Zeitschriften und Publikationen allen Diskussionen über die Probleme des revolutionären Sozialismus, der Machteroberung und Machtbehauptung in der Überzeugung, dass nur aus gemeinsamer geistiger Arbeit die Verwirklichung des einheitlichen revolutionären sozialistischen Bewusstseins der Arbeiterklasse erstehen kann« (S. 214f.).

Hat das Prager Manifest auch nicht die Bedeutung eines allgemein akzeptierten Parteiprogramms erlangt, so stellt es doch die erste Definition sozialdemokratischen Selbstverständnisses nach 1933 dar. Bald darauf wurde es als Dünndruckausgabe der »Sozialistischen Aktion« und als Tarnschrift »Die Kunst des Selbstrasierens« nach Deutschland geschmuggelt. Der Historiker Michael Schneider hat zu Recht darauf hingewiesen, dass die Reaktionen auf das Manifest sehr unterschiedlich waren: Die Selbstkritik wurde begrüßt, die Schaffung einer Einheitsfront ebenso. Doch konkrete Handlungsanweisungen für die Arbeit im Reich wurden vermisst, die Revolutionsrhetorik wurde nicht von allen positiv aufgenommen. »Einen Bruch mit der Tradition der Klassenpartei markierte das ›Prager Manifest‹ jedenfalls nicht, auch wenn zu schichtenübergreifender Zusammenarbeit gegen die nationalsozialistische Diktatur aufgerufen wurde. Die innere Unausgewogenheit und vor allem die Dominanz taktischer Überlegungen [...] trugen dazu bei, daß es sehr schnell von der politischen Entwicklung überrollt wurde und letztlich in Vergessenheit geriet.«[2]

Doch im Januar 1934 war es die vordringlichste Aufgabe des Parteivorstands, die neue Position auch den in Deutschland verbliebenen Sozialdemokraten mitzuteilen und so auch auf das gewandelte Selbstverständnis vieler deutscher Sozialdemokraten zu reagieren. Hierfür war die Tarnschrift der richtige Weg. Tarnschriften waren zumeist kleinformatige Veröffentlichungen, die in Briefumschlägen verschickt werden konnten, harmlos aussahen, einen unverfänglichen Titel hatten, ein bekanntes Vorbild – etwa Reclam-Hefte – kopierten und neben dem Titel auch auf den ersten und letzten Seiten unverfängliche Texte abdruckten, die mit dem Titel korrespondierten. Insgesamt sollen bis zu 900 Tarnschriften vor allem in den ersten Jahren der nationalsozialistischen Diktatur gedruckt und in Zehntausenden von Exemplaren nach Deutschland geschmuggelt worden sein. Diese Tarnschriften hatten eine klare Aufgabe: Sie sollten das nationalsozialistische Propaganda- und Meinungsmonopol brechen und eine Gegenöffentlichkeit herstellen. Zugleich sollten sie ein Zeichen der Verbundenheit zwischen dem Parteivorstand im Exil und den deutschen Sozialdemokraten im Reich sein.

Das Prager Manifest – so übereinstimmende Schätzungen – soll in etwa 10.000 Exemplaren der Dünndruckausgabe der »Sozialistischen Aktion« und in 40.000 Exemplaren der »Kunst des Selbstrasierens« nach Deutschland geschmuggelt worden sein. Der Gestapo fielen die ersten Exemplare offenbar im März 1934 in die Hände. Im Lagebericht Nr. 1 des Zentralbüros des Politischen Polizeikommandeurs (so die Bezeichnung für Heinrich Himmler als Chef der Politischen Polizeien im Frühjahr 1934) vom 10. April 1934 wurde darauf hingewiesen, dass es sich »um eine grundlegende Verlautbarung der SPD-Führung« handele, die daher dem Bericht auszugsweise beigelegt wurde.[3] Die Tarnschriften, die in größerer Zahl nach Deutschland gelangten, wurden dann in einzelnen Exemplaren mit der Post weiterverschickt. So zeigt eine Übersicht der Gestapo über erfasste Flugblätter aus dem Sommer 1934, dass mehrere Exemplare von »Die Kunst des Selbstrasierens« abgefangen oder abgegeben wurden. In Hannover und Köslin wurden am 20. und 21. Juli 1934 aus Kolberg versandte Exemplare erfasst, am 2. August in Potsdam und am 4. August in Köslin ebenfalls in Kolberg aufgegebene Exemplare. Doch dies blieben Einzelfälle; die meisten Exemplare gelangten unentdeckt an ihre Adressaten.

2 *Michael Schneider*, Unterm Hakenkreuz. Arbeiter und Arbeiterbewegung 1933 bis 1939, Bonn 1999, S. 894f.

3 Regimekritik, Widerstand und Verfolgung in Deutschland und den besetzten Gebieten. Meldungen und Berichte aus dem Geheimen Staatspolizeiamt, dem SD-Hauptamt der SS und dem Reichssicherheitshauptamt 1933–1944, Mikrofiche-Edition, MF 34 0188.

Für die Gestapo war Curt Geyer der Autor des Prager Manifests; sie vermuteten ebenfalls den Einfluss von Erich Rinner.

Im Jahr 1935 wurde die illegale SPD in Nordbayern aufgedeckt. Wie die Polizeidirektion Nürnberg-Fürth in einem zusammenfassenden Bericht mitteilte, wurden vom Bayerischen Oberlandesgericht insgesamt 68 Personen verurteilt: »insgesamt 57 Jahre 9 Monate Zuchthaus, 71 Jahre Ehrverlust und 32½ Jahre Gefängnis. [...] Mit diesem Prozess ist, nachdem vor Jahresfrist bereits in Sachsen ein umfangreicher illegaler Apparat der SPD ausgehoben wurde, dem illegalen Neuaufbau der SPD in Deutschland ein zweiter schwerer Schlag versetzt worden«. Ausdrücklich wurde auf die programmatische Neuorientierung der SPD im Januar 1934 verwiesen: »Die Programmgebung wurde unter dem getarnten Titel ›Die Kunst des Selbstrasierens‹ [...] als Miniaturbroschüre im Kleinstformat veröffentlicht und verbreitet.«[4]

Für das Kammergericht Berlin war »Die Kunst des Selbstrasierens« ein weiterer willkommener Beweis für den »Hochverrat« der Sozialdemokraten. Fast wortgleich hieß es in mehreren Anklageschriften gegen Sozialdemokraten aus Mitteldeutschland: »Während die Sozialdemokratische Partei vor der nationalen Erhebung im Gegensatz zur KPD auf gesetzlichem Wege zur Macht gelangen wollte, rückte sie nach dem Umbruch ausdrücklich von ihrer früheren Kampfesweise ab und erstrebt nunmehr den gewaltsamen Sturz der Regierung Adolf Hitlers, also die gewaltsame Änderung der Verfassung des neuen Deutschen Reiches. Dies ist insbesondere aus einer Erklärung zu erkennen, die von dem in die Tschechei geflüchteten Vorstand der SPD in Prag in der Ausgabe der gerichtsbekannten illegalen SPD-Zeitung ›Sozialistische Aktion‹ vom 28. Januar 1934 veröffentlicht und in der getarnten Schrift ›Die Kunst des Selbstrasierens‹ abgedruckt worden ist.«[5]

Auch im Verfahren des Kammergerichts gegen Theodor Wiechert und 16 andere Berliner Sozialdemokraten im Jahr 1934 spielten die aus der Tschechoslowakei eingeschmuggelten Druckschriften eine zentrale Rolle bei der Anklage und den Urteilen. Wie viele Sozialdemokraten insgesamt wegen der Beteiligung an Druck, Versand und Verbreitung von Tarnschriften in den 1930er Jahren in die Hände von Gestapo und Justiz gerieten, lässt sich nur schwer schätzen. Ihre Zahl ging in die Hunderte.

Der maßgebliche Verfasser des Prager Manifests, Rudolf Hilferding, wurde gemeinsam mit Rudolf Breitscheid von der französischen Vichy-Regierung im Februar 1941 an die Gestapo ausgeliefert. Er starb unter bis heute ungeklärten Umständen im Pariser Gefängnis La Santé am 11. oder 12. Dezember 1941.

Das Prager Manifest vom Januar 1934 spiegelt die ebenso verzweifelte wie entschlossene Suche der sozialdemokratischen Parteiführung wider, eine neue Strategie gegenüber der nationalsozialistischen Diktatur in Deutschland zu entwickeln, zugleich alle sozialistischen Kräfte in Deutschland zu einen und sich so auf ein nach-nationalsozialistisches Deutschland vorzubereiten. Es ist die erste sozialdemokratische Programmschrift, die ausführlich auf die etablierte Diktatur in Deutschland ein Jahr nach Hitlers Machtübernahme reagierte – und die Klarsicht hatte, zu erkennen, dass wohl ohne »äußere Katastrophen« eine Überwindung des Nationalsozialismus schwer möglich sein würde.

4 Bayerisches Hauptstaatsarchiv, MA 104990, Bericht der Polizeidirektion Nürnberg-Fürth vom 16. März 1935.

5 Anklageschrift des Kammergerichts vom 22. Oktober 1936 gegen Elfriede Wenck u.a., Archiv des Instituts für Zeitgeschichte, ED 106, Bd. 105.

Literaturhinweise:

Erich Matthias (Hrsg.), Mit dem Gesicht nach Deutschland. Eine Dokumentation über die sozialdemokratische Emigration. Aus dem Nachlaß von Friedrich Stampfer ergänzt durch andere Überlieferungen, bearb. v. *Werner Link*, Düsseldorf 1968.

Werner Plum (Hrsg.), Die »Grünen Berichte« der Sopade. Gedenkschrift für Erich Rinner (1902–1982), Bonn 1984.

Georg Ruppelt, »Die Kunst des Selbstrasierens«. Tarnschriften gegen die nationalsozialistische Diktatur. Eine kleine Sammlung der niedersächsischen Landesbibliothek, Hameln 2002.

Michael Schneider, Unterm Hakenkreuz. Arbeiter und Arbeiterbewegung 1933 bis 1939, Bonn 1999.

Hagen Schulze, Anpassung oder Widerstand? Aus den Akten des Parteivorstands der deutschen Sozialdemokratie 1932/33, Bonn 2004.

Bernd Stöver, Volksgemeinschaft im Dritten Reich. Die Konsensbereitschaft der Deutschen aus der Sicht sozialistischer Exilberichte, Düsseldorf 1993.

Juliane Brauer

Das »Moorsoldatenlied«: Dokument unmenschlichen Leidens und Zeugnis menschlichen Lebenswillens

Abbildung 1:
»Wir sind die Moorsoldaten«. Liedblatt mit Zeichnung aus dem Jahr 1935 von E. Zünsko, angefertigt im KZ Esterwegen
(Arbeiterliedarchiv/Akademie der Künste)

Am Nachmittag des 27. August 1933 erklang in einer Baracke des nordwestdeutschen Konzentrationslagers Börgermoor zum ersten Mal das »Moorsoldatenlied«. Die Aufführung des kurz zuvor entstandenen Lieds war Teil einer von den Gefangenen organisierten und gestalteten Revue mit dem Titel »Zirkus Konzentrazani«. Zum Abschluss dieser für ein Konzentrationslager höchst ungewöhnlichen Darbietung kam ein 16-köpfiger Chor der kommunistischen Gefangenen auf die provisorische Bühne. Einer der Häftlinge wandte sich mit folgenden Worten an das Publikum: »Kameraden, wir singen Euch jetzt das Lied vom Börgermoor, unser Lagerlied, hört gut zu und singt den Refrain mit.« Dann begann der Chor der Gefangenen im schleppenden Rhythmus die schwermütige und eingängige Melodie der alltäglichen Trostlosigkeit des Häftlingsdaseins anzustimmen. Die Männer besangen ihre schwere Zwangsarbeit im Moor, ihre Sehnsucht nach den zurückgelassenen Familien und nach der Heimat. Wolfgang Langhoff, Mitautor des Lieds, schilderte in seinen Erinnerungen ausführlich die bewegende Stimmung bei der Uraufführung des Stücks. Zunächst reagierten die zuhörenden rund tausend Gefangenen mit Erstarrung. Doch nach der Wiederholung des Refrains summten einige »leise und schwermütig« mit. »Sie blickten nicht nach rechts und nach links. Ihre Augen sahen über den Stacheldraht weg – dorthin, wo der Himmel auf die endlose Heide stieß.« Im Publikum saßen auch SS-Wachen und Vertreter des SS-Kommandanturstabs. Zum Schluss der Darbietung sangen viele den Refrain mit. »Ich sah den Kommandanten«, erinnerte sich Langhoff, »er saß da, den Kopf nach unten und scharrte mit dem Fuß im Sand. Die SS saß still und unbeweglich. Ich sah die Kameraden. Viele weinten.«[1]

An jenem Spätsommernachmittag im Jahr 1933 begann mit der Uraufführung des »Moorsoldatenlieds« nicht nur die Geschichte einer ganz eigenen Form politischer Lieder des 20. Jahrhunderts. Das »Moorsoldatenlied« steht auch am Anfang einer Reihe von Hunderten Liedern, die Gefangene in den nationalsozialistischen Lagern komponierten, die jedoch größtenteils vergessen sind. Nicht so das »Moorsoldatenlied«: Bis heute singen dieses eine Lied europaweit Überlebende der nationalsozialistischen Terrorherrschaft und deren Familien, aber auch Angehörige jüngerer Generationen. Bis heute erklingt es als ein Symbol für das Leiden und die Not, aber auch die Stärke und den Mut der Gefangenen in den nationalsozialistischen Konzentrations- und Vernichtungslagern. Es steht damit beispielhaft für alle Liedkompositionen aus den Lagern, auch wenn sich die KZ-Lieder der polnischen, französischen oder auch niederländischen Gefangenen sowie weiterer nationaler, religiöser oder sozialer Gruppen sehr stark von diesem ersten Lied unterscheiden.

Die Lagerlieder entstanden nicht nur, weil den Häftlingen das Singen ihrer eigenen politischen, nationalen oder religiösen Liedern streng untersagt war. Diese Lieder boten den gefangenen Menschen eine Möglichkeit, ihren Eindrücken und Gedanken, ihren Ängsten und Hoffnungen, ihrer Verzweiflung und ihrer Sehnsucht eine Sprache zu geben. Ob allein gesungen, heimlich vor Mithäftlingen oder gemeinsam angestimmt – die Lieder

1 Zit. nach: *Wolfgang Langhoff*, Die Moorsoldaten, 13 Monate Konzentrationslager, 18. Aufl., Zürich 1935, S. 175–195.

„Wir sind die Moor-Soldaten“
Marsch-Tempo
I. Wohin auch das Auge blicket Moor und Hei-de nur rings um.
II. Hier in die-sen ö-den Heide ist das La-ger aufge-baut.
III. Morgens zie-hen die Ko-lonnen in das Moor zur Arbeit hin
IV. Heim-wärts heimwärts jeder sehnet zu den Eltern Weib und Kind
V. Auf und nieder gehn die Posten keiner keiner kann hindurch
VI. Doch für uns gibt es kein Klagen ewig wird nicht Winter sein
Vo-gel-sang uns nicht
Wo wir ferne jeder
Gra-ben in dem Brand der Sonne doch zur Heimat steht der Sinn Wir
Man-che Brust ein Seufzer ... weil wir hier Gefangen-sind Wir
Flucht wird nur das Leben kosten Vierfach ist umzäunt die Burg Wir
Einmal werden froh wir sagen, Heimat du bist wieder mein Dann
1. Sind die Moor-Sol-da-ten mit dem Spaten ins Moor
2. Sind die
6. Ziehn die Moor-Solddaten nicht mehr mit dem Spaten ins Moor.
Esterwegen den 11. 8. 3

aus den Konzentrationslagern halfen den Gefangenen, sich unter den Bedingungen des Lagers als Menschen zu fühlen.

So ist auch die Motivation der Gefangenen im Jahr 1933 zu verstehen. Das Börgermoorlager war eines der ersten Konzentrationslager, in dem die neuen Machthaber zunächst ihre aktivsten politischen Gegner (Kommunisten, Sozialdemokraten und Gewerkschafter) inhaftierten. Die Zwangsarbeit im Moor gehörte neben den täglichen Demütigungen und Quälereien zu den größten Schikanen der Lager-SS. Langhoff berichtete, dass das Lied der Moorsoldaten ganz konkret nach einer besonderen Gewaltaktion der SS entstand, der sogenannten »Nacht der langen Latten«, in der die Lager-SS die Häftlingsblöcke stürmte und auf die Gefangenen einprügelte.

Aus dem Bedürfnis heraus, dieser Gewalt etwas entgegenzusetzen, traf sich Langhoff kurz nach diesem Ereignis mit dem Bergmann und Arbeiterdichter Johann Esser und dem Kaufmann und Laienkomponisten Rudi Goguel, um ein Lied zu dichten und zu komponieren. Alle drei waren zu diesem Zeitpunkt erst wenige Wochen im Lager. Das Bedürfnis nach einer Sprache für das schwere Leid schien groß. Das Lied besang aber nicht nur das harte und eintönige Leben der Gefangenen und die Sehnsucht nach Familie und Heimat. Es war auch ein Ausdruck des Stolzes, der Ungebrochenheit und unbedingten Hoffnung der Häftlinge auf ihre baldige Freiheit. Und genau in dieser doppelten Botschaft erreichte es unmittelbar die Köpfe und Herzen der anwesenden Gefangenen jenes »Zirkus Konzentrazani«. Doch auch SS-Wachen schienen von dem Lied begeistert. So berichtet Langhoff, dass nach der Revue ein SS-Mann um eine Abschrift des Lieds bat, um es nach Hause zu seinem »Mädel« zu schicken, viele weitere folgten diesem Beispiel. Die drei Urheber gaben allerdings nur denjenigen SS-Männern eine Abschrift des Lieds, die nicht quälten oder schlugen, mit den anderen versuchten sie über das Lied der Moorsoldaten ins Gespräch zu kommen – allerdings sollte davon die Lagerkommandantur nichts wissen, so die Erinnerung Langhoffs.

Die drei Urheber des »Moorsoldatenlieds« kamen aus dem politischen Widerstandsmilieu, sie kannten die traditionellen Arbeiterlieder, an denen sich das »Moorsoldatenlied« zwar orientierte, aber für das sie dennoch ihre ganz eigene musikalische Sprache fanden. Sie schrieben und komponierten das Lied im Namen aller Mitgefangenen, die das gleiche Verfolgungsschicksal teilten: »Wir sind die Moorsoldaten« – wir sind es, die jeden Morgen in das Moor ziehen, um dort unter unmenschlichen Bedingungen dem Moor Land abzugewinnen. Die Beschreibung dieses Alltags erinnert entfernt an die Charakterisierung der Lebenswelt der Arbeiter in den frühen sozialdemokratischen Liedern der Arbeiterbewegung, nur dass der Alltag der Moorsoldaten viel trostloser und düsterer war. Die Unterdrückung sowie das zu erfahrene Leid war körperlich konkreter und die Stimmung der Gefangenen wesentlich verzweifelter. Doch wendet sich der Duktus des Lieds in der letzten Strophe, wenn auch nicht so deutlich wie in vielen anderen Arbeiterliedern. So wird in den letzten Versen die Erlösung in Aussicht gestellt, ein Ende der Haft, die Rückkehr in die Heimat. Im Unterschied zu anderen Situationen in der Geschichte der Arbeiterbewegung hatten es die Konzentrationslagerhäftlinge nicht mehr in der Hand, ihr Schicksal zu wenden, sich selbst zu befreien. Somit fällt zwar der traditionelle kämpferische Aufforderungscharakter weg, dennoch bleibt mit der Hoffnung auf ein baldiges Ende und mit dem besungenen Gefühl einer Gemeinschaft ein versteckter Protest. So beschreiben die Erinnerungen von Überlebenden, dass das Singen des abgewandelten Refrains nach der letzten Strophe: »Dann ziehen die Moorsoldaten nicht mehr mit den Spaten ins Moor«, zusammen mit einem Aufstampfen bei den Worten »nicht mehr« als das äußerste Maß an Protest, Auflehnung und Widerstand zu verstehen war.

Die Melodie, die aus der Feder Goguels stammte, nimmt die schwermütige eintönige Stimmung der »Moorsoldaten« gekonnt auf, sie ist eingängig, leicht zu merken und zu erlernen, der Gesang ansteckend, vor allem im Refrain. Das gemeinsame Singen schmiedete die Gefangenen zu einer Gemeinschaft zusammen, die die gleiche Verfolgungsgeschichte teilte, die gleichen Hoffnungen und Sehnsüchte, das gleiche Maß an Verzweiflung angesichts der Isolierung im Moor und der Schikanen der SS. Aus diesen geteilten Erfahrungen konnten die Gefangenen Stärke, Mut und Hoffnung schöpfen – eine Praktik der Gefühlsbildung, die ihnen auch aus dem gemeinschaftlichen Gesang ihrer identitätsstiftenden Lieder auf politischen Veranstaltungen, Versammlungen und Zusammenkünften geläufig war.

Auch wenn einige SS-Männer das Lied von den Moorsoldaten offensichtlich mochten, das Protestgefühl der singenden Häftlinge war deutlich zu spüren. Dies führte dazu, dass die Lagerkommandantur des KZ Börgermoor den Gesang des Lieds zwei Tage nach

Abbildung 2: **Moorsoldaten-Kolonne aus dem KZ Esterwegen, Tempera-Gemälde von Bodo Gerstenberg, 1935** (Ullstein/Archiv Gerstenberg)

der Aufführung verbot. Gleichzeitig jedoch forderten SS-Wachen den gemeinschaftlichen Gesang dieses Lieds bei langen Märschen ins Moor ein. Das Liedverbot umgingen auch die Gefangenen selbst, wenn sie das Lied während ihrer abendlichen Treffen in den Blöcken weiter anstimmten.

Nach seiner Freilassung publizierte der Liedautor Langhoff 1935 im Schweizer Exil seinen Erinnerungsbericht, in dem die Aufführung des »Moorsoldatenlieds« einen zentralen Teil darstellt. Dieser frühe Bericht aus einem nationalsozialistischen Konzentrationslager stieß weltweit auf großes Interesse. Durch die unmittelbare englische Übersetzung des Buchs wurde das »Moorsoldatenlied« über die Grenzen Europas bekannt und galt noch vor der Neugründung vieler weiterer deutscher Konzentrations- und Vernichtungslager als Kampf-, Protest- und Lagerlied. Die musikalische Bearbeitung des im amerikanischen Exil lebenden Komponisten Hanns Eisler beschleunigte die Popularisierung des Lieds. Eisler veränderte vor allem die melodische Monotonie der Tonwiederholungen zu Beginn des Lieds in einen kämpferischen Quartsprung. Der Refrain erhielt in der Überarbeitung Eislers prägnantere Rhythmuselemente, sodass auch hier die ursprüngliche Eintönigkeit aufgelockert wurde. Der bekannte Arbeiterliedersänger Ernst Busch lernte das »Moorsoldatenlied« in der eislerschen Fassung kennen und verbreitete es unter den Internationalen Brigaden, die im Spanischen Bürgerkrieg gegen Franco kämpften. Auf diesem Weg gelangte das erste Konzentrationslagerlied auch in die französische Résistance, wo es als Widerstands- und Kampflied erklang. Viele der deutschen Kommunisten, die in Spanien kämpften, gerieten Ende der 1930er Jahre in deutsche Gefangenschaft und wurden in Konzentrationslager im Deutschen Reich verschleppt. Sie brachten das Lied zurück in die Lager. Unterdessen hatten es auch Häftlinge der frühen Moorlager in die neu erbauten Konzentrationslager mitgenommen, ebenso trugen SS-Wachen die Abschriften des Lieds bei sich, wenn sie ihren Einsatzort wechselten. Auf diesem doppelten Weg verbreitete sich das Lied innerhalb des Lagersystems, und es ist davon auszugehen, dass es in fast allen nationalsozialistischen Konzentrationslagern bekannt gewesen ist.

In den Lagern sangen es bis 1945 die Gefangenen, auf Befehl der SS, auf dem Appellplatz, überwiegend jedoch heimlich in den Baracken. Tschechische, polnische und französische Gefangene sangen es zum Teil auch modifiziert, in ihren Muttersprachen. Es finden sich beispielsweise Abschriften des Lieds in jedem der überlieferten Liederbücher wieder, die Gefangene des Lagers Sachsenhausen anfertigten.

Nicht zuletzt aufgrund dieser herausragenden Bedeutung des Lieds in den Lagern galt es in der DDR als Symbol des antifaschistischen Widerstandskampfs. Es erklang regelmäßig zu Gedenktagen und war fester Bestandteil der schulischen Musikerziehung in der DDR. In der Bundesrepublik war das Lied bis in die 1960er Jahre hinein fast völlig unbekannt. Erst die westdeutsche Protestbewegung entdeckte das Lied für sich und erklärte es zum hörbaren Signal des gesellschaftlichen Umbruchs im Umgang mit der nationalsozialistischen Vergangenheit.

Obwohl das »Moorsoldatenlied« nur für eine kleine Gruppe von Gefangenen in den nationalsozialistischen Konzentrations- und Vernichtungslagern steht, hat es seinen festen Platz im Liederkanon des 20. Jahrhunderts. Der Komponist Michael Bardo Henning integrierte es beispielsweise neben den Nationalhymnen in seinen Deutschlandhymnen-Mix zum Tag der Deutschen Einheit 1998, was jedoch die wenigsten erkannt haben dürften. Es existieren Interpretationen unter anderem von Pete Seeger, Hannes Wader und Perry Friedman. Auch Bands wie die »Schnitter« und die »Toten Hosen« haben das »Moorsoldatenlied« in ihr Repertoire aufgenommen.

Seit den 1990er Jahren kommt kaum eine Gedenkfeier in Deutschland ohne das »Moorsoldatenlied« aus. So erklang es beispielsweise anlässlich des 50. Jahrestags der Befreiung des Lagers Sachsenhausen gleich mehrfach: von einer Bläserkapelle intoniert, in gemäßigtem Tempo, einem Trauermarsch ähnlich; von französischen Überlebenden kraftvoll und kämpferisch gesungen, dabei den leisen Gesang jüdischer Überlebender übertönend und auf der zentralen Gedenkveranstaltung gemeinsam von allen Anwesenden in ihren Heimatsprachen gesungen. Das »Moorsoldatenlied« gilt damit heute als Bote des eigentlichen Überlebens- und Widerstandswillens der Gefangenen in den Konzentrationslagern. Ohne große Erklärungen dokumentiert es das Ringen um menschliche Identität und das Widerstehen unter unvorstellbaren Lebensbedingungen. Es ist ein Dokument unmenschlichen Leidens und Zeugnis menschlichen Lebenswillens, das den Mut und die Ängste der Häftlinge auch heutigen Generationen begreifbar machen kann und die Erinnerung daran immer wieder von Neuem einfordert.

Literaturhinweise:

Fietje Ausländer/Susanne Brandt/Guido Fackler, Das Lied der Moorsoldaten 1933 bis 2000. Bearbeitungen. Nutzungen. Nachwirkungen, hrsg. vom Dokumentations- und Informationszentrum (DIZ) Emslandlager, Papenburg 2002.

Juliane Brauer, Musik im Konzentrationslager, Sachsenhausen, Berlin 2009.

Guido Fackler, »Des Lagers Stimme«. Musik im KZ. Alltag und Häftlingskultur in den Konzentrationslagern 1933–1936, Bremen 2000.

Wolfgang Langhoff, Die Moorsoldaten. 13 Monate Konzentrationslager, 18. Aufl., Zürich 1935.

Blick ins Plenum des SPD-Parteitags 1959 in Bad Godesberg (J. H. Darchinger/FES)

1945–1989/90

Manuel Gogos

Neubau versus Repression. Deutsche Sozialdemokratie von der Nachkriegszeit bis zur Friedlichen Revolution

Am 8. Mai 1945 kapitulierte die Wehrmacht, dem »totalen Krieg« folgte der totale Zusammenbruch. Noch während Kriegsheimkehrer und Flüchtlingstrecks das Land durchquerten, hielt ein anderes, ein neues Deutschland seine Stunde für gekommen. Sozialdemokraten holten ihre roten Fahnen aus den Verstecken, und auf dem Frankfurter Römer sprach ein Mann zu einer Menschenmenge. Zehn Jahre hatte er in Konzentrationslagern gesessen, auch nach dem Zweiten Weltkrieg blieb er ein Gezeichneter, aber gerade aus diesem Leid erklärte sich seine unbestreitbare moralische Autorität. So ausgebrannt wie die Stadt im Hintergrund waren auch die Seelen seiner Zuhörer. Viele Deutsche versanken nach dem Krieg in politische Apathie. Daneben gab es aber auch einen regelrechten Hunger nach Demokratie. Die Sozialdemokraten schienen prädestiniert, diesen Wünschen politisch Ausdruck zu verleihen. Viele ältere Sozialdemokraten galten als die zuverlässigsten Demokraten vor Ort und wurden von den Alliierten mit Ämtern betraut – oft war dies der Beginn eines neuen Aufbaus der SPD; viele konnten in den nachfolgenden Wahlen die zuvor durch Ernennung besetzten Ämter behaupten. Mit 700.000 Mitgliedern hatte die SPD 1946 kurzzeitig mehr Mitglieder als in der Weimarer Republik.

Der Sprecher auf dem Frankfurter Römer konnte mitreißen. Den Zusammenbruch begriff er von Anfang an als Befreiung, den Besatzern wollte er als Vertreter eines anderen Deutschlands auf Augenhöhe begegnen. Noch ohne die formale Erlaubnis der Engländer und US-Amerikaner bildete Kurt Schumacher, gemeinsam mit dem stellvertretenden Vorsitzenden Erich Ollenhauer, dem Partei-Organisator Egon Franke, dem Pressechef Fritz Heine und dem Schatzmeister Alfred Nau, in Hannover den Nukleus der Partei. Der angestrebte Neubau der SPD war nicht leicht. Wie Schumacher war auch der Großteil der SPD-Mitglieder in der Weimarer Republik sozialisiert worden – der Vorteil der zuverlässigen Demokraten erwies sich zugleich als ein Handicap. Schumacher wollte die älteste demokratische Tradition in Deutschland fortsetzen, zugleich aber die Fehler der ersten Republik vermeiden. Die alten Eliten müssten gebändigt und – so war man überzeugt – die Demokratie durch die »Sozialisierung« von Kernindustrien radikaler gestaltet werden. Die Nachkriegs-SPD war dezidiert antikommunistisch eingestellt. Der Marxismus wurde nicht länger als Dogma angesehen, sondern lediglich als unverzichtbares Instrument der ökonomischen Analyse. Dennoch versuchte die in der Nachkriegszeit gegründete CDU immer wieder, die Sozialdemokratie in die Nähe Moskaus zu rücken und damit politisch zu diskreditieren.

Kurt Schumacher wurde im Mai 1946 auf dem Parteitag in Hannover zum Parteivorsitzenden der SPD in den drei westlichen Besatzungszonen gewählt. Er zeigte sich überzeugt, dass sich in der sowjetischen Besatzungszone keine sozialdemokratische Politik mehr machen ließ. Verloren aber wollte er sie nicht geben: Laut seiner 1946/47 entwickelten Magnettheorie würde die Anziehungskraft des westlichen ›Way of Life‹ ihre Wirkung auf die Bewohner der Sowjetzone nicht verfehlen. Diese kompromisslose Haltung, die die deutsche Einheit zur obersten Leitmaxime erklärte und ihr alle anderen politischen Entscheidungen unterordnete, hatte nicht nur für die Außenpolitik der Schumacher-SPD Konsequenzen: Während sie geradezu verbissen an der Wiedervereinigung festhielt, steuerte Konrad Adenauers CDU bedingungslos in die Westintegration.

Dass schon bald nach dem Ende des Zweiten Weltkriegs die deutsche Einheit in weite Ferne rückte, lag an dem Zerfall des alliierten Kriegsbunds und dem aufkeimenden ›Kalten Krieg‹. Ab 1947 vertieften sich die bereits existenten Spannungen zwischen

Abbildung 1:
Kurt Schumacher spricht auf dem Frankfurter Römer, 1946 (AdsD)

den Westalliierten und der Sowjetunion weiter. Als die UdSSR am 24. Juni 1948 alle Zufahrtswege nach Westberlin blockierte, richteten die Westalliierten eine Luftbrücke zur Versorgung ein, der Oberbürgermeister Ernst Reuter (SPD) wurde zum Symbol des Selbstbehauptungswillens der Stadt. Die drei Westmächte begannen nun, verstärkt auf die Gründung eines westdeutschen Teilstaats zu drängen. Um einer gesamtdeutschen Nationalversammlung nicht vorzugreifen, sollte ein Parlamentarischer Rat über die rechtlichen Grundlagen des neuen Staats beraten. Als Tagungsort dieses Gremiums wurde Bonn festgelegt, ein Hinweisschild auf den Parlamentarischen Rat an der entsprechenden Autobahnabfahrt vor der Kulisse grasender Kühe versinnbildlichte die improvisierten Anfänge der Bundesrepublik in der nordrhein-westfälischen Provinz. Am 1. September 1948 wurde der Rat im Lichthof des Zoologischen Museums Koenig feierlich eröffnet. Carlo Schmid, damals führender Verfassungsrechtler der SPD, erinnerte sich der besonderen Anmutung dieser Feierstunde: »Wohl kaum hat je ein Staatsakt, der eine neue Phase der Geschichte eines großen Volkes einleiten sollte, in so skurriler Umgebung stattgefunden. In der Halle dieses in mächtigen Quadern hochgeführten Gebäudes standen wir unter den Länderfahnen – rings umgeben von ausgestopftem Getier aus aller Welt.«[1] Carlo Schmid – der Vorsitzende des ausschlaggebenden Hauptausschusses im Parlamentarischen Rat – war für das entstehende Verfassungswerk von herausragender Bedeutung. Von den 65 Mitgliedern des Rats gehörten 27 der SPD

Abbildung 2:
Sitzung des Parlamentarischen Rats im Zoologischen Museum Koenig, Bonn 1948 (AdsD)

Abbildung 3:
Carlo Schmid unterzeichnet das Grundgesetz, 23. Mai 1949 (Bundesarchiv, B 145 Bild 00047151/Georg Munker)

Abbildung 4:
Propaganda-Plakat zur Vereinigung von KPD und SPD, 1946 (bpk)

an, am Bonner Grundgesetz wirkten sie maßgeblich mit. Als der Antrag der Sozialdemokraten zur Formulierung des Artikels zur Gleichberechtigung abgelehnt wurde, organisierten die sozialdemokratischen Abgeordneten Elisabeth Selbert und Friederike Nadig in Zusammenarbeit mit Helene Wessel (Zentrum, später SPD) und Helene Weber (CDU) – den anderen zwei weiblichen Ratsmitgliedern – sowie mit Unterstützung der SPD-Fraktion, eine öffentliche Kampagne, die von verschiedenen Frauenverbänden und Gewerkschaftsfrauen getragen wurde. Mit Erfolg: Am Ende stand die Zustimmung: »Frauen und Männer sind gleichberechtigt.« Am 23. Mai 1949 trat das Grundgesetz in Kraft, die Bundesrepublik Deutschland war gegründet.

Nach Kriegsende gründete sich die SPD auch in der sowjetischen Besatzungszone neu. Die Organisationsdichte der sozialdemokratischen Ortsvereine lag hier im Raum Thüringen/Sachsen – den traditionellen Stammländern der Arbeiterbewegung – noch höher als im Westen. Otto Grotewohl wurde zum Vorsitzenden des ostdeutschen Zentralausschusses der Sozialdemokratie gewählt. Während sich Kurt Schumacher in den Westzonen kompromisslos gegen eine Zusammenarbeit mit der KPD aussprach – nach seiner Meinung unterschieden sich Sozialdemokraten und Kommunisten nicht allein in der Radikalität ihrer politischen Strategien, sondern er hielt vielmehr ihre Blickwinkel auf die politischen Verhältnisse grundsätzlich für unvereinbar –, verfolgte Grotewohl einen ambivalenten Kurs und gab sich Hoffnungen hin, die SPD könnte vielleicht doch gleichberechtigt mit der KPD zusammenarbeiten. Allerdings zerschlugen sich solche Hoffnungen bald. Angesichts von Wahlniederlagen drängten die Kommunisten ab Herbst 1945 auf die Verschmelzung der beiden Arbeiterparteien, immer mehr verstärkte sich der Druck der sowjetischen Besatzungsmacht und der KPD auf die SPD im Osten. Ein offener Protest dagegen war kaum möglich. Einschüchterungsversuche und Denunziationen nahmen zu, und immer mehr sozialdemokratische Funktionäre fügten sich in das anscheinend Unvermeidliche. Am 11. Februar 1946 stimmte der Zentralausschuss in einer Art Selbstaufgabe schließlich der

EINHEIT
KPD
SPD
VERLAG EINHEIT

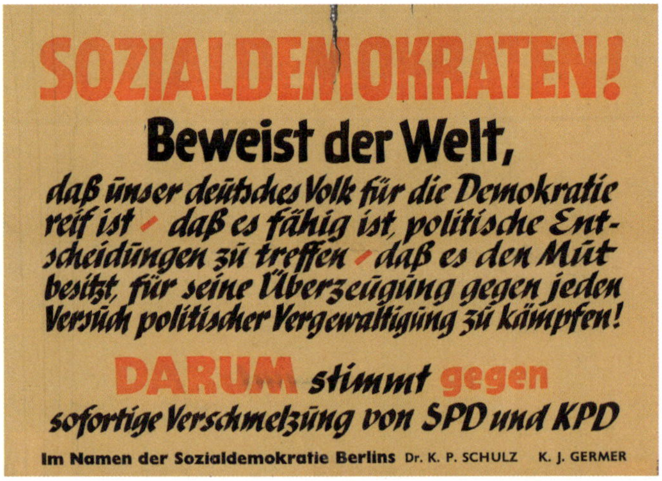

Vereinigung zu. In Berlin fand am 31. März 1946 auf Initiative des SPD-Kreisvorsitzenden von Reinickendorf, Franz Neumann, noch eine Urabstimmung statt. 82% der an der Wahl teilnehmenden Sozialdemokraten aus den Westsektoren votierten gegen einen sofortigen Zusammenschluss mit der KPD. Im sowjetischen Sektor wurde die Aktion nach Öffnung der Wahllokale gewaltsam unterbunden. Im April 1946 vereinigten sich KPD und SPD zur Sozialistischen Einheitspartei Deutschlands (SED); viele kritische Sozialdemokraten flüchteten daraufhin in den Westen. Allein in Ostberlin konnte sich die SPD unter dem Schutz des Vier-Mächte-Status einstweilen noch halten, bei den Stadtbezirkswahlen 1946 lag sie mit 46,6% weit vor SED (29,9%) und CDU (18,7%). Erst mit dem Bau der Mauer 1961 wurde die Ost-SPD auch in Berlin aufgelöst.

Wie die Bundesrepublik gründete sich auch die DDR im Jahr 1949. Sie war ein repressiver Staat, die SED entwickelte sich zur stalinistischen Kaderpartei. Ihre sozialdemokratischen Mitglieder gerieten immer stärker aufgrund von Hetzkampagnen gegen »Sozialdemokratismus« unter Druck und wurden als »Schumacherlinge« aus der Partei entfernt. Das Ulbricht-Regime – Walter Ulbricht war schon als führender KPD-Funktionär maßgeblich am Kampf gegen die Sozialdemokratie beteiligt gewesen, von 1950 bis 1971 hatte er in der DDR die höchste Entscheidungsgewalt inne – baute seinen Überwachungsstaat aus. Wer in den Verdacht geriet, Kontakt zur West-SPD zu unterhalten – etwa in Gestalt des von der SPD in Hannover eingerichteten »Ostbüros«, um die Kommunikation mit den Genossen in der sowjetischen Zone aufrechtzuerhalten –, wurde in Zwangsarbeitslager verschleppt. 25 Jahre in deutschen oder auch sowjetischen Lagern wie Workuta war ein häufiges Urteil. Auch die Lager in der SBZ/DDR waren für ihre unmenschlichen Bedingungen berüchtigt, etwa Bautzen, die Haftanstalt »Roter Ochse« in Halle an der Saale und das Frauengefängnis im Schloss Hoheneck. Mancher hatte, wie in den Waldheimer Prozessen, sogar mit der Todesstrafe zu rechnen. Vom 21. April bis zum 29. Juni 1950 fanden im Zuchthaus der sächsischen Kleinstadt Waldheim mit der Anklage gegen 3.442 Personen Schauprozesse statt. Auch SPD-Funktionäre waren unter denen, die in Schnellverfahren von wenigen Minuten ausgerechnet der Kollaboration mit den Nationalsozialisten für schuldig befunden wurden. Todesurteile wurden verkündet und vollstreckt. Der Prozessverlauf folgte den Planungen der SED-Führung und muss auch als Demonstration ihrer Willfährigkeit gegenüber den sowjetischen Besatzern begriffen werden. Zahlreiche Sozialdemokraten, die im Zuge dieser Prozesse verurteilt und inhaftiert wurden, entließ man in den 1950er Jahren in die Bundesrepublik, rehabilitiert worden sind sie aber erst nach 1990.

Aus dem Streik der Berliner Bauarbeiter am 17. Juni 1953 erwuchs in vielen Städten der DDR ein Arbeiteraufstand, in dem auch die alten sozialdemokratischen Lieder wieder zu hören waren. Die Protestbewegung mit circa 1,5 Millionen Beteiligten wurde durch sowjetische Panzer niedergerollt, mehr als 13.000 Oppositionelle wurden verhaftet. In Leipzig und Eisenach, wo sich im 19. Jahrhundert die ersten Arbeiterparteien gegründet hatten, in Sachsen und Thüringen, wo während des Kaiserreichs und der Weimarer Republik große Partei- und

Abbildung 5:
Plakat der SPD zur Urabstimmung, Berlin 1946 (AdsD)

Abbildung 6:
Das Ostbüro der SPD schickt Luftballons mit Flugblättern in die DDR, 1953 (AdsD)

Abbildung 7:
Aufständische Arbeiter des 17. Juni 1953 reißen das Sektorenschild des ›demokratischen‹ sowjetischen Sektors nieder (AdsD)

Abbildung 8:
Ein sowjetischer Panzer am 17. Juni 1953 in Ostberlin (ddp images/AP)

Abbildung 9:
Zuschauer blicken von außen in die erste Sitzung des Bundestags, 1949
(Presse- und Informationsamt der Bundesregierung)

Abbildung 10/11:
SPD-Plakate zu den Bundestagswahlen 1953 und 1957
(AdsD)

Gewerkschaftshäuser gestanden hatten, war die sozialdemokratische Tradition damit endgültig ausgelöscht. Trotz der hohen Risiken wandten sich einige Sozialdemokraten ›illegalen‹ Formen des politischen Widerstandskampfs zu. Das Ostbüro arbeitete nach Vorbild der Grenzsekretariate nach 1933: Material sammeln, aufbereiten und veröffentlichen zur politischen Aufklärung sowie Aufrufe und Informationen in die DDR schmuggeln und verbreiten. Allenfalls hielten dort private konspirative Zirkel von Gesinnungsfreunden das Banner der sozialdemokratischen Tradition hoch. Aber selbst dann war die Gefahr beträchtlich: Jetzt standen die Spitzel auch in den eigenen Reihen.

Nach der Zerschlagung des Nationalsozialismus schien in ganz Deutschland der politische Weg nach links zu führen. Doch konnte bei der ersten Bundestagswahl im Jahr 1949 die CDU mit knapper Mehrheit die Führung der jungen Republik übernehmen; die SPD sah sich auf die Opposition zurückgeworfen. Nach dem Tod Kurt Schumachers im August 1952 wurde die Partei von dessen Nachfolger Erich Ollenhauer geführt, offenbar war dem hochintellektuellen, übernervösen und scharf sprechenden Schumacher mit Ollenhauer – wie einst Bebel mit Ebert – dem Volkstribun wieder der Parteisekretär gefolgt. Aber das ausgeglichene Temperament des neuen Vorsitzenden stärkte den Zusammenhalt nach innen. Nach außen betonte er zusammen mit der sozialdemokratischen Bundestagsfraktion nur selten die Rolle der SPD als konstruktive Opposition, etwa mit dem Wiedergutmachungsabkommen für Israel 1952 oder bei der Einführung der dynamischen Rente 1957.

Doch an der Priorität der deutschen Einheit änderte sich für die SPD nichts, sodass sie weiterhin gegen die Westeinbindung eintrat wie auch insbesondere aus Angst vor einem ›Bruderkampf‹ gegen die Wiederbewaffnung Westdeutschlands anrannte. Bereits 1955 war die Bundeswehr gegründet worden, zwei Jahre später beschloss die CDU-geführte Bundesregierung, sie mit Nuklearwaffen auszurüsten. Daraufhin organisierte die SPD eine Kampagne, für die im April 1957 unter der Parole »Kampf dem Atomtod!« überall in Deutschland Hunderttausende auf die Straße gingen. Gustav Heinemann, der wegen der Wiederbewaffnungspläne der Regierung bereits 1952 aus der CDU ausgetreten war, die Gesamtdeutsche Volkspartei mitbegründet hatte und nach der Auflösung der Partei 1957 zur SPD übergetreten war, wurde nun zu einem der Wortführer der ersten großen Protestbewegung der Bundesrepublik.

Spätestens mit den Bundestagswahlen von 1953 und 1957, bei denen die Zahl der Wählerstimmen für die SPD dramatisch einbrach, kam es der Partei zu Bewusstsein: Die traditionellen Arbeitermilieus waren in Auflösung begriffen, man musste sich neuen Wählerschichten öffnen. Debatten entbrannten um den künftigen Kurs der SPD, nach 1957 und dann insbesondere 1959 mit dem Außerordentlichen Parteitag in Bad Godesberg kam es in der Partei organisatorisch wie programmatisch zu einer regelrechten Rundumerneuerung. Manche SPD-Mitglieder empfanden die traditionellen Ausdrucksmittel des Parteilebens wie rote Fahnen oder die Anrede als »Genosse« nicht mehr als zeitgemäß. Um sich in der aufkommenden Wohlstandsgesellschaft neu zu positionieren, galt es neben manchem anachronistischen Brauch auch ideologischen Ballast abzuwerfen. Vielen galt Willi Eichler als der Vater des Godesberger Programms. Auf über 300 Parteiversammlungen debattierte er Änderungsvorschläge und Einwände. Auch Erich Ollenhauer, selbst zwar zu den Traditionalisten zählend, gestaltete den Modernisierungsprozess bewusst mit. Noch 1953 bekundete er anlässlich des 90-jährigen Bestehens der sozialdemokratischen Bewegung in Wuppertal: »Eine sozialdemokratische Partei ohne das Symbol der roten Fahne wäre eine Partei ohne Herz. Die Partei ohne die Lieder und Kampfgesänge, die uns in neunzig Jahren ans Herz gewachsen sind und die vielleicht und hoffentlich morgen durch neue, zeitgerechte ergänzt werden, ohne das kameradschaftliche ›Du‹ und ohne die verbindende und verpflichtende Anrede ›Genosse‹ würde eine Partei ohne Blut sein.«[2] Doch seine Entscheidung, Fritz Sänger, dem ehemaligen Chefredakteur der Deutschen Presse-Agentur die Ausformulierung des Godesberger Programms anzuvertrauen, war für die Modernisierung der Partei von großer Tragweite. Sänger erinnerte sich an die gemeinsame Textarbeit des Jahres 1959: »Bonn, 10 Uhr, bei E. O. [Erich Ollenhauer] allein, erster Entwurf liegt vor, er liest ihn und wir besprechen Punkt für Punkt. Ich weise darauf hin, daß ich kaum Material benutzt und bisher nichts gelesen habe. [...] Ich mußte frei aus der Hand schreiben, weil das Hin und Her der Ideen und Gedanken ungeordnet erscheint.«[3] Unter der Federführung des Journalisten wurde die Sprache der Partei entschlackt, und das Godesberger Programm von 1959 formulierte die Grundwerte der Sozialen Demokratie in schlüssiger, bis heute gültiger Form: Freiheit, Gerechtigkeit und Solidarität.

Im Godesberger Programm wurde weltanschauliche Toleranz zum zentralen Prüfstein des sozialdemokratischen Selbstverständnisses, die Wurzeln des demokratischen Sozialismus fand es statt bei Marx in der klassischen Philosophie, in der christlichen Ethik und im Humanismus. Damit zeigte sich die Sozialdemokratie auch gegenüber der Religion grundsätzlich aufgeschlossen, was sie für bekennende Protestanten wie Gustav Heinemann oder Johannes Rau zu einer politischen Heimat machte.

Im Zeichen des ›Wirtschaftswunders‹ dachte die SPD des Godesberger Programms auch ihre wirtschaftspolitische Ausrichtung neu. »Wettbewerb soweit wie möglich – Planung soweit wie nötig« wurde zum Schlüsselwort sozialdemokratischer Wirtschaftspolitik. Keynesianer wie Heinrich Deist oder Karl Schiller wollten mit dieser Doppelstrategie sowohl die soziale Marktwirtschaft stimulieren als auch die staatliche Kontrolle des Kapitals garantieren.

Parallel zur Neuformulierung des Programms erreichten die Reformer in der SPD eine Reorganisation, in der die Macht der besoldeten Funktionäre gegenüber Mandats- und Amtsträgern zurücktrat. Genauer gesagt, bedeutete dies eine ›Parlamentarisierung‹ der SPD, da viele der nun in Verantwortung stehenden Sozialdemokraten aus der Bundestagsfraktion kamen und ihren Einfluss in den Folgejahren deutlich machten. Unter den Reformern fand sich kaum ein ›gelernter Sozialdemokrat‹ aus der Zeit vor 1933. Manche, wie Willy Brandt oder Fritz Erler, waren ehemalige Linkssozialisten. Einige Reformer waren zudem akademisch gebildete Quereinsteiger wie Carlo Schmid oder Ernst Reuter. Politiker einer jüngeren Generation wie Helmut Schmidt und Karl Schiller wurden ihrer Sachkompetenz und persönlichen Ausstrahlung wegen zu Hoffnungsträgern. Sie fanden sich in der SPD-Bundestagsfraktion zusammen und setzten neue politische Akzente. Als zentraler Motor erwies sich Herbert Wehner, der als stellvertretender Parteivorsitzender und Bundestagsabgeordneter und späterer Fraktionsvorsitzender die Geschichte der Sozialdemokratie in den nächsten Dekaden entscheidend mitprägen sollte.

Die neue SPD in den Medien mutete nicht nur weltläufiger an. Ihr neuer Stil war auch Ausdruck einer gewandelten inneren Haltung. Man wollte sich an Individuen wenden, und nicht an Klassen. Zur politischen Strategie gehörte es nun auch, Persönlichkeiten herauszustellen. Vor allem auf Willy Brandt begannen sich dabei die Blicke zu richten. Bereits als Regierender Bürgermeister Berlins genoss er großes internationales Renommee, auf dem Parteitag 1960 in Hannover nominierten ihn die Delegierten als Kanzlerkandidaten, eine Funktion, die es bis dahin nicht gab. Während Adenauer noch gegen »Herrn Brandt alias Frahm« polemisierte, war ausgerechnet die Springer-Presse ganz auf den 40 Jahre jüngeren Herausforderer versessen und schrieb ihn zu einer Art ›deutschem Kennedy‹ hoch. Es war nicht zuletzt der selbstbewusste Umgang des ehemaligen Journalisten mit Fotografen und Kameraleuten, der den Ausschlag für Willy Brandts Spitzenplatz-Nominierung für die Bundestagswahlen 1961 und 1965 gab: Im automobilisierten Straßenwahlkampf begann er dem ewigen Kanzler Adenauer regelrecht die ›Schau‹ zu stehlen.

Inhaltlich getragen wurde diese Politik der Profilierung von einem Wandel in der Haltung zur Deutschland- und Außenpolitik sowie einem Wechsel der Strategie. Herbert Wehner gab der Anpassung an politische Realitäten mit seiner Rede am 30. Juni 1960 im Deutschen Bundestag ein festes Datum. Er arbeitete das Rollenspiel zwischen Regierung und Opposition zu einem tragenden Element des Parlamentarismus aus: »Es ist kein Zweifel, die Bundesregierung weiß mehr, als die Opposition wissen kann. Aber wir wollen doch gar nicht auf diesem Umweg jetzt die Rollen von Regierung und Opposition vertauschen oder die Befugnisse von Regierung und Opposition verwechseln. Es geht nicht darum, der Regierung etwa die Politik der Sozialdemokraten, wie man es nennt, aufzwingen zu wollen, [...] sondern es geht darum, sich darüber zu verständigen, was zu tun ist [...] und was – vielleicht auf lange Sicht – angestrebt und getan werden muß, um die deutschen Fragen in internationale Verhandlungen zu bringen oder darin zu halten. [...] Innenpolitische Gegnerschaft belebt die Demokratie. Aber ein Feindverhältnis, wie es von manchen gesucht und angestrebt wird, tötet schließlich die Demokratie, so harmlos das auch anfangen mag.«[4] Mit der Betonung des Aufeinander-Verwiesenseins der Parteien brachte Wehner die SPD auf den Umarmungskurs, der zur Regierungsbeteiligung in der Großen Koalition (1966 bis 1969) führte.

Die Regierungsbeteiligung an der Großen Koalition war Ergebnis der seit 1960 betriebenen »Politik der Gemeinsamkeit«. Ihr lag vonseiten der SPD ein klares strategisches Kalkül zugrunde: Regierungsfähigkeit zu demonstrieren und damit den Boden für einen Regierungswechsel zu bereiten. Die Koalition war eine ›Vernunftehe‹, deren Architekt Herbert Wehner war. In ihr trafen Gegensätze aufeinander. Der Umgang zwischen dem Bundeskanzler und ehemaligen NSDAP-Mitglied Kiesinger sowie dem Außenminister und ehemaligen Exilanten Brandt blieb kühl. Demgegenüber war die Harmonie zwischen Wirtschaftsminister Karl Schiller und Finanzminister Franz Josef Strauß erstaunlich groß. In der von Schiller initiierten ›Konzertierten Aktion‹ trafen sich Gewerkschaften und Arbeitgeberverbände unter der Leitung des Wirtschaftsministeriums, um gemeinsam die Rezession von 1966/67 zu überwinden. Der Reformwille der Großen Koalition war beachtlich: Die Wirtschaftsrezession konnte erfolgreich bekämpft werden, viele Reformen wurden angestoßen, vor allem in der Arbeitsmarkt- und Bildungspolitik sowie in der Justiz.

Zugleich erwachte in Ermangelung eines parlamentarischen Gegengewichts die sogenannte Außerparlamentarische Opposition (APO), deren verbalradikale Proteste die parlamentarischen Debatten medial zu überlagern begannen. Im Zentrum des Protests standen die Notstandsgesetze, die parteiintern sowie auch in den Gewerkschaften hoch umstritten waren, weil sie einen Eingriff des Staats

Abbildung 12:
Herbert Wehner läutet im Deutschen Bundestag den außenpolitischen Kurswechsel der SPD ein, 30. Juni 1960
(Deutscher Bundestag, Parlamentsarchiv)

in die Grundrechte ermöglichten. Insbesondere die IG Metall mit ihrem Vorsitzenden Otto Brenner engagierte sich im Kampf gegen die Notstandsgesetze. Die von ihr in dieser Frage unterstützte Studentenbewegung wollte in der Arbeiterschaft ihr ›revolutionäres Subjekt‹ finden. Womöglich war jedoch die Ernennung eines Gewerkschaftsführers wie Georg Leber zum Bundesminister die eigentlich revolutionäre Neuerung der Zeit. In der Abstimmung am 30. Mai 1968 im Deutschen Bundestag stimmten 62 von 202 sozialdemokratischen Abgeordneten gegen das Gesetzesvorhaben. Kaum war die SPD ihrer Rolle als ewiger Oppositionspartei entwachsen, wurde sie schon von der APO als politisches ›Establishment‹ unter großer medialer Aufmerksamkeit herausgefordert. Bei einem Treffen zwischen Rudi Dutschke und Johannes Rau am 4. Februar 1968 in der Wattenscheider Stadthalle erklärte der APO-Apostel dem Vorsitzenden der SPD-Landtagsfraktion in Nordrhein-Westfalen, es habe sich manches im Land geändert. Gemeint hatte Dutschke damit wohl nicht zuletzt auch den Stil der politischen Auseinandersetzung. Er warf der Partei eine Wiederholung historischer Fehler vor. In Momenten, in denen der alte CDU-Staat in Gefahr komme, mobilisiere die SPD nicht die Massen für den Sozialismus, sondern sie versuche, diesen Staat zu erhalten. Rau zeigte sich als gelassener Gesprächspartner und hob den wesentlichen Anteil der SPD an der bröckelnden CDU-Herrschaft hervor. Auf den Vorschlag Dutschkes, die Massen zu mobilisieren, konterte Rau mit der Frage, ob Masse denn ein Kriterium für Qualität sei.

Im März 1969 wurde 50 Jahre nach Friedrich Ebert mit Gustav Heinemann der zweite Sozialdemokrat zum Staatsoberhaupt vereidigt, ein Stück Machtwechsel fand damit bereits wenige Monate vor der nächsten Bundestagswahl statt. Bereits als Bundesjustizminister (1966 bis 1969) hatte sich Heinemann mit seiner Staatsrechtsreform einen Namen gemacht. Zugleich vertrat der Rechtsreformer entschieden die Verlängerung der Verjährungsfrist für NS-Verbrechen. Als Bundespräsident sah Heinemann den Staat nur als ein Mittel zum Zweck gedeihlichen Zusammenlebens. Als eines seiner wichtigsten Anliegen bezeichnete er die Überwindung der Untertänigkeit und die Erziehung der Deutschen zu mündigen Demokraten.

Abbildung 13:
Letztes Kabinettstreffen der Großen Koalition mit Bundeskanzler Kurt Georg Kiesinger (CDU, rechts) und seinem Außenminister Willy Brandt von der SPD am 29. September 1969
(bpk/Hilmar Pabel)

Abbildung 14:
Der IG Metall-Vorsitzende Otto Brenner auf einer DGB-Großkundgebung gegen die Notstandsgesetzgebung am 11. Mai 1968 in Dortmund
(Hans-Helmut Bauer)

Abbildung 15:
Gustav Heinemann bei seiner Vereidigung zum Bundespräsidenten, 1. Juli 1969
(picture-alliance/dpa)

Abbildung 16:
Willy Brandt tritt am Wahlabend des 28. September 1969 vor die Öffentlichkeit
(Bundesarchiv, B146 Bild F030053-0030/Jens Gathman)

1969 machte nicht nur die Menschheit einen großen Schritt. Auch in der SPD herrschte enthusiastische Aufbruchsstimmung. Gerade einmal zwei Monate nach der Mondlandung der Apollo 11 wurde mit Willy Brandt erstmals in der Geschichte der Bundesrepublik ein Sozialdemokrat zum Bundeskanzler gewählt. Erstmals saßen die Unionsparteien in der Opposition, nach 20 Jahren an der Macht fühlten sie sich um ihre angestammte Rolle als Regierungspartei geprellt und behandelten die sozial-liberale Koalition wie ›Putschisten‹.

Noch in der Wahlnacht stellte Brandt die Weichen für eine sozial-liberale Koalition – und damit für eine Um- oder Neugründung der Republik. In seiner Regierungserklärung vom 28. Oktober 1969 prägte er sein berühmtes Wort des »Mehr-Demokratie-Wagens«. In seiner Rede hieß es wörtlich: »Wir wollen mehr Demokratie wagen. Wir werden unsere Arbeitsweise öffnen und dem kritischen Bedürfnis nach Information Genüge tun. Wir werden darauf hinwirken, daß durch Anhörungen im Bundestag, durch ständige Fühlungnahme mit den repräsentativen Gruppen unseres Volkes und durch eine umfassende Unterrichtung über die Regierungspolitik jeder Bürger die Möglichkeit erhält, an der Reform von Staat und Gesellschaft mitzuwirken.«[5] Mit seinem innenpolitischen Reformkurs auf allen gesellschaftlichen Ebenen führte Brandt viele Menschen näher an die Politik heran. Die Gesellschaft der 1970er Jahre war stark politisiert. Die Hoffnungen waren groß, die alten Zöpfe könnten endlich abgeschnitten werden und eine offene Bürgergesellschaft Gestalt annehmen.

Im Frühjahr 1972 musste Brandt sich einem Misstrauensvotum stellen. Beantragt hatte es die CDU/CSU im Zuge der Auseinandersetzungen um die Ratifizierung der Ostverträge, in deren Folge sowohl Abgeordnete der SPD als auch der FDP zur CDU/CSU übertraten. Brandt überstand das Misstrauensvotum glücklich, Neuwahlen waren jedoch unvermeidlich. Im Wahlkampf von 1972 entwarf die SPD ein Reformprogramm zur Verbesserung der Lebensqualität durch mehr Demokratie und Mitbestimmung. Zugleich wurde er zu einer Zeit intensiven Zelebrierens von Brandts Person – und die Wahl zu einem Plebiszit über die Neue Ostpolitik des Bundeskanzlers. Die SPD war nie ein Kanzler-Wahlverein, ein Willy-Wahlverein war sie schon. Seit Bebels Zeiten hatte niemand mehr so perfekt die Sozialdemokratie verkörpert. Mit ihm an der Spitze überflügelte die SPD am 19. November 1972 mit 45,8% zum ersten Mal die CDU/CSU. Es war der größte Wahlsieg in der Geschichte der Sozialdemokratie. Und für viele Wahlhelfer waren es die glücklichsten Stunden ihrer politischen Laufbahn. Überhaupt flogen die Hoffnungen hoch. Die erfolgreichen Wahljahre 1969 und 1972 zogen einen massenhaften Eintritt in die Partei nach sich. 1976 erreichte die SPD die magische Grenze von einer Million Mitgliedern. War man also doch mit den Kräften des Fortschritts im Bunde – den Lehrern und Sozialarbeitern, den Frauen, der Jugend, der Intelligenz? 1968 hatte Rudi Dutschke die APO zum »Marsch durch die Institutionen« aufgerufen. Der führte in Deutschland auch und vor allem durch die SPD: »Es kann keine Rede davon sein, dass die Achtundsechziger insgesamt, naiv und unerfahren wie sie waren, mehr oder weniger zwangsläufig zur Beute dogmatischer Heilslehren und eines simplen Freund-Feind-Denkens wurden. Die große Mehrheit von ihnen sprach sich dezidiert gegen Gewalt als Mittel der Politik aus und begab sich auf einen Weg der Reformen. Für mich und Tausende anderer führte dieser Weg in die SPD.«[6]

Strubbelköpfige Jungakademiker wie Johano Strasser attackierten von nun an auch innerhalb der SPD die Unternehmer als »Lohnräuber«, formulierten parteichinesische Resolutionen über die »Industrielle Reservearmee« oder den »Stamokap« (für: Staatsmonopolistischer Kapitalismus). Das ganze Inventar aus der Mottenkiste des Marxismus, von den Modernisierern in Godesberg mühevoll abgeschüttelt, trugen die Jungsozialisten so durch die Hintertür wieder herein. Als Reaktion auf diesen Linksschwenk bildeten sich in der SPD regelrechte Flügel heraus. München wurde zum beispielhaften Schauplatz eines spektakulären Ringens der SPD mit ihren Jusos: Sowohl die politischen Streitpunkte als auch die unterschiedlichen politischen Kulturen zerrissen beinahe die dortige Partei. Der Münchner SPD-Vorsitzende und Oberbürgermeister Hans-Jochen Vogel verzichtete 1972 wegen der ständigen Auseinandersetzungen mit der Parteilinken auf eine erneute Kandidatur als Stadtoberhaupt. In den 1980er Jahren übernahm diese Generation der Jusos dann verantwortliche Positionen innerhalb der SPD. Überhaupt war es eine Zeit der Richtungskämpfe,

Abbildung 17:
Das Misstrauensvotum gegen Bundeskanzler Willy Brandt wird abgelehnt, 27. April 1972 (J. H. Darchinger/FES)

Abbildung 18:
Anstecker für den Bundestagswahlkampf 1972 im optimistischen Orange (AdsD)

auch bei den Jungsozialisten bildeten sich drei Fraktionen heraus: die der Reformsozialisten, auch »undogmatische Jusos« genannt, der marxistisch ausgerichtete Hannoveraner Kreis sowie die Antirevisionisten, die besonders die gesellschaftliche Gegenmacht der Gewerkschaften betonten. Durch ihre linke Flanke blieb die Partei in den späten 1970er Jahren durchlässig für die Neuen sozialen Bewegungen wie die Frauen- und die Ökologiebewegung.

Die Masseneintritte einer jüngeren, akademisch gebildeten Generation veränderten die Struktur der SPD grundlegend. Die Jusos dominierten die Wahrnehmung. Die Debattenkultur wurde mit den höheren Bildungsabschlüssen der neuen Generation akademischer, die Diskussionen auf Parteitagen und Sitzungen wurden immer länger und hitziger geführt. Arbeitsgemeinschaften formierten sich, wie die Arbeitsgemeinschaft der Frauen (AsF), die sich ab 1972 die Gleichstellung von Frauen und Männern in Partei und Gesellschaft zum Ziel setzte, und die Arbeitsgemeinschaft für Arbeitnehmerfragen (AfA), deren Gründung Herbert Wehner im Jahr 1973 initiierte, um der traditionellen SPD-Klientel wieder stärkeres Gewicht zu verschaffen.

Aber nicht nur die innenpolitische Auseinandersetzung trug zur Politisierung bei, außenpolitische Fragen führten maßgeblich zu einer nie zuvor gekannten politischen Polarisierung der Westdeutschen. Der ›Kalte Krieg‹, wie er sich in verschiedenen Konjunkturen und dramatischen Zuspitzungen durch die Jahrzehnte nach dem Ende des Zweiten Weltkriegs zog, war eine ›Schlacht der Ideen‹, in Ost und West standen sich die beiden Gesellschaftsentwürfe des Staatssozialismus wie der repräsentativen Demokratie unversöhnlich gegenüber. Berlin war sichtbares Symbol dafür. Seit seiner Zeit als Regierender Bürgermeister von Berlin entwickelte Willy Brandt unter dem Eindruck der Vier-Mächte-Stadt gemeinsam mit seinem wichtigsten außenpolitischen Weggefährten Egon Bahr eine Strategie zur Überwindung der Spaltung Europas. Die von ihnen bereits Anfang der 1960er Jahre geprägte Formel »Wandel durch Annäherung« beruhte auf der Idee der »Politik der kleinen Schritte«. Sie fand 1963 Ausdruck im ersten Passierscheinabkommen, das erstmals einen Besuch der westlichen Verwandtschaft bei der Familie in Ostdeutschland erlaubte.

Diese Strategie, bei den ost- wie westeuropäischen Nachbarn auf vertrauensbildende Maßnahmen hinzuwirken, verfolgte Willy Brandt als Außenminister der Großen Koalition und später als Kanzler der sozial-liberalen Koalition weiter.

Abbildung 19:
Jusos mit Horst Ehmke (liegend) auf dem SPD-Parteitag 1975 in Mannheim
(J. H. Darchinger/FES)

Abbildung 20:
Erstes innerdeutsches Spitzentreffen zwischen Bundeskanzler Willy Brandt und dem Vorsitzenden des Ministerrats der DDR Willi Stoph, Erfurt, 19. März 1970
(picture-alliance/dpa)

Abbildung 21:
Gleichberechtigte Teilnehmer: der spätere Staatsratsvorsitzende der DDR Erich Honecker (links) und Bundeskanzler Helmut Schmidt (rechts), Helsinki 1975 (Bundesarchiv, Bild 146 1990-009-13)

Westdeutschland sollte fest in den atlantischen Pakt eingebunden bleiben, während er sich gleichzeitig leidenschaftlich um Verständigung gen Osten bemühte. Sowohl bei den Ostverträgen mit Moskau und Warschau 1970 als auch bei der Unterzeichnung des Vier-Mächte-Abkommens über Berlin 1971 oder dem deutsch-deutschen Grundlagenvertrag 1972: Immer ging es Brandt darum, die Grenze zwischen den beiden deutschen Staaten durchlässiger zu machen. Wie sehr er damit in Ostdeutschland auch den Nerv der Gesellschaft traf, zeigte sein Besuch in der DDR 1970. Bei diesem ersten innerdeutschen Spitzentreffen zwischen Bundeskanzler Willy Brandt und dem Vorsitzenden des Ministerrats der DDR Willi Stoph am 19. März 1970 in Erfurt durchbrachen bereits auf Brandts Weg zum Hotel viele DDR-Bürger die Absperrungen, und als er sich auf dem Balkon des Erfurter Hofs zeigte, rief die Menge laut und vernehmlich »Willy, Willy!« Ereignisse der publikumswirksamen Ostpolitik lieferten den Tageszeitungen und Massenillustrierten Anfang der 1970er Jahre fast täglich den Aufmacher. Sein vielleicht wirkmächtigstes Zeichen setzte Willy Brandt mit seinem Kniefall von Warschau: Es war auch diese spontane Geste der Demut vor dem Denkmal der Helden des Warschauer Ghettos am 7. Dezember 1970, mit der sich Brandt nachhaltig – national wie international – ins kollektive Bild- und Geschichtsgedächtnis eingeschrieben hat: »Immer wieder bin ich gefragt worden, was es mit dieser Geste auf sich gehabt habe. Ob sie etwa geplant gewesen sei? Nein, das war sie nicht. Meine engen Mitarbeiter waren nicht weniger überrascht als jene Reporter und Fotografen, die neben mir standen. [...] Am Abgrund der deutschen Geschichte und unter der Last der Millionen Ermordeten tat ich, was Menschen tun, wenn die Sprache versagt.«[7] Brandt erhielt 1971 für seine »Friedenspolitik für ganz Europa« den Friedensnobelpreis.

Nach dem Inkrafttreten der Ostverträge und des Grundlagenvertrags wurde 1973 die Konferenz für Sicherheit und Zusammenarbeit in Europa (KSZE) eingesetzt. Nach zweijährigen Verhandlungen konnte in Helsinki deren Schlussakte unterzeichnet werden. Die beteiligten Staaten verpflichteten sich zur Nichteinmischung in die inneren Angelegenheiten anderer Staaten, zur Wahrung der Grenzen sowie zur Wahrung und Anerkennung der Menschenrechte und Grundfreiheiten. Auf diese Schlussakte bezogen sich später die Oppositionsbewegungen im Ostblock. Parallel dazu entwarf Brandt mit seinem französischen Pendant Georges Pompidou die Vision eines sozial und politisch geeinten Europas: Sie betrieben die Erweiterung der Europäischen Gemeinschaft (EG) um Dänemark, Großbritannien und Irland 1973. Mit der ersten Direktwahl zum Europäischen Parlament hatten die Bürgerinnen und Bürger dann 1979 erstmals das Recht, innerhalb der EG ihre Abgeordneten selbst zu bestimmen.

Am 25. April 1974 ging eine Nachricht hoch wie eine Bombe: Kanzleramtsmitarbeiter Günter Guillaume wurde als Stasi-Spitzel enttarnt. Willy Brandt erklärte seinen Rücktritt und übergab Helmut Schmidt das Amt des Kanzlers, blieb aber SPD-Vorsitzender. Schmidts Amtszeit stand im Zeichen von Krise und Krisenmanagement. Nicht zufällig assoziierten die Medien den Hanseaten und Schadensbegrenzer angesichts der Hamburger Sturmflut von 1962 mit einem nüchternen Steuermann, der auch in Zeiten gesteigerten Krisenbewusstseins, von wirtschaftlicher Rezession, Ölpreisschock und Stahlkrise den Kurs hielt. Und der die unbeugsame Stärke und Handlungsfähigkeit des Staats auch in den politischen Untiefen des sogenannten Deutschen Herbsts noch verbürgte, als die Rote Armee Fraktion (RAF) dem ›Herrschaftssystem‹ der Bundesrepublik den Krieg erklärt hatte. Bei einer Fernsehansprache anlässlich der Entführung des Arbeitgeberpräsidenten Hanns Martin Schleyer durch die RAF im September 1977 stand es Schmidt regelrecht ins Gesicht geschrieben: das moralische Dilemma eines politischen Entscheidungsträgers, der den erpresserischen Forderungen der Terroristen aus Gründen der Staatsräson nicht nachgeben konnte. In einer Unterstützungsaktion für die deutsche RAF wurde im Oktober 1977 eine Lufthansa-Passagiermaschine von dem palästinensischen »Kommando Martyr Halimeh« entführt. Bundeskanzler Schmidt schickte seinen Staatsminister Hans-Jürgen Wischnewski nach Mogadischu, um mit den Flugzeugentführern zu verhandeln. Dank Wischnewskis exzellenter Kenntnis des arabischen Kulturraums und einem Einsatz der GSG 9 konnten die Geiseln befreit werden.

Die Weltwirtschaftsgipfel, wie sie Helmut Schmidt und sein französischer Amtskollege Giscard d'Estaing seit 1975 initiierten, waren zu Beginn ›Krisengipfel‹, die angesichts des

Abbildung 22:
Kniefall vor dem Mahnmal im ehemaligen Warschauer Ghetto am 7. Dezember 1970 (Bundesarchiv, B145 Bild 00004655/Engelbert Reineke)

Abbildung 23:
Der entführte Hanns Martin Schleyer, September 1977 (picture-alliance/dpa)

Abbildung 24:
Fernsehansprache Helmut Schmidts anlässlich der Entführung von Hanns Martin Schleyer (picture-alliance/dpa)

Abbildung 25
Weltwirtschaftsgipfel in Bonn 1978 (J. H. Darchinger/FES)

Ölpreisschocks die Koordination der Industrieländer verbessern sollten. Währenddessen wurde Willy Brandt auf dem Kongress der Sozialistischen Internationale 1976 zu deren Präsidenten gewählt. Die Internationale nahm durch Brandt in den folgenden Jahren eine neue, weltpolitische Rolle wahr und wandte sich der Nord-Süd-Problematik und dem Klimawandel zu.

1976/77 begann die Sowjetunion, nukleare Mittelstreckenwaffen auf Europa zu richten. Helmut Schmidt sah sich daraufhin veranlasst, durch den NATO-Doppelbeschluss das Rüstungsgleichgewicht wiederherzustellen. In einem vierjährigen Zeitraum – beginnend mit dem Jahr 1979 – sollte dieses Gleichgewicht durch Abrüstungsverhandlungen erreicht werden. Andernfalls war die Stationierung von Pershing-II-Raketen auf deutschem Boden vorgesehen. Aus Angst vor einer neuen Rüstungsspirale und der drohenden Nukleargefahr, die in den 1970er Jahren zu gesellschaftlicher Zukunftsangst führte, bildete sich eine Friedensbewegung. Am 10. Juni 1982 erreichten deren Demonstrationen ihren vorläufigen Höhepunkt. Aus Anlass eines NATO-Gipfels traf der US-amerikanische Präsident Ronald Reagan in Bonn ein, und auf einer der größten Protestkundgebungen in der Geschichte der Bundesrepublik versammelten sich rund 400.000 Friedensbewegte, hauptsächlich aus dem Umfeld der Kirchen, der Gewerkschaften sowie der Grünen. Von der Strategie, im Falle nicht erfolgreicher Abrüstungsverhandlungen in Deutschland Pershing-II-Raketen in Anschlag zu bringen, konnte Helmut Schmidt auch große Teile seiner eigenen Partei nicht überzeugen. Viele Sozialdemokraten, selbst prominente wie Erhard Eppler (Mitglied des Präsidiums) und Oskar Lafontaine (Oberbürgermeister von Saarbrücken), kritisierten öffentlich den NATO-Doppelbeschluss.

Im Jahr 1982 verließ die FDP die sozial-liberale Koalition, obgleich sie im Wahlkampf 1980 noch für die Fortsetzung des Regierungsbündnisses eingetreten war. Die Gemeinsamkeiten der beiden Parteien hatten sich nach 13 Jahren gemeinsamer Regierungstätigkeit erschöpft. Am 1. Oktober 1982 wurde der CDU-Fraktions- und Parteivorsitzende Helmut Kohl nach einem konstruktiven Misstrauensvotum gegen Helmut Schmidt zum neuen Bundeskanzler gewählt. Bei den Bundestagswahlen 1983 und 1987 unterlagen ihm die SPD-Kandidaten Hans-Jochen Vogel und Johannes Rau, die SPD wurde für längere Zeit Oppositionspartei. Doch noch während Kohl auf Bundesebene seine Wahlerfolge feierte, übernahm die SPD zunehmend die Regierungsverantwortung auf Länderebene, wie mit Oskar Lafontaine im Saarland 1985 und Björn Engholm in Schleswig-Holstein 1988. Zugleich erleichterte der Machtverlust die Partei auf Bundesebene. Die SPD leitete nun einen Prozess programmatischer Erneuerung ein. Anfang der 1980er Jahre intensivierte sich auch in ihr der ökologische Diskurs, in einer Zeit, als sich ein ehemaliger Juso-Bundesvorsitzender namens Gerhard Schröder im Wendland, in Brokdorf und Gorleben an die Spitze der Anti-Atomkraft-Bewegung stellte. Der ökologische Umbau der Wirtschaft rückte in das programmatische Zentrum der Sozialdemokratie. Drei Tage nachdem es im April 1986 zum Reaktorunglück von Tschernobyl gekommen war, beschloss die SPD den Atomausstieg. Allerdings existierte mit den Grünen seit Anfang der 1980er Jahre eine genuin öko-pazifistische Partei als politische Alternative. Die SPD selbst war sich mit Blick auf den Umgang mit dieser Situation uneins: Ein Teil der Funktionäre und Mitglieder bedauerte, dass sich die Grünen als eigene Partei formierten, der andere Teil konnte wenig mit der friedens- und umweltbewegten Thematik anfangen. Die politische Rationalität siegte schließlich über den Phantomschmerz, der die Grünen als die ausbleibende Juso-Generation erscheinen ließ: Die erste rot-grüne Koalition in Hessen stellte seit 1985 den Präzedenzfall für Annäherungen dar.

Im Gegensatz zu den innenpolitischen Themen verharrte die SPD in den Kategorien ihrer Ostpolitik in den 1970er Jahren. Die Konzentration auf die herrschenden kommunistischen Machteliten jenseits der Mauer verstellte der deutschen Sozialdemokratie mitunter den Blick für die aufkommenden oppositionellen Bewegungen des östlichen Europas, vor allem für die Solidarność der 1980er Jahre in Polen wie anfangs auch für die in der DDR entstehende Bürgerrechtsbewegung. Im April 1989 machte der junge DDR-Theologe Martin Gutzeit dem befreundeten Pfarrer Markus Meckel den Vorschlag, in der DDR eine sozialdemokratische Partei zu gründen. Das war eine politische Kampfansage an das System, denn noch herrschte das SED-Regime. Meckel stimmte zu. Am 7. Oktober 1989, während im Palast der Republik die Staatsmacht ihren 40. Geburtstag feierte, gründeten im Pfarrhaus von Schwante nördlich von Berlin

Abbildung 26:
Willy Brandt im Kreis seiner ›Enkel‹: Oskar Lafontaine, Rudolf Scharping, Björn Engholm, Herta Däubler-Gmelin, Norderstedt 1987 (picture-alliance/dpa)

Abbildung 27:
Hans-Jochen Vogel und Johannes Rau auf einer Wahlkampfveranstaltung am 28. Februar 1983 in Köln (Bundesarchiv, B 145 Bild F065128-0020/Harald Hoffmann)

Abbildung 28:
Gründungsmitglieder der SDP in Schwante am 7. Oktober 1989 (AdsD)

Abbildung 29:
Wolfgang Thierse und Oskar Lafontaine mit dem Manifest »Zur Wiederherstellung der Einheit der Sozialdemokratischen Partei Deutschlands«, 1990
(J. H. Darchinger/FES)

etwa 40 Oppositionelle die Sozialdemokratische Partei in der DDR, die SDP. Von ihrer Entstehungsgeschichte war sie ein Teil der neuen Bürgerbewegung. Den Gründern ging es aber nicht nur um eine lose Initiative, sie wollten bewusst die erste Neugründung einer politischen Partei und damit den zentralen Machtanspruch der SED infrage stellen. Die SDP forderte eine Demokratisierung der DDR, die Öffnung der Grenzen sowie den Abzug der Roten Armee.

Bürgerrechtsinitiativen wie »Neues Forum« oder »Demokratie jetzt« demonstrierten, wie ausgehöhlt die DDR bereits war. Flüchtlinge strömten in die deutschen Botschaften von Prag und Budapest. Dann fiel die Mauer. Bundeskanzler Helmut Kohl avancierte unverhofft zum ›Kanzler der Einheit‹. Historisch betrachtet ist das Ereignis jedoch eher ein Verdienst von Willy Brandt – auf der großen Kundgebung vom 10. November 1989 ist der ehemalige Regierende Bürgermeister von Berlin und Initiator der Entspannungspolitik der Mann der Stunde. Als sich am 27. September 1990 die Sozialdemokratie in beiden deutschen Staaten zusammenschloss, zählte die West-SPD 900.000, die Ost-SPD nur 12.000 Mitglieder, doch wurde ihr Vorsitzender, Wolfgang Thierse, zum stellvertretenden Vorsitzenden der Gesamtpartei gewählt. Indem die SPD gegen den Willen von älteren Sozialdemokraten wie Willy Brandt und Helmut Schmidt für eine schrittweise Wiedervereinigung plädierte, geriet sie in der Gestaltung der Einheit an den Rand und verlor am 2. Dezember 1990 die Bundestagswahl.

1 *Carlo Schmid*, Erinnerungen, Bern/München etc. 1979, S. 357.

2 Keine Absage an die Tradition. Erich Ollenhauer über Ziele und Aufgaben der Sozialdemokratie, in: Neuer Vorwärts, 13.11.1953.

3 »Sänger Vermerk«, 21.6.1959, AdsD, Nachlass Fritz Sänger, 53.

4 *Herbert Wehner*, Bundestagrede vom 30. Juni 1960, in: *Manfred Schulte* (Hrsg.), Herbert Wehner. Bundestagsreden. Mit einem Vorwort von Willy Brandt, Bonn 1970, S. 197–215, hier: S. 203 und 215.

5 Regierungserklärung Willy Brandts am 28. Oktober 1969, in: Die großen Regierungserklärungen der deutschen Bundeskanzler von Adenauer bis Schmidt, eingel. und kommentiert von *Klaus von Beyme*, München/Wien 1979, S. 251–281, hier: S. 252. Auch online verfügbar unter URL: <http://www.willy-brandt.de/fileadmin/brandt/Downloads/Regierungserklaerung_Willy_Brandt_1969.pdf> [13.8.2012].

6 *Johano Strasser*, Die wahren Achtundsechziger. Auf sie mit Gebrüll!, online unter URL: <http://einestages.spiegel.de/static/authoralbumbackground/993/auf_sie_mit_gebruell.html> [13.8.2012], Hervorhebung im Original.

7 *Willy Brandt*, Erinnerungen, Frankfurt am Main 1989, S.214f.

Literaturhinweise:

Willy Brandt, Erinnerungen, Frankfurt am Main 1989.

Bernd Faulenbach, Das sozialdemokratische Jahrzehnt. Von der Reformeuphorie zur Neuen Unübersichtlichkeit. Die SPD 1969–1982, Bonn 2012.

Kurt Klotzbach, Der Weg zur Staatspartei. Programmatik, praktische Politik und Organisation der deutschen Sozialdemokratie 1945–1965, Bonn 1996.

Klaus Schönhoven, Wendejahre. Die Sozialdemokratie in der Zeit der Großen Koalition 1966–1969, Bonn 2004.

Klaus Schönhoven

Durchbruch zur Volkspartei: Gesellschaftliche Öffnung und innerparteilicher Wandel der Sozialdemokratie zwischen 1945 und 1989

Die in den Monaten vom Frühsommer bis zum Herbst 1945 wiedergegründete Sozialdemokratie knüpfte personell und organisatorisch in den vier Besatzungszonen des untergegangenen Deutschen Reichs zunächst überall an die zwölf Jahre zuvor vom NS-Regime verbotene SPD an. Traditionsverbundenheit und Herkunftstreue waren die prägenden Merkmale des Neuanfangs. Mit den Mitgliedern der Weimarer Sozialdemokratie kehrte auch die alte Funktionärselite in die Partei zurück. Wer in der sozialdemokratischen Solidar- und Gesinnungsgemeinschaft die Verfolgungen der Diktaturzeit überlebt hatte, wollte nach der Befreiung von der nationalsozialistischen Terrorherrschaft gemeinsam mit den vertrauten Genossen ein demokratisches Deutschland aufbauen, in dem der freiheitliche Sozialismus das gesellschaftsgestaltende Prinzip in Gegenwart und Zukunft sein sollte.

Diese Zielvorstellung teilten mit Kurt Schumacher, der als unbestrittener Vorsitzender der SPD und als ihr redegewaltiger Volkstribun die Politik der Partei bis 1952 dominierte, auch die aus dem Exil zurückkehrenden Repräsentanten des 1933 zerschlagenen sozialdemokratischen Parteiapparats. Zu ihnen gehörte beispielsweise Erich Ollenhauer, der von 1952 bis 1963 als Nachfolger Schumachers an der Spitze der SPD stand, ohne jedoch über die persönliche Ausstrahlungskraft seines Vorgängers zu verfügen. Die linkssozialistischen Dissidenten, die sich – wie etwa Willy Brandt – in der Endphase der Weimarer Republik von der SPD getrennt hatten, oft während der NS-Zeit ebenfalls im Exil lebten und in der Nachkriegszeit in die Sozialdemokratie zurückkehrten, profilierten sich in den 1950er Jahren desgleichen nicht als energische Wegbereiter einer programmatischen Erneuerung und volksparteilichen Öffnung ihrer Partei. Die SPD bewegte sich in diesem Jahrzehnt weiterhin im Weimarer Erfahrungshorizont des Milieusozialismus.

Das Beharren auf überkommenen Organisationsstrukturen, die feste Verankerung der Partei im verhaltensprägenden Vorfeld einer eigenen Vereinskultur und die Wiederbelebung von althergebrachten Umgangsformen und symbolischen Ritualen erwiesen sich unmittelbar nach Kriegsende zunächst als die Garanten einer erstaunlichen Regeneration und Renaissance der SPD. Bereits Ende 1946 hatte die Partei in den drei Westzonen 700.000 Mitglieder, die in 8.000 Ortsvereinen organisiert waren. Damit war die Zahl der Sozialdemokraten in diesem Gebiet, das zweieinhalb Jahre später zur Bundesrepublik wurde, fast ein Fünftel größer als am Ende der Weimarer Republik. Doch die mit diesem imposanten Mitgliederwachstum in der SPD geweckten politischen Erwartungen wurden bei der ersten Bundestagswahl bitter enttäuscht. Zwar erhielt die Partei im neu gegründeten Weststaat im August 1949 fast 30 Prozent der Stimmen und lag damit um fast zehn Prozent über ihren Weimarer Vergleichszahlen auf diesem Territorium. Doch ein knapper Wahlsieg der CDU/CSU legte den Grundstein zur Ära Adenauer, in der die Unionsparteien einen beispiellosen Höhenflug erlebten und 1957 die Schallmauer zur absoluten Mehrheit im Bundestag durchbrachen. Die SPD hinkte deutlich hinterher. Sie hatte sich zu sehr in ihrer traditionsbestimmten Eigenwelt eingekapselt und viel von ihrer anfänglichen Vitalität verloren, mit der sie in den ersten Jahren nach 1945 aufgetreten war.

In mancherlei Hinsicht erinnerte die politische Situation der Sozialdemokratie in der frühen Bundesrepublik an ihre Außenseiterposition im wilhelminischen Kaiserreich: Sie war erneut eine ohnmächtige Oppositionspartei ohne Regierungschancen. Ihre regionalen Hochburgen lagen, wie am Beginn des 20. Jahrhunderts, vor allem in nicht katholischen Gebieten und in industriell geprägten Ballungsräumen. Dies eröffnete der SPD zwar in einigen Landesparlamenten und auf der kommunalen Ebene die Möglichkeit, ihre politische Kompetenz zu demonstrieren und viel Zustimmung zu gewinnen, aber der Weg an die Spitze der Bundesregierung blieb ihr bis 1969 versperrt. Im Laufe der von einer restaurativen Mentalität und einem kleinbürgerlichen Lebensstil geprägten 1950er Jahre büßte die SPD zunächst Jahr für Jahr Mitglieder ein. Die von ihr 1948 erreichte Mitgliederzahl von rund 850.000 Mitgliedern sank bis 1954 um fast ein Drittel bis auf 585.000 Mitglieder. Dann folgte eine schrittweise Erholungsphase, die ein Jahrzehnt lang andauerte: Erst 1965 hatte die Partei im Gebiet der Bundesrepublik mit 710.000 Mitgliedern wieder den Stand von 1946 erreicht.

Für den deprimierenden Mitgliederschwund und das anschließend nur mühsam vorankommende Wiedererstarken lassen sich eine Reihe von Gründen anführen: Als bundesrepublikanische Oppositionspartei bot die SPD für Karrieristen und Opportunisten in der Zeit des Wiederaufbaus und ›Wirtschaftswunders‹ keine Anreize zum politischen Engagement; als Traditionspartei mit Weimarer Stallgeruch schottete sich die Partei zu stark in ihrer sozialistischen Binnenkultur ab und entwickelte außerhalb der Arbeiterschaft zu wenig Anziehungskraft; als regionale und städtische Milieupartei wuchs sie über ihre industriell geprägten Hochburgen kaum hinaus und war in der ländlichen Diaspora so gut wie überhaupt nicht präsent; als Mitgliederpartei überalterte die SPD immer mehr und fand bei jungen Menschen, die während der NS-Herrschaft sozialisiert worden waren, nur wenig Resonanz; als Programmpartei durchlief sie einen langwierigen Erneuerungsprozess, der schließlich 1959 mit der Verabschiedung des Godesberger Programms in einer bahnbrechenden Weichenstellung mündete; als Wählerpartei gelang es ihr erst in den 1960er Jahren, aus dem 30-Prozent-Turm auszubrechen und in neue Sozialschichten jenseits der Arbeiterschaft vorzudringen.

Die organisatorische, programmatische und politische Lehrzeit, die dem Wandel der Sozialdemokratie zur linken Volkspartei vorausging, war also relativ lang, obwohl Kurt Schumacher bereits unmittelbar nach dem Zweiten Weltkrieg konzeptionelle Überlegungen für eine pluralistische Öffnung der Partei formuliert und ihren Abschied von der weltanschaulichen Zukunftsgewissheit der alten Sozialdemokratie gefordert hatte. Sein Plädoyer für ein undogmatisches Sozialismusverständnis unterstützte in der Folgezeit vor allem eine Reihe von führenden Parteimitgliedern, die nicht als geborene, sondern als gelernte Sozialdemokraten charakterisiert werden können. Zu dieser Gruppe gehörten Carlo Schmid, Heinrich Albertz, Karl Schiller, Helmut Schmidt, Gustav Heinemann, Erhard Eppler und Johannes Rau. Sie befürworteten in den 1950er Jahren die programmatische Erneuerung der SPD, traten für eine zeitgemäße Organisationsreform ein, wollten die gegenkulturelle Abschottung der Partei und ihrer Vorfeldvereine aufbrechen und warben dafür, das Profil der Partei als emanzipatorische Kraft zu schärfen und diese auf einer auch weltanschaulich und soziologisch breiteren Mitgliederbasis zu verankern. Diese Neuorientierung unterstützten auch reformbereite Spitzenpolitiker aus den Reihen

Abbildung 1:
Besprechung im »Büro Dr. Schumacher« mit dem stellvertretenden Vorsitzenden Erich Ollenhauer, Pressechef Fritz Heine, Schatzmeister Alfred Nau und Partei-Organisator Egon Franke (im Uhrzeigersinn) in Hannover 1946
(Sunday Picture)

Abbildung 2:
Wir schaffen das moderne Deutschland. Wahlkampfveranstaltung mit Willy Brandt in Hamburg 1969
(AdsD)

der geborenen Sozialdemokraten mit Nachdruck. Zu ihnen gehörten Willi Eichler und Heinrich Deist, die beiden Vordenker des Godesberger Programms, sowie Fritz Erler, der einflussreiche Vorsitzende der Bundestagsfraktion, und Willy Brandt, der seit Februar 1964 als Nachfolger von Ollenhauer an der Spitze der SPD stand.

Gemeinsam leiteten die genannten Politiker zu Beginn der 1960er Jahre eine alle Gliederungen der SPD erfassende Modernisierungsoffensive ein. Nun baute die Partei ideologische Frontstellungen ab und bahnte den angestrebten Ausbruch aus der roten Ghettogemeinschaft auch durch einen Stilwandel bei der symbolischen Selbstdarstellung und in der parteispezifischen Sinnstiftung an. Hinzu kam die politische Annäherung an die Unionsparteien und das Einschwenken auf einen innen- und außenpolitischen Gemeinsamkeitskurs, der sich nur noch graduell von deren Generallinie unterschied. Mit ihrer Umarmungsstrategie, deren einzelne Etappen vor allem Herbert Wehner geradezu generalstabsmäßig plante, wollte die Sozialdemokratie ihre Marginalisierung auf der Bundesebene überwinden und für sich den Weg in die Bonner Regierung ebnen. Dieses Ziel war im Dezember 1966 erreicht, als die christlich-liberale Regierung zerbrach und von einer Großen Koalition aus CDU/CSU und SPD abgelöst wurde.

Während ihrer politischen Verwandlung von einer konfrontativen zu einer kooperativen Partei gewann die SPD in den 1960er Jahren immer mehr Zustimmung bei den Wählern. Im September 1969 konnte sie endlich die 40-Prozent-Grenze bei Bundestagswahlen überschreiten und damit den Abstand zu den Unionsparteien, der 1957 noch fast 20 Prozentpunkte betragen hatte, auf weniger als vier Prozentpunkte verringern. In diesem Wendejahrzehnt, und das unterschied die SPD von der CDU/CSU, erkannte man in den Reihen der Sozialdemokratie aber auch, dass in der westlichen Welt »dynamische Zeiten« angebrochen waren. Als deren Kennzeichen vollzog sich in der Gesellschaft der Bundesrepublik ein breite Teile der Bevölkerung erfassender Wertewandel, der Orientierungen der Wiederaufbauzeit veränderte. Dazu gehörten die Liberalisierung der Umgangsformen und die Pluralisierung von Lebensentwürfen, der Abbau von autoritären

Erziehungsidealen und die Entfaltung von partizipatorischen und emanzipatorischen Einstellungen.

Dieser politisch-kulturellen Aufbruchsstimmung, die sich nicht mehr mit den gewohnten Formen und Methoden der Bevormundung einhegen ließ, konnte und wollte sich die SPD nicht entgegenstellen. In ihrem unter dem Motto »Wir schaffen das moderne Deutschland« 1969 geführten Bundestagswahlkampf spiegelten sich ein neues sozialdemokratisches Selbstverständnis und Selbstbewusstsein plastisch wider. Die Sozialdemokratie stand nun, wie zeitgenössische Befunde der Meinungsforschung dokumentieren, in der Bevölkerung für Begriffe wie Fortschritt, Dynamik und innovative Ideen. Gleichzeitig vermochten sich die Unionsparteien nicht aus der patriarchalischen Erstarrung der Adenauerära zu lösen und verkörperten in den Augen der Wähler weiterhin vor allem Ruhe, Sicherheit und Geborgenheit.

Der Machtwechsel in Bonn, den im Herbst 1969 die Bildung der sozial-liberalen Koalition besiegelte, schloss den Verwandlungsprozess der SPD von einer ohnmächtigen Oppositions- zur tonangebenden Regierungspartei ab. Dieser Prozess hatte mit der Großen Koalition mit der CDU/CSU im Dezember 1966 begonnen, in deren nicht ganz dreijähriger Amtszeit sich die Sozialdemokratie als reformwillige und regierungsfähige Modernisierungspartei zu profilieren verstand. Ab Oktober 1969 stellte die SPD mit Willy Brandt erstmals seit dem Scheitern der letzten parlamentarischen Regierung der Weimarer Republik im Frühjahr 1930 wieder den Kanzler, der in den ersten zwei Jahrzehnten der Bundesrepublik immer aus den Reihen der Unionsparteien gekommen war. Erstmals seit der Gründung der Bundesrepublik befreite sich nun auch der politische Liberalismus aus der Rolle als national-konservative Gefolgschaft der Unionsparteien, öffnete sich für sozial-liberale Ideen und wurde bis zum Herbst 1982 der Koalitionspartner der Sozialdemokratie.

Dieses Fortschrittsbündnis bildete in der Folgezeit die Basis für die Überwindung autoritärer Strukturen und konservativer Politikmuster. Gemeinsam wollten die Sozialdemokraten und die Linksliberalen für die festere Verankerung einer demokratischen Kultur in der Bundesrepublik sorgen. Als Schulterschluss von zwei Parteien, die für innere Reformen, für deutschlandpolitischen Realismus und für eine aktive Entspannungspolitik zwischen West und Ost eintraten, erhielt die sozial-liberale Koalition in den frühen 1970er Jahren besonders viel Zustimmung in der Bevölkerung. Der Höhepunkt war im November 1972 erreicht, als die SPD mit ihrem weit über die eigenen Parteigrenzen hinaus beliebten Kanzler Brandt an der Spitze bei den Bundestagswahlen das bislang beste Ergebnis ihrer Geschichte erzielte und erstmals die Unionsparteien knapp überflügelte.

Einen damit vergleichbaren Wahlsieg konnten die Sozialdemokraten bei den folgenden Bundestagswahlen in den 1970er und 1980er Jahren nicht mehr erzielen. Ab 1973 ging der Nachkriegsboom nach einem Vierteljahrhundert des scheinbar unaufhaltsamen Aufschwungs zu Ende, erschütterten Währungsturbulenzen und Konjunkturkrisen immer wieder die Weltwirtschaft, rückten unter dem Eindruck von dramatisch ansteigenden Ölpreisen nun auch ökologische Probleme stärker ins allgemeine Bewusstsein, und wurde die Diskussion über die Grenzen des Wachstums zu einem Dauerthema in Wissenschaft und Politik. Im Verlauf der gleichzeitig einsetzenden Konjunkturkrise, in deren Gefolge die Arbeitslosigkeit schnell bis über die Millionengrenze anwuchs, verflüchtigte sich die Modernisierungseuphorie der 1960er und frühen 1970er Jahre und gewann die Modernisierungsskepsis an Boden. Im Mittelpunkt der intellektuellen Debatten stand nicht mehr ein optimistischer Fortschrittsbegriff, für den die Sozialdemokratie zuvor jahrelang eingetreten war. Vielmehr war nun immer häufiger von einer »Trendwende« und von der

»Neuen Unübersichtlichkeit« die Rede, Formulierungen, in denen sich die Verunsicherung über wachsende Risiken und die Ratlosigkeit über gangbare Auswege aus der Krise widerspiegelten.

Aus der Perspektive der sozialdemokratischen Mitgliederentwicklung waren die 1960er und frühen 1970er Jahre eine dramatische Umbruchphase, in der die SPD eine historisch beispiellose Eintrittswelle von neuen Mitgliedern erlebte, aber gleichzeitig mit Integrationsproblemen wie nie zuvor in ihrer über hundertjährigen Geschichte konfrontiert wurde. Fasst man die statistischen Analysen dieser ebenso fundamentalen wie rasanten Umformung der Sozial- und Altersstruktur der SPD-Mitgliedschaft zusammen, muss man folgende Befunde festhalten: Der vor 1960 in der Partei noch dominante Arbeiteranteil ging bis zum Beginn der 1970er Jahre auf fast ein Viertel zurück; im gleichen Zeitraum verdoppelte sich das Segment der Angestellten und Beamten auf knapp ein Drittel der Mitglieder; eine Halbierung des Rentneranteils, ein Rückgang der Hausfrauenquote, der durch einen Anstieg bei den berufstätigen Frauen kompensiert wurde, sowie ein großer Sympathiegewinn der SPD bei den Angehörigen der geistigen und freien Berufen waren die weiteren Kennzeichen dieses tiefgreifenden sozialdemokratischen Öffnungsprozesses zur sozial heterogenen Volkspartei. Hinzu kam ein zu Beginn der 1970er Jahre besonders stark anschwellender Zustrom von Schülern und Studenten, deren Einbindung in die Sozialdemokratie sich als eine besonders große Herausforderung erwies.

Der kaum mehr zu kanalisierende Massenbeitritt – zwischen 1969 und 1973 verzeichnete die SPD 300.000 Neumitglieder, von denen zwei Drittel jünger als 35 Jahre alt waren – veränderte das soziale Profil der Sozialdemokratie und strapazierte ihre Aufnahmefähigkeit bis an die Grenzen. Hatte man zu Beginn der 1960er Jahre in den Führungsgremien der SPD noch sorgenvoll die Überalterung der Parteimitglieder beklagt, so wurde man zehn Jahren später mit einem innerparteilichen Generationenkonflikt konfrontiert, dessen ideologische Dimensionen es in dieser Form bei den Meinungsverschiedenheiten zwischen Alt und Jung zuvor nicht gegeben hatte. Denn die Integration von Studenten und jungen Akademikern, die zumeist aus Elternhäusern ohne sozialdemokratische Familientradition stammten, nicht in der beruflichen Erfahrungswelt des Facharbeitermilieus verwurzelt waren und von einer Garde politisch hoch motivierter, selbstgewisser und wortgewandt auftretender Jungsozialisten angeführt wurden, überforderte die regionalen und lokalen Parteigliederungen immer wieder.

Spektakuläre Konfrontationen zwischen Parteinovizen und etablierten Genossen auf allen Organisationsebenen der SPD sowie leidenschaftlich geführte innerparteiliche Fehden, die man oft auch in aller Öffentlichkeit austrug, wurden fortan zu einem Kennzeichen der Sozialdemokratie. Sie war nun nicht mehr die disziplinierte Traditionstruppe mit einem weitgehend konformen Erscheinungsbild wie noch zu Beginn der 1960er Jahre, sondern eine beruflich vielschichtige und sozial fragmentierte Massenpartei, deren Mitgliederzahl schließlich 1976 die Millionengrenze überschritt. In der SPD kämpften jetzt unterschiedliche Interessengruppen um Einfluss, meldeten sich junge Frauen, die für ihre emanzipatorischen Zukunftsvorstellungen einen eigenen Platz in der Partei suchten, deutlich hörbar zu Wort, verlor die zuvor in der traditionellen Arbeiterpartei geschichtsphilosophisch begründete Wunschvorstellung vom kollektiven Aufstieg als Klasse endgültig ihre Faszination und Bindekraft.

Der Abschied der Sozialdemokratie von der proletarischen Erfahrungswelt und der in dieser eingewurzelten Vorstellung, die Partei habe eine verschworene Schicksalsgemeinschaft zu sein, war jedoch im letzten Drittel des 20. Jahrhunderts alternativlos. In der modernen Dienstleistungsgesellschaft, in welcher der industrielle Sektor immer mehr schrumpfte und der tertiäre Sektor immer stärker expandierte, waren Traditionsverlust und Modernisierungsdruck ineinander verschränkt. Sie mussten deshalb von der Sozialdemokratie gleichzeitig kanalisiert werden. Mit dem Anstieg von Angestellten und Beamten zur quantitativ stärksten Gruppe in der Mitgliedschaft der Partei, dem Zuwachs von Akademikern, unter denen die in Erziehung und Bildung Beschäftigten ein besonders starkes Gewicht besaßen, und mit dem permanenten Rückgang des Arbeiteranteils verschoben sich auch die innerparteilichen Einflussmöglichkeiten und Karrierewege.

An die Stelle des klassischen »Arbeiterfunktionärs«, der auf den unteren und mittleren Organisationsebenen der Partei lange Zeit das Sagen gehabt und eine Vielzahl von ehren- und hauptamtlichen Aufgaben wahrgenommen hatte, rückten nun Angestellte und Beamte, die ihre Parteiämter oft als Sprungbrett für Mandate in kommunalen Parlamenten, in Landtagen oder in den Bundestag hinein zu nutzen wussten. Deren Zahl wuchs seit den 1970er Jahren unter den Bundestagsabgeordneten der SPD stetig an, während der Mandatsanteil der Arbeiter kontinuierlich sank. Am Beginn der 1990er Jahre gehörten unter den Abgeordneten der Bundestagsfraktion der SPD nur noch zehn Prozent der Sozialschicht der Arbeiter an, aus den Berufsgruppen der Angestellten und Beamten kamen jetzt über 40 Prozent der sozialdemokratischen Parlamentarier.

Ähnliche statistische Befunde finden sich auch in Studien, die sich mit der beruflichen Herkunft von Parteitagsdelegierten befassen. Deren Sozialprofil veränderte sich in den späten 1970er und frühen 1980er Jahren signifikant: Nur noch eine Minderheit von ihnen hatte lediglich eine Volks- und Hauptschule besucht; Delegierte mit mittlerer Reife oder Abitur stellten eine Zweidrittelmehrheit; der Frauenanteil hatte sich unter ihnen zwischen 1976 und 1986, also noch vor den Quotierungsbeschlüssen der SPD, mehr als verdreifacht. Die Berufsgruppen des öffentlichen Dienstes dominierten in dieser mittleren Parteielite eindeutig. Ihnen gehörten drei Fünftel der Stimmberechtigten an, während nur noch zwölf bis 15 Prozent aus dem produktiven Gewerbe oder der Industrie kamen. Dennoch kann man die SPD in dieser Zeit nicht als eine gesichtslose Allerweltspartei charakterisieren, deren Programmatik unscharf war und deren Aktivmitgliedschaft wenig Profil besaß. Die Mehrheit dieser Parteitagsdelegierten rekrutierte sich aus den Neumitgliedern der späten 1960er und frühen 1970er Jahre. Deshalb überrascht es auch nicht, dass sie sich in ihrer Selbsteinstufung zu über 50 Prozent der linken Mitte in der Partei zurechneten und dass vier Fünftel von ihnen einer Gewerkschaft angehörten.

Beleuchtet man vor diesem Hintergrund die Beziehungen zwischen Sozialdemokratie und Gewerkschaften, die jahrzehntelang besonders eng gewesen waren, so ist zunächst zu betonen, dass sich in den 1970er Jahren der Schulterschluss von SPD und DGB immer mehr lockerte. Zwischen den Maximen der gewerkschaftlichen Interessenpolitik und den Notwendigkeiten der staatlichen Konsolidierungspolitik ließ sich während der 1973 einsetzenden und sich bis zum Bruch der sozial-liberalen Koalition im Herbst 1982 immer mehr verschärfenden Konjunktur- und Haushaltskrise manchmal nur mit Mühe, manchmal aber auch gar nicht, ein für beide Seiten passabler Mittelweg finden. Nun ging es nicht mehr um die soziale Umverteilung von Steuereinnahmen, sondern um Kostendämpfung und um Wettbewerbsfähigkeit im globalen Konkurrenzkampf. Diese unter der Kanzlerschaft von Helmut Schmidt eingeleitete Wende zu einem pragmatischen Politikstil fand auch im Deutschen Gewerkschaftsbund keinen ungeteilten Beifall.

Sowohl Willy Brandt wie auch Helmut Schmidt gerieten am Ende ihrer Kanzlerschaft in die missliche Situation, dass sie außerhalb der Gewerkschaften mehr Zustimmung fanden als bei diesen. Ihre Versuche, die neuen sozialen und ökonomischen Herausforderungen nach dem Ende des Wirtschaftsbooms durch deren stärkere Einbindung zu lösen, scheiterten schon im Ansatz: Brandt wurde 1974 mit Lohnforderungen der ÖTV von deutlich mehr als zehn Prozent konfrontiert, vor denen er schließlich nach einem heftig geführten Arbeitskampf kapitulieren musste; Schmidt erlebte Anfang der 1980er Jahre gewerkschaftliche Massendemonstrationen gegen die Sparpolitik und den Sozialabbau der von ihm geführten Regierung, die ihn innerparteilich ebenso in die Enge trieben wie seinen Vorgänger.

Die lange Zeit gut funktionierende privilegierte Partnerschaft zwischen SPD und DGB mündete in den 1970er Jahren nicht zufällig in einer ernsten Beziehungskrise, die auch noch im folgenden Jahrzehnt deutlich zu spüren war. Hierfür lassen sich eine Reihe von Gründen anführen: Die personellen Verflechtungen auf den Entscheidungsebenen beider Seiten lockerten sich im Laufe der Jahre immer mehr; die gemeinsame sozialstrukturelle Basis, welche die SPD mit den klassischen Industriegewerkschaften geteilt hatte, wurde mit dem Rückgang des Arbeiteranteils in der Partei immer schmaler. Die Masse der gewerkschaftlich organisierten SPD-Mitglieder kam nun nicht mehr aus der IG Metall, der IG Chemie oder der IG Bergbau, sondern aus den Verbänden des öffentlichen Dienstes, deren Mitglieder nicht mehr mit dem »Blaumann« zur Arbeit gingen, sondern mit Anzug und Krawatte. Außerdem verkleinerten sich die programmatischen Schnittmengen zwischen SPD und Gewerkschaften, weil die Partei in einer sozial-liberalen Koalition längst nicht alle Gewerkschaftswünsche durchsetzen konnte. Und schließlich verstärkten sich unter dem Druck der Beschäftigungskrise – die Arbeitslosenzahlen stiegen zwischen 1973

Abbildung 3:
Friedensdemonstration in Bonn 1981
(J. H. Darchinger/FES)

und 1982 von 200.000 auf zwei Millionen an – die Konflikte zwischen Kapital und Arbeit, in denen Streiks und Aussperrungen wieder zu Kampfmitteln wurden und die kooperativen Strategien des »rheinischen Kapitalismus« vergessen ließen.

In den frühen 1980er Jahren geriet die SPD zudem in eine Identitätskrise, in der Bundeskanzler Schmidt und der Parteivorsitzende Brandt in verschiedenen Rollen agierten. Während Schmidt nach Kompromissen suchte, um den Koalitionsbruch zwischen SPD und FDP zu vermeiden, ging es Brandt mehr um den Zusammenhalt der Partei. Die unübersehbaren Differenzen zwischen Regierungs- und Parteiführung wurden nicht nur hinter verschlossenen Türen diskutiert, sondern auch auf Parteitagen spektakulär sichtbar, wo die Befürworter und Gegner der Nachrüstung sich ebenso wenig schenkten wie die Anhänger einer Fortführung der Wachstumspolitik und ihre Opponenten, die für einen programmatischen Kurswechsel eintraten. Das kritische Potenzial, das sich in den Neuen sozialen Bewegungen sammelte, stieß mit seiner Technik- und Zivilisationskritik nun auch in den Reihen der SPD auf immer mehr Resonanz. Mit der Forderung nach einem ökologischen Umbau der Industriegesellschaft konnte sich die Partei allerdings erst in ihrem Berliner Programm von 1989 anfreunden.

Nach dem Ende der sozial-liberalen Koalition im Herbst 1982 wurde diese Identitätskrise noch weiter verschärft, weil nun fundamental orientierte Oppositionsgruppen – Grüne, Friedensbewegung, Alternative – den Entfremdungsprozess zwischen den miteinander im Konflikt liegenden Parteimitgliedern von außen stark beschleunigten. Die innerlich zerrissene SPD konnte auch deshalb von der neuen christlich-liberalen Regierung bei den Bundestagswahlen demoralisiert und gedemütigt werden: 1983 und 1987 lag der sozialdemokratische Stimmenanteil – wie vor den 1960er Jahren – wieder unter der 40-Prozent-Grenze. Der Abschied Schmidts aus der aktiven Politik nach seinem Sturz als Bundeskanzler und der Rückzug Brandts vom Parteivorsitz im Frühjahr 1987 markierten tiefe personelle Einschnitte. Hans-Jochen Vogel, der Nachfolger Brandts, übernahm eine verunsicherte Partei, die mehr mit sich selbst beschäftigt war als mit ihren politischen Konkurrenten. Dies dokumentierte auch das Verwirrspiel auf der Führungsebene der SPD, das sie 1989/90 uneinig in den deutschen Vereinigungsprozess eintreten ließ.

Am Beginn und in den ersten Jahren der zweiten sozialdemokratischen Oppositionszeit, die von 1982 bis 1998 andauerte und damit fast genauso lange dauerte wie die erste zwischen 1949 und 1966, wurden viele Nachrufe auf die vermeintlich sterbenskranke Sozialdemokratie publiziert. Deren Autoren beklagten das Elend der Sozialdemokratie und behaupteten, ihre säkulare politische Kraft als soziale Bewegung habe sich erschöpft, ihr Niedergang sei deshalb unvermeidlich. Diese Prophezeiungen haben sich bekanntlich nicht bewahrheitet. Das Land, in das die SPD 1998 an die Regierungsspitze zurückkehrte, hatte sich jedoch in der Zwischenzeit tiefgreifend verändert. Nach der Vereinigung der erfolgreichen Bundesrepublik mit der gescheiterten DDR standen aber erneut und grundsätzlicher als zuvor die programmatischen Grundprinzipien der Sozialdemokratie – Freiheit, Gerechtigkeit und Solidarität – wieder an der ersten Stelle auf der politischen Tagesordnung.

Literaturhinweise:

Bernd Faulenbach, Das sozialdemokratische Jahrzehnt. Von der Reformeuphorie zur Neuen Unübersichtlichkeit. Die SPD 1969–1982, Bonn 2011.

Kurt Klotzbach, Der Weg zur Staatspartei. Programmatik, praktische Politik und Organisation der deutschen Sozialdemokratie 1945–1965, unveränderter Nachdruck, Bonn 1996.

Klaus Schönhoven, Wendejahre. Die Sozialdemokratie in der Zeit der Großen Koalition 1966–1969, Bonn 2004.

Franz Walter, Die SPD. Biographie einer Partei, Reinbek 2009.

Andreas Biefang

Die »Troika« – Oder: Die posthume Erfindung eines sozialdemokratischen Führungsmodells

Die hier als Ikone vorgestellte Pressefotografie zeigt drei führende Politiker der SPD: links im Vordergrund mit frisch angezündeter Zigarette den Parteivorsitzenden und Regierenden Bürgermeister von Berlin, Willy Brandt; in der Mitte stehend den stellvertretenden Fraktionschef Helmut Schmidt in vertraulichem Gespräch mit dem skeptisch dreinblickenden Parteivize Herbert Wehner. Die Aufnahme entstand anlässlich der zweitägigen Fraktionssitzung vom 30. November und 1. Dezember 1966, während der über die Beteiligung an einer Großen Koalition mit der CDU/CSU beraten wurde. Sie hält somit exakt den Moment fest, in dem die SPD sich anschickte, nach 36 Jahren Unterbrechung erneut Regierungsverantwortung auf nationaler Ebene zu übernehmen. Mit dem Eintritt in die Regierung begann auch eine neue Phase der konfliktreichen, aber zugleich disziplinierten und der Sache untergeordneten Zusammenarbeit der drei abgebildeten Männer, die bis zum Ende der sozial-liberalen Koalition im Jahr 1982 währte. Unter dem Namen »Troika« ist dieses politische Bündnis sprichwörtlich geworden. Die Namensfolge Brandt/Schmidt/Wehner ruft deshalb bei so manchem Anhänger der SPD die wehmütige Erinnerung an erfolgreiches Regieren wach, an ein vermeintlich »sozialdemokratisches Jahrzehnt«.

Ikone:
Die »Troika« oder drei mächtige Sozialdemokraten?, Pressebild eines unbekannten Fotografen, 30. November 1966
(picture-alliance/dpa)

Abbildung 1:
Dekorationstuch für den VI. Parteitag der SED 1963
(DHM, Berlin)

Das russische Wort »Troika« bezeichnete ursprünglich eine bestimmte Art, eine Kutsche zu spannen, nämlich mit drei nebeneinander laufenden Pferden. Aber wie wurde aus einem solchen technischen Spezialbegriff eine politische Metapher? Die Ursache liegt vor allem in der darin enthaltenen Zahl, der Drei, die in der christlichen Symbolgeschichte eine herausragende Rolle spielt. Ihre Bedeutung geht auf die für das Christentum zentrale Vorstellung der Dreifaltigkeit von Vater, Sohn und Heiligem Geist zurück. In der Sphäre der Politik nahm man gern Anleihen bei solchen sakralen Vorbildern. Ein Beispiel sind die Dreifach-Bildnisse, die Fürsten nutzten, um durch sich selbst als Bestandteil einer dynastisch begründeten Kontinuität darzustellen. Während der Französischen Revolution, der Geburtsstunde der modernen politischen Kultur, tritt uns die Dreifaltigkeit in Gestalt der Wertetrias entgegen, die auch die Geschichte der Sozialdemokratie geprägt hat – Freiheit, Gleichheit, Brüderlichkeit. Aber auch Dreifach-Bildnisse wurden weiterhin als säkularisierte religiöse Formel verwendet, um den eigenen Standort in der Gegenwart als Fortsetzung einer eindrucksvollen Tradition zu inszenieren. Das gilt für die verschiedenen politischen Richtungen. So hat die Sozialdemokratie im Kaiserreich mit der Trias von Marx, Lassalle und Engels gearbeitet, die Nationalsozialisten hantierten später mit Friedrich II., Bismarck und Hitler, während die Kommunisten gern das Dreigespann von Marx, Engels und Lenin für ihre Bildwerbung nutzten (Abb. 1). Die Verwendung des Begriffs »Troika« für das Führungstrio der SPD steht in dieser Tradition, wobei die ironische Anspielung auf die kollektive Führung sowjetischer Prägung den besonderen Charme ausmacht.

Abgesehen von dem Verweis auf die vermeintlichen russischen »Genossen« ruft die Metapher »Troika« allerlei weitere Assoziationen auf, die allerdings bei näherer Betrachtung eher verwirrend als erhellend sind: Bei einem Dreigespann läuft das mittlere Pferd im Trab und die beiden äußeren Pferde im Galopp. Schwer zu sagen, was dies in Bezug auf Brandt, Schmidt und Wehner bedeuten könnte. Zudem gibt es bei einem Dreigespann nur einen Lenker, und der zählt nicht zu den Pferden, sondern sitzt auf dem Kutschbock. Und natürlich ziehen die Pferde die Kutsche. Aber soll dann die Kutsche für »Partei« stehen? Die Partei als »Karren«, der durch die »Troika« aus dem Dreck gezogen wird? Gelenkt von einem anonym bleibenden Kutscher? Kein Wunder jedenfalls, dass die wichtigsten Beteiligten den Begriff der »Troika« nicht mochten. Willy Brandt sprach rückblickend lieber von einem »sogenannten Triumvirat«, das die »engere Führung« der Partei nach dem Tod des Vorsitzenden Erich Ollenhauer übernommen habe: »Brandt, Wehner, Schmidt (bis 1967: Fritz Erler)«. Auch Helmut Schmidt wies den Begriff in seinen Erinnerungen ausdrücklich zurück – »Keine Troika« – und sprach ähnlich wie Brandt von einem »Triumvirat«, das die SPD »sechzehn Jahre lang kooperativ geführt« habe.[1]

In der Tat handelt es sich bei der Rede von der »Troika« ursprünglich nicht um eine Idee der SPD, sondern um eine Presseerfindung. Vor allem der SPIEGEL benutzte den Begriff großzügig und verwendete ihn für politische Dreigespanne unterschiedlicher Art, sei es im nationalen oder internationalen Kontext. Im Zusammenhang mit der Sozialdemokratie war zunächst von der »Reformer-Troika« Wehner/Brandt/Erler die Rede (Der SPIEGEL, 21.5.1958). Erst im März 1968, also gut 15 Monate nach der Entstehung der hier gezeigten Ikone, wurde der Begriff »Troika« auf Wehner/Brandt/Schmidt bezogen (Der SPIEGEL, 18.3.1968). Mit zeitlicher Verzögerung geschah das auch in der Wochenzeitung »Die ZEIT«, die bis 1972 vor allem die damals als »Reformer« geltenden Nikolai Podgorny, Leonid Breschnew und Alexej Kossygin als »sowjetische Führungstroika« bezeichnet hatte. Erst seither verwandte sie den Begriff der »Troika« für das Trio Brandt/Schmidt/Wehner, wenngleich deutlich seltener als der SPIEGEL. Zum ersten Mal geschah das am 20. Oktober 1972, als der Journalist Rolf Zundel die Frage stellte, ob »angesichts der absoluten Dominanz des Vormanns Brandt von einem solchen Dreigespann« überhaupt sinnvoll gesprochen werden könne (Die ZEIT, 20.10.1972). Tatsächlich war gerade der Bundestagswahlkampf 1972 vollständig auf Willy Brandt ausgerichtet. »Wählt Willy Brandt«, lautete die Parole (Abb. 2). Erst mit dem Rücktritt des Charismatikers Brandt im Mai 1974

1 *Helmut Schmidt*, Weggefährten. Erinnerungen und Reflexionen, Berlin 1996, S. 449–452.

Abbildung 2:
»Deutsche. Wir können stolz sein auf unser Land. Wählt Willy Brandt«, Plakat für die Bundestagswahl am 19. November 1972, Entwurf von Harry Walter, 168,3 x 118,5 cm (SPD/AdsD)

Abbildung 3:
»Stark. SPD«, Plakat der SPD für die Bundestagswahl am 16. Oktober 1994 mit Gerhard Schröder, Rudolf Scharping und Oskar Lafontaine, 118 x 84 cm (SPD/AdsD)

etablierte sich der Begriff der »Troika« für die sozialdemokratische Führungsriege in der Presse und dann auch in den Geschichtsbüchern.

Bevor jedoch die SPD die Idee der »Troika« für sich adaptierte und planmäßig für die Parteiwerbung einsetzte, vergingen noch einmal 20 Jahre. Erst im Bundestagswahlkampf 1994 griff die Partei ausdrücklich auf die nunmehr bereits als »legendär« geltende »Troika« zurück. Als Beispiel mag das Wahlplakat dienen, das unter dem in großen Buchstaben gedruckten Motto »Stark. SPD« den Kanzlerkandidaten Rudolf Scharping zeigt, flankiert von den leicht zurückgesetzten Gerhard Schröder und Oskar Lafontaine (Abb. 3). Das Plakat und die gemeinsamen Auftritte der sogenannten Enkel Brandts waren aber gerade nicht Ausdruck von Stärke, sondern beruhten auf der Befürchtung, dass der Kanzlerkandidat allein sich als nicht zugkräftig genug erweisen könnte. Allerdings muss der Rückgriff auf die »Troika« nicht notwendig als Hinweis auf Führungsschwäche interpretiert werden. Dazu ist das Symbol zu vieldeutig und sein Gebrauch zu uneinheitlich. Ob etwa das ironische Kokettieren mit der ruhmreichen »Troika« im Jahr 2012 auf einen unentschiedenen Führungsstreit hinweist, ob es Teil einer cleveren Machterwerbsstrategie ist oder ob es sich bloß um eine bequeme Formel für allzu routinierte Journalisten handelt, darüber kann man nur spekulieren – oder Witze reißen (Abb. 4). Sicher ist jedenfalls, dass das Festhalten an tradierten sprachlichen Klischees den neugierigen Blick auf die Machtstrukturen und Handlungschancen in der Gegenwart nicht eben erleichtert.

Abbildung 4:
Stark?, »Troika ... leicht aufgeschreckt«, Karikatur von Thomas Plaßmann, Mai 2012
(Thomas Plaßmann)

Literaturhinweise:

Bernd Faulenbach, Das sozialdemokratische Jahrzehnt. Von der Reformeuphorie zur Neuen Unübersichtlichkeit. Die SPD 1969–1982, Bonn 2011.

Martin Rupps, Troika wider Willen. Wie Brandt, Wehner und Schmidt die Republik regierten, Berlin/München 2004.

Helmut Schmidt, Weggefährten. Erinnerungen und Reflexionen, Berlin 1996.

Klaus Schönhoven, Wendejahre. Die Sozialdemokratie in der Zeit der Großen Koalition 1966–1969, Bonn 2004.

Andreas Biefang

Der Handschlag – Vom Missbrauch und Tod einer politischen Geste

Zwei Parteitage, zwei Vorsitzende, zwei Pressefotografien – trotz aller oberflächlichen Ähnlichkeit verbergen sich hinter den hier als Ikonen vorgestellten Fotografien zwei grundverschiedene Geschichten. Die beiden Bilder berichten vom Ende und vom Anfang der Sozialdemokratie in der SBZ beziehungsweise der DDR. Zugleich erzählen sie die Geschichte vom Missbrauch einer politischen Geste, die im Symbolvorrat der Sozialdemokratie große Bedeutung besessen hat. Gemeint ist der Handschlag. Als Zeichen der freiwilligen Übereinkunft ist der Handschlag ein altes Ritual, das tief in eine jahrhundertealte europäische Bildtradition eingelagert ist. Die Geste diente zur Besiegelung von Rechtsgeschäften, von Friedensschlüssen oder von freundschaftlichen Bünden. In die Geschichte der deutschen Arbeiterbewegung, noch präziser: in die Organisationsgeschichte der Sozialdemokratie, gelangte der Handschlag bereits mit der Allgemeinen Deutschen Arbeiterverbrüderung von 1848 (Abb. 1). Sie wählte zwei zu einem Handschlag verbundene Hände zu ihrem Erkennungszeichen. Umkränzt von Zweigen aus Efeu- und Eichenlaub, erwächst aus ihnen ein nach oben gerichtetes Schwert, das den Willen zum gemeinsamen Kampf bekräftigt.

Ikone, erster Teil:
Handschlag von Wilhelm Pieck, Vorsitzender der KPD, und Otto Grotewohl, Vorsitzender des Zentralausschusses der SPD, am 22. April 1946 in Berlin, Fotografie von Abraham Pisarek (picture-alliance/dpa)

Ikone, zweiter Teil:
Handschlag von Markus Meckel, Mitgründer und zweiter Sprecher der SDP in der DDR, und Willy Brandt, SPD-Ehrenvorsitzender, auf dem SPD-Parteitag 1989 in Berlin, Fotografie von Jupp Darchinger (J. H. Darchinger/FES)

Auch der Allgemeine Deutsche Arbeiterverein Ferdinand Lassalles, 1863 gegründet, nahm sich den Handschlag zum Emblem (Abb. 2). Auf seiner roten Fahne wird die Geste von Eichenlaub umrankt und textlich der Wertetrias der Französischen Revolution zugeordnet: Der Handschlag als freiwillige Übereinkunft (Freiheit) ebenbürtiger Menschen (Gleichheit) zum gegenseitigen Vorteil (Brüderlichkeit) – das ist die klare Botschaft der Geste. Als »Traditionsfahne« wird diese Fahne noch heute in vielen lokalen Gliederungen der Partei wertgeschätzt. Tatsächlich kann der Handschlag als die älteste und wohl auch wichtigste Geste der noch stark handwerklich geprägten sozialdemokratischen Arbeiterbewegung gelten, ehe vor allem in der Weimarer Republik die (klassen-)kämpferische Geste der geballten Faust hinzutrat. Letztere wurde jedoch bevorzugt von der KPD als Gegenstück zum Faschistengruß des ausgestreckten Arms verwendet und gehört in den Bereich der antidemokratischen Symbolik. Allerdings konnte die SPD den Handschlag nach dem Ende der NS-Herrschaft nicht mehr als tradiertes politisches Erkennungszeichen verwenden. Der Grund lag im Missbrauch der Geste durch die KPD/SED.

Wie kam es dazu? In den Monaten nach der Niederwerfung des nationalsozialistischen Deutschlands durch die Alliierten war in der sozialistischen Arbeiterschaft die Sehnsucht nach politischer Einheit verbreitet, da man in der organisatorischen Spaltung während der Weimarer Republik eine der Ursachen für die Etablierung der Diktatur sah. Wenigstens jetzt glaubte man zusammenstehen zu müssen, um den zahlreichen Anhängern des untergegangenen Regimes erfolgreich entgegentreten zu können. Diese Stimmungslage nützten die von der Besatzungsmacht gestützten Kommunisten in der Sowjetischen Besatzungszone (SBZ) aus, indem sie nach anfänglichem Zögern auf die Gründung einer sozialistischen Einheitspartei drängten. Während in Berlin der von Otto Grotewohl geleitete Zentralausschuss der SPD, der die deutschlandweite Reorganisation der Partei vorantreiben sollte, frühzeitig auf das Werben der KPD einging,

„Jetzt wächst zusammen
was zusamm gehört."
Willy Brandt, 10.11.1

Abbildung 1:
Emblem der Allgemeinen Deutschen Arbeiterverbrüderung, circa 1850 (AdsD)

Abbildung 2:
Fahne des Allgemeinen Deutschen Arbeitervereins, 1873 (AdsD)

lehnte die von Kurt Schumacher geführte Sozialdemokratie der drei Westzonen jeden Kompromiss mit den Kommunisten energisch ab. Durch massiven Druck und durch Täuschung wurden viele Sozialdemokraten in der SBZ dazu gebracht, der Vereinigung mit der KPD zur SED im April 1946 zuzustimmen oder sie doch hinzunehmen. Als eigenständige politische Kraft existierte die SPD in der SBZ seitdem nicht mehr. Auch wenn Teile der Partei dem Einheitswerben erlagen, erscheint angesichts des verbreiteten gewaltsamen Drucks, bei dem Tausende Sozialdemokraten inhaftiert wurden, der Begriff der Zwangsvereinigung angemessen, um die SED-Gründung als Ganzes zu charakterisieren. Dafür spricht auch das Verhalten der Parteigliederungen in den Westzonen und vor allem in Westberlin: Dort sprachen sich am 31. März 1946 in einer Urabstimmung – die in der SBZ verboten wurde – 83% der SPD-Mitglieder gegen die sofortige Vereinigung mit der KPD aus.

Der angeblich gleichberechtigte Zusammenschluss beider Parteien zur Sozialistischen Einheitspartei SED sollte nach dem Willen ihrer Betreiber auf einem Kongress öffentlichkeitswirksam inszeniert werden. Dieser Vereinigungsparteitag fand am 22. April 1946, ausgerechnet am Ostersonntag, im Admiralspalast in der Friedrichstraße in Berlin statt. Zur Musik aus der Ouvertüre zu Fidelio, Beethovens »Befreiungsoper«, traten die Vorsitzenden der KPD, Wilhelm Pieck, und des Zentralausschusses der SPD, Otto Grotewohl, einer von links, der andere von rechts kommend, auf die Bühne, um sich in der Mitte zum Handschlag zu begegnen. Zahlreiche eigens herbeigeholte Fotografen umlagerten den Tisch, um das Ereignis aus verschiedenen Perspektiven im Bild festzuhalten. Unter ihnen befand sich auch Abraham Pisarek, der für die von der Sowjetischen Militäradministration herausgegebene »Tägliche Rundschau« arbeitete. Pisarek, der nur knapp die Judenverfolgung überlebt hatte, suchte schon bald wieder Distanz zur Politik und konzentrierte sich ganz auf sein altes Spezialgebiet, die Theaterfotografie. Bei der Betrachtung seiner berühmt gewordenen Aufnahme (Ikone, erster Teil) meint man zu erkennen, welcher der beiden Protagonisten sich als Sieger fühlte, und wer – man muss es sagen – mit schlaffem Händedruck den Verrat an seiner Partei besiegelte. Das Ritual des Handschlags war unter maßgeblicher Mitwirkung Grotewohls detailliert vorbereitet worden, weil die Geste einen herausgehobenen Platz in der Selbstdarstellung der SED und dann der DDR erhalten sollte. Unmittelbar nach dem Ereignis wurde die längst hergestellte Fahne der SED, mit dem Handschlag vor rotem Grund im Zentrum, von Berliner Mitgliedern überreicht (Abb. 3). Die neu geschaffene Einheitspartei machte die traditionelle sozialdemokratische Geste zum Emblem der Partei und die angebliche freiheitliche Vereinigung der Arbeiterklasse zum Gründungsmythos der DDR. Für die SPD war das Symbol damit erledigt.

Die zweite als Ikone vorgestellte Pressefotografie wurde 43 Jahre später auf dem Parteitag der SPD im Dezember 1989 angefertigt. Sie stammt von Jupp Darchinger, der seit 1964 als Fotokorrespondent die Bundespolitik beobachtet und dabei ein besonderes Interesse für die SPD entwickelt hatte, der er als Mitglied angehörte. Das Bild zeigt den Handschlag von Markus Meckel, dem zweiten Sprecher der SDP der DDR, und Willy Brandt, dem Ehrenvorsitzenden der SPD. Im Hintergrund, nur teilweise verdeckt, der binnen weniger Wochen berühmt gewordene Satz Willy Brandts, der die Vereinigung der deutschen Staaten als »natürlichen« Prozess beschreibt. Vom Podium aus beobachtet Oskar Lafontaine die Szene skeptisch. Der in Berlin stattfindende Parteitag war eine wichtige Etappe auf dem Weg der Vereinigung der beiden sozialdemokratischen Parteien, allerdings, wie der Handschlag diesmal, aus freier Entscheidung.

Die unmittelbare Vorgeschichte hatte am 7. Oktober 1989 begonnen, als sich in Schwante, nördlich von Berlin bei Oranienburg gelegen, unter dem Kürzel SDP eine sozialdemokratische Partei in der DDR gegründet hatte, pikanterweise am 40. Jahrestag der Staatsgründung. Die Sozialistische Internationale unter dem Vorsitz Willy Brandts und das Präsidium der SPD veröffentlichten sofort zustimmende Erklärungen. Schon am 24. Oktober nahm Steffen Reiche, Vorstandsmitglied der neuen Partei, in Bonn auf Einladung von Hans-Jochen Vogel, dem Vorsitzenden der SPD, an den Sitzungen wichtiger Parteigremien teil. Zugleich erhielt die SDP materielle und organisatorische Hilfe. Zur Koordinierung der Zusammenarbeit wurde ein »Gemeinsamer Ausschuss« unter Leitung von Johannes Rau und Stephan Hilsberg gegründet. Um die Verbundenheit öffentlich zu dokumentieren, verlegte die SPD zudem ihren schon länger geplanten Programmparteitag von Bremen nach Berlin. Dort sollte Markus Meckel als Gastredner sprechen. Auf dem Parteitag wurde die SDP jetzt offiziell als Schwesterpartei anerkannt, als einzige Partei der DDR, die in der Tradition der Sozialdemokratie stehe.

Innerhalb der SPD war die Privilegierung der SDP anfangs umstritten gewesen, da sie die Preisgabe exklusiver Beziehungen zur SED bedeutete, mit der die Entspannungspolitik, das außenpolitische Erfolgsprodukt der SPD, betrieben worden war. Zudem gab es Zweifel an der politischen Substanz der als Partei der Pfarrer betrachteten SDP. Die Unsicherheit der SPD gegenüber den Entwicklungen in der DDR zeigte auch das neue Parteiprogramm, mit dem nach intensiver Vorbereitung das 30 Jahre alte Godesberger Programm ersetzt werden sollte. Gerade seine auf den deutschen Nationalstaat gerichteten Passagen werden heute meist als verfehlt angesehen. Am Ende war jedoch entscheidend, dass der Parteitag die Anerkennung der SDP als Schwesterpartei beschloss und damit den Weg zum Zusammenschluss beider Parteien eröffnete. Am 14. Januar 1990 übernahm die Ostpartei den Namen SPD. Die offizielle Vereinigung der beiden sozialdemokratischen Parteien wurde auf dem Leipziger Parteitag am 27. September 1990 vollzogen.

Die demokratische Variante des Handschlags, wie sie auf der Fotografie Jupp Darchingers zu sehen ist, konnte die Folgen des Missbrauchs der Geste zur Legitimierung der SED und der DDR nicht mehr heilen. Als politisches Zeichen blieb sie für die SPD unbrauchbar, weil sie Erinnerungen an die demütigende Kollaboration der Rest-SPD mit der KPD wachrief. Und sie konnte vom politischen Gegner jederzeit benutzt werden, um die demokratische Verlässlichkeit der SPD polemisch infrage zu stellen (Abb. 4). Inzwischen hat sich dies vermutlich geändert. Aber als symbolischer Ausdruck der Grundsätze der modernen Sozialdemokratie dürfte das tradierte Symbol aus der handwerklich geprägten Phase ihrer Geschichte im 19. Jahrhundert nicht mehr wiederzubeleben sein.

Abbildung 3:
»Banner der Einheit« 1946, 181 x 129 cm (DHM, Berlin)

Abbildung 4:
Angela Merkel, damals Frauen- und Jugendministerin im Kabinett Helmut Kohls, präsentierte im August 1994 ein Wahlplakat (picture-alliance/ZB)

Literaturhinweise:

Thomas Abbe/Monika Gibas/Rainer Gries, Der Handschlag. Das Propagem der Einheit und eine seiner tradierten Symbolisierungen, in: *Rainer Gries/Wolfgang Schmale* (Hrsg.), Kultur der Propaganda, Bochum 2005, S. 305–337.

Thomas Abbe/Monika Gibas, Der Händedruck zwischen Pieck und Grotewohl. Botschaften und Wandlungen einer Bildikone und eines Symbols, in: *Gerhard Paul* (Hrsg.), Das Jahrhundert der Bilder, Bd. 2: 1949 bis heute, Göttingen 2009, S. 754–761.

Beatrix Bouvier, Ausgeschaltet! Sozialdemokraten in der Sowjetischen Besatzungszone und in der DDR 1945–1953, Bonn 1996.

Bernd Rother, Gilt das gesprochene Wort? Wann und wo sagte Willy Brandt »Jetzt wächst zusammen, was zusammengehört«?, in: Deutschland Archiv 33, 2000, S. 90–93.

Friedrich Daniel Sturm, Uneinig in die Einheit. Die Sozialdemokratie und die Vereinigung Deutschlands 1989/90, Bonn 2006.

Dietmar Süß

Das Godesberger Programm: Demokratie als Staats- und Lebensform

Grundsatzprogramme sind mehr als nur politische Lippenbekenntnisse und die Summe schöner Sonntagsreden. Sie sind fester Bestandteil innerparteilicher Kompromissbildung, in ihnen spiegeln sich gesellschaftliche Konflikte, Werthaltungen und Feindbilder. Der Streit um Positionen und Paragrafen, um Begriffe und Definitionen, um Mehrheiten und Meinungen gehört zum Lebenselixier politischer Parteien. Gleichzeitig sind sie Teil ritueller Selbstvergewisserung, historisches Gedächtnis und damit ein sich in der Parteiengeschichte wandelnder historischer Erinnerungsort.

Das Godesberger Programm von 1959 war deshalb immer mehr als die Summe seiner einzelnen Abschnitte zu Fragen der Wirtschafts- und Sozialordnung, zu Demokratie, Mitbestimmung, Schule, Bildung und Kultur. Es war Teil sozialdemokratischer Identitätssuche in der jungen Bundesrepublik, nachlassender milieuspezifischer Bindungen, Antwort auf die Wahlniederlage von 1957 und die Frustration über den »Adenauer-Staat« sowie Nachgeschichte des Nationalsozialismus, der so viele Sozialdemokraten ermordet und ins Exil getrieben – und dort eine ganze Generation mit den Ideen des skandinavischen oder britischen Wohlfahrtsstaats vertraut gemacht hatte. Führende intellektuelle Köpfe wie Willi Eichler und Waldemar von Knoeringen gehörten dazu, aber auch Willy Brandt und der seit 1952 amtierende SPD-Vorsitzende Erich Ollenhauer.

Abbildung 1: **Plakat zum Außerordentlichen Parteitag der SPD 1959 in Bad Godesberg** (SPD/AdsD)

Umstritten und aufsehenerregend war zunächst die Formel, mit der die SPD im Godesberger Programm den demokratischen Sozialismus begründete: Denn dieser sei, wie es hieß, »in Europa in christlicher Ethik, im Humanismus und in der klassischen Philosophie verwurzelt«. Er wolle »keine letzten Wahrheiten verkünden – nicht aus Verständnislosigkeit und nicht aus Gleichgültigkeit gegenüber den Weltanschauungen oder religiösen Wahrheiten, sondern aus der Achtung vor den Glaubensentscheidungen des Menschen, über deren Inhalt weder eine politische Partei noch der Staat zu bestimmen haben. Die Sozialdemokratische Partei Deutschlands ist die Partei der Freiheit des Geistes. Sie ist eine Gemeinschaft von Menschen, die aus verschiedenen Glaubens- und Denkrichtungen kommen. Ihre Übereinstimmung beruht auf gemeinsamen sittlichen Grundwerten und gleichen politischen Zielen. Die Sozialdemokratische Partei erstrebt eine Lebensordnung im Geiste dieser Grundwerte. Der Sozialismus ist eine dauernde Aufgabe – Freiheit und Gerechtigkeit zu erkämpfen, sie zu bewahren und sich in ihnen zu bewähren«.[1]

Der Marxismus als Traditionsquelle war aus dem Programm verschwunden, besser gesagt: Diejenigen, die sich wie Wolfgang Abendroth stärker auf ihn stützten, hatten sich mit ihrer Position nicht durchsetzen können. Allerdings gab es doch eine deutlich vernehmbare Minderheit, die beispielsweise während der Debatte um das Programm dafür plädierte, den Schutz des Privateigentums nur dann festzuschreiben, sofern dies nicht dem Ausbau einer gerechten Sozialordnung entgegenstand. Herbert Wehner, der an den Programmdebatten nicht an führender Stelle beteiligt war, warf denn schließlich sein

1 Grundsatzprogramm der Sozialdemokratischen Partei Deutschlands, beschlossen auf dem außerordentlichen Parteitag in Bad Godesberg 1959, in: *Dieter Dowe/Kurt Klotzbach* (Hrsg.), Programmatische Dokumente der deutschen Sozialdemokratie, 4., überarb. und aktual. Aufl., Bonn 2004, S. 324–345, hier: S. 326f. Alle folgenden Seitenangaben in runden Klammern verweisen auf diese Ausgabe.

13.-15. Nov.
Bad Godesberg
1959
Ausserordentlicher Parteitag
SPD

ganzes Gewicht in die Waagschale, als er bei den Delegierten mit dem Satz als ehemaliger Kommunist um Zustimmung warb: »Glaubt einem Gebrannten«.

Es war die Auseinandersetzung mit dem Totalitarismus, die das Programm und auch Wehners Auftritt prägte; und das hieß: den demokratischen Sozialismus als Gegenentwurf zum kleinkarierten, doktrinären und auf »letzte Wahrheiten« beruhenden Kommunismus ostdeutscher Prägung zu formulieren. Gleichzeitig vollzog das Programm nach, was sich in manchen Städten und Regionen bereits beobachten ließ: dass sich nämlich zunehmend auch Protestanten (Katholiken immer noch in sehr kleiner Zahl) für die SPD engagierten und in der Union von CDU/CSU nicht mehr ihre natürliche Heimat sahen.

Das Godesberger Programm war zudem der Versuch, das Verhältnis von Bürger und Staat aus sozialdemokratischer Sicht neu zu justieren. Das betraf zunächst die Wirtschafts- und Sozialordnung, den Programmteil, der wesentlich die Handschrift des SPD-Wirtschaftsexperten Heinrich Deist trug. Die öffentliche Hand sei »verantwortlich für eine vorausschauende Konjunkturpolitik und soll sich im Wesentlichen auf Methoden der mittelbaren Beeinflussung der Wirtschaft beschränken. Freie Konsumwahl und freie Arbeitsplatzwahl sind entscheidende Grundlagen, freier Wettbewerb und freie Unternehmerinitiative sind wichtige Elemente sozialdemokratischer Wirtschaftspolitik. Die Autonomie der Arbeitnehmer- und Arbeitgeberverbände beim Abschluss von Tarifverträgen ist ein wesentlicher Bestandteil freiheitlicher Ordnung. Totalitäre Zwangswirtschaft zerstört die Freiheit. Deshalb bejaht die Sozialdemokratische Partei den freien Markt, wo immer wirklich Wettbewerb herrscht. Wo aber Märkte unter die Vorherrschaft von einzelnen oder von Gruppen geraten, bedarf es vielfältiger Maßnahmen, um die Freiheit in der Wirtschaft zu erhalten. Wettbewerb soweit wie möglich – Planung soweit wie nötig!« (S. 332). Das war also das Credo, und man hörte hier deutlich die Sprache Karl Schillers, die nun die sozialdemokratische Wirtschaftspolitik am Beginn der 1960er Jahre prägen sollte.

So klar dieses Bekenntnis auch war, so blass blieben die Formulierungen bei der konkreten Frage der Sozialisierung von Schlüsselindustrien, wie sie insbesondere für die Schwerindustrie des Ruhrgebiets lange innerhalb der SPD diskutiert und auch befürwortet worden waren. Im Vorfeld des Godesberger Programms und parallel zur Ruhrbergbaukrise, mit dem wachsenden Konkurrenzdruck ausländischer Kohle und dem beginnenden Zechensterben war vor allem um die Reichweite der Sozialisierungsforderung zwischen den unterschiedlichen Flügeln der Partei heftig gestritten worden. Dabei ging es nicht nur um politische Steuerungsinstrumente des Wirtschaftskreislaufs, sondern auch darum, ob eine solche Politik überhaupt für die neu zu gewinnenden Wählerschichten attraktiv war. Helmut Schmidt und andere hatten hier bereits erhebliche Zweifel, sahen sie doch das »Klassenbewusstsein« der Arbeiter auf dem Rückzug und glaubten zudem starke »Verbürgerlichungstendenzen« innerhalb des alten »Proletariats« zu erkennen.

Diese veränderte Perspektive, die in der Arbeiterschaft immer häufiger auch den »modernen Konsumenten« sah und in den Mittelschichten das künftige Wählerpotenzial, war es dann auch, die den wirtschaftspolitischen Grundsatzteil prägte. Das Godesberger Programm war indes keineswegs blind für die Defizite des Markts. Es stellte nicht nur ein Zugeständnis an das linkssozialistische Erbe dar, dass der wirtschaftspolitische Teil, der sonst nicht immer sehr präzise war, ein eigenes Kapitel über »Eigentum und Macht« besaß.

Darin ging es vornehmlich um die Sorge vor einem wachsenden »Konzentrationsprozess« großer Unternehmen und die Notwendigkeit öffentlicher Kontrolle unternehmerischer Entscheidungen. »Die schwächste Stellung in der Wirtschaft hat der Mensch als Verbraucher. Mit ihrer durch Kartelle und Verbände noch gesteigerten Macht gewinnen die führenden Männer der Großwirtschaft einen Einfluss auf Staat und Politik, der mit demokratischen Grundsätzen nicht vereinbar ist. Sie usurpieren Staatsgewalt. Wirtschaftliche Macht wird zu politischer Macht. Diese Entwicklung ist eine Herausforderung an alle, für die Freiheit und Menschenwürde, Gerechtigkeit und soziale Sicherheit die Grundlagen der menschlichen Gesellschaft sind. Die Bändigung der Macht der Großwirtschaft ist darum zentrale Aufgabe einer freiheitlichen Wirtschaftspolitik. Staat und Gesellschaft dürfen nicht zur Beute mächtiger Interessengruppen werden. Das private Eigentum an Produktionsmitteln hat Anspruch auf Schutz und Förderung, soweit es nicht den Aufbau einer gerechten Sozialordnung hindert« (S. 332f.).

Antikapitalistische Kritik war also in diesem Sinne auch »mit Godesberg« möglich, sodass »Godesberg« auch für die nachwachsende SPD-Generation der 1968er einen wichtigen Referenzpunkt bilden konnte. Der Kapitalismus erschien nicht mehr als pures Ungetüm, sondern durch antizyklische Staatsinterventionen steuerbar – dem Keynesianismus folgend. Mag der damit verbundene ungebremste Fortschrittsglaube, die Hoffnung auf eine stetig vorwärtsschreitende ökonomische Entwicklung, den das Grundsatzprogramm atmete, aus heutiger Sicht auch ein wenig befremden, so entsprach dies doch ganz der damaligen Stimmungslage vieler europäischer Linker, die sich von den kulturpessimistischen Tönen mancher Konservativer abzugrenzen versuchten.

Abbildung 2:
Panorama des Godesberger Parteitags
(J. H. Darchinger/FES)

Waldemar von Knoeringen gehörte zu diesen Optimisten. Für ihn war das Godesberger Programm vor allem mit einem anderen zentralen Thema der späten 1950er und 1960er Jahre verbunden: der Ausgestaltung und Vertiefung der jungen deutschen Nachkriegsdemokratie. Auch diese Frage war vom Kalten Krieg der beiden deutschen Staaten geprägt, und doch war dies nur ein Teil der Geschichte. Im Programm hieß es dazu: »Die Sozialdemokratische Partei Deutschlands bekennt sich zur Demokratie, in der die Staatsgewalt vom Volke ausgeht und die Regierung jederzeit dem Parlament verantwortlich und sich bewusst ist, dass sie ständig seines Vertrauens bedarf. In der Demokratie müssen die Rechte der Minderheit neben den Rechten der Mehrheit gewahrt werden. Regierung und Opposition haben verschiedene Aufgaben von gleichem Rang; beide tragen Verantwortung für den Staat« (S. 329).

Für Sozialdemokraten wie Willi Eichler, Fritz Erler oder Waldemar von Knoeringen war dieses Bekenntnis, ja der Anspruch, Demokratie als »Staats- und Lebensordnung« auszubauen, der eigentliche Kernpunkt der Godesberger Erneuerung. Demokratie meinte die Anerkennung unterschiedlicher Lebens- und Glaubensentwürfe, die Anerkennung von Freiheit und der Notwendigkeit zum intellektuellen Wettstreit. Eine soziale Demokratie war in diesem Sinne die Voraussetzung, um ein »sittliches Lebens« zu führen. Die gesellschaftliche Ordnung war nicht mehr primär durch Klassenkampf geprägt; dafür waren die einstigen »Proletarier« inzwischen viel zu sehr selbst »Bürger« geworden. Grundgesetz und parlamentarische Demokratie bildeten damit das zentrale Referenzsystem – und damit auch die Einbindung in die liberaldemokratische »westliche« Ordnung.

Abbildung 3:
Das Präsidium des Parteitags
(AdsD)

Doch ganz ungebrochen waren die Zukunftsvorstellungen, die innerhalb des Godesberger Programms formuliert waren, nicht. Denn so sehr sich die Sozialdemokratie am Puls der Zeit wähnte, so groß die Hoffnung auf die Chancen der zivilen Nutzung der Kernenergie und auf die neuen technischen Errungenschaften auch war, zugleich blieb doch die Sorge vor der Spannung zwischen technischem Fortschritt und dem politischen Bewusstsein der Menschen. In der Einleitung war deshalb auch von den »Widersprüchen unserer Zeit« die Rede, die die Sozialdemokratie zu überwinden versuchte; auf eine umfassende »Zeitanalyse«, wie sie zunächst vorgesehen war, verzichteten die Genossen. Eines dieser drängenden Themen spielte für die Sozialdemokraten ebenfalls eine wichtige Rolle: die Bildungs- und Kulturpolitik. Und so hieß es: »Erziehung und Bildung sollen allen Menschen die Möglichkeit geben, ihre Anlagen und Fähigkeiten unbehindert zu entfalten. Sie sollen die Widerstandskraft gegen die konformistischen Tendenzen unserer Zeit stärken. Kenntnis und Aneignung der überlieferten kulturellen Werte und Vertrautheit mit den formenden Kräften des gesellschaftlichen Lebens der Gegenwart sind Grundlagen unabhängigen Denkens und freier Urteilsbildung«.[2] Der aufgeklärte Bürger und Arbeiter, der informierte und selbstständige Mensch, der zu einem eigenständigen Urteil in der Lage war: Auch das gehörte zum emanzipatorischen Selbstverständnis des Godesberger Programms.

Angesichts der hitzigen bildungspolitischen Debatten der späten 1950er und 1960er Jahre über die Prioritäten der Schul- und Bildungspolitik bekommt diese Formulierung ihre besondere Bedeutung, ist sie doch Teil der sozialdemokratischen Suchbewegung nach einer Alternative zur christlich-demokratischen Hegemonie im »Adenauer-Staat«. Deshalb traf die Öffnung zu den Kirchen, wie sie führende Sozialdemokraten schon seit den 1950er Jahren betrieben, innerhalb der Partei keineswegs überall auf einhellige Zustimmung; noch immer waren die Vorbehalte gerade gegenüber Katholiken erheblich, und die freidenkerische Tradition vieler Sozialdemokratinnen und Sozialdemokraten machte die Begegnungen nicht immer einfach.

Zur Auseinandersetzung um »Godesberg« gehörte schon am Tag der Verabschiedung die Frage, ob der Wandel von der »Klassen- zur Volkspartei«, die Öffnung für neue soziale Schichten und die Orientierung an der sozialen Marktwirtschaft nun ein »Bruch« mit alten Traditionen und eine »Anpassung an die Wirklichkeit« darstellte oder stärker in der Kontinuität sozialdemokratischer Praxis der Jahre vor 1933 stand. Die Bewertung war immer auch Teil der politischen Auseinandersetzungen mit anderen Traditionen der Arbeiterbewegung – und der Deutungskampf um Godesberg mithin immer auch Teil sozialdemokratischer und sozialistischer Identitätssuche in der Gegenwart.

Wie sehr die Remigranten mit ihren so unterschiedlichen Erfahrungen und politischen Kontakten nach Europa und Übersee die programmatische Erneuerung mitbeeinflusst haben, hat die historische in den letzten Jahren eindrucksvoll untersucht. »Godesberg« war damit auch die Aneignung eines europäischen Lernprozesses innerhalb der politischen Linken.

Für Waldemar von Knoeringen – und wohl nicht nur für ihn – waren die Tage und Nächte in der Kongresshalle in unmittelbarer Nähe zu Bonn am Rhein noch ein Stück mehr. Es war jedenfalls nicht nur Wahlkampfrhetorik, wenn er wenige Tage nach der Verabschiedung im Bayerischen Rundfunk meinte: »Die Sozialdemokratie ist nicht nur die an Traditionen älteste [Partei] in der Bundesrepublik, sie ist zugleich auch die jüngste. Die innere Spannkraft, die Entschlossenheit und die Probleme der Zukunft heranzugehen, hat jeder gespürt, der an dieser für das politische Geschehen in Deutschland wichtigen Entscheidung von Bad Godesberg teilgenommen hat«.[2]

2 Rundfunkrede Waldemar von Knoeringens im Bayerischen Rundfunk am 17.11.1959, AdsD, NL Waldemar von Knoeringen, 1083.

Literaturhinweise:

Helga Grebing, Geschichte der deutschen Arbeiterbewegung von der Revolution 1848 bis ins 21. Jahrhundert, Bonn 2007.

Kurt Klotzbach, Der Weg zur Staatspartei. Programmatik, praktische Politik und Organisation der deutschen Sozialdemokratie 1945–1965, Bonn 1982.

Christoph Nonn, Das Godesberger Programm und die Krise des Ruhrbergbaus. Zum Wandel der deutschen Sozialdemokratie von Ollenhauer zu Brandt, in: Vierteljahrshefte für Zeitgeschichte 50, 2002, S. 71–97.

Masaaki Yasuno, Die Entwicklung des Godesberger Programms und die Rolle Erich Ollenhauers, Bonn 2010 (auch online unter URL: <http://library.fes.de/pdf-files/historiker/07462.pdf> [24.7.2012]).

Christoph Kleßmann

Schwante – Die Gründungsdokumente der Sozialdemokratischen Partei (SDP) in der DDR 1989

Die im revolutionären Herbst gegründete ostdeutsche Sozialdemokratie, die sich für wenige Monate als SDP bezeichnete und damit auch von der westdeutschen SPD abgrenzte, ist ein Pfarrerskind. Zwei DDR-Pfarrer, Martin Gutzeit (Marwitz/Oranienburg) und Markus Meckel (Magdeburg) diskutierten Anfang 1989 unter vier Augen ihren Plan, die Schaffung einer sozialdemokratischen Partei in der maroden DDR voranzutreiben. Schon zu diesem Zeitpunkt gärte es zwar in der DDR, weil sich die SED als Monopolpartei allen Reformen, wie sie der sowjetische Generalsekretär Michail Gorbatschow proklamierte, verweigerte. Aber noch schien die wirtschaftliche Lage halbwegs stabil. Ein Ende der DDR, gar verbunden mit einer Wiedervereinigung, konnte und wollte sich niemand vorstellen, weder bei den kleinen oppositionellen Gruppierungen unter dem Dach der evangelischen Kirche in der DDR noch bei den Politikern im Westen. Die SDP gehörte in das Umfeld der Bürgerrechts- und Dissidentengruppen der 1980er Jahre der DDR, unterschied sich aber von diesen deutlich durch ihren Anspruch, eine Partei zu sein und so die SED in ihrem Alleinherrschaftsanspruch besonders nachdrücklich herauszufordern. Darin waren sich die beiden Gründungsväter schnell einig.

Abbildung 1: **Gründungsurkunde der Sozialdemokratischen Partei in der DDR** (AdsD)

Bereits im August 1989 warben Meckel und Gutzeit im Rahmen eines Seminars zum Thema »Die Französische Revolution und die Menschenrechte« in der Golgatha-Kirchengemeinde in Berlin für diesen Plan. Am 26. August, dem 200. Jahrestag der französischen Erklärung der Menschenrechte, legten sie dort den programmatischen »Aufruf zur Bildung einer Initiativgruppe mit dem Ziel, eine Sozialdemokratische Partei in der DDR – SDP – ins Leben zu rufen« vor, verteilten ihn ab dem 3. September und machten ihn damit auch in den Medien der Bundesrepublik bekannt. Der Aufruf trug vier Unterschriften: neben Martin Gutzeit und Markus Meckel die Namen des Greifswalder Pfarrers Arndt Noack und des Berliner Lehrers und Historikers Ibrahim Böhme. Der Letztgenannte war, wie sich 1990 herausstellte, ein Stasispitzel und wurde vom Ministerium für Staatssicherheit (MfS) als IM »Maximilian« geführt.

Am 12. September wurde aus der fünfseitigen Vorlage eine Kurzfassung erstellt und veröffentlicht. Beide Fassungen lassen die Grundideen und Ziele der Initiatoren bereits genau erkennen. Als Gründungsdatum gilt aber erst der 7. Oktober, als im Pfarrhaus in Schwante (Kreis Oranienburg) etwa 40 Sympathisanten eine Erklärung unterzeichneten, die man als eigentliche Geburtsurkunde der SDP verstehen kann. Dieser knappe Text war denkbar nüchtern. Er nahm jedoch Bezug auf den »Aufruf« und formulierte als allgemeine politische Zukunftsvorstellung für die DDR eine »ökologisch orientierte soziale Demokratie« und eine »konsequente Demokratisierung von Staat und Gesellschaft«. Zunächst war offengeblieben, ob und wann aus der Initiative eine Partei werden sollte. Die Fluchtwelle des Sommers und Frühherbstes veranlasste die Protagonisten dann aber zu schnellem Handeln.

Gründungsurkunde
der
Sozialdemokratischen Partei
in der DDR (SDP)

Hiermit gründen die Unterzeichner die Sozialdemokratische Partei in der Deutschen Demokratischen Republik. Sie erklären sich in voller Übereinstimmung mit dem von der Initiativgruppe zur Bildung einer SDP erklärten Grundsatz, auf eine ökologisch orientierte soziale Demokratie hinzuwirken. Die Mitglieder der SDP suchen die Zusammenarbeit mit allen demokratischen Initiativen, Gruppen und Personen in unserem Lande, ungeachtet ihrer Struktur, ihrer weltanschaulichen und sozialen Bindung.

Angesichts der außen- und innenpolitischen Situation der DDR halten es die Mitglieder der SDP jetzt für erforderlich, sich mit einer Partei mit demokratischer Zielsetzung für eine konsequente Demokratisierung von Staat und Gesellschaft einzusetzen. Seit dem 26. August 1989 wurde der Aufruf der Initiatoren zur Gründung einer sozialdemokratischen Partei in der DDR verbreitet. Die Diskussionen über die erklärten Grundsätze verdeutlichten die Notwendigkeit, mit inhaltlichen und strukturellen Verbindlichkeiten sich jetzt gegen die zunehmende Destabilisierung unseres Landes zu verhalten und in dieser Weise an einer demokratische Entwicklung mitzuwirken.

Schwante (Kr. Oranienburg), den 7. Oktober 1989

Den formellen Gründungsakt der SDP gab das MfS korrekt wieder. In einer streng vertraulichen Meldung vom 9. Oktober an die SED-Spitze hieß es:

»Am 7. Oktober 1989 fand in der Zeit von 10.30 Uhr bis gegen 20.00 Uhr im evangelischen Gemeindehaus Schwante, Kreis Oranienburg, eine Zusammenkunft von über 40 Personen aus der Hauptstadt der DDR, Berlin (Mehrzahl) sowie den Bezirken Dresden, Gera, Magdeburg, Neubrandenburg, Potsdam und Rostock statt. Unter diesen befand sich eine Reihe kirchlicher Amtsträger, im kirchlichen Dienst stehender und aus religiösen Elternhäusern kommender Personen, die bekannten Unterzeichner des sogen. Aufrufs der ›Initiativgruppe‹ vom 12. September 1989, die Pfarrer GUTZEIT/Potsdam, MECKEL/Magdeburg, NOACK/Rostock sowie das Mitglied des personellen Zusammenschlusses ›Initiative Frieden und Menschenrechte‹ Berlin, Manfred BÖHME.«[1] Den Vorstand bildeten insgesamt 15 Personen, davon sieben Pfarrer.

Diese dürre Meldung unterstrich zum einen die Schlüsselrolle von Pfarrern und kirchlichen Mitarbeitern, zum andern den überregionalen und republikweiten Charakter der Neugründung, auch wenn der Schwerpunkt der SDP im Berliner Umfeld lag.

Neben dem Gründungsaufruf unterzeichneten die in Schwante Versammelten das Statut der SDP und als Anhang dazu »Grundpositionen zur Erarbeitung des Parteiprogramms«. Die Rede Meckels beim Gründungstreffen kann als Ausgangspunkt für weitere Präzisierungen der programmatischen Vorstellungen der SDP dienen. Sie deckte sich in den Kernelementen mit dem Aufruf und bildete eine weitere Grundlage für die späteren ausführlichen Diskussionen zur Programmformulierung.

Abbildung 2:
Statut der SDP
(AdsD)

Der Aufruf der Initiativgruppe vom 12. September begann mit einem Satz, der treffend die Krisenstimmung im Lande auf den Punkt brachte, auch wenn sich daraus noch keine politischen Perspektiven ergaben: »So kann es nicht weitergehen!« Er forderte explizit, der SED den Wahrheits- und Machtanspruch zu bestreiten. Das bedeutete eine »offene geistige Auseinandersetzung über den Zustand unseres Landes und seines künftigen Weges«. Die Bildung einer sozialdemokratischen Partei sollte dazugehören. Der Text entfaltete in Stichworten genauer, was man sich unter einer ökologisch orientierten sozialen Demokratie vorstellte. Die Sicherung der sozialen, kulturellen und politischen Grundrechte der Bürger und der Schutz der natürlichen Umwelt, um künftigen Generationen ihre Lebensgrundlagen zu garantieren, waren die allgemeinen Maximen, aus denen die wichtigsten Einzelforderungen abgeleitet wurden: Rechtsstaat und Gewaltenteilung, parlamentarische Demokratie und Parteienpluralismus, relative Selbstständigkeit der Regionen und Kommunen, soziale Marktwirtschaft und Monopolverbot, Demokratisierung des Wirtschaftslebens, Gewerkschaftsfreiheit und Streikrecht.

Die ausführlichere Erstfassung vom August 1989 und die Rede Meckels in Schwante lassen darüber hinaus erkennen, dass nicht nur die akute und unübersehbare ökonomische und politische Krise, sondern die fatale Entmündigung der Bürger der DDR und die Diskreditierung des Sozialismus-Begriffs über 40 Jahre hinweg zwei der treibenden Motive für die Neugründung einer Partei waren, die sich als sozialistisch verstand. »Wir treten ein für eine völlige Neuorientierung und Umstrukturierung von Staat und Gesellschaft in der DDR«, erklärte Meckel. Mit der Perspektive »demokratischer Sozialismus« sollte aber nicht nur an eine unter der SED verschüttete Tradition angeknüpft werden, sondern die neue Partei wollte auch eine gesellschaftspolitische Alternative zur kapitalistischen Bundesrepublik anvisieren. Insofern war es konsequent, dass zwar enge und visafreie Beziehungen mit Westdeutschland gefordert wurden, nicht aber eine Angliederung oder eine Wiedervereinigung. In der Zweistaatlichkeit sahen die Gründer der SDP

1 Informationen über die weitere Formierung DDR-weiter oppositioneller Sammlungsbewegungen, 9.10.1989, zit. nach: *Armin Mitter/ Stefan Wolle* (Hrsg.), »Ich liebe euch doch alle!«. Befehle und Lageberichte des MfS, Januar bis November 1989, Berlin 1990, S. 203–213, hier: S. 210f.

Anhang zum Statut

GRUNDPOSITIONEN
zur Erarbeitung des Parteiprogramms

A) Zur Ordnung von Staat und Gesellschaft

1. Rechtsstaat und strikte Gewaltenteilung
2. Parlamentarische Demokratie und Parteipluralität
3. Eine den UN-Menschenrechten entsprechende nationale Gesetzgebung
4. Soziale Gerechtigkeit (Absicherung einer Mindestexistenz)
5. Trennung von Staat und Gesellschaft, insbesondere von Staat und Partei sowie von Staat und Kirche
6. Gewissens-, Religions-, Rede-, Versammlungs- und Pressefreiheit mit Verhinderung von Pressekonzentration
7. Freie Medien öffentlichen Rechts
8. Relative Selbständigkeit der Regionen (Länder), Städte und Gemeinden
9. Dezentralisierung und Demokratisierung des Wirtschaftslebens
10. Ökologisch orientierte soziale Marktwirtschaft mit demokratischer Kontrolle ökonomischer Macht
11. Förderung von Gemeinwirtschaft und Genossenschaften sowie gleichberechtigte Privatwirtschaft
12. Recht auf freie Gewerkschaften und Streikrecht
13. Betriebliche Mitbestimmung
14. Gleichberechtigung und geschlechtsspezifische Förderung von Frau und Mann
15. Die Verbesserung der Lage der Kinder (Kindeswohl) soll zu einem übergeordneten Entscheidungsfaktor auf allen Ebenen werden
16. Schutz der Privatsphäre, Datenschutz
17. Entmilitarisierung der Gesellschaft und radikale Schritte zur Abrüstung
18. Reisefreiheit und Auswanderungsrecht für alle Bürger, sowie das Recht auf Rückkehr
19. Asylrecht für politische Flüchtlinge
20. Aktiver Widerstand gegen undemokratische, nationalistische, rassistische und neofaschistische Tendenzen.

B) Zur Außenpolitik

1. Stärkung internationaler Institutionen und Rechtsordnungen
2. Mitarbeit an einer europäischen und Weltfriedensordnung, in der die Militärbündnisse überflüssig werden
3. Anerkennung der Zweistaatlichkeit Deutschlands als Folge der schuldhaften Vergangenheit. Mögliche Veränderungen im Rahmen einer europäischen Friedensordnung sollen damit nicht ausgeschlossen sein
4. Besondere Beziehungen zur Bundesrepublik Deutschland aufgrund der gemeinsamen Nation, Geschichte und der sich daraus ergebenden Verantwortung, insbesondere für den Frieden in Europa
5. Solidarität mit entrechteten und unterdrückten Völkern, sowie nationalen Minderheiten
6. Mithilfe bei der Schaffung einer gerechten Weltwirtschaftsordnung.

III 9 105 Je 855/89

SDP

STATUT DER SOZIALDEMOKRATISCHEN PARTEI IN DER DDR

§ 1

Die Partei führt den Namen Sozialdemokratische Partei in der DDR (SDP). Ihr Tätigkeitsbereich erstreckt sich auf das Gebiet der Deutschen Demokratischen Republik.

GRUNDSÄTZE

§ 2

Die Sozialdemokratische Partei in der DDR vereinigt Menschen verschiedener Grundüberzeugungen und Glaubenshaltungen, die sich den Traditionen von Demokratie, sozialer Gerechtigkeit sowie der Verantwortung für die Bewahrung der natürlichen Umwelt verpflichtet fühlen. Die SDP steht den Traditionen des demokratischen Sozialismus der europäischen Sozialisten und Sozialdemokraten nahe.

§ 3

Der Einsatz für die Wahrung der Menschen- und Bürgerrechte, wie sie in der allgemeinen Erklärung der Menschenrechte und den beiden Menschenrechtskonventionen (1966) niedergelegt sind, gehört zu den vornehmsten Aufgaben und unaufgebbaren Prinzipien jedes Mitgliedes und der Partei als Ganzer.

§ 4

Die SDP versteht sich als demokratische Partei, die für alle Schichten der Bevölkerung offen ist. Die gleichberechtigte Beteiligung von Frauen und Männern auf allen Ebenen ist zu gewährleisten. Die Parteiarbeit beruht auf der von der Basis ausgehenden und alle Ebenen von dort her bestimmenden innerparteilichen Demokratie.

– wie so viele Linke damals auch in der Bundesrepublik – eine »Folge der schuldhaften Vergangenheit«.

In den an das Statut sich anschließenden Maximen für die Erarbeitung des künftigen Parteiprogramms tauchten im Wesentlichen die ersten, programmatisch formulierten zehn Paragrafen des Statuts wieder auf, über die man in Schwante auch eingehend diskutiert hatte: Wahrung der Menschen- und Bürgerrechte, gleichberechtigte Beteiligung von Männern und Frauen, Rechtsstaat mit strikter Gewaltenteilung, ökologisch orientierte soziale Marktwirtschaft mit einer gemischten Wirtschaftsstruktur und Ablehnung unkontrollierter Monopole und wirtschaftlicher Konzentration, parlamentarische Demokratie, Parteien- und Organisationsfreiheit.

Die folgenden, auf die innere Parteistruktur ausgerichteten Paragrafen des Statuts lassen stärker basisorientierte Elemente erkennen und sind noch nicht an die Systematik einer traditionellen sozialdemokratischen Parteiorganisation angelehnt, formulieren aber die Grundelemente einer demokratischen Partei als Kontrapunkt zur marxistisch-leninistischen SED. Dass sich die SDP bewusst im Sinne der klassischen Parteiendefinition »als ein Teil der Gesellschaft« verstand und insofern im demokratischen Wettstreit ihre Vorstellungen realisieren wollte, war explizit gegen den umfassenden und letztlich totalitären Anspruch der Staatspartei gerichtet. Inhaltlich deckte sich das mit vielen allgemeinen Zielen der Bürgerrechtsgruppen, formal aber war das Statut die Option für die Struktur einer Partei, nicht einer Bewegung.

Die Gründungsversammlung in Schwante stand im Vorfeld der offiziellen Feierlichkeiten zum 40. Jahrestag der DDR unter hohem politischen und zeitlichen Druck. Niemand wusste, ob und wie die Stasi intervenieren würde. Die Initiatoren hatten daher vorsichtshalber schon am 2. Oktober eine Gründungsurkunde hinterlegt. Das Interesse der Teilnehmer in Schwante konzentrierte sich primär auf das Ereignis der Gründung, nicht auf die andernorts so beliebten Organisations- und Programmdebatten. Insofern verlief der politisch höchst brisante Prozess der Konstituierung einer sozialdemokratischen Partei in der DDR zwar zum Teil etwas chaotisch, aber ohne lange Grundsatzdiskussionen. Diese konnten und sollten auf später verschoben werden, einschließlich der nur aus heutiger Sicht merkwürdig erscheinenden Frage, wie das Verhältnis zur westdeutschen SPD zu gestalten sei.

An Gründungsaufrufe und -programme politischer Parteien in Krisen- und Umbruchsituationen lassen sich hinsichtlich Stimmigkeit und Präzision der Formulierungen nicht die gleichen Erwartungen richten wie an ausgefeilte und auf Parteitagen ausgiebig diskutierte Grundsatzerklärungen. Wer die ersten Texte der im Entstehen begriffenen deutschen Parteien nach dem Ende der NS-Diktatur 1945 anschaut, wird parteiübergreifende Ähnlichkeiten im Pathos der Sprache sowie in grundlegenden, aber auch vagen Forderungen für die Zukunft feststellen. In gewissen Grenzen gilt das auch für den politischen Herbst in der DDR. Zwar ahnte noch niemand, dass der »erste Arbeiter-und-Bauern-Staat auf deutschem Boden« in rasantem Tempo seinem Ende entgegenging, aber das Gespür dafür, dass sich grundlegend etwas ändern und dass man dafür aktiv etwas tun musste, war in allen Teilen der DDR sehr verbreitet. Daher finden sich in den meisten programmatischen Texten der verschiedenen Bürgerrechtsgruppen ähnliche Grundsatzforderungen. Gerade in diesen fundamentalen Forderungen werden die gemeinsame Krisendiagnose und der verbreitete Wille zum Handeln deutlich. So begann etwa der erste wichtige Programmtext des »Neuen Forums« mit dem Satz »In unserem Lande ist die Kommunikation zwischen Staat und Gesellschaft offensichtlich gestört« und forderte einen gemeinsamen, öffentlichen und demokratischen Dialog im ganzen Land. Viele Programmpunkte und Postulate erscheinen einem heutigen Leser vielleicht allgemein, ungenau oder auch allzu selbstverständlich. Vor dem Hintergrund einer zentralistisch organisierten kommunistischen Diktatur mussten jedoch die meisten Formulierungen für die Staatsmacht provozierend und »konterrevolutionär« wirken. In den Informationen des MfS und den Anweisungen des Stasichefs Erich Mielke aus diesen Wochen ist eine solche Beurteilung ständig zu finden. Trennung von Legislative, Exekutive und Unabhängigkeit der Justiz, Streikrecht der Gewerkschaften, soziale Marktwirtschaft, Parteienpluralismus und freie Presse stellten das gesamte bisherige System infrage und gingen weit über punktuelle Reformen hinaus.

Die in der Gründungskonstellation und auch in den folgenden Monaten signifikante enge Verbindung zur evangelischen Kirche ist in der Geschichte der Sozialdemokratie höchst ungewöhnlich. Sie wird jedoch plausibel, wenn man sich die große Bedeutung einer im Grunde im Vergleich zur Bundesrepublik kleinen und schwachen Kirche im atheistischen SED-Staat vergegenwärtigt. Die seit 1969 im »Bund der evangelischen Kirchen in der DDR« zusammengeschlossenen Landeskirchen waren die einzigen formell autonomen Institutionen, die nicht von der SED gesteuert wurden, auch wenn das keine Freiheit und Unabhängigkeit bedeutete. Ohne das institutionelle Dach der von der SED geduldeten Kirche hätten sich die Dissidentengruppen in der DDR kaum zu dem politisch-alternativen Netzwerk entwickeln können, das eine wichtige Voraussetzung für die friedliche Revolution bildete. Mit den Presbyterial- und Synodalstrukturen in den Gemeinden, Kreisen und Ländern brachten die Kirchen zudem ein demokratisches Element und demokratische Erfahrungen in die neue Zeit ein, die erklären können, warum vor und nach der Deutschen Einheit so überproportional viele Pfarrer und Pfarrerskinder die politische Landschaft der ehemaligen DDR bevölkerten. Eine beträchtliche Zahl von Personen aus dem Gründerkreis der SDP fand den Weg in im weitesten Sinne politische Ämter.

Dass Pfarrer und nicht Arbeiter oder Gewerkschafter die SDP gründeten, dass es somit keine unmittelbar erkennbare Nähe der neuen Partei zur Tradition der Arbeiterbewegung und zum Betriebs- und Gewerkschaftsmilieu gab, hat das Erscheinungsbild und auch die gesellschaftliche Resonanz der SDP ohne Frage stark geprägt. Ein weiteres Moment, das vor allem für die Zukunft beträchtliches Gewicht erhalten sollte, war das Fehlen einer Infrastruktur. Während CDU und Freidemokraten weitgehend Organisation, Personal und Finanzen aus den nicht sozialistischen ehemaligen Blockparteien der DDR (»Blockflöten«) übernehmen konnten, mussten die ostdeutschen Sozialdemokraten sich diese Basis erst schaffen. Denn eine Übernahme ehemaliger SED-Mitglieder wurde zwar später intern und öffentlich diskutiert, aber doch schnell verworfen. Die Zwangsvereinigung von 1946 konnte auf diesem Wege angesichts des totalen Glaubwürdigkeitsverlusts der SED nicht »rückgängig« gemacht werden. Die SDP wurde trotz dieser strukturellen Schwäche ein wichtiger Faktor in der oppositionellen Landschaft der kollabierenden DDR. Sie spielte vor allem in der weiteren politischen Entwicklung bis zur Wiederherstellung der Einheit eine weit über ihre Mitgliederzahl hinaus einflussreiche Rolle.

Literaturhinweise:

Wolfgang Gröf, »In der frischen Tradition des Herbstes 1989«. Die SDP/SPD in der DDR, Bonn 1996.

Armin Mitter/Stefan Wolle (Hrsg.), »Ich liebe euch doch alle!«. Befehle und Lageberichte des MfS, Januar bis November 1989, Berlin 1990.

Petra Schuh/Bianca M. von der Weiden, Die deutsche Sozialdemokratie im Einigungsprozess, München 1997.

Benjamin Ziemann

Ulrich Beck, Risikogesellschaft. Auf dem Weg in eine andere Moderne (1986)

Im Sommer 1986 erschien im Suhrkamp Verlag ein Buch des damals in Bamberg lehrenden Soziologen Ulrich Beck, der bis dahin nur mit einigen Arbeiten zum Praxisbezug der Soziologie und zur Analyse sozialer Ungleichheit hervorgetreten war: »Risikogesellschaft. Auf dem Weg in eine andere Moderne«.[1] Die Resonanz des Buchs in der fachwissenschaftlichen Diskussion war zunächst verhalten und skeptisch. Viele der Besprechungen in soziologischen Fachzeitschriften waren ausgesprochen kritisch. In einer breiteren Öffentlichkeit jedoch machte der Text rasch Furore. Dazu trug nicht zuletzt die Tatsache bei, dass sich die Fertigstellung des Manuskripts mit der Reaktorkatastrophe im ukrainischen Tschernobyl im April 1986 überschnitt. Datiert auf den Mai desselben Jahres, fügte Beck »aus gegebenem Anlass« ein neues Vorwort hinzu, in dem er die Kernthesen seines Buchs vor diesem tagesaktuellen Hintergrund zuspitzte. Er interpretierte die in Tschernobyl sichtbar gewordene Unbeherrschbarkeit der zivilen Nutzung von Kernenergie als Symptom für eine tiefergehende »Gefahr, die alle Schutzzonen und Differenzierungen der Moderne aufhebt« (S. 7).

Während in der bundesdeutschen Öffentlichkeit ein Streit um die Bestimmung, Messung und Umsetzung von Grenzwerten für atomare Verstrahlung ausbrach, interpretierte Beck den Unfall als Indiz für ein viel dramatischeres Problem. Für ihn war die moderne Industriegesellschaft in eine neue Entwicklungsphase eingetreten. Seit dem 19. Jahrhundert hatten industrielle Technologie und die Daseinsfürsorge des sich entfaltenden Wohlfahrtsstaats dazu beigetragen, die Lebenslagen und materielle Situation weiter Bevölkerungsgruppen zu verbessern und damit unmittelbare Not zu überwinden. Diese Logik der Erzeugung von Wohlstand durch industrielle Produktion hatte sich Beck zufolge aber inzwischen in ihr Gegenteil verkehrt. Galt bis dahin die Milderung sozialer Ungleichheit als ein wichtiger Nebeneffekt industrieller Massenproduktion, traten nunmehr die sozial übergreifenden Gefährdungslagen als deren wichtigste Folge hervor. In einer der eingängigen und deshalb oft zitierten Formulierungen von Beck hieß das: »Not ist hierarchisch, Smog ist demokratisch« (S. 48).

Mit dem Begriff der »Risikogesellschaft« umriss der Soziologe Beck die Konturen einer Situation, die im Kern durch die Potenzierung der nicht beherrschbaren Folgen von bestimmten Großtechnologien geprägt war. Dazu zählten für ihn in erster Linie Großanlagen der chemischen Industrie und die zivile Nutzung der Atomenergie, sodann auch die Gentechnologie. Für Beck lagen diese Gefährdungslagen nicht nur in den spektakulären Unfällen, welche auf das viel weitergehende Problem der verharmlosend »Nebenwirkungen« genannten Phänomene verwiesen, um deren genaue Bewertung wissenschaftliche Experten und Betroffene mit- und gegeneinander stritten. In der Wahrnehmung und Bearbeitung von technologischen Risiken zeigte sich für ihn auch die Ambivalenz, ja mehr noch das »Versagen der wissenschaftlich-technischen Rationalität« (S. 78). Mit mathematischen Mitteln modellierten Naturwissenschaftler Unfallwahrscheinlichkeiten und für die Bevölkerung unschädliche Grenzwerte für bestimmte Schadstoffe. In der Sicht von Beck legitimierten und verharmlosten sie damit aber nur die bestehenden

1 *Ulrich Beck*, Risikogesellschaft. Auf dem Weg in eine andere Moderne, Frankfurt am Main 1986. Alle Seitenzahlen in Klammern beziehen sich im Folgenden auf diesen Text.

Ulrich Beck
Risikogesellschaft
Auf dem Weg
in eine andere Moderne
edition suhrkamp
SV

Abbildung:
Titelblatt der Erstausgabe von 1986 (Bibliothek der FES)

Risiken. Andererseits war es ohne wissenschaftliche Messverfahren gar nicht möglich, durch die menschlichen Sinne nicht wahrnehmbare Gefahren wie die Strahlenbelastung zu erkennen.

Neben den Folgen der durch Großtechnologie ausgelösten Risiken handelt Beck auch noch von einem anderen, damit nur sehr vage verbundenen Thema, den Risiken der Individualisierung. Die massive Senkung der Lebensarbeitszeit und die dramatische Steigerung der Reallöhne seit den 1950er Jahren hatten für die abhängig Beschäftigten in der Bundesrepublik neue Freiräume mit sich gebracht. Beck beschrieb das als einen »Fahrstuhleffekt«, der, bei insgesamt gleichen Relationen zwischen Unter- und Oberschicht, das gesamte System sozialer Ungleichheit nach oben verschoben habe (S. 124). Diese Entwicklung brachte aber nicht nur neue Chancen für die Individuen mit sich, sondern auch neue Risiken. Zunehmend aus sozialen Großgruppen und Bindungen herausgelöst, mussten sie die Grenzen zwischen Arbeit und Freizeit, Erwerbsleben und Familie in einem oft mühevollen Spagat selbst ausbalancieren. In der Arbeitswelt trug die Ausweitung einer anderen Technologie, des Computers, dazu bei, die »Grenzen zwischen Arbeit und Nichtarbeit« zu verwischen, und führte zu einer Neustrukturierung vieler Aspekte von industriellen Unternehmen und Verwaltungen (S. 18).

Die soziologische Fachdiskussion hat alsbald auf Schwächen und Inkonsistenzen der Argumentation von Beck hingewiesen. Auch Becks fachsoziologische Kritiker mussten aber anerkennen, dass es ihm mit dem Begriff der »Risikogesellschaft« gelungen war, »die Verunsicherung des Projekts der Moderne« auf ungemein eindringliche Weise zum Ausdruck zu bringen.[2] Auf diese Weise avancierte Becks Buch rasch zum Klassiker der soziologischen Risikodiskussion. Aber war es auch ein Klassiker der Arbeiterbewegung, ein Buch, das zentrale Themen der sozialdemokratischen Programmdiskussion neu besetzte oder interpretierte?

Gegen diese Annahme sprechen zwei wichtige Befunde. Hier ist zunächst die eher verhaltene Rezeption zu nennen, die das Buch in theoretisch interessierten Zirkeln der SPD und in den Gewerkschaften fand. Die Zeitschrift »Neue Gesellschaft/Frankfurter Hefte«, das wichtigste Organ theoretischer Reflexion in der Sozialdemokratie, druckte in den ersten Jahren nach Erscheinen keinen einzigen Beitrag ab, der sich explizit mit den Themen von Beck beschäftigte. Nicht viel anders stand es mit den »Gewerkschaftlichen Monatsheften«, in denen dem DGB nahestehende Sozialwissenschaftler konzeptionelle Ideen diskutierten. Hier erschien immerhin 1988 ein Aufsatz, der die von Beck aufgeworfenen Thesen zum Anlass nahm, das »Wachstumsziel« als Maxime gewerkschaftlicher Politik zu hinterfragen. Zudem gelte es, die zunehmende Individualisierung von Lebensläufen und Erwerbsbiografien als Herausforderung zu verstehen. »Solidarität« als eine der Kernmaximen der Arbeiterbewegung gewinne unter diesen Bedingungen eine neue Bedeutung, könne aber nicht mehr umstandslos vorausgesetzt werden.[3]

Ein Klassiker der Arbeiterbewegung ist die »Risikogesellschaft« auch deshalb nicht, da sich Ulrich Beck darin ausgesprochen kritisch über die Politik der SPD und der Arbeiterbewegung äußert. In der Argumentation von Beck war die Sozialdemokratie ein zentraler Akteur der alten, industriegesellschaftlichen Moderne, da sie materielle Not und soziale Ungleichheit durch soziale Absicherung und eine möglichst gleichmäßige Steigerung des Wohlstandsniveaus aufzuheben versuchte. Mit dieser Politik war die sozialdemokratische Arbeiterbewegung in der Bundesrepublik überaus erfolgreich gewesen. Gerade durch die von der SPD angestoßenen sozialstaatlichen Errungenschaften war sie aber inzwischen zur konservativen »Bewahrerin des Erreichten« mutiert und erschien Beck nicht mehr als eine zukunftsweisende »Quelle politischer Phantasie« (S. 64). Mehr noch,

2 *Armin Nassehi*, Risikogesellschaft, in: *Georg Kneer/Armin Nassehi/Markus Schroer* (Hrsg.), Soziologische Gesellschaftsbegriffe. Konzepte moderner Zeitdiagnosen, München 1997, S. 252–279, Zitat S. 254.

3 *Rudolf Welzmüller*, Solidarität und Individualisierung. Handlungsspielräume und veränderte Handlungskonzepte der Gewerkschaften in der »Risikogesellschaft«, in: Gewerkschaftliche Monatshefte 39, 1988, S. 674–684, hier: S. 675 und 680.

in Becks Argument grub sich die organisierte Arbeiterbewegung gewissermaßen selbst das Wasser ab. In der alten, industriegesellschaftlichen Moderne war die Klassenlage des Arbeiters noch ein gemeinsam erlittenes Schicksal, wurden die Proletarier durch Not, Entfremdung und politische Ausgrenzung zu einer als Kollektiv handlungsfähigen Klasse »zusammengeschmolzen« (S. 131).

Die rapide Wohlstandssteigerung seit den 1950er Jahren hatte dagegen zum »Abschied von der Proletarität« geführt.[4] Diese Entwicklung, auch ein »Kampfprodukt« der Arbeiterbewegung, entließ die Arbeiter schrittweise aus der ›Schicksalsgemeinschaft‹ der Klasse und verwies sie im Zeichen der Individualisierung zunehmend auf sich selbst (S. 131). Damit aber war der traditionellen Arbeiterbewegung ihr politisches Subjekt abhandengekommen. In der Deutung von Beck zeichnet sich die Risikogesellschaft dadurch aus, dass sie alle Menschen gleichermaßen zu Betroffenen der hereinbrechenden ökologischen Katastrophe macht. Beck prägte dafür die eingängige Formulierung von der »Allbetroffenheit« (S. 7). Damit war seine Theorie anschlussfähig für die politische Praxis sozialer Protestbewegungen wie der Umwelt- und Friedensbewegung, welche die Abhängigkeit der Betroffenen von der Politik der Mächtigen in neue Formen der Solidarität und des Aktivismus ummünzen wollten. Aber eine solche Form der Politik war in den 1980er Jahren eher von der neu gegründeten Partei der »Grünen« besetzt und keineswegs sozialdemokratisches Terrain.

Umso erstaunlicher ist es, dass einige wichtige Ideen des Buchs von Beck wohl doch Eingang in die sozialdemokratische Grundsatzdiskussion gefunden haben. Das ist sicherlich ein Ergebnis der medialen Präsenz der Argumente von Beck, dessen Buch rasch zum Stichwortgeber für eine Vielzahl von modernitäts- und technikkritischen Diskussionen avancierte. Es verweist aber auch darauf, dass die SPD in den 1980er Jahren die durch die Etablierung der Grünen gegebene Herausforderung annahm und sich auf neue Weise mit den ökologischen Gefahren auseinandersetzte. Seinen wichtigsten programmatischen Niederschlag fand dieses Umdenken im Berliner Grundsatzprogramm der SPD, das nach jahrelangen internen Beratungen am 20. Dezember 1989 verabschiedet wurde. Bereits 1986 lag ein erster Entwurf des Programms vor. Eine seit 1987 von Oskar Lafontaine geschäftsführend geleitete Kommission bearbeitete ihn dann unter Einbeziehung der Parteibasis weiter. Das in Berlin 1989 verabschiedete Dokument greift ganz offenkundig manche Ideen auf, die Beck in seinem Buch zur »Risikogesellschaft« entfaltet hatte.

So heißt es etwa mit Blick auf die globale Dimension von Umweltrisiken, dass sich der »Abbau der Ozonschicht« oder andere Gefährdungen »nicht um nationale Grenzen« kümmern würden.[5] Ulrich Beck hatte denselben Gedanken in der Formulierung zum Ausdruck gebracht, dass »industrielle Risiken und Zerstörungen keinen Respekt« vor Staatsgrenzen kennen (S. 53). Doch das Berliner Programm der SPD griff nicht nur die Einsicht in die neuen Gefährdungslagen auf, die sich aus der Potenzierung von Umweltrisiken ergaben. Es teilte ebenso die von Beck vorgetragene Kritik an den Befürwortern des Wachstumsparadigmas. Beck hatte den Zynismus derjenigen politischen Strömungen kritisiert, die in einer weiteren Forcierung des Wirtschaftswachstums das Allheilmittel für eine Bewältigung der durch die Industriegesellschaft aufgeworfenen Probleme sahen (S. 60f.). Die Verfasser des Berliner Programms fanden dafür die eindeutige Formulierung: »Nicht jedes Wachstum ist Fortschritt. [...] Schrumpfen oder verschwinden muss, was die natürlichen Lebensgrundlagen gefährdet, Lebensqualität mindert und Zukunftschancen verbaut«.[6]

Eine solche Abkehr vom Wachstumsparadigma hatte direkte Konsequenzen für den Umgang mit jenen Technologien, von denen viele der besonders gravierenden

4 Beck stützt sich hier auf eine Begriffsprägung des Sozialhistorikers Josef Mooser, dessen Arbeiten sein Argument auch empirisch unterfüttern. Vgl. *Josef Mooser*, Abschied von der »Proletarität«. Sozialstruktur und Lage der Arbeiterschaft in der Bundesrepublik in historischer Perspektive, in: *Werner Conze/M. Rainer Lepsius* (Hrsg.), Sozialgeschichte der Bundesrepublik Deutschland, Stuttgart 1983, S. 143–186.

5 Grundsatzprogramm der Sozialdemokratischen Partei Deutschlands. Beschlossen vom Programm-Parteitag der Sozialdemokratischen Partei Deutschlands am 20. Dezember 1989 in Berlin, Bonn 1990, S. 10.

6 Ebd., S. 39.

Gefährdungen ausgingen. Ulrich Beck zufolge war es an der Zeit, sich von der Logik des Sachzwangs zu lösen, die die Auseinandersetzung mit solchen Großtechnologien zumeist bestimmt hatte und in der Experten vorgaben, was möglich war und was nicht. Stattdessen bekam die Auseinandersetzung mit Technik nun eine unmittelbar politische Dimension, in deren Zentrum der politische Streit über die »Beseitigung des Risikos« stand (S. 63). Das Berliner Programm wies nicht nur auf die Notwendigkeit der Abschätzung von möglichen Folgerisiken technischer Systeme hin. Mehr noch, es machte klar, dass die nötigen Entscheidungen in diesem Feld nicht einfach eine »Aufgabe der Verwaltung« seien, die sich nach technischen oder formalen Gesichtspunkten richten könne. Die Kontrolle von riskanten Technologien sei vielmehr eine Aufgabe der »Politik«, die sich in demokratischer Manier »nur als Ergebnis von Bürgerdialogen« praktisch vollziehen lasse.[7]

Die Form solcher Dialoge ließ das Berliner Programm offen, war es doch auch nicht die Aufgabe eines Grundsatzprogramms, detaillierte Aussagen über politische Strategien zu entwerfen. Aber gerade im Grundsätzlichen, in den emotionalen Grundlagen politischen Handelns, tritt eine weitere Gemeinsamkeit zwischen dem Klassiker der Risikosoziologie und den Verfassern des Berliner Programms zutage. Für Ulrich Beck war es ausgemacht, dass Politik mit dem Übergang zur Risikogesellschaft auf eine neue »soziale Grundsituation« verwiesen war, welche die affektiven Grundlagen politischer Vergemeinschaftung betraf. Es war gewiss nicht mehr »Hunger«, der die Menschen antrieb und dazu motivierte, sich als Klasse zu formieren und gemeinsam politisch zu handeln. An die Stelle einer solchen »Gemeinsamkeit der Not« trat für Beck die »Gemeinsamkeit der Angst« vor den unkontrollierbaren Folgen, welche hochriskante Technologien und die Zerstörung der natürlichen Lebensgrundlagen mit sich brachten (S. 66). Diese eindringliche Inanspruchnahme von Angst als Grundlage politischer Vergemeinschaftung fand ein verhaltenes Echo im Bekenntnis des Berliner Programms zu einer Politik, die sich im Kern der Minderung von »Risiken« widmen werde und dabei auch die Lebensqualität durch »weniger Angst« verbessern wollte.[8]

Beim gegenwärtigen Kenntnisstand lässt sich nur darüber spekulieren, ob und in welcher Form die Thesen von Ulrich Beck die Mitglieder der SPD-Programmdiskussion direkt beeinflussten. Zumindest zwei von ihnen, Oskar Lafontaine und Erhard Eppler, haben später in anderer Form zur Diagnose der »Risikogesellschaft« explizit und zustimmend Stellung genommen.[9] Eppler selbst hatte mit seinem Buch »Wege aus der Gefahr«, das 1981 erschien und sofort weite Verbreitung fand, einige der zentralen Themen von Beck bereits angesprochen: Die fatale Rolle der von technokratischen Experten propagierten »Sachzwänge« kritisierte Eppler ebenso wie die Ideologie des ungebremsten Wirtschaftswachstums. Ebenso wie später Beck bemühte sich auch Eppler darum, die Rolle von Politik angesichts der Betroffenheit weiter Bevölkerungskreise durch die technologischen und rüstungsbestimmten Risiken der Moderne neu zu bestimmen.[10]

Es ist auch aus einem anderen Grunde müßig, in personalistischer Manier nach direkten Einflüssen von Becks Soziologie der Risikogesellschaft auf die programmatischen Debatten der Sozialdemokratie während der 1980er Jahre zu fahnden. Denn Ulrich Beck hatte mit seinem Buch Problemwahrnehmungen begrifflich zugespitzt, die über ein Jahrzehnt hinweg bereits die massenmediale Debatte über Umweltrisiken in der Bundesrepublik geprägt hatten. Von der Dioxinverseuchung des italienischen Orts Seveso im Jahr 1976 bis zur Vergiftung des Rheins durch einen Unfall im Chemiewerk Sandoz in Basel 1986 reicht die Kette spektakulärer Großunglücke, welche die Aufmerksamkeit der bundesdeutschen Öffentlichkeit auf die inhärenten Risiken der Großtechnologie lenkte. Zu den Konturen dieser Wahrnehmung gehörte auch, dass im

7 Ebd., S. 40.

8 Ebd., S. 51.

9 *Oskar Lafontaine*, Leben in der Risikogesellschaft, in: *Ulrich Beck* [Hrsg.], Politik in der Risikogesellschaft. Essays und Analysen, Frankfurt am Main 1991, S. 205–215; vgl. *Erhard Eppler*, Republik in der Bewährung. Risikogesellschaft als Herausforderung der Politik, in: ebd., S. 424–433.

10 *Erhard Eppler*, Wege aus der Gefahr, Reinbek 1981, S. 33–58 und 219ff.

Ausland stattfindende Unglücksfälle die Globalisierung von Risiken zu einem Thema der bundesdeutschen Politik machten und dass nicht mehr der Staat, sondern die Betroffenen im Zentrum des Interesses standen.[11] Diese Form der Selektion und Aufbereitung von Themen hat im Buch von Beck deutliche Spuren hinterlassen. Medienberichte über die Unglücksfälle von Seveso und im indischen Bhopal 1984 spielen eine wichtige Rolle für den Versuch, die neuartige globale Dimension von Betroffenheit durch technologisch-industrielle Risiken bereits vor Tschernobyl aufzuzeigen (S. 57f.). In diesem Sinne ist das Buch von Beck ein Klassiker der Arbeiterbewegung nur insofern, als er im Anschluss an eine intensive öffentliche Debatte in den 1980er Jahren Begriffe prägte, welche für die weitere sozialdemokratische Programmdiskussion von Bedeutung waren.

11 *Frank Uekötter/Claas Kirchhelle*, Wie Seveso nach Deutschland kam. Umweltskandale und ökologische Debatte von 1976 bis 1986, in: Archiv für Sozialgeschichte 52, 2012 (i.E.).

Literaturhinweise:

Anselm Doering-Manteuffel/Lutz Raphael, Nach dem Boom. Perspektiven auf die Zeitgeschichte seit 1970, Göttingen 2008.

Erhard Eppler, Wege aus der Gefahr, Reinbek 1981.

Armin Nassehi, Risikogesellschaft, in: *Georg Kneer/Armin Nassehi/Markus Schroer* (Hrsg.), Soziologische Gesellschaftsbegriffe. Konzepte moderner Zeitdiagnosen, München 1997, S. 252–279.

Thomas Mergel

Politische Pädagogik, Modernität und exemplarische Bürger. Die Wahlwerbespots der SPD zu den Bundestagswahlen 1953–1990

Dass bewegte Bilder größere Überzeugungskraft haben als andere Medien, war schon in der Weimarer Republik in der Diskussion. Der damals noch junge Film allerdings warf hohe Kosten auf, die die Parteien nicht leicht tragen konnten. Deshalb kam es nur zu wenigen Experimenten, bei denen die SPD allerdings an vorderster Stelle dabei war. Nach dem Zweiten Weltkrieg hatte sich daran wenig geändert. Allerdings war der Erfolg des nationalsozialistischen »Aufstands der Bilder« (Gerhard Paul) jedem im Bewusstsein, so dass auch die demokratischen Parteien nach Möglichkeiten suchten, ihre potenziellen Wähler durch Bilder zu fesseln. Filme zu produzieren war allerdings nach wie vor teuer. Der Anteil der bewegten Bilder an den Wahlkampfetats lag deshalb relativ hoch – 1961 waren es bei der SPD zehn Prozent. Die Filme wurden entweder bei lokalen Wahlkampfveranstaltungen gezeigt, was einen Filmprojektor zur Voraussetzung hatte, über den aber noch 1956 nur ein Drittel der SPD-Unterbezirke verfügte. Oder sie liefen im Vorprogramm der Kinos und mussten sich an eine Zielgruppe richten, die an Unterhaltung interessiert war.

Während die CDU diese Anforderung beherzigte und eine Reihe von höchst unterhaltsamen Filmserien produzierte, mit denen versucht wurde, an die zeitgenössische Kultur des Zeichentricks und der Werbefilme anzuschließen, erinnerte sich die SPD eher an die epische Dramenkultur der 1920er Jahre. Einen Hauch von Bert Brecht meint man zu verspüren, wenn man den 20 Minuten langen Film »Denn in dieser Zeit keine Sicherheit« von 1957 sieht: Er unternahm in kleinen Episoden einen Rundgang durch ein Haus, dessen Schicksale ein Panorama des SPD-Wahlslogans »Sicherheit mit Ollenhauer« ergaben: Der junge Arzt, der mit seiner Frau immer noch nicht eine gemeinsame Wohnung beziehen kann, weil das Geld nicht reicht. Die Rentnerin, deren Rente niemals genug ist. Die Familie, deren anderer Teil im Osten wohnt und in der die Sorge umgeht, der Sohn, der soeben zur Bundeswehr einberufen wurde, müsse irgendwann gegen den Chemnitzer Cousin kämpfen. Die eigentliche Botschaft wird in einer raffinierten Spiegelung übertragen: Die Familie sitzt vor dem Fernseher und sieht eine Wahlsendung der SPD, der sie zustimmt. Das Ambiente dieser Szenen ist ein wenig traurig, vom Optimismus des ›Wirtschaftswunders‹ keine Spur, es regiert die Sorge.

Diese Filme brachten den Grundton der SPD-Politik dieser Jahre authentisch ins Bild: ein negativ eingefärbter Skeptizismus gegenüber der Wirtschaftswundermentalität der neuen Bundesrepublik, der aber wenig eigene Aufbruchsstimmung vermitteln konnte. Ein lehrhafter Unterton, der die filmische Wahlwerbung vor allem als politische Pädagogik verstand, war nicht zu übersehen, besonders dann, wenn die SPD-Granden über das Programm der Partei dozierten. Telegen war eigentlich keiner der Spitzenpolitiker. Dass neue Medien neue Formen der Darstellung von Politik und der Selbstdarstellung der Politiker notwendig machen: das zu lernen dauerte Zeit. Die SPD war keineswegs blind

Film 1:
»Denn in dieser Zeit keine Sicherheit«, 1957
(SPD/AdsD)

für die aktuellen Medientendenzen und versuchte sich ebenfalls an Zeichentrickfilmen. Doch auch die beiden schrägen Vögel Plietsch und Plemm, die in den 1950er Jahren liefen und die für unterschiedliche Staatsbürgertypen standen – der eine, der gläubig dem Adenauerstaat anhing, und der andere, verantwortungsbewusste, der die Forderungen der SPD repräsentierte –, transportierten eine nicht zu überhörende politische Erziehung. Sie lasen den Wählern die zentralen Forderungen des SPD-Programms vor und räumten den Stacheldraht zwischen beiden deutschen Staaten weg, mit der Moral: »Na, das ist prima! Und das will die S-P-D!«

Dass mit Willy Brandt eine neue Zeit anbrach, sieht man unmittelbar an den Wahlfilmen, die sich nun zunehmend an ein Fernsehpublikum wandten. Damit änderte sich manches, vor allem finanziell. Denn den Parteien wurde im öffentlich-rechtlichen Fernsehen (und ein anderes gab es noch nicht) kostenlose Werbezeit eingeräumt, wodurch die Kosten für die bewegten Bilder rapide sanken. Aber Zeit ist im Fernsehen ein knappes Gut, und deshalb mussten die Filme nun kürzer werden: Aus fünf-, manchmal sogar zehnminütigen Spots wurden ab 1969 solche mit zweieinhalb Minuten. Das war für lange Zeit der Standard. Erst mit der Einführung des privaten Fernsehens Mitte der 1980er Jahre sind die Spots noch einmal deutlich kürzer geworden; heute sind sie zwischen 30 und 90 Sekunden lang.

Damit musste die Botschaft auch stärker komprimiert werden; es bot sich an, dies über Personen zu tun. In dieser Hinsicht hat die SPD die Chancen des neuen Mediums lange weitaus entschlossener genutzt als die anderen Parteien. In den Spots der 1960er Jahre zeigt sich das Bemühen, die Möglichkeiten zur sympathischen Darstellung der Partei auszuschöpfen. Die Serie von Wahlspots, die 1961 gedreht wurde, stellt Brandt, der damals Regierender Bürgermeister von Berlin war, als einen vorbildlichen Bürger in den Mittelpunkt: als einen Politiker, dessen Dienstwagen nicht alle Verkehrsregeln missachtet, sondern »der sich einordnet«; der an der Ampel mit Passanten schwätzt und den Bürgern die Hand drückt; einen Bürger, der sonntags mit seiner Familie im Garten Kaffee trinkt und mit seinen Jungs angeln geht.

Diese Personalisierung der politischen Werbung ging indes, das scheint wichtig, einher mit dem Schub an Demokratisierung, der die 1960er Jahre auszeichnete, und der sich sehr unmittelbar in der Person Brandts spiegelte. Nicht mehr die Regierenden sollten für das Volk sorgen, sondern die Bürger sollten einen der ihren auswählen, Verantwortung zu übernehmen. Brandt wurde in dieser Zeit nicht als Retter von Volk und Staat, sondern

Film 2:
»Plietsch und Plemm«, 1957
(SPD/AdsD)

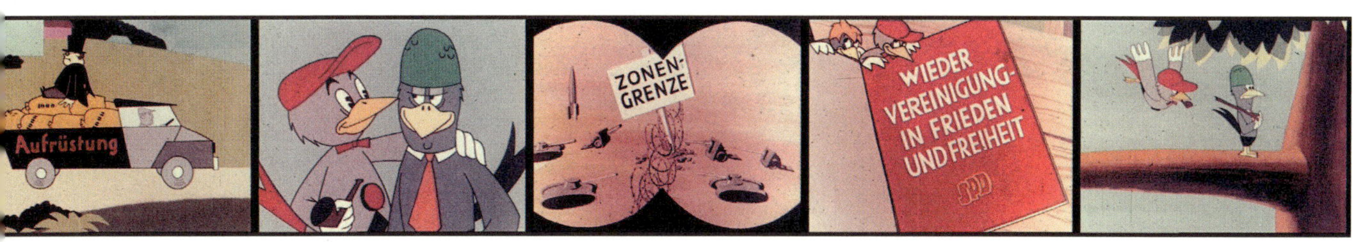

Film 3:
Prominente werben ab 1965 für die SPD: Hans-Joachim Kulenkampff, Inge Meysel, Hardy Krüger und Heide Rosendahl
(SPD/AdsD)

als Mann aus der Nachbarschaft präsentiert, den seine biografischen Erfahrungen und das Umfeld seiner Partei dazu befähigen, die großen Aufgaben im Sinne aller anzugehen. Die positiven Erfahrungen dieser Form der Wahlkampfführung – von 1961 bis 1972 hat die SPD kontinuierlich bessere Wahlergebnisse eingefahren – mögen sich dahin gehend niedergeschlagen haben, dass bis zum Ende des 20. Jahrhunderts die SPD in ihren Wahlspots eine höhere Personalisierung aufwies als die CDU.

Auf den Staatsbürger zu setzen, das taten die Werbespots der SPD auch in den folgenden Jahren. Willy Brandt als exemplarischer Bürger wurde dabei ergänzt durch die Bekundungen ›richtiger‹ Bürger. Die SPD war in Deutschland ein Vorreiter des Testimonial-Formats: Sie brachte tatsächliche Menschen auf den Bildschirm, die ihre Unterstützung für die SPD erklärten und daher mit ihrer Person für die Partei einstanden. In der Mediengesellschaft erwartete man den höchsten Effekt dabei von Prominenten aus Sport, Film und Fernsehen. Die SPD war ab 1965 eine Vorreiterin der Strategie, bekannte Journalisten, Filmschauspieler und Spitzensportler zu engagieren, die sich zur Partei bekannten. Hardy Krüger, Inge Meysel und Dieter Hildebrandt, aber auch die Doppel-Olympiasiegerin von 1972 Heide Rosendahl oder der Eisschnelllauf-Olympiasieger von Sapporo Erhard Keller haben für die SPD geworben.

Den Unionsparteien fiel dies sehr viel schwerer, weil in dieser Zeit des »Mehr-Demokratie-Wagens« nur wenige Prominente Partei für sie ergreifen wollten, selbst dann, wenn sie ihr anhingen, wie Franz Beckenbauer oder Gerd Müller. Indes war die Parteinahme gerade im Bereich der öffentlich-rechtlichen Sender generell umstritten, denn diese sollten ja dem Prinzip der Ausgewogenheit folgen. Andererseits waren auch die TV-Prominenten Staatsbürger, die ein Recht auf Meinung und deren Äußerung hatten. Die bekannte Nachrichtensprecherin Irene Koss nahm deshalb 1965 die Gelegenheit zum Anlass, in ihrem letzten SPD-Wahlspot vor der Wahl festzustellen: »Ich sitze hier nicht, weil man mich engagiert hat, sondern weil ich mich bei dieser Wahl wie viele meiner Kollegen für die SPD engagiert habe. Das wollte ich Ihnen nur noch sagen.«[1] Auch Irene Koss inszenierte sich mithin als exemplarische Bürgerin. Dass die SPD-Wahlwerbung aber eben diesen Objektivitätsanspruch der öffentlich-rechtlichen Sender nutzen wollte, zeigte sich darin, dass die Sendungen mit Irene Koss formal wie Nachrichtensendungen aufgebaut wurden.

Mit der Wahl von 1969 nahm die Politisierung zu, so dass die Öffentlich-Rechtlichen sich veranlasst sahen, ihren Angestellten das Parteiengagement sechs Wochen vor der Wahl zu verbieten, was erregte Diskussionen über die Bürgerrechte der Fernsehprominenten einerseits, die Ausgewogenheit des Rundfunks andererseits hervorrief. Dies hatte durchaus auch etwas mit der Parteineigung der meisten Prominenten zu tun. Besonders bei Kabarettisten war die SPD beliebt. 1976 versuchte die Wahlkampfwerbung an früheres Humorniveau anzuknüpfen, indem sie Dieter Hildebrandt und dessen Kollegen aus der Münchner Lach- und Schießgesellschaft engagierte, die beim kindlichen Indianerspiel »Freiheit oder Sozialismus« spielten. Aber auch hier funktionierte die Wahlwerbung als politische Pädagogik. In etwas gestelzter Kindersprache erklärten

1 Zit. nach: *Thomas Mergel*, Propaganda nach Hitler. Eine Kulturgeschichte des Wahlkampfs in der Bundesrepublik 1949–1990, Göttingen 2010, S. 187.

Film 4:
Wahlwerbespot mit Irene Koss im Stil einer Nachrichtensendung, 1965 (SPD/AdsD)

die Indianer-Kabarettisten dem deutschen Publikum, warum der Slogan »Freiheit *oder* Sozialismus« falsch, »Freiheit *durch* Sozialismus« hingegen richtig sei.

Doch auch bei den Wählern waren die Prominententestimonials nicht unumstritten, denn manche fühlten sich verdummt von der Strategie, Prominente als Vorbild präsentiert zu bekommen. In den Worten eines erregten Leserbriefschreibers von 1969 war dies »Reklame, nichts als schlechte Reklame! Für Lieschen Müller gemacht, denn sie hört auf Peter Frankenfeld, ihren Star, auch wenn er selbst sagt, dass er von der Sache nichts versteht. [...] Mir genügt, dass die SPD mich für einen dummen Wähler hält, dessen Stimme sie über solche Werbung kaufen kann.«[2]

Dieser Argumentation folgend, entwickelte die SPD eine andere Strategie für ihre Fernsehspots, als deren Inbegriff im Wahlkampf von 1972 der 90-jährige Maurermeister Friedrich Gipsa erschien: ein Stück lebendiger SPD-Geschichte, der den SPD-Kanzler Willy Brandt als die historische Figur feierte, mit der das große Ziel erreicht sei. Weitere Bürger plädierten für Brandt, »denn er bringt uns den Weltfrieden«. Indem Leute aus dem Volk als Stars erschienen, die für die gute Sache einstanden, machte die SPD das Wahlvolk selbst zu einem Volk von Prominenten: Jeder hatte seinen Namen und seine Geschichte: auch hier ein Stück Demokratisierung. Sie stand in einem engen Zusammenhang mit der Personalisierung der Politik.

Eine andere Linie der SPD, die sich in den Fernsehspots des Wahlkampfs 1969 zeigte, war eng mit dem Namen Michael Pfleghars verbunden. Der prominente Regisseur, der unter anderem für die beliebte Serie »Klimbim« verantwortlich zeichnete, produzierte für die SPD eine Reihe von Spots, die die Sozialdemokratie als Inbegriff von Modernität zeigten, gemäß deren zentralem Slogan: »Wir schaffen das moderne Deutschland.« Pfleghar veränderte die Bildsprache der Fernsehwerbung grundlegend. Nicht mehr kleine Geschichten wurden erzählt, sondern kurze Sinneinheiten politisch-symbolischer Bilder wurden aneinandergeschnitten, die über den Text zu visuellen Verdichtungen des modernen Deutschlands, und also der SPD, kondensiert wurden. Schnelle Schnitte und Kamerafahrten nahmen damalige Symbole von Modernität wie Autobahnen, Atomkraftanlagen oder die Ruhr-Universität Bochum ins Visier. Häufig aus der Vogelperspektive gedreht, signalisierten sie Souveränität und Zukunftsorientierung. Am Ende standen die »richtigen Männer« (von Frauen war noch nicht die Rede), allen voran Willy Brandt, der nun nicht mehr als Bürger, sondern als Staatsmann mit internationalem Renommee dargestellt wurde.

2 Leserbrief von Alfons Wieser an die Süddeutsche Zeitung, 2.7.1969.

Film 5:
»Freiheit oder Sozialismus«: Dieter Hildebrandt engagiert sich für die SPD, 1976 (SPD/AdsD)

Film 6:
Der 90-jährige Maurermeister Friedrich Gipsa feiert Willy Brandt, 1972
(SPD/AdsD)

Pfleghars Spots waren zukunftsweisend und wurden vielfach nachgeahmt. Freilich führte das auch dazu, dass die Fernsehwerbung immer ähnlicher wurde. Die formale und handwerkliche Qualität nahm in den 1970er Jahren ab, teilweise wurden auch Aufnahmen aus vorherigen Wahlkämpfen wiederverwendet. Symbolische Kontexte verfielen zu Standardsituationen: die Politiker in gelben Arbeitsschutzhelmen kohlenverschmiert im Bergwerk, Spitzenkandidaten beim Bad in der Menge, Bilder von glücklichen jungen Leuten, untermalt von optimistischer Musik.

Ebenso nahm das Interesse der Zuschauer ab, die lange Zeit die Spots mit großer Anteilnahme begleitet hatten. Vordenker wie der CDU-Wahlkampffachmann Peter Radunski sahen zwar die Zukunft der Wahlwerbung im Fernsehen, doch die Spots konnten dies nicht beglaubigen. Viel mehr war das der Fall bei einem anderen Format, das seit dem Ende der 1960er Jahre zunehmend an Popularität gewann: Fernsehdiskussionen mit den Spitzenkandidaten, sei es untereinander, sei es mit Bürgern oder Journalisten. Diese Sendungen, die teils abendfüllend waren und in den 1970er Jahren durchaus in Krawall ausarten konnten, inszenierten den Wahlkampf als Konflikt und nicht als Werbeveranstaltung, wie dies die Werbespots taten. Hier konnten sich Willy Brandt und Helmut Schmidt nicht nur als Staatsmänner inszenieren, sondern auch gegenüber Franz Josef Strauß und Helmut Kohl eine scharfe Klinge führen. Hier fand der Fernsehwahlkampf statt, wie ihn die Bürger mochten: als gewissermaßen realistische Inszenierung, bei der tatsächlich gestritten wurde und die Fassade der politischen Klasse auch mal bröckelte.

Erst die Einführung des privaten Fernsehens und die damit verbundene Verkürzung der Wahlspots haben zu einem neuerlichen kreativen Schub bei den Wahlspots geführt. Nun wurde deutlich, dass die Kultur der Musikvideos ihre Spuren in der politischen Kommunikation hinterließ. Mit Spots, die nur in den privaten Sendern liefen und die sich auf dem Zuschauer vertraute Mediensituationen bezogen und diese imitierten (wie der »Scottie-Spot« genannte Wahlfilm von 1998, bei dem die Energie des Raumschiffs nicht ausreicht, um Helmut Kohl in die Zukunft zu beamen), hat die SPD formal wieder wegweisende Fernsehwerbung geschaffen, die allerdings nun völlig auf den erhobenen Zeigefinger verzichtete und erst ganz am Schluss das Parteilogo einblendete.

Literaturhinweise:

Christina Holtz-Bacha, Wahlwerbung als politische Kultur. Parteienspots im Fernsehen 1957–1998, Wiesbaden 2000.

Thomas Mergel, Propaganda nach Hitler. Eine Kulturgeschichte des Wahlkampfs in der Bundesrepublik 1949–1990, Göttingen 2010.

Thomas Mergel, Demokratie als Reklame. Der Bürger in den Werbefilmen zur Bundestagswahl, in: *Frank Bösch/Norbert Frei* (Hrsg.), Medialisierung und Demokratie im 20. Jahrhundert, Göttingen 2006, S. 242–272.

Film 7:
»Scottie-Spot« der SPD, 1998
(SPD/AdsD)

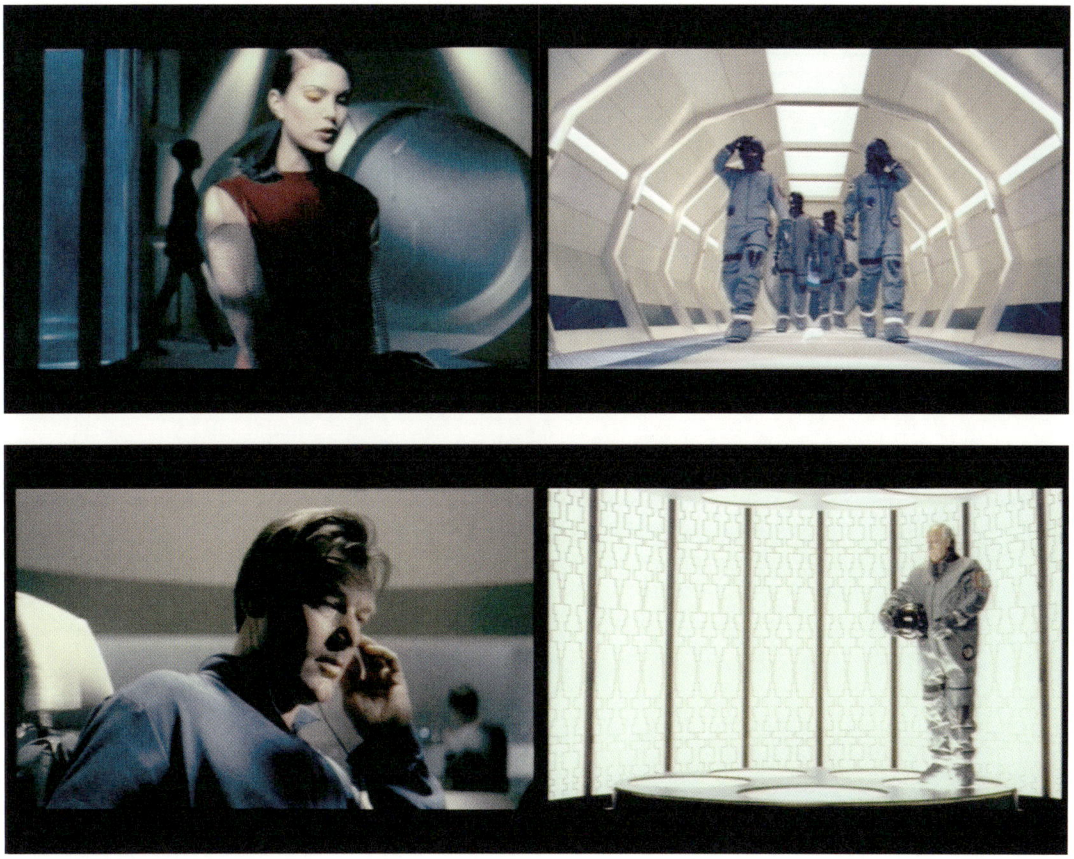

Unterzeichnung des Koalitionsvertrags zwischen SPD und Bündnis 90/Die Grünen, 20. Oktober 1998
(Ullsteinbild/SPICA Press)

Nach 1989/90

Manuel Gogos

Vom Tanker zum virtuellen Netzwerk – Oder: ›Arbeiterbewegung‹ reloaded

Die SPD ist einst gegen das herrschende System gegründet worden. Rosa Luxemburg sah darum in der Opposition den »natürlichen Platz der Sozialdemokratie«. »Opposition ist Mist«, meinte dagegen Franz Müntefering im Jahr 2004 frei nach Eduard Bernstein, der die Ansicht vertrat, dass man nur politisch gestalten könne, wenn man auch Verantwortung übernehme. In den langen Jahren der Opposition versuchte die SPD mehrfach, die Regierung zu übernehmen, jedoch scheiterten nacheinander die Kanzlerkandidaten Hans-Jochen Vogel (1983), Johannes Rau (1987), Oskar Lafontaine (1990) und Rudolf Scharping (1994). Auf einem Bundestagswahlplakat von 1994 bildete der Kanzlerkandidat gemeinsam mit Oskar Lafontaine und Gerhard Schröder (als Finanz- beziehungsweise Wirtschaftsminister vorgesehen) die berühmte ›Troika‹ – man rief damit bewusst Erinnerungen wach an das legendäre sozialdemokratische Trio Willy Brandt, Herbert Wehner und Helmut Schmidt. Nach 1990 musste sich die SPD von der Niederlage nach dem sicher geglaubten Bundestagswahlsieg erholen und neu positionieren. Dabei halfen die sozialdemokratischen regierten Bundesländer, die im Bundesrat die Mehrheit besaßen. Im Jahr 1995 stellte die SPD zehn Ministerpräsidenten und war an vier weiteren Regierungen beteiligt. Als die niedersächsische SPD mit ihrem Ministerpräsidenten Gerhard Schröder 1997 zum zweiten Mal die absolute Mehrheit im Landtag errang, war die Kandidatenfrage für die nächste Bundestagswahl entschieden.

Mit Gerhard Schröder an der Spitze gewann die SPD die Bundestagswahl 1998. Nach 16 Jahren unter dem ›ewigen Kanzler‹ Helmut Kohl gelang ihr damit endlich wieder der Sprung in die Regierungsverantwortung. Ähnlich wie die sozial-liberale Koalition 1969 markierte das rot-grüne Projekt einen regierungspolitischen Paradigmenwechsel, der sich im reformierten Staatsangehörigkeitsrecht und im neuen Lebenspartnerschaftsgesetz manifestierte. Zudem konnte die SPD den Atomausstieg, den sie bereits seit ihrem Nürnberger Parteitag 1986 gefordert hatte, nun mithilfe der Grünen in einem breiten Konsens im Jahr 2000 gesetzlich verankern. Aber auch das Regieren wollte gelernt sein.

Gleich zu Beginn der Amtszeit wurde die Sozialdemokratie (wie auch die Grünen) mit einer Situation konfrontiert, die sich niemand vorher hatte vorstellen können – oder mögen: Entscheidungen über das Mitwirken deutscher Soldaten an internationalen Kriegseinsätzen, mithin das Hineinwachsen Deutschlands in eine außenpolitische Welt nach dem Ende der deutschen Teilung und des Ost-West-Konflikts. Diese Entscheidung wurde zur Nagelprobe der ersten Legislatur. Rot-Grün war kein pazifistisches Projekt: Während Schröder den ersten Golfkrieg 1991 noch abgelehnt hatte, wurde unmittelbar nach der Bundestagswahl 1998 die Krise im Kosovo zum beherrschenden Thema. Schließlich entschied der Bundestag am 11. Juni 1999, Truppen für den KFOR-Einsatz zu entsenden. Nach den Terroranschlägen des 11. September 2001 ließ Schröder dann keinen Zweifel an der deutschen Bündnistreue zur USA, nach zwei Abstimmungen, am 16. November und 22. Dezember 2001, entsandte die Regierung Soldaten nach Afghanistan; die Aussage des damaligen Bundesministers der Verteidigung Peter Struck, die »Sicherheit Deutschlands wird auch am Hindukusch verteidigt«, wurde zum geflügelten Wort. Doch gerade das klare »Nein« zur Beteiligung am Irakkrieg 2003 wurde als das eigentliche außenpolitische Verdienst Schröders empfunden. Darin reflektierte sich nicht nur die Wahrnehmung und Akzeptanz einer neuen Rolle Deutschlands nach 1990, sondern auch ein an den Aufgaben gewachsenes Gespür der rot-grünen Regierung.

In der zweiten Legislaturperiode ab 2002 erfolgten in den Bereichen des Arbeitsmarkts und der sozialen Sicherungssysteme mit der Zusammenlegung von Arbeitslosenhilfe und Sozialhilfe, mit den Hartz-Gesetzen durch die Agenda 2010 harte Einschnitte, um den Sozialstaat durch eine Niveauabsenkung in seiner Substanz zu erhalten. Zwar bestand die Agenda 2010 nicht nur aus Sozialkürzungen,

Abbildung 1:
SPD-Kanzlerkandidat Gerhard Schröder im Bundestagswahlkampf, Aachen 1998
(Ute Grabowski/Photothek Thomas Imo)

sondern auch aus Investitionen in die Bildungspolitik, beispielsweise in den Ausbau von Ganztagsschulen. Doch diese programmatisch seit den 1990er Jahren vorbereitete Politik empfanden viele als Abkehr von sozialstaatlichen Traditionen der SPD. Die Bundestagsabgeordneten Ottmar Schreiner, Ulrich Maurer, Sigrid Skarpelis-Sperk und Andrea Nahles votierten dagegen. Zudem erwies sich der technokratische Begriff »Agenda 2010« als Fehler: Er wird zum Stigma einer zu stark am neoliberalen Zeitgeist orientierten Politik der SPD. Mit der Agenda 2010 entfremdeten sich Wählerschaft und SPD voneinander, die Gewerkschaften liefen Sturm gegen die Reformpläne der Partei. Das traditionell eher gute Verhältnis zur SPD wurde auf eine harte Probe gestellt.

Bei der Bundestagswahl von 2005 erreichte die SPD 34,2% und wurde nur knapp zur zweitstärksten Kraft. Ähnlich wie die erste Große Koalition (1966–1969) trat nun auch die zweite mit großen Reformvorhaben an. Doch ihre hohen Ansprüche konnte sie nicht einlösen – bald schon wurde alles von der Finanzkrise überlagert. Am Montag, den 15. September 2008, meldete der Wallstreet-Gigant Lehman Brothers Bankrott an und trat damit die Lawine der Finanzkrise los – ein Dominoeffekt, der kaum aufzuhalten ist und seitens der USA massive Stützungsaktionen für ›systemrelevante‹ Banken sowie Hilfspakete und Geldspritzen für Automobilhersteller nach sich zieht. Einen großen Teil des Rettungspakets aus Steuergeldern zahlten sich die

Abbildung 2:
Peter Struck ist 1998 bis 2002 SPD-Fraktionsvorsitzender, 2002 bis 2005 Bundesminister der Verteidigung und 2005 bis 2009 erneut Fraktionsvorsitzender seiner Partei. Besuch der Bundeswehr in Afghanistan 2009
(picture-alliance/dpa)

Abbildung 3:
Ab Sommer 2004 finden die reformkritischen »Montagsdemonstrationen« immer mehr Zulauf
(picture-alliance/dpa/ZB)

Abbildung 4:
Ottmar Schreiner, Kristallisationsfigur der neuen innerparteilichen SPD-Opposition
(ddp images/dapd/Michael Urban)

Abbildung 5:
Entfremdung: Der DGB-Vorsitzende Michael Sommer (links) und Gerhard Schröder (rechts), 2003
(picture-alliance/dpa)

Wall-Street-Banker in Form beträchtlicher Boni aus – den größten, die in der Geschichte des Kapitalismus je gezahlt wurden. Es ist ein bisschen wie auf der Titanic: Man stößt mit einem Eisberg zusammen, die Crew hilft der ersten Klasse in die Rettungsboote, alle anderen sollen schwimmen.

Als die Finanzkrise 2008 die ganze Welt erschütterte, agierte Bundesfinanzminister Peer Steinbrück als vertrauenswürdiger Krisenmanager. In seiner Kritik an den »Exzessen« der Finanzwelt und seinen staatlichen Disziplinierungs- und Einhegungsversuchen der Ideologie selbstregulierender Märkte wurde er an Bundeskanzlerin Angela Merkels Seite zum starken Mann. Mit ihm konnte die SPD – wie einst mit Karl Schiller oder Helmut Schmidt – weit über ihren Wählerkreis hinaus ihre Wirtschaftskompetenz beweisen. Doch während sozialdemokratische Minister im Kabinett Merkel die wichtigen Akzente setzten, zeigte die Kanzlerin ihr strategisches Geschick. Statt der SPD konnte nun die CDU/CSU mit sozialen Aspekten punkten – was als ›Sozialdemokratisierung der CDU‹ gewertet wurde. Die Sozialdemokratie verlor als Juniorpartnerin die Wahl 2009 und ging aus der Regierungszeit als geschwächte Partei hervor, die sich reorganisieren und in die Rolle der Opposition einfinden muss.

Mit der dramatischen Wahlniederlage bei der Bundestagswahl 2009 sah die SPD ihren Status als Volkspartei bedroht. Bei ihrem Amtsantritt räumte die neue Parteispitze um Sigmar Gabriel und Andrea Nahles Versäumnisse ihrer Partei ein. Sie will einen neuen Aufbruch, politische Orientierung finden und sich der Gesellschaft öffnen. Der junge Vorstand wendet sich damit gegen autokratische Formen der ›Basta-Politik‹, auch an der Agenda 2010 und der »Rente mit 67« bringt man vorsichtig Kritik an.

Parteien befinden sich allgemein in einer Krise, was seit dem Ende der Hochzeit der Politisierung in den 1980er Jahren konstatiert wird. Seit geraumer Zeit gesellt sich die Diagnose einer Krise der repräsentativen Demokratie mit der Abwendung von Parteien und der politischen Müdigkeit der Bevölkerung hinzu; seit Neuestem wird diese Feststellung unter dem Schlagwort der Postdemokratie diskutiert. Dabei suchen neue Generationen neue Antworten auf Fragen, und die finden und diskutieren sie im weltweiten Netz. Damit stellt sich die Frage nach der Organisationsform ebenfalls neu. So wächst auch in der SPD das Bewusstsein, dass politische Debatten im 21. Jahrhundert nicht nur am Küchentisch, auf dem Marktplatz oder im Fernsehen geführt werden. Seit 1995 als erste Partei mit dem virtuellen Ortsverein im Internet und der Netzpolitik aktiv, öffnete die SPD ihre Diskussion auch darüber hinaus: Wo die Partei zum Netzwerk wird – oder zur ›Facebook-Community‹ –, da kann auch politische Praxis zu einer neu gelebten Wirklichkeit werden. Gleichzeitig setzt die SPD verstärkt darauf, in dezentralen Gesprächsforen und Bürgerkonferenzen wieder eine breite Öffentlichkeit für ihre inhaltliche Positionierung zu schaffen. Im Frühjahr 2010 startete die SPD sechs Zukunftswerkstätten – wie die von Sigmar Gabriel und Frank-Walter Steinmeier geleitete Werkstatt »Arbeit – Innovation – Umwelt« oder die von Heiko Maas koordinierte Werkstatt »Demokratie und Freiheit« –, um in engem Austausch mit verschiedenen gesellschaftlichen Gruppen und mit Bürgerinnen und Bürgern politische Kernfragen der Zukunft zu diskutieren. Im Abschlussbericht der Zukunftswerkstätten betont Andrea Nahles unter dem Titel »Die Weisheit der Vielen« ganz grundsätzlich die Wichtigkeit der (internetbasierten) breiten Bürgerbeteiligung am »Projekt Politik«: »Die Idee der Zukunftswerkstätten war: politische Arbeit zu entstauben. Sie offener und attraktiver zu gestalten. Um auch diejenigen einzubeziehen, die zwar etwas zu sagen haben, aber kein Gehör finden. Von ihren Erfahrungen zu lernen. Ihre Probleme zu verstehen. Wir wollen auf alle hören, sofern sie etwas beizutragen haben. Und sie einbeziehen. Schließlich sind wir eine Volkspartei.«[1] Die SPD ›bewegt‹ sich. In einem Brief zur Parteireform vom 26. Mai 2011, betitelt mit der alten Sehnsuchtsfigur »Partei in Bewegung«, schrieb Andrea Nahles die SPD in die Tradition ein, eben um ihre Zukunftsfähigkeit zu demonstrieren: »Wir sollten uns mehr denn je an unsere Wurzeln als Demokratie-Bewegung erinnern. Aus dieser Tradition erwächst auch heute die Kraft, eine der fortschrittlichsten Parteien Europas zu sein. Darüber wollen wir nun in den kommenden Monaten reden – in unserer Partei, aber auch mit Sozialdemokratinnen und Sozialdemokraten, die noch nicht unser Parteibuch haben. Mehr Demokratie wagen! Das ist unser Ziel. Wir machen die Fenster und Türen auf, damit das große Gespräch der Gesellschaft namens Demokratie leichter fällt. Wenn wir neugieriger auf Neues sind, dann sind auch andere neugierig auf uns. Weil wir das

als SPD immer verstanden haben, sind wir bald 150 Jahre jung.«[2]

So ist die »Liquid Democracy« auch in der SPD angekommen. Und zwar nicht nur, weil nun ihre ›tönenden Röhren‹ tickern und twittern und in Chat-Umgebungen sich tummeln. Die Erkenntnis, dass auch das Netz ›echt‹ ist, ist ein erster Schritt, Politik im Netz zu denken – dennoch bleibt auch die andere Seite der Partei echt: Das Virtuelle ist weiterhin an die Gegenseite der persönlichen Begegnung gebunden: Politisch handeln heißt, sich zu kennen und zu vertrauen.

Die jüngere Generation von SPD-Politikern bezieht sich bei aller notwendigen Innovation zugleich auf Vertreter der älteren Generation, um in turbulenten Zeiten den eigenen parteipolitischen Standort zu bestimmen. Bei einem Treffen zwischen Sigmar Gabriel und Günter Grass im Willy-Brandt-Haus in Berlin 2011 anlässlich einer Buchpräsentation zum einstigen SPD-Wahlkampf des Literaturnobelpreisträgers drehte sich bald schon alles um den aktuellen Kurs der Sozialdemokratie. Gabriel gab sich schuldbewusst, die SPD habe sich 30 Jahre lang die Liberalisierung des Markts einreden lassen: »Alle halbe Jahre mach ich jetzt 'ne Veranstaltung mit dir, damit ich nicht vom linken Weg abweiche.« Ein ähnlicher Fall manifestiert sich rund um Helmut Schmidt, dem im hohen Alter nicht nur Respekt entgegengebracht, sondern der zum Gewissen der Nation wird. Seine Rede zur Zukunft Europas auf dem Parteitag 2011 wurde frenetisch bejubelt und im Anschluss hunderttausendfach im Netz angeschaut.

Unterdessen ist die Finanzkrise längst über den großen Teich geschwappt. Die zunächst auf die USA beschränkte Bankenkrise nimmt globale Ausmaße an und führt zu einem starken Einbruch der Weltwirtschaft. In Europa legt diese Kombination in der Folge Defizite in der Konstruktion der Währungsunion offen. Diese verstärken den Vertrauensverlust auf den Finanzmärkten, sodass verzweifelte Rettungsversuche für Staaten mit Finanzierungsschwierigkeiten notwendig werden: Die Finanz- und Wirtschaftskrise wird zur europäischen Schuldenkrise. Auch in London und Frankfurt am Main leiden sonst kluge Köpfe an der bemerkenswerten Fehleinschätzung, alle kapitalistischen Zentren auf der Welt könnten dauerhaft fantastische Gewinne einstreichen. Nach dem Zusammenbruch des Staatssozialismus nach 1989 hatte mit Francis Fukuyama ein Politikwissenschaftler die Feuilletons beschäftigt, der Demokratie und freie Marktwirtschaft als Schlusspunkt aller gesellschaftlichen Entwicklung darstellte – nicht zuletzt in Fukuyamas Beitrag zur Theorie des Neoliberalismus erwies sich der Marktfundamentalismus als die letzte Massenideologie des 20. Jahrhunderts. Doch weit gefehlt: Vielmehr scheint sich die Weltgesellschaft auf den Ausgangspunkt des Kapitalismus zuzubewegen. Seit dem Ende des Ost-West-Konflikts entwickelt sich die Globalisierung in weiten Teilen der Welt ohne jedes Gegengewicht allein nach den Gesetzmäßigkeiten des freien Markts, immer mehr offenbart der

Abbildung 6:
Vizekanzler Frank-Walter Steinmeier auf Reisen, 2009
(picture-alliance/dpa)

Abbildung 7:
Finanzminister Peer Steinbrück und Kanzlerin Angela Merkel garantieren den Sparerinnen und Sparern, »dass ihre Einlagen sicher sind«, Berlin 2008
(picture-alliance/dpa/epa-Bildfunk)

Abbildung 8:
Übernahme des Ruders 2009: Der SPD-Vorsitzende Sigmar Gabriel und die Generalsekretärin Andrea Nahles
(picture-alliance/dpa)

marktfundamentalistische Kapitalismus damit auch seine ganze Krisenanfälligkeit und Zerstörungskraft. Es stellen sich erneut die Fragen, die die SPD als politische Bewegung entstehen und zu einer Massenbewegung werden ließen, sogenannte Lebensrisiken, die im Sozialstaat alter Prägung als einfach zu bewältigende Probleme dastanden, wie die vor Krankheit, Unfall oder Arbeitslosigkeit, werden nun wieder virulent – ebenso die Frage nach einem selbstbestimmten Leben. Die staatlichen Absicherungen reichen offensichtlich nicht mehr – bei der Rente stellt sich heraus, dass auch die privat kapitalfinanzierte Rente kaum das Problem lösen wird. Wer in Deutschland Migrationshintergrund hat oder aus sozial schwachen Verhältnissen kommt, wird aller Wahrscheinlichkeit nach die notwendigen Bildungsklippen nicht überwinden und arm bleiben: »Zukunft durch Herkunft« ist ein Umstand, der nach allen internationalen Studien zu Bildung besonders in Deutschland abermals gilt. Die wichtigste und härteste Aufgabe bestehe im 21. Jahrhundert darin, die Errungenschaften des Sozialstaats überhaupt zu erhalten, hob der britische Historiker Tony Judt in seinem Buch »Ill Fares the Land« hervor. Und die dritte aktuelle, längst nicht national beschränkte Herausforderung besteht darin, den erneut als ungezügelten Kapitalismus erkennbaren Finanzkapitalismus einzuhegen. Wohin man auch blickt: alte Probleme im (teilweise) neuen Gewand – das Movens der SPD-Gründung scheint deutlicher durch die gesellschaftlichen Problemlagen hindurch als in den Jahrzehnten zuvor.

Kein Wunder, dass Kapitalismuskritik nun wieder vielfältig aufblüht: Selbst das Werk des nach 1989 viel geschmähten Karl Marx erfährt nun eine Renaissance. War nicht gerade jener Marx es gewesen, der in seinem Hauptwerk »Das Kapital« den Zustand der Weltwirtschaft analysiert hatte? Auch wenn Marx irrtümlich das für eine Verfallserscheinung des Kapitalismus gehalten hatte, was gerade erst am Anfang einer langen Entwicklung stand: Von hier führt eine Linie zu den 99%, die sich unter dem Label »Occupy« gegen das 1% empören. Die unkontrollierte, als unverschämt empfundene Macht der Banken, ihre eigene Misswirtschaft mit Steuergeldern auszugleichen und sich überdies selbst damit überaus großzügig zu belohnen, wirkt auf viele wie ein Schlag ins Gesicht. Empörung ist damit zum Inbegriff und zentralen Beweggrund dieser antikapitalistischen Sammlungsbewegung geworden. Zugleich trägt die Wirtschaftskrise zur Verschärfung der Probleme der repräsentativen Demokratie bei: Mit dem ›Hinterherhinken‹ der europäischen Regierungen hinter den Finanzmärkten schwindet auch das Vertrauen in die Souveränität und Gestaltungskraft der Demokratie.

Ein wichtiger Slogan der kapitalismuskritischen, basisdemokratischen Protestbewegung in Spanien war: »No nos representan« – »Sie repräsentieren uns nicht«. Es scheint, als wollten politisch bewegte Jugendliche ihre Stimmen nicht länger ›abgeben‹, sondern sie stattdessen erheben und sich selbst einmischen. Es wird nicht leicht sein, diese neue außerparlamentarische Opposition an die Parteien

Abbildung 9:
Helmut Schmidt auf dem SPD-Parteitag in Berlin 2011
(Ullsteinbild/Boness/IPON)

Abbildung 10:
Hannelore Kraft bei der Vereidigung zur Ministerpräsidentin, 20. Juni 2012
(picture-alliance/Sven Simon)

Abbildung 11:
Manuela Schwesig während einer Veranstaltung zur Zukunftswerkstatt »Familie«
(Marco Urban/www.marco-urban.de)

Abbildung 12:
Peter Struck, Vorsitzender der Friedrich-Ebert-Stiftung (mitte), und der SPD-Vorsitzende Sigmar Gabriel treffen 2011 einen Vertreter der Occupy-Bewegung
(Jens Schicke)

Abbildung 13:
Plakat der Occupy-Bewegung
(AdsD)

heranzuführen, unmöglich ist es nicht. Wie schon Willy Brandt versuchte, die SPD gegenüber den Neuen sozialen Bewegungen der 1970er und 1980er Jahre durchlässig zu halten, so ist die SPD auch heute wieder auf dem Weg, den Austausch mit den aktuellen Protestbewegungen zu suchen und sich damit – ohne einfach alte Reflexe zu bedienen – ihrer langen kapitalismuskritischen Tradition neu zu versichern. Dafür gibt es durchaus bemerkenswerte Anzeichen. Im Jahr 2004 hat Franz Müntefering in seinem biblischen Bild von der »Heuschreckenplage« an genau diese Tradition innerhalb der SPD appelliert. Und Sigmar Gabriel will seit dem Parteitag in Dresden 2009 das politische Engagement der deutschen Sozialdemokratie wieder mehr in der Nähe der Straße sehen: »Unsere Politik wirkt manchmal aseptisch, klinisch rein, durchgestylt, synthetisch. Auch das müssen wir ändern. Wir müssen raus ins Leben, dahin, wo es laut ist, dahin, wo es brodelt, dahin, wo es manchmal riecht, gelegentlich auch stinkt. Wir müssen dahin, wo es anstrengend ist, liebe Genossinnen, weil nur da das Leben ist, wo es anstrengend ist.«[3]

Eine Vollendung der Geschichte gibt es nicht. Und auch zu der ›noch dampfenden Zeitgeschichte‹ gibt es keinen Sicherheitsabstand, nur so viel scheint sicher: Ob Sozialstaat oder Kapitalismuskritik, Chancengleichheit oder Partizipation – die Stammthemen der Sozialdemokratie sind heute die Themen der Zeit. Der Kapitalismus ist nicht die Antwort. Er ist die Frage. So sind auch sie wieder gefragt: das Erbe und die Zukunft der sozialen Demokratie. Ihre Werte der Freiheit, der Gerechtigkeit und der Solidarität sind noch immer aktuell, um den Herausforderungen der Zeit begegnen zu können. Die Sozialdemokratie hat sich nicht durch den Sozialstaat selbst abgeschafft, wie Ralf Dahrendorf vor einigen Jahrzehnten meinte, ganz im Gegenteil. Die postkapitalistische Gesellschaft wird kaum eine sozialistische Gesellschaft im überholten Sinne sein. Aber sie wird eine sozialere und demokratischere Gesellschaft sein müssen. Denn soziale Gerechtigkeit – das ist vor allem eine Frage des gesellschaftlichen Gleichgewichts. Kann also die Europäische Union zu einem supranationalen Wohlfahrtsstaat ausgebaut werden? Sind es nicht vielmehr die Banker, die in der sozialen Hängematte liegen? Ist die weltweite Occupy-Bewegung mit ihrer Guy-Fawkes-Maske vielleicht das neue »Gespenst«, das umgeht, nicht nur in Europa? – Am Ende lassen sich nur Fragen stellen, die brandaktuell sind und die angesichts der 150-jährigen Geschichte der Sozialdemokratie als organisierte Partei zugleich berühren wie ein Déjà-vu.

1 *Andrea Nahles*, Die Weisheit der Vielen, in: SPD-Parteivorstand (Hrsg.), Abschlussbericht Zukunftswerkstatt, S. 3, online unter URL: <http://www.spd.de/linkableblob/21352/data/20111202_abschluss_zukunftswerkstatt.pdf> [14.8.2012].

2 Andrea Nahles zur Parteireform, online unter URL: <http://www.spd.de/aktuelles/News/12636/20110601_parteireform_nahles.html> [14.8.2012].

3 Rede Sigmar Gabriels auf dem SPD-Bundesparteitag in Dresden am 13. November 2009, online unter URL: <http://www.sigmar-gabriel.de/spd-webapp/servlet/elementblob/454601/content> [14.8.2012].

Literaturhinweise:

Terry Eagleton, Warum Marx recht hat, Berlin 2012.

Sigmar Gabriel (Hrsg.), Die Kraft einer großen Idee. Europäische Moderne und soziale Demokratie. Ein politisches Lesebuch, Berlin 2012.

David Graeber, Schulden. Die ersten 5000 Jahre, Stuttgart 2012.

Daniel Friedrich Sturm, Wohin geht die SPD?, München 2009.

Edgar Wolfrum

Fortschritt in der Krise und die Herausforderungen der Zukunft. Wie historisch war der rot-grüne Machtwechsel 1998?

Wir neigen schnell dazu, Wahlausgänge als »historisch« zu bezeichnen, und weil jeder Regierungswechsel etwas Neues bringt, scheint auch jeder mehr oder minder historisch zu sein. Es ist ein inflationär gebrauchter Begriff. Selten jedoch war man sich so einig wie 1998: Diese Wahl war ein Meilenstein. Kanzler Gerhard Schröder sprach davon, dass »jetzt eine andere Zeit« angebrochen sei. Peter Struck beschrieb den Sieg als »Herbstromanze«, womit allerdings mitschwang, dass das Bündnis zwischen Rot und Grün zu spät kam, denn um wie viel beschwingter wäre eine »Frühlingsromanze« gewesen? Doch Struck dachte wohl in erster Linie an den im Herbst liegenden Wahltermin. Joschka Fischer bemerkte zum Wahlausgang: »Das ist wie das Erdbeben in San Francisco«. Aber auch dies war ein merkwürdiger Vergleich, denn dieses Beben 1906 war eine der schwersten Naturkatastrophen in der Geschichte der Vereinigten Staaten von Amerika. Für Heribert Prantl von der Süddeutschen Zeitung war der Wechsel gerade aus dem Grund ein »historisches Ereignis«, weil man ihm diese Eigenschaft nicht anmerkte: »Der Machtwechsel am 27. September 1998, dem Tag, an dem Gerhard Schröder zum Bundeskanzler gewählt wurde, ging nicht einher mit Blitz und Donner, es war wie ein Spaziergang an einem milden Oktobertag; mit einer Selbstverständlichkeit, wie man es sich für eine Demokratie nur wünschen kann.«[1]

Im Unterschied zum Machtwechsel 1969 wurde 1998 in der Bundesrepublik Deutschland erstmals eine amtierende Koalitionsregierung vollständig abgewählt. Es kamen zwei Parteien an die Macht, die zuvor nicht an der Regierung beteiligt gewesen waren – das hatte es seit der Gründung der Republik 1949 noch nie gegeben, bisher erfolgten Regierungswechsel immer durch einen Koalitionswechsel, vor allem der FDP. Darüber hinaus hatten die Wählerinnen und Wähler zum ersten Mal in Deutschland einer ›linken‹ Mehrheit zur Macht verholfen. Das Wort des Jahres 1998 hieß: Rot-Grün. Erwartungen wie Befürchtungen waren gleichermaßen groß. Dennoch war es, anders als 1969, ein Machtwechsel ohne Hysterie, denn zu eindeutig war die Niederlage der Union. Das Magazin »Der SPIEGEL« kommentierte völlig zu Recht: »Souveräner hätte sich die alte Bundesrepublik nicht verabschieden können.«[2] In der Tat, der Regierungswechsel 1998 war der Abschied von etwas Altem und der Anfang von etwas Neuem.

Es lassen sich noch weitere Gründe dafür finden, warum 1998 historisch war. Niemals zuvor waren so viele Frauen in einer Regierung vertreten. Für nicht wenige schien Rot-Grün eine Koalition der 68er-Generation zu sein, die in Deutschland länger als in anderen Ländern warten musste, bis sie an der Schaltzentrale der Macht angelangt war. Nun erst schien deren »Marsch durch die Institutionen« ganz zu Ende zu sein, und daher rührte auch die Ansicht, dass 1998 nicht nur ein politischer, sondern auch ein kultureller Wandel eingeläutet worden sei. Mit den Grünen war erstmals eine Partei an der Regierung beteiligt, deren Wurzeln nicht ins 19. Jahrhundert zurückreichten, sondern die ein – sogar noch junges – Kind der Bundesrepublik und mit Bündnis 90 auch noch der späten DDR

1 *Heribert Prantl*, Der Zauber des Anfangs, in: Süddeutsche Zeitung, 28.10.1998, S. 4.

2 »Eine andere Zeit«, in: Der SPIEGEL, 29.9.1998, S. 6–11, hier: S. 7.

Abbildung 1:
Unterzeichnung des Koalitionsvertrags in der Landesvertretung von Nordrhein-Westfalen, 1998, von links: Gerhard Schröder, Joschka Fischer, Oskar Lafontaine (Jürgen Eis)

war. Der emotionale Kitt der Koalition erwuchs ohne Zweifel aus dem Gedanken, dass man irgendwie zusammengehöre. Wenn man vom Jahrhundertereignis der Revolution 1989/90 einmal absieht, handelte es sich 1998 um eine Art dritten Machtwechsel: Der erste, 1969, war unter der Pathosformel »Mehr Demokratie wagen« erfolgt, den zweiten, 1982/83, hatte die konservativ-liberale Koalition zur »geistig-moralischen Wende« erklärt. 1998 klangen die Pathosformeln gemäßigt: »Neue Mitte«, »Innovation und Gerechtigkeit«, »rot-grünes Projekt«. Über dem Regierungswechsel von 1998 lag wiederum ein »gewisser Zauber«, wie ihn Horst Ehmke bereits 1969 verspürt hatte, und viele der alten und vor allem neuen Abgeordneten kamen euphorisch und mit fast kindlicher Freude in die Bundeshauptstadt Bonn. Zum letzten Mal. Denn auch dies sollte das Historische der neuen Regierung verstärken: Sie würde, falls sie nicht vorzeitig scheiterte, die erste Bundesregierung sein, die in die alte deutsche Hauptstadt umzog, nach Berlin. Dabei ging es, so Bundeskanzler Schröder in seiner ersten Regierungserklärung vom 10. November 1998, um mehr als um einen Umzug, nämlich um einen »Aufbruch«. Mit Rot-Grün ging die alte Bundesrepublik unwiderruflich zu Ende.

Der Gang durch die Wüste

Die Sozialdemokraten hatten 1998 einen Gang durch die Wüste hinter sich, nachdem sie 16 Jahre lang im Bund nicht mehr an der Regierung beteiligt gewesen waren. Herbert Wehners düstere Worte von 1982 waren bestätigt worden: »Wenn diese Koalition bricht, wird die SPD 15 Jahre in der Opposition sein.« Wie ein Fluch schien diese Vorhersage auf den Sozialdemokraten zu liegen, denn es waren bittere Jahre der Opposition. Nie zuvor scheiterten so viele Kanzlerkandidaten, und das an einer einzigen Persönlichkeit: Helmut Kohl.

1983 trat der integre Hans-Jochen Vogel gegen ihn an und unterlag deutlich, 1987 scheiterte Johannes Rau; im gleichen Jahr übernahm Vogel den SPD-Vorsitz von Willy Brandt, es mussten wieder Ordnung und Disziplin in die Partei gebracht werden, die den Machtverlust nicht verkraftet hatte und nach allen Seiten auszufransen schien. Bei der ersten gesamtdeutschen Bundestagswahl am 2. Dezember 1990 erlitt der einheitskritische Oskar Lafontaine eine schwere Niederlage – zu Recht, so die einhellige Meinung der Altvorderen um Helmut Schmidt und Willy Brandt, denn die Sozialdemokraten hatten nicht nur keine überzeugende, sondern überhaupt keine Alternative zur Politik der Regierungskoalition gefunden. Getrieben von einem antinationalen Reflex verkannte Lafontaine die unverhoffte Chance für die Deutschen, Einheit in Freiheit zu gewinnen. 1991 verzichtete Vogel zugunsten von Björn Engholm auf den Parteivorsitz; Engholm musste aber infolge einer Falschaussage in der Barschel-Affäre bereits 1993 zurücktreten. Es folgte Rudolf Scharping. Er wurde zum ersten Mal in einer Mitgliederbefragung zum Vorsitzenden bestimmt, Gegenkandidaten waren Gerhard Schröder und Heidemarie Wieczorek-Zeul. Als Kanzlerkandidat gelang es Scharping 1994, das Ergebnis der SPD zwar etwas zu verbessern, doch scheiterte er ebenfalls an Helmut Kohl. Die »Troika« Scharping/Lafontaine/Schröder, die sich zur Bundestagswahl 1994 herausgebildet hatte, sollte nach außen Stärke und geballte Kompetenz demonstrieren und an »große« Zeiten erinnern: an die Führungsspitze Helmut Schmidt, der Kanzler, Willy Brandt, der Parteivorsitzende, Herbert Wehner, der Fraktionsvorsitzende. Eine Gemeinsamkeit gab es jedenfalls: Wie jene aus den 1970er Jahren traute auch aus dieser Troika 20 Jahre später keiner der drei den jeweils anderen über den Weg – und das sollte auch nach der Regierungsübernahme 1998 so bleiben.

Aufbruch ins 21. Jahrhundert

Überall in den westlichen Industriegesellschaften waren die 1990er Jahre eine Zeit durchgreifender Reformen und Modernisierungen gewesen. In den USA, in Großbritannien, in vielen Ländern Kontinentaleuropas, besonders in den kleineren wie den Niederlanden, war die Gesellschaft modernisiert und waren soziale und ökonomische Reformen in Kraft gesetzt worden. Nur Deutschland stand unter der Regierung Helmut Kohls weitgehend abseits; hier sprach man vom Reformstau. Ziel von Rot-Grün war eine ökologische Modernisierung des Landes, die auch als Vorbild über Deutschland hinaus dienen konnte. Der Ausstieg aus der Kernenergie stand dabei ganz oben auf der Agenda – aber wie ließ er sich in einem hoch industrialisierten Land bewerkstelligen? Wie konnte man dieses Mammutvorhaben, sollte es überhaupt gelingen, durch den Ausbau regenerativer Energiequellen flankieren? Auch viel beschworene postmaterialistische Reformen in der Gesellschaftspolitik waren in aller Munde und bürgerrechtliche Liberalisierungen sollten auf den Weg gebracht werden. So wollte man mit Überschwang auf die Veränderungen revolutionären Ausmaßes am Ende des 20. Jahrhunderts und am Beginn des 21. reagieren, sie in den Griff bekommen, ja gestalten. Dass die Bundesrepublik strukturell reformunfähig sei – dies wollte Rot-Grün widerlegen. Mehr noch: Es hieß, den globalen Veränderungsprozess mitzuformen. Tempo und Gestalt der Veränderungen, die sämtliche Lebensbereiche erfassten, waren historisch einzigartig. Die elektronische Revolution, vor allem das Internet, verwandelte den Alltag und die Arbeitswelt der Menschen und ermöglichte erst eine neue Phase der Globalisierung, wiederum eine Art Revolution. Zugleich vollzog sich ein Wechsel von der Industrie- zur Dienstleistungsgesellschaft, der so grundstürzend war wie der Übergang vom landwirtschaftlichen in das industrielle Zeitalter. Musste der seit einem Jahrzehnt so kraftvoll voranschreitende »Neoliberalismus«, dieses Konzept des radikalen Laisser-faire, in dem es für die sozial Schwächeren in der Gesellschaft keine sozialen Absicherungen mehr zu geben schien, und musste überhaupt das ungehemmte Profitstreben, dieser neue »Kasinokapitalismus«, nicht mit Macht eingedämmt werden? Denn er führte offensichtlich doch zu einem Wertezerfall. So sahen es die einen. Aber die anderen sahen im Vorrang für den Markt eine große Chance. Für sie ging kein Monster durch die Welt, sondern ein Glücksbringer. So standen sich auf vielen Feldern Pro und Contra schroff gegenüber. Das galt auch für andere Fragen: Wie konnte in einer Welt des beschleunigten Wandels den Menschen Sicherheit gegeben werden? Was bedeuteten angesichts weltweiter Veränderungen Begriffe wie »Gerechtigkeit«? Verteilungsgerechtigkeit, Chancengerechtigkeit, Generationengerechtigkeit?

Seit Jahren hatten sich die Welt und die Republik schneller verändert, als die meisten Politiker es wahrhaben wollten, die immerzu über Blockaden jammerten, Stabilität wünschten und Lähmung erzeugten. Während sich Europa und die Welt politisch und sozial rasant wandelten und neue Menschheitsfragen aufgeworfen wurden – Klimawandel, Nord-Süd-Verhältnis, Menschenrechte, Rolle der UNO – war der Blick in Deutschland nach innen gerichtet. Das »Modell Deutschland« steckte in einer Anpassungskrise. Die Dimensionen des Problems waren bekannt: der demografische Wandel, die Veränderung der Erwerbsbiografien, der Rückgang der lebenslangen Erwerbsarbeit, die Wiedervereinigung, die Wirkungen der Globalisierung. Die Sozialleistungen wuchsen, die Leistungsträger im Solidarsystem nahmen ab. Darauf zu reagieren stellte eine Jahrhundertaufgabe dar. Auch der Reform des seit 1913 geltenden Staatsbürgerschaftsrechts kam eine säkulare Dimension zu. Und der neue Regierungsstil? Musste man nicht davon ausgehen, dass längst ein Modernisierungsprozess im Gang war, der nur noch ›von oben‹ und meist gar nicht mehr auf nationaler Ebene gesteuert werden konnte? Dies erforderte doch geradezu ein neues Regieren im 21. Jahrhundert, die Suche nach einem »Dritten Weg«, wie es die Erklärung zur europäischen Sozialdemokratie von Gerhard Schröder und Tony Blair im Frühjahr 1999 vorsah.

Es erscheint paradox: Rot-Grün sollte ein Bündnis für die Innenpolitik sein und musste sich stattdessen vor allem außenpolitisch bewähren. Ein Primat der Innenpolitik gehörte zur Erfolgsgeschichte der alten Bundesrepublik und lag in ihrer begrenzten Souveränität begründet. Dies war längst vergangene Wirklichkeit. Nach der Wende von 1989/90 und der Wiedervereinigung hatten die Deutschen die Wiederkehr ihrer vollen Souveränität eine Zeit lang ignoriert und waren davon ausgegangen, alles würde so behaglich bleiben wie bisher. Vor den globalen oder auch nur europäischen Herausforderungen hatten sie die Augen verschlossen. Nun wurde man in eine neue Zeit hineingeschleudert. Es war eine Umbruchzeit, eine Zeitenwende, welche durch die Kollision von Globalisierung, Neoliberalismus und der Krise der kulturellen Selbstwahrnehmung befördert wurde. Die traditionelle Kontinuitätsbedächtigkeit der Bundesrepublik ging unwiderruflich zu Ende.

Rot-Grün musste die Gleise in ein noch unbekanntes Territorium verlegen. Die Regierung Schröder/Fischer wurde so gezwungenermaßen zu einer Regierung des Übergangs, aber zu keiner Übergangsregierung. Je mehr jene sich dieses Umstands gewahr wurde, desto mehr beanspruchte sie auch, eine solche Regierung des Übergangs zu sein: Sie wollte Dinge neu regeln und globale Weiterungen in das Regieren mit einbeziehen; sie wollte den Aufbruch ins 21. Jahrhundert gestalten.

Krieg und Frieden

Kaum im Amt, holten allerdings die Konflikte auf dem Balkan Schröder und Fischer ein, und die Bundesregierung musste sich an der Seite der Bündnispartner militärisch im Kosovo engagieren, um dort eine »humanitäre Katastrophe«, angezettelt vom serbischen Diktator Milosevic zu verhindern – und dies ohne UN-Mandat. Es war eine

Zerreißprobe für die Koalition. Erstmals seit dem Ende des Zweiten Weltkriegs beteiligte sich Deutschland militärisch aktiv an einem Krieg – und dies ausgerechnet auf dem Balkan, wo die Erinnerungen an Hitlers Wehrmacht noch lebendig waren. Auf dem Bonner SPD-Parteitag vom 12. April 1999 machte Erhard Eppler, der »alte Recke« der Friedensbewegung, die Tragik klar: »Die 68er Bewegung hat unserer Gesellschaft viel Neues und Gutes gebracht. Sie hat aber auch einiges verschüttet. Etwas von dem, was sie verschüttet hat, ist das Gespür für Tragik. Wir sind ja dabei, alles, was traurig ist, ›tragisch‹ zu nennen. Nein, tragisch ist eine Situation, wenn man schuldig wird, ganz gleich, was man tut. Natürlich wird man schuldig, wenn man Bomben wirft. Die Frage ist doch nur, wie man noch schuldiger wird. Deshalb muss diese Partei jetzt diesen tragischen Konflikt, auf den sie gar nicht vorbereitet ist, aushalten. Sie muss lernen, was eine tragische Entscheidung ist, und sie muss das dann so aushalten, dass jeder dem anderen zugesteht, dass er gute Gründe hat. Dann muss die Regierung handeln. Ich habe den Eindruck«, so schloss Eppler, »sie handelt so, dass wir ein bisschen weniger schuldig werden, als wenn wir nichts täten.«[3]

Abbildung 2:
SPD-Plakat zur Landtagswahl 2003 in Hessen (SPD/AdsD)

Dann brach »9/11« herein. Die monströsen Terroranschläge des 11. September 2001 von New York und Washington führten in den USA zu einer veränderten Bedrohungswahrnehmung. Unmittelbar nach den Anschlägen auf das World Trade Center und das Pentagon hatte sich die gesamte westliche Welt hinter die Vereinigten Staaten von Amerika gestellt und hatte dies in einer Welle der Solidarität zum Ausdruck gebracht. Amerika war Ziel eines Angriffs und es befand sich im Krieg; die NATO rief erstmals in ihrer Geschichte den Bündnisfall aus. Rasch bildete sich unter der Führung der USA und Großbritanniens eine Kriegskoalition, um die Taliban in Afghanistan zu bekämpfen. Um Rot-Grün geschlossen hinter den Afghanistan-Einsatz zu bringen, griff der Kanzler im Herbst 2001 zu seinem schärfsten Schwert, das ihm zur Verfügung stand, und stellte die Vertrauensfrage: Er gewann sie. Ein geflügeltes Wort kam auf: dass die Sicherheit Deutschlands auch am Hindukusch verteidigt werde, wie Verteidigungsminister Struck es im Jahr 2002 sagte. Zwei Kriege in zwei Jahren: Kosovo und Afghanistan. Und schon sprach US-Präsident Bush vom Krieg gegen den nächsten »Schurkenstaat«, den Irak.

Ohne den Anschlag von 9/11 wäre es kaum möglich gewesen, den Irak ganz oben auf die Liste zu setzen – es war für Bush junior auch ein »unerledigtes Geschäft«, denn sein Vater hatte es im Golfkrieg 1991 versäumt, Saddam Hussein zu entmachten. Sollte der deutsche Bundeskanzler nochmals, zum dritten Mal, die Partei, die Fraktion und die Koalition auf Kriegslinie bringen? Gerhard Schröder wusste: Die SPD, die eine bedeutende Tradition als Friedenskraft hatte, würde nicht mehr mitziehen und der grüne Koalitionspartner sowieso nicht. Es würde um keinen Preis gelingen, schon gar nicht mit Blick darauf, was George W. Bush veranstaltete. Sein Spiel war zu offensichtlich, zu leicht zu durchschauen: Er suchte geradezu den Krieg mit dem Irak. Für Kanzler Schröder galt nur noch eines: den Knoten zu durchschlagen, Friedenspolitik auf die Fahnen zu schreiben, die Partei zu versöhnen, die Fraktion und auch die Koalition zu beruhigen, schließlich: mit sich selbst ins Reine kommen. Daraus entsprang das Nein zum Irakkrieg. Zu militärischen Abenteuern war man nicht bereit.

Die zeitgenössische Unterstellung an die Bundesregierung und insbesondere an den Kanzler, allein aus wahltaktischem Kalkül und nicht aus irgendwelchen anderen, »edleren« Motiven heraus den Krieg gegen den Irak an der Seite der USA abgelehnt zu haben, greift viel zu kurz. Dennoch waren sich damals viele Beobachter einig. Schröders »deutscher Weg« in der Außenpolitik sei in Wahrheit ein »deutscher Irrweg«, ein stümperhaftes öffentliches Agieren, das dem Irak in die Hände spiele, weil damit der Aufbau einer Drohkulisse verhindert werde.

3 Rede von Erhard Eppler auf dem SPD-Parteitag 1999 in Bonn, in: Protokoll Parteitag Bonn. 12 April 1999. Verantwortung, Bonn 1999, S. 110–113, hier: S. 112f.

Wäre Gerhard Schröder mit seinem Nein politisch fortdauernd isoliert gewesen, hätte er zurücktreten müssen. Doch ihm gelang es, zuerst Frankreich mit Jacques Chirac, dann Russland mit Vladimir Putin auf seine Seite zu ziehen, zwei ständige Mitglieder des UN-Sicherheitsrats, also Vetomächte. Es war indessen klar, dass der Sicherheitsrat gar nicht mehr über Krieg und Frieden entschied, dies lag nur noch in der Hand der Amerikaner, und so ging es allein darum, ob der Krieg mit der UNO oder ohne sie geführt werden würde. »Die ZEIT« urteilte: »Im Ringen der Mächtigen und im Streit der Interessen hat sich ein kleines Wunder ereignet, mit dem vor wenigen Wochen niemand gerechnet hätte. Das Nein der Deutschen erregte anfangs noch weltweites Aufsehen. Nun aber ist es plötzlich eine Stimme unter vielen. Das Dreier-Bündnis, das nun entstanden ist, könnte der Kern einer politischen Alternative in den Vereinten Nationen bilden, mit einer Resonanz, die weit darüber hinausgeht.«[4]

Die deutsche Außenpolitik hatte sich grundlegend verändert. Der Schritt, gegenüber den USA mit »Nein« zu votieren, kam in der Geschichte Deutschlands nach 1945 einer kleinen Revolution gleich. Es war kein Nein gegenüber den Amerikanern, es war ein Nein gegenüber einem ungerechtfertigten Krieg. Bald war das Debakel im Irak nicht mehr zu übersehen. Die deutsche Regierung hatte in der Vergangenheit immer wieder kritisch darauf hingewiesen, dass die USA, gefangen in ihrer Hybris, jede Konzeption für den Tag danach schuldig blieben. Sie wüssten, wie sie in den Irak hineinkämen, aber nicht, wie sie wieder herauskämen. Nach dem Kriegsende stiegen die Verluste der Amerikaner und der Irak stürzte in einen Bürgerkrieg, er wurde zu einem Terror-Biotop. Nach einem Jahr Bürgerkrieg im Irak befand selbst die Rot-Grün nicht gerade freundlich gesinnte »Welt am Sonntag«, dass Schröders Entscheidung richtig gewesen war. Unter der Regierung Schröder/Fischer kam die Bundesrepublik zu einem Neuarrangement außenpolitischer Möglichkeiten. Rot-Grün betrieb Außenpolitik mit globalem Anspruch.

Agenda 2010

Am 14. März 2003 hielt Bundeskanzler Schröder vor dem Deutschen Bundestag seine berühmte Rede »Mut zum Frieden, Mut zur Veränderung«, in der er Deutschlands neue Rolle in der Welt mit der innenpolitischen Reformnotwendigkeit verknüpfte. Die Agenda 2010 bedeutete eine Umpolung Deutschlands. Der immer wieder zitierte Kernsatz der Kanzlerrede lautete: »Wir werden die Leistungen des Staates kürzen, Eigenverantwortung stärken und mehr Eigenleistung von jedem Einzelnen abfordern müssen.«

Die Agenda 2010 war ein überwölbendes Dach für das größte und umstrittenste Reformprojekt in der Geschichte der Bundesrepublik. Dazu gehörten die Reformen in der Arbeitsmarktpolitik, die zu einer Zeitenwende am Arbeitsmarkt führten, Hartz I bis Hartz IV – sie standen unter dem Motto, Menschen leichter wieder in Arbeit zu bringen. Mit Hartz IV erfolgte die Zusammenlegung von Arbeitslosen- und Sozialhilfe zum Arbeitslosengeld II. Die bis dahin vom Bund finanzierte Arbeitslosenhilfe, die nach Auslaufen des Arbeitslosengelds gewährt wurde und sich an dessen bisheriger Höhe bemaß, senkte man auf das niedrigere Niveau der bisherigen Sozialhilfe ab. Mit Lockerungen im Kündigungsschutz, Öffnungsklauseln im Tarifrecht und einer Modernisierung der Handwerksordnungen sollte die sehr hohe Arbeitslosigkeit bekämpft werden. Die Reform des Gesundheitswesens gehörte ebenfalls zur Agenda 2010, auch eine Steuerreform, schließlich der gesamte Bereich von Bildung und Ausbildung junger Menschen, auch die Ganztagsbetreuung von Kindern, um so Familie und Beruf besser zu vereinbaren.

Die Deutschen verstanden nicht, warum die Agenda auf den Weg gebracht wurde. Sie fragten sich: Ist es wirklich so schlecht um unser Land bestellt, dass jetzt etwas

4 *Matthias Nass*, Das große Feilschen auf dem Irak-Basar, in: Die ZEIT, 6.3.2003, S. 3 und 5, hier: S. 5.

Abbildung 3:
Gerhard Schröder auf dem SPD-Parteitag 2003 in Berlin
(Frank und Marc Darchinger)

Dramatisches passieren musste? Weil ein Gefühl des Aufbruchs nicht vermittelt wurde, konnte die Angstkampagne vor allem der Springer-Presse auf fruchtbaren Boden fallen. Über die »Marke« Agenda 2010 ist erst umfassend informiert worden, als die Bedrohungsszenarien sich bereits in den Köpfen der meisten Menschen eingenistet hatten. Als die Agenda zu einem Synonym für Sozialabbau wurde, was nicht zuletzt einzelne Gewerkschaften zu verantworten hatten, und sich alles auf Hartz IV verengte, konnte Rot-Grün nicht mehr gewinnen.

Ein Grundsatz deutscher Sozialstaatlichkeit wurde mit der Agenda 2010 über Bord geworfen: dass die Bezugsdauer des Arbeitslosengeldes abhängig sein müsse von der Dauer der Beitragsleistung. Dies war ein schwerer Fehler. So führte eine prinzipiell richtige Politik fast zum Ruin der Sozialdemokratie. Mit der Agenda 2010 endete die politische Logik der deutschen Nachkriegszeit, die von einem stetigen Ausbau der Wohlfahrtsstaatlichkeit ausging und seit den 1980er Jahren kaum mehr haltbare Sozialstaatsgarantien kontinuierlich weiter versprach. In keinem anderen OECD-Land wurden so weitreichende Reformen auf dem Arbeitsmarkt, in der Steuerpolitik und auf dem Gebiet der Altersvorsorge durchgesetzt wie in der Bundesrepublik. Im Jahr 2005 schienen erste positive Wirkungen der Agenda aufzukeimen. Kaum einer sprach mehr vom »kranken Mann Europas«, vom »Abstieg eines Superstars«, oder rief das unwiderrufliche Scheitern Deutschlands aus; die Verdrossenheits- und Untergangsliteratur wirklicher und vermeintlicher Ökonomen befand sich merklich auf dem Rückzug. Deutsche Firmen, so der Internationale

Währungsfonds, seien aufgrund der Umstrukturierungen der vergangenen Jahre wieder wettbewerbsfähig. Auch die Weltbank lobte die Bundesrepublik als besonders eifriges Reformland. Schließlich kam 2005 die Bertelsmann-Stiftung in einer Analyse zum Ergebnis, dass Deutschland infolge der rot-grünen Reformen – anders als es die Stimmungslage suggerierte – enorm aufgeholt habe. Gerhard Schröder führte das Land in den wirtschaftlichen Aufschwung und seine Partei in die Wahlniederlage.

War der Konjunkturboom, den Deutschland in den Jahren um 2010 erlebte und der das Land wesentlich von anderen Ländern unterschied, eine Frucht der Agenda 2010? In gewissem Maße, ja. Hinzu kamen die niedrigen Zinsen und die nationalen wie internationalen Konjunkturpakete, mit denen besonders die Große Koalition zwischen Union und SPD auf die Finanz- und Verschuldungskrise reagierte. Dass der deutsche Exportboom wie noch nie zuvor anstieg, dürfte nicht zuletzt damit zusammenhängen, dass die Agenda 2010 deutsche Industriewaren wettbewerbsfähiger machte. Insgesamt hat sich das industriebasierte Modell der Bundesrepublik Deutschland, das jahrelang in der Kritik stand, als solider erwiesen als der angloamerikanische Finanzkapitalismus. Deutschland war mit einem Male wieder so etwas wie ein »Modellstaat« und kein »Verfallsstaat« mehr. Die deutsche Industrie war der große Gewinner der Globalisierung. Dass dies freilich kein Endzustand ist und Dinge sich schnell ändern können – auch dies zeigt die vorangegangene Dekade.

Literaturhinweise:

Michael Herkendell, Deutschland. Zivil- oder Friedensmacht? Außen- und sicherheitspolitische Orientierung der SPD im Wandel (1982–2007), Bonn 2012.

Gunter Hofmann, Abschiede – Anfänge. Die Bundesrepublik. Eine Anatomie, München 2002.

Antje Vollmer im Gespräch mit *Hans Werner Kilz*, Eingewandert ins eigene Land. Was von Rot-Grün bleibt, München 2006.

Edgar Wolfrum, Rot-Grün an der Macht. Geschichte Deutschlands in einer Welt des Wandels 1998–2005, erscheint 2013.

Andreas Biefang

Der Sieger – Gerhard Schröder als »Medienkanzler«

Der Wahlabend im Erich-Ollenhauer-Haus, der Bonner Parteizentrale der SPD, verlief triumphal. Erstmals in der Geschichte der Bundesrepublik war eine amtierende Regierung abgewählt und nicht durch einen Koalitionswechsel abgelöst worden. Mit 40,9% der Stimmen konnte die SPD zudem als stärkste Fraktion in den Bundestag einziehen – zuletzt war ihr das 1972 gelungen. Gemeinsam mit den Grünen verfügte sie über genügend Sitze, um eine Koalition zu bilden, auch weil die 13 Überhangmandate alle an die SPD fielen. Großer Jubel herrschte vor dem Erich-Ollenhauer-Haus, als sich die politischen »Architekten« des Wahlsiegs, der Spitzenkandidat Gerhard Schröder sowie der Parteivorsitzende Oskar Lafontaine, gemeinsam den versammelten Gästen und der Presse präsentierten. Von einer neuen Republik war die Rede, von einem »rot-grünen Projekt«.

Ikone:
»Sieger Schröder«, SPIEGEL-Wahlsonderheft, 29.9.1998

Auf der Titelseite des Wahlsonderhefts des SPIEGEL, der ausgewählten Ikone, erscheint jedoch nur eine Person, der »Sieger Schröder«: Ein Brustbildnis nimmt das untere Bilddrittel ein, der ausgestreckte Arm mit der zum Victory-Zeichen geformten Hand ragt hoch in den Bildraum. Die Geste war durch den britischen Premierminister Winston Churchill popularisiert worden, der sie während des Zweiten Weltkriegs als Zeichen der Siegeszuversicht bei jeder sich bietenden Gelegenheit vorgeführt hatte. In der politischen Szenerie der Bundesrepublik dürfte Schröder der erste Spitzenpolitiker, jedenfalls der erste Kanzler gewesen sein, der diese Siegerpose eingenommen hat. Von Churchill hatte Schröder die Geste wohl nicht, auch nicht von Tony Blair, der sie nicht benutzte. Wahrscheinlich war sie aus dem Sport- und Unterhaltungsmilieu entlehnt. Dem Bild des »Siegers Schröder« ist auf der Titelseite ein Zitat zugeordnet, wonach das Land wichtiger sei als die Partei. Eigentlich eine Plattitüde, in diesem Fall aber ein Hinweis auf die Anlage des Wahlkampfs.

Die Frage der »Kanzlerkandidatur« war durch die niedersächsischen Landtagswahlen vom 1. März 1998 endgültig entschieden worden: Nachdem Gerhard Schröder zum zweiten Mal in Folge die absolute Mehrheit erzielt hatte, wurde er noch am Wahlabend durch Bundesgeschäftsführer Franz Müntefering ausgerufen. Inhaltlich wurde der Wahlkampf von wirtschaftspolitischen Fragen, namentlich dem Problem der hohen Arbeitslosigkeit dominiert. Schröder positionierte sich konsequent als »Mann der Mitte«, und zwar einer soziologisch unbestimmten »neuen Mitte«, wie auch der von Schröders Kopf teilweise verdeckte Schriftzug im Hintergrund zeigt. Mit seinem Programm, seiner Wortwahl und seinem Habitus sprach Schröder ›bürgerliche‹ Wählerschichten an, die nach 16 Jahren Kanzlerschaft Helmut Kohls den Zeitpunkt für einen politischen Wechsel gekommen sahen, sich aber keineswegs als »links« verstanden. Schröder wurde auch gewählt, *obwohl* und nicht *weil* er der SPD angehörte. Dass er zugleich die sozialdemokratischen Stammwähler und sich als »links« verstehende Menschen mobilisieren konnte, war nicht zuletzt dem Parteivorsitzenden Oskar Lafontaine zu verdanken, der als Schatten-Finanzminister mehr nachfrageorientierte wirtschafts- und finanzpolitische Konzepte vertrat. Der Wahlkampf wurde nicht wie üblich durch die Parteizentrale organisiert, sondern durch die »Kampa«, ein ausgelagertes und teures temporäres Kampagnenzentrum unter Leitung von Franz Müntefering und Matthias Machnig, das bevölkert war

29. 9. 1998 · 2,00 DM

DER SPIEGEL

WAHLSONDERHEFT '98

Sieger Schröder:

„Das Land ist wichtiger als die Partei“

4 394759 002009 01

von jungen Journalisten und Werbeprofis, deren Selbstverständnis und Umgangsformen sie deutlich von den »Funktionären« im Erich-Ollenhauer-Haus abhob.

Gerhard Schröder gilt Journalisten und Wissenschaftlern als der Prototyp des »Medienkanzlers«, als Beförderer und als Produkt der sogenannten Medialisierung des Politischen. Gemeint ist mit dem Begriff ein wechselseitiges Abhängigkeitsverhältnis, bei dem sich Politiker der Medien bedienen und im selben Moment gezwungen sind, sich der Logik der medialen Akteure anzupassen. In der Tat pflegte Schröder besonders während des Wahlkampfs und in den ersten Monaten seiner Kanzlerschaft einen den populären Medien zugeneigten Stil und er besaß eine gewisse Skrupellosigkeit, sich in Unterhaltungsformaten, in Fernsehshows, Vorabendserien und Talkshows zu präsentieren. Seine Bemerkung, zum Regieren brauche man nicht mehr als »Bild, BamS und Glotze«, ist sprichwörtlich geworden. Die Hinwendung zu solchen wenig elitären Foren vergrößerte zunächst die soziale Reichweite politischer Kommunikation, die insofern keineswegs nur die »neue Mitte« ansprach. Für den Kanzler erwies sie sich aber bald als problematisch, weil das so erzeugte Image zunehmend in Widerspruch zu den Vorstellungen geriet, die die Bürger von der Seriosität eines Regierungschefs besaßen. Schröder sah sich deshalb schon bald zur Korrektur seiner medialen Strategie veranlasst, wurde ›normaler‹. Aus der Rückschau wirkt die damals leidenschaftlich und kritisch geführte Rede von der Medialisierung des Politischen gelegentlich als voreilig und übertrieben. Talkshows sollen politische Debatten im Parlament ersetzen? Überhaupt erscheint das Fernsehen im »Internetzeitalter« auch nicht mehr als das mediale Maß der Dinge. Zudem war nicht Schröder der erste »Medienkanzler«, vielmehr gehörte der mehr oder weniger planvolle Umgang mit Medien, aber auch die Abhängigkeit von ihnen, seit dem 19. Jahrhundert zu den Grundbedingungen moderner Politik. Jeder zur Wahl stehende Politiker benötigte eine Medienstrategie, jeder Bundeskanzler verfügte über eine solche. Nur handelte eben jeder auf seine eigene Weise, und oft nicht weniger geschickt als Schröder.

Zurück zur Ikone: Das Titelbild präsentiert den »Sieger Schröder« in einer Weise, die eine These über dessen Persönlichkeit und Politikverständnis enthält: der selbstbewusste, virile und ironische Erfolgsmensch, der Kämpfer, der seine Ziele auch erreicht. Mag dieses Image zutreffen oder nicht, bei dem Titelbild handelt es sich nur sehr bedingt um eine Selbstdarstellung Schröders. Vielmehr haben die Macher des SPIEGEL durch ihre Bildwahl, die Festlegung des Bildausschnitts sowie die beigefügten Texte ein bestimmtes Bild des künftigen Kanzlers konstruiert. »Der SPIEGEL« war – wie so manches andere Blatt – fasziniert von Schröders zuspitzendem Gebaren, von seinen politischen Freundschaften, seinen Zweikämpfen, seinem Aktionismus, seiner heroischen Einsamkeit, seinen Siegen und Niederlagen. Die 25 Titelbilder des SPIEGEL, auf denen Schröder während seiner Kanzlerschaft zu sehen war, geben davon Zeugnis. Sie zeigen das Dramolett seiner Kanzlerschaft.

Literaturhinweise:

Knut Bergmann, Der Bundestagswahlkampf 1998. Vorgeschichte, Strategien, Ergebnis, Wiesbaden 2002.

Andreas Dörner/Ludgera Vogt, Der Medienkanzler. Die mediale Inszenierung des Gerhard Schröder, in: *Gerhard Paul* (Hrsg.), Das Jahrhundert der Bilder, Bd. 2: 1949 bis heute, Göttingen 2008, S. 654–661.

Paare

Duelle

Action

Einsam

Sieger, Sieger?

Abbildung:
Der Kanzler im SPIEGEL 1998 bis 2005. Eine typologisierende Auswahl

Nachweise:

Paare (Der SPIEGEL, 5.10.1998; 26.10.1998; 30.9.2002)

Duelle (Der SPIEGEL, 4.10.1999; 10.9.2001; 26.8.2002)

Action (Der SPIEGEL, 19.11.2001; 10.7.2000; 30.3.2002)

Einsam (Der SPIEGEL, 3.2.2003; 19.7.2004; 13.6.2005)

Sieger, Sieger? (Der SPIEGEL, 3.5.1999; 24.9.2002; 19.9.2005)

Franz-Josef Brüggemeier

»Eine sichere Energieversorgung ohne Atomkraft«: Der Beschluss des SPD-Parteitags 1999 in Berlin

Als in den 1950er Jahren führende Politiker der SPD über die Atomenergie sprachen, konnte keiner ahnen, dass nur 40 Jahre später dieselbe Partei diese Energie ablehnen, den Ausstieg aus ihr beschließen und dass eine von ihr geführte Bundesregierung den Ausstieg umsetzen würde. Denn die ersten Äußerungen im »Atomplan«, den die SPD 1956 verabschiedete, fielen enthusiastisch aus. Der Plan sprach vom »Beginn eines neuen Zeitalters« und wollte die »gewaltigen neuen Kräfte der Natur« zur Verbesserung des Lebens, der Erleichterung der Arbeitsbedingungen und selbst zur Vertiefung des kulturellen Lebens nutzen. Mit Hilfe der Kernenergie könnten etwa kleine »Kernkraftmaschinen« gebaut werden, um »Schiffe, Flugzeuge und andere Verkehrsmittel« anzutreiben.

Abbildung 1:
Beschluss des SPD-Parteitags 1999 in Berlin
(Bibliothek der FES)

Dabei blieb es nicht. Die Erwartungen waren vielmehr so hoch, dass sie Eingang ins Godesberger Programm von 1959 fanden. Gleich zu Beginn wurde dort die Hoffnung ausgesprochen, dass der »Mensch im atomaren Zeitalter sein Leben erleichtern, von Sorgen befreien und Wohlstand für alle schaffen kann, wenn er seine täglich wachsende Macht über die Naturkräfte nur für friedliche Zwecke einsetzt«. Diese Aussagen muten heute naiv an. Damals hingegen wurden sie weithin geteilt und führten etwa bei Ernst Bloch zu der Überzeugung, dass die Atomenergie »aus Wüste Fruchtland, aus Eis Frühling [mache]. Einige hundert Pfund Uranium und Thorium würden ausreichen, die Sahara und die Wüste Gobi verschwinden zu lassen, Sibirien und Nordkanada, Grönland und die Antarktis zur Riviera zu verwandeln«.[1] Selbst Naturschützer sprachen sich für die Kernenergie aus, da diese eine Alternative zu künstlichen Stauseen und deren Kraftwerken bot, die erhebliche Eingriffe in die Landschaft bedeuteten.

Diese Hoffnungen mögen uns heute schwer verständlich erscheinen, doch sie verweisen darauf, dass es einen mühsamen und komplizierten Prozess, heftige Konflikte und zahlreiche Erfahrungen erforderte, bis die Einstellung zur Kernenergie sich änderte und ein Ausstieg aus dieser Energie möglich wurde. Kritik an der Kernenergie gab es von Beginn an und sie erfuhr ab den 1970er Jahre zunehmende Unterstützung. Um von der bloßen Ablehnung zum Ausstieg zu gelangen, war es jedoch erforderlich, diese Kritik auf eine breite Basis zu stellen, unterschiedliche Interessen zu berücksichtigen, allmählich einen Konsens zu erzielen und schließlich politische Mehrheiten zu finden.

Damit war es nicht getan. Hinzu kam die Aufgabe, diese Mehrheiten nicht nur in Beschlüsse umzusetzen, sondern diese Beschlüsse auch zu realisieren – was wiederum erforderte, die Zustimmung oder zumindest Duldung auch derjenigen zu sichern, die, wie die Energiewirtschaft, das Gesetz eigentlich ablehnten und dessen Umsetzung torpedieren konnten. Bis dahin war es ein langer und mühsamer Weg, der sowohl Lernbereitschaft wie auch politische Handlungsfähigkeit erforderte, die in der Auseinandersetzung um die Kernenergie letztlich nur die SPD besaß. Es gab Parteien und Gruppen, die früher und eindeutiger diese Energie ablehnten. Sie konnten jedoch weder den breiten

1 *Ernst Bloch*, Das Prinzip Hoffnung, Bd. 2: Grundrisse einer besseren Welt, Frankfurt am Main 1959, S. 775.

lich blei-
rden.
ichtung
soll si-
für eine
berali-
Strom-
veltge-
lgende

ancenglei-
alls durch

ıgregelung
Kraft-Wär-

ıngsgeset-
ıdesweiten
e Energien
cherheit für

der vertrag-
er deutschen

erfordert fai-
le Marktteil-
Vorgaben der
t sind konse-
verbsnachtei-
ion zu ver-
er Umwelt-
ugung muß
eichbare Si-
omerzeugung
den.
twicklung der
ien sowie für
hnologien soll
.
als Stromprodu-
vom Markt ver-
Energieproduk-
muß langfris-
rden.
dortverträgliche
gkeit, langfristi-
Ressourcenscho-
hkeit, auch zur Si-
Arbeitsplätze.

Initiativantrag 1

Zukunftsfähige Energiepolitik - eine sichere Energieversorgung ohne Atomkraft

1. Unser Ziel ist eine nachhaltige Energieversorgung.

Wir Sozialdemokraten sind angetreten, die Energieversorgung in der Bundesrepublik zu modernisieren. Unser Ziel ist eine nachhaltige Energieversorgung, die umweltverträglich, preisgünstig und sicher ist und den Anteil der regenerativen Energien massiv fördert, um die Brücke ins Solarzeitalter zu bauen. Nur durch die Ausrichtung auf die Ziele Versorgungssicherheit, Energiesparen und Ausbau der Solarenergie können Energieerzeugung, Dienstleistungen und Innovationen und damit Beschäftigung in der Bundesrepublik gesichert, Zukunftsmärkte erschlossen und die natürlichen Lebensgrundlagen geschützt werden.

Eine nachhaltige Enrgieversorgung ist von zentraler Bedeutung für Wirtschaft, Beschäftigung und Umweltschutz. Die abgewählte Bundesregierung hat die Modernisierung erst jahrelang versäumt, so dass ein gewaltiger Reformstau entstanden ist, und dann im April 1998 ein Energiegesetz durchgepeitscht, das Fehlentwicklungen gefördert oder verschärft hat. Das neue Energierecht löste eine gewaltige Konzentrationswelle aus. Es geht zu Lasten der Beschäftigten, erschwert die Durchsetzung ökologischer Alternativen und blockiert notwendige Innovationen.

Wir wollen einen neuen Energiekonsens in unserem Land erreichen. Energieeinsparung und Solarenergie haben in der Bevölkerung eine hohe Zustimmung. Die Steigerung der Energieeffizienz und die Ausschöpfung von Produktivitätsreserven zur Senkung der Energiekosten sind im Interesse von Wirtschaft, Beschäftigung und Umwelt. Auch international ist es, wie der Erdgipfel zu Umwelt und Entwicklung aufgezeigt hat,

195

gesellschaftlichen Konsens herstellen noch die politischen Mehrheiten beschaffen, die für den Ausstieg erforderlich waren.

Noch Mitte der 1970er Jahre lagen diese Mehrheiten in weiter Ferne, wenngleich 1975 in Wyhl die Ablehnung eines Atomkraftwerks erstmals breite Unterstützung fand. Dieses Kraftwerk lehnte die örtliche Bevölkerung ab – vielfach bestimmten Winzer, Bauern, Hausfrauen und andere Personen, die ansonsten bei derartigen Konflikten nicht hervortraten, die Aktionen in Wyhl. Hinzu kam die Unterstützung von Studierenden aus Freiburg im Breisgau und zunehmend von Wissenschaftlern, sodass ein ungewöhnlich breites Bündnis entstand. Dieses trug wesentlich zum Erfolg der Wyhler Proteste bei, zumal Politiker wie Erhard Eppler, die baden-württembergische SPD oder die Jusos in Schleswig-Holstein bereits zu dieser Zeit ihre Bedenken gegen den Ausbau der Atomenergie formulierten.

Doch weiterhin teilte diese Bedenken nur eine Minderheit. Verbreiteter war die Sorge um eine sichere Energieversorgung, angeheizt durch die Ölkrise von 1973/74, als arabische Staaten ihre Lieferungen drosselten und die Preise erhöhten. Wenige Wochen zuvor hatte die sozial-liberale Bundesregierung ein Energieprogramm vorgelegt, das neben der weiteren Nutzung von Stein- und Braunkohle sowie Gas einen massiven Ausbau der Kernenergie vorsah. Dieser schien unausweichlich, da die Kernenergie versprach, die Abhängigkeit vom Ölimport zu mindern. Entsprechend verabschiedete der Bundestag im Dezember 1973 das »Vierte Atomprogramm«. Es sah den forcierten Ausbau der Atomenergie bis Mitte der 1980er Jahre vor. Im selben Jahr forderte Willy Brandt: »Auch mit der Nutzung der Atomenergie müssen wir rascher als bisher geplant vorankommen. Und deshalb muss über Genehmigungen [...] rascher entschieden werden. Bürokratische Langatmigkeit, wie wir sie vielfach erlebt haben, können wir uns nicht mehr leisten«.[2]

Diese Position blieb in den kommenden Jahren verbreitet, wenngleich die Proteste in Wyhl und andernorts in der SPD ein Umdenken einleiteten, das allerdings allmählich erfolgte. So hatten die Jusos 1975 in Schleswig-Holstein, wie erwähnt, auf Bedenken gegen die Kernenergie verwiesen und sich gegen deren forcierten Ausbau ausgesprochen. Aber sie betonten auch ausdrücklich, dass diese Energie nicht grundsätzlich abzulehnen sei. Kurz darauf brachen die Konflikte um das Atomkraftwerk Brokdorf aus, die nicht nur zu heftigen, teils gewaltsamen Protesten, sondern auch zu einem harten Vorgehen von Landesregierung und Polizei führte. In der Folge wuchs die Ablehnung des Kraftwerks, erst unter den Jusos, dann auch in der SPD, die jedoch gespalten blieb. Während die Zahl der Kritiker zunahm, sammelten sich auch die Befürworter, die vor allem durch die Gewerkschaften Unterstützung erfuhren. Diese sorgten sich um Arbeitsplätze, nicht nur in der Energiewirtschaft oder beim Bau von Kernkraftwerken, sondern in der Wirtschaft generell, die auf eine sichere Energieversorgung angewiesen war. Hinzu kam, dass sich die Proteste in Brokdorf und dann in Kalkar zunehmend radikalisierten und militante Strömungen großen Einfluss gewannen. Das mag die Schlagkraft der Anti-Atomkraftbewegung erhöht haben, erschwerte es aber auch, deren Basis zu verbreitern, und schreckte nicht zuletzt die Gewerkschaften und Teile der SPD ab, die als Volkspartei inzwischen sowohl große Gruppen von Befürwortern wie Gegnern der Kernenergie zu ihren Mitgliedern zählte. Deutlich wurde dieser Gegensatz auf dem Parteitag 1977 in Hamburg, als die beiden Strömungen aufeinandertrafen und sich schließlich auf einen Kompromiss einigten. Dieser sprach sich weder für noch gegen die Kernenergie aus, sondern befürwortete den Vorrang der Kohle und sah neue Kernkraftwerke nur vor, wenn eine Energielücke anders nicht zu überbrücken sei.

2 Zit. nach: *Hans Michaelis*, Handbuch der Kernenergie, 2 Bde., München 1982, Bd. 2, S. 844.

Abbildung 2:
SPD-Plakat aus dem Jahr 1988 (SPD/AdsD)

Diese beiden Strömungen blieben in den kommenden Jahren bestehen, wenngleich in der Bevölkerung wie in der SPD die Zahl der Kritiker deutlich zunahm. Dazu trugen Sorgen um die Sicherheit, die ungeklärte Frage der radioaktiven Abfälle, der Aufstieg der Grünen und nicht zuletzt Unfälle bei, so 1979 in Harrisburg und dann vor allem 1986 in Tschernobyl. Unter dem Eindruck dieser Katastrophe forderte der Parteitag in Nürnberg eine »sichere Energieversorgung ohne Atomkraft« und eine »Änderung des Atomgesetzes mit dem Ziel der Stilllegung aller Atomkraftwerke«. Diese Position fand eine große Mehrheit, die allerdings in den Gewerkschaften und bei Betriebsräten umstritten blieb. Doch auch hier hatten inzwischen Debatten stattgefunden, die weit über die Auseinandersetzung um die Kernenergie hinaus die Umweltpolitik generell betrafen und wichtig waren, um sowohl eine breite Unterstützung zu sichern als auch realistische Perspektiven zu entwickeln.

So hatte bereits 1972 die IG Metall einen Umweltkongress in Oberhausen veranstaltet und der DGB »das Recht auf eine menschenwürdige Umwelt als ein soziales Grundrecht« bezeichnet. Zur selben Zeit erschien der Bericht des »Club of Rome« mit dem Titel »Die Grenzen des Wachstums«, der vor zunehmenden Umweltproblemen warnte und ein Ende des weiteren Wachstums der Wirtschaft, ein sogenanntes Nullwachstum forderte. Diese Forderung fand viel Unterstützung, rief aber auch gerade bei Gewerkschaften und in der SPD heftigen Widerstand hervor. So warnte Hans Apel, damals stellvertretender Vorsitzender der SPD-Bundestagsfraktion, davor, der Weltbevölkerung eine stationäre Armutsgesellschaft aufzuzwingen. Um die fraglos großen Probleme, gerade der weniger entwickelten Länder, zu lösen, seien Wirtschaftswachstum, weitere Forschung und eine verbesserte Technik erforderlich. Damit drückte er eine traditionelle sozialdemokratische Position aus, die aber zunehmend durch einen neuen Ansatz ergänzt wurde: die Forderung nach mehr Lebensqualität.

Mit dieser Forderung griff die SPD das Unbehagen an Fehlentwicklungen der modernen Industriegesellschaft auf, lehnte diese aber nicht grundsätzlich ab. Sie suchte

Abbildung 3:
»Der Ausstieg ist möglich«: Buchtitel zur Programmdiskussion, 1999
(Bibliothek der FES)

stattdessen nach Wegen, Arbeit und Umwelt miteinander zu versöhnen, und dies nicht nur in programmatischen Forderungen, sondern auch und gerade in der konkreten Praxis. An dieser Diskussion beteiligte sich auch Willy Brandt, der im Oktober 1984 für das Konzept der ökologischen Modernisierung eintrat und damit einen Weg wies, der die Debatte über die Kernenergie in einen breiteren Kontext stellte, ohne die Bedeutung dieses Themas zu unterschätzen. Vielmehr plädierte die SPD im selben Jahr dafür, dieser Energie nur noch eine Übergangszeit einzuräumen, und zwei Jahre später fasste sie den erwähnten Beschluss, ganz aus ihr auszusteigen.

Eine politische Mehrheit bestand dafür allerdings vorerst nicht. Die von der CDU/CSU geführte Bundesregierung hielt an ihrem Atomkurs fest. Eine neue Situation ergab sich erst durch die Bundestagswahl 1998. In ihrem Wahlprogramm versprach die SPD den »Ausstieg aus der Atomkraft – so schnell wie möglich« und betrachtete dieses Vorhaben als Bestandteil einer umfassenden ökologischen Modernisierung. Diese bezeichnete sie als »Jahrhundertchance« für das 21. Jahrhundert und sah als deren zentralen Bestandteil den Ausbau der Solarenergie. Der Koalitionsvertrag mit Bündnis 90/Die Grünen übernahm diese Ziele, schrieb zugleich konkrete Schritte für den Atomausstieg fest und skizzierte Elemente einer künftigen Energiepolitik, zu der Energieeinsparung ebenso gehörte wie der Ausbau erneuerbarer Energien. Das Ziel war ein neuer, die sichere Versorgung garantierender Energiemix, der – wie der Vertrag ausdrücklich formulierte – sowohl einen breiten Konsens als auch einen Kompromiss mit der Energiewirtschaft erforderte.

Abbildung 4:
Plakat der SPD zur Bundestagswahl 2005 (SPD/AdsD)

Diese Merkmale kennzeichneten auch die Debatten auf dem Parteitag der SPD vom 7. bis 9. Dezember 1999 in Berlin, der zugleich zeigte, dass die Forderung nach einem Energiemix und das Bemühen um einen breiten Konsens einigen Sprengstoff bargen. So hatte die Antragskommission in ihrer Vorlage die Bedeutung eines Energiemix und den Beitrag heimischer Energieträger betont, jedoch nichts zur Braun- oder Steinkohle gesagt, die als Emittenten von CO_2 und damit als Verursacher des globalen Temperaturanstiegs in Verruf geraten waren. Dieses Defizit sprachen in der Debatte mehrere Delegierte an, die nicht nur auf die zahlreichen Arbeitsplätze verwiesen, die mit der Kohleindustrie verbunden waren. Sie betonten auch, dass zumindest für eine Übergangszeit fossile Energie – mit modernster Technologie – notwendig sei, um die Versorgung zu sichern. Um einen Konsens zu finden, war ein Kompromiss erforderlich. Bei nur vier Gegenstimmen sprachen sich die Delegierten deshalb neben dem Atomausstieg auch für eine »Sicherung der heimischen Ressourcen, insbesondere im Bergbau bei Stein- und Braunkohle« aus. Von einem Vorrang für die Kohle allerdings, der lange die Energiepolitik der SPD gekennzeichnet hatte, war keine Rede mehr.

Wie wichtig dieser Konsens war, zeigte sich bei den anschließenden Bemühungen, diesen Beschluss umzusetzen. Die Mehrheit im Bundestag war durch den Wahlerfolg gesichert, doch es kam darauf an, weit darüber hinaus Zustimmung zu finden, nicht zuletzt bei den Energiekonzernen, die nicht nur die Umsetzung hinauszögern konnten. Vielmehr bestand die Gefahr, dass diese auf Schadensersatz klagten, falls per Gesetz die Laufzeiten ihrer Kernkraftwerke verkürzt wurden. Um diese Gefahr auszuschalten, waren weitere Kompromisse nötig, die Gerhard Schröder als Kanzler und seine Minister und Berater aus der SPD durchsetzten. Weite Teile der Anti-AKW-Bewegung und der Grünen beklagten eine zu große Nachgiebigkeit. Doch tatsächlich war jetzt der Ausstieg aus der Kernenergie erreicht, für den sie so lange gekämpft hatten und den sie selbst nicht durchsetzen konnten.

Wie groß der tatsächlich erreichte Erfolg war, zeigte sich wenig später, als unter der neuen konservativ-liberalen Bundesregierung dieser Kompromiss aufgekündigt wurde und die Befürworter der Kernenergie eine neue Zukunft sahen. Allein, ihre Hoffnung hielt nicht lange an. Die Katastrophe von Fukushima läutete in Deutschland definitiv das Ende dieser Energieform ein. Letztlich haben sich damit auch CDU/CSU und FDP als lernfähig erwiesen, aber erst als ein verheerendes Ereignis keine andere Wahl ließ. Allerdings: Die Energiewende oder gar eine ökologische Modernisierung sind damit noch nicht erreicht. Bis diese Ziele umgesetzt sind, ist es noch ein langer Weg. Und es wird keinen Königsweg geben, der allein zum Ziel führt. Vielmehr werden die kommenden Entwicklungen, wie die Energie- und Umweltpolitik bisher, geprägt sein von unterschiedlichen Vorschlägen und Erfolgen, aber auch Sackgassen und Irrtümern. Diese Feststellung führt zurück zu den Zitaten am Anfang dieses Beitrags. Der Übergang zu erneuerbaren Energien und das Ziel einer ökologischen Modernisierung sind mit hohen Erwartungen verknüpft. Diese haben ihre Berechtigung, doch es wäre falsch, die Erwartungen so hoch zu hängen, wie dies zu Beginn der Kernenergie der Fall war. Die Wende wird kommen. Doch sie wird mühsam sein, Kosten bedeuten, Opfer verlangen und vor allem einen breiten Konsens erfordern. Die SPD hat gezeigt, dass sie diesen Konsens schaffen, Mehrheiten finden und die Umsetzung realisieren kann.

Literaturhinweise:

Franz-Josef Brüggemeier, Tschernobyl, 26. April 1986. Die ökologische Herausforderung, München 1998.

Franz-Josef Brüggemeier/Hanna Scheck/Philipp Schepelmann u.a., Vom »Blauen Himmel« zur Blue Economy: Fünf Jahrzehnte ökologische Strukturpolitik, Bonn/Berlin 2012, Kap. 2.

Silke Mende, »Nicht rechts, nicht links, sondern vorn«. Eine Geschichte der Gründungsgrünen, München 2011.

Joachim Radkau, Aufstieg und Krise der deutschen Atomwirtschaft: 1945–1975. Verdrängte Alternativen in der Kerntechnik und der Ursprung der nuklearen Kontroverse, Reinbek 1983.

Jürgen Mittag

»Ohne Angst und ohne Träumereien: Gemeinsam in Deutschland leben«. Johannes Raus erste »Berliner Rede« (2000)

Johannes Rau zählte nicht nur zu den bekanntesten Köpfen der bundesrepublikanischen Zeitgeschichte, sondern auch zu den profiliertesten Persönlichkeiten der deutschen Sozialdemokratie. Als er am 23. Mai 1999, im zweiten Anlauf, zum Bundespräsidenten gewählt wurde, konnte er bereits auf acht Jahre als Minister (1970–1978) und auf fast 20 Jahre als Ministerpräsident (1978–1998) in Nordrhein-Westfalen zurückblicken. Als achter deutscher Bundespräsident folgte er am 1. Juli 1999 seinem Amtsvorgänger Roman Herzog, der sich angesichts der Mehrheitsverhältnisse in der Bundesversammlung nicht mehr zur Wiederwahl gestellt hatte.

Mit Blick auf die überwiegend repräsentativen und staatsnotariellen Kompetenzen des ranghöchsten Politikers im Staat und seiner verfassungsrechtlich nur unscharf konturierten Rechte haben die bisherigen Bundespräsidenten, jeweils ihrer Persönlichkeit entsprechend, in ganz unterschiedlicher Art und Weise das Amt mit symbolträchtigen Aktivitäten ausgestaltet. Allen gemein war dabei das Ansinnen, kommunikativ wirksam zu werden, wobei dem öffentlichen Wort – namentlich in Form der gesprochenen Rede – zentrale Bedeutung zukommt. Dies gilt auch für Johannes Rau, der bereits in seiner Antrittsrede vor den beiden versammelten Häusern des Bundestags und des Bundesrats betonte: »Ich will zur Öffentlichkeit verhelfen, was in die gesellschaftliche Debatte gehört.« In seinen über 700 Reden als Bundespräsident sprach Rau diesem Grundsatz folgend zahlreiche aktuelle gesellschaftliche Herausforderungen an. Dass er dabei dem Themenfeld »Integration« besondere Bedeutung beimaß, hatte sich bereits zu Beginn seiner Amtszeit abgezeichnet, als er anlässlich der Wahl zum Bundespräsidenten in der Bundesversammlung ein kurzes Dankeswort sprach und daran erinnerte, »dass wir in unserer Verfassung etliches unaufgebbar festgeschrieben haben: dass die Würde des Menschen unantastbar ist – da steht nicht: die Würde der Deutschen, sondern da steht: die Würde des Menschen«. In der Folge sollten die Themen Offenheit, Integration und gesellschaftliches Miteinander das Leitmotiv zahlreicher Reden Raus bilden.

Zum wichtigsten Forum der Amtszeit von Johannes Rau avancierten die »Berliner Reden«. Die Marketinggesellschaft »Partner für Berlin« hatte das Format der Berliner Rede bereits im April 1997 mit der Einladung in das Hotel Adlon zu einer Ansprache von Bundespräsident Herzog erfunden, der seine Ausführungen zum »Aufbruch ins 21. Jahrhundert« dann zu der bekannten »Ruck-Rede« nutzte. In den Folgejahren ergriffen jedoch prominente ausländische Gäste das Wort: In den Jahren 1998 und 1999 hielten der finnische Staatspräsident Martti Ahtisaari und UN-Generalsekretär Kofi Annan die Ansprachen. Erst Johannes Rau etablierte die Berliner Rede dann als feste Institution des Bundespräsidenten. Die erste der Berliner Reden am 12. Mai 2000 stellte er unter den Titel: »Ohne Angst und ohne Träumereien: Gemeinsam in Deutschland leben«. Während die

Abbildung 1:
Sammelband aller Berliner Reden (Bibliothek der FES)

Berliner Reden in den Vorjahren jeweils im Luxushotel Adlon gehalten wurden, widmete Rau dem Rahmen besondere Aufmerksamkeit und setzte darauf, Redeinhalt und Redeort aufeinander zu beziehen: Nicht ohne Absicht hielt er seine Rede über das Zusammenleben und Miteinander von Deutschen und Ausländern vor rund 700 Zuhörern – darunter 150 Journalisten und anders als in den Vorjahren auch Lehrern, Schülern und Arbeitnehmern, die beruflich mit Integrationsfragen befasst sind – im Berliner »Haus der Kulturen der Welt« im Tiergarten.

Inhalte: Anstöße zu einer realistischen Integrationspolitik

Bereits mit dem Titel seiner ersten Berliner Rede – »Ohne Angst und ohne Träumereien« – markierte Johannes Rau die Stoßrichtung: Er beabsichtigte, einer neuen Sicht auf das umstrittene Themenfeld der Integrationspolitik den Weg zu bahnen und zu diesem Zweck in seiner Rede weder zu dramatisieren noch zu verharmlosen. Vielmehr ging es ihm darum, einen ungetrübten und realistischen Blick auf die Lage zu werfen – mithin die »Wirklichkeit zur Kenntnis nehmen«, wie sie ist.[1] Vor diesem Hintergrund hatte sich Rau, der in seine Reden häufig frei gehaltene, spontane Passagen oder persönliche Anekdoten einstreute, akribisch auf seine Ansprache vorbereitet. Mehrere Wochen lang war die Rede im Kreis von Mitarbeitern und Freunden diskutiert worden; insgesamt sechs Entwürfe gingen der Endfassung voran.

Den Kerngedanken von Raus Rede bildete eine unter neuen Vorzeichen zu führende Debatte über Integration und gesellschaftliches Zusammenleben in Deutschland. Gleich zu Beginn seiner Rede erläuterte er die Notwendigkeit dieser Debatte: »Mehr als sieben Millionen Ausländer leben in Deutschland. Sie haben unsere Gesellschaft in den vergangenen Jahren verändert. Doch wir denken zu wenig darüber nach, was das für das Zusammenleben in unserem Land insgesamt bedeutet. Und wir handeln zu wenig danach« (S. 9). Mit Blick auf die konkreten inhaltlichen Schlussfolgerungen, die aus dieser Debatte zu ziehen waren, bot die Rede des Bundespräsidenten einigen Spielraum. Unmissverständlich bezog er indes Position zur Form, in der diese Debatte erfolgen sollte. Johannes Rau hatte schon als sozialdemokratischer Kanzlerkandidat 1987 die Formel »Versöhnen statt Spalten« geprägt und bereits zuvor als nordrhein-westfälischer Ministerpräsident einen Politikstil etabliert, der die friedliche und konsensorientierte Konfliktaustragung betonte. Mit seiner Berliner Rede verfolgte er nunmehr das Ziel, das Bewusstsein dafür zu schärfen, dass die Debatten über Ausländer-, Integrations- und Zuwanderungspolitik zukünftig in veränderter Form – beziehungsweise in einem neuem Stil – geführt werden, sodass »weder Angst geschürt noch Illusionen geweckt werden« (S. 25). Sein Anliegen, die in dieser Zeitphase bundesrepublikanischer Geschichte teilweise äußerst erhitzt, bisweilen ja sogar erbittert geführte Debatte – anlässlich des Ansinnens der rot-grünen Bundesregierung, eine doppelte Staatsbürgerschaft zu ermöglichen – über Zuwanderung und Integration zu versachlichen, stellte Rau an den Beginn seiner Rede, indem er forderte, über das Thema »möglichst offen [zu] sprechen, möglichst unaufgeregt und realistisch« (S. 10).

Im Lichte dieser übergeordneten Zielsetzung verzichtete Rau in seiner Rede sprachlich sowohl weitgehend auf ausgefallene Stilmittel als auch auf eine mobilisierende Rhetorik und ausholende Gestik, sondern setzte vielmehr auf einen sachlichen und ruhigen, geradezu nüchternen Grundton. Mit dem Verzicht auf ausdruckstarke Bilder, Metaphern und Vergleiche beabsichtigte er, dem Anspruch an eine »unaufgeregte« Rede gerecht zu werden, die nicht verklärte, sondern informierte und dadurch »Realitätsblindheit und Illusionen« (S. 11) überwinden sollte. Für Rau standen klare,

1 *Johannes Rau*, Berliner Reden, Berlin 2004, S. 24. Die Seitenangaben im Folgenden beziehen sich auf diese Ausgabe.

verständliche und nachvollziehbare Argumente im Vordergrund, während Zuspitzungen und Verallgemeinerungen von ihm bewusst vermieden wurden. Nur selten finden sich in seiner Rede die ansonsten in Politikerreden verbreiteten parolenartigen Leitsätze, die Komplexität reduzieren und Einprägsamkeit bewirken sollen, so etwa wenn es heißt: »Wir müssen gut vorbereitet sein – geistig, politisch, intellektuell« (S. 20), oder wenn konstatiert wird: »Bildung und nochmals Bildung – das ist die grundlegende Voraussetzung für Integration« (S. 25).

Immer wieder führte Rau in seiner in 24 Abschnitte gegliederten Rede hingegen Beispiele an, die seine Ausführungen konkretisieren und nachvollziehbarer machen sollten, die zugleich aber auch die menschliche Perspektive ins Blickfeld rückten. Rau sprach nicht abstrakt von Ausländern, Zuwanderern oder Einwanderern, sondern es ging ihm um den »Arbeitssuchende[n] aus Anatolien«, um den »Spätaussiedler aus einem kleinen Dorf im Herzen von Kasachstan«, um Menschen »auf der Flucht vor Verfolgung und Folter im Sudan« und um »Vertriebene aus den zerstörten Städten und Dörfern des Kosovo« (S. 11). Mit diesem Zugang beabsichtigte Rau zugleich mehreren Zielen Rechnung zu tragen: Er veranschaulichte die Komplexität und Bandbreite der Thematik und signalisierte zugleich, dass er von einem humanistischen Standpunkt aus argumentierte. Rau ging in der Rede nicht einfach abstrakt von Menschen mit Migrationshintergrund aus; vielmehr sah er »Menschen mit individuellen Wurzeln«, Menschen mitsamt ihrer Biografie und ihren »kulturellen und religiösen Prägungen« (S. 11). In seiner Rede appellierte Rau wiederholt an die Zuhörer, sich diese Sichtweise zu eigen zu machen. Auch sie sollten nicht mehr »die Ausländer« oder »die Zuwanderer« wahrnehmen, sondern Menschen mit ihren individuellen Geschichten, Hintergründen und Erfahrungen. Dass die angeführten Beispiele von Rau hierarchisiert wurden – aus dem Arbeitssuchenden wird letztlich der Verfolgte, der Gefolterte und der Vertriebene –, war kein Zufall, sondern zielte darauf, das Mitgefühl der Zuhörer zu verstärken.

Während Rau sich als Bundespräsident mit konkreten politischen Forderungen in der Rede zurückhielt, bezog er im Hinblick auf die Bestandsaufnahme zur Situation der Ausländer in Deutschland und auf menschenrechtliche Aspekte eindeutig Position. Er machte »Ausländerfeindlichkeit« und »Fremdenhass« sowie »eine aggressive Intoleranz gegenüber Ausländern« aus (S. 16). Er räumte ein, dass »auf deutschem Boden [...] nicht alle Probleme dieser Welt gelöst werden« können, um im nächsten Satz zu ergänzen: »Ich füge aber hinzu: Deutschland muss für Menschen, die um Freiheit, um Leib und Leben fürchten müssen, eine gute und eine sichere Adresse sein und bleiben« (S. 20). Letztlich mündeten diese Worte in dem Appell Raus, das Grundrecht auf Asyl beizubehalten. Gerade bei Härtefällen, so der Bundespräsident, sollte Behörden ein größerer Entscheidungs- und Handlungsspielraum eingeräumt werden.

Neben den Perspektiven einer neuen Integrationsdebatte und -politik verschwieg Johannes Rau in seiner Rede aber auch nicht die »Belastungen«, die mit Integrationsarbeit verbunden sind. Vielmehr antizipierte er Sorgen, Ängste und Befürchtungen der Bevölkerung. Es sei keine Herausforderung, in einem »klimatisierten Auto multikulturelle Radioprogramme« zu hören, aber »in der U-Bahn oder Bus umgeben zu sein von Menschen, deren Sprache man nicht versteht«, sei schon schwieriger (S. 15). Rau nannte weitere Beispiele aus dem Alltagsleben, so etwa die Angst von Eltern, dass ihre Kinder an Schulen mit hohem Ausländeranteil schlechtere Bildungschancen haben, oder die Bedenken »nicht nur [von] Mädchen und junge[n] Frauen«, beim Ausgehen von Ausländercliquen belästigt zu werden (S. 15). Mit diesen Beispielen verwies Rau auf die zwei Seiten des Themas »Integration«: »Zuwanderung ist stets beides: Belastung und Bereicherung« (S. 13).

Abbildung 2:
Bundespräsident Johannes Rau, 2000
(picture-alliance/dpa)

Wesentlich für die Wirkung der Rede war in diesem Zusammenhang, dass Rau sich selbst nicht von den alltäglichen Ängsten ausnahm, sondern er diese Bedenken selbst erlebt hat und mit einem Großteil der Bevölkerung teilte. Immer wieder räumte er ein: »Ich kenne das aus eigener Erfahrung« und »ich kann verstehen« (S. 15).

Mit diesen persönlichen Stellungnahmen zielte Rau darauf, ein Gemeinschaftsgefühl zu wecken. Er stellte sich mit seiner Zuhörerschaft auf eine Ebene und nahm die Sorgen und Ängste der Menschen ernst, indem er sie mit ihnen teilte. Dadurch, dass er zunächst einräumte, auch von Sorgen geplagt zu werden, klang sein anschließender Handlungsaufruf, sich unbegründeten und falschen Sorgen zu stellen, umso glaubwürdiger und notwendiger. Aus seiner eigenen Betroffenheit leitete Rau einen Auftrag, ja fast schon eine Mission ab, denn er erhob Integration zu seiner Herzensangelegenheit: »Ich engagiere mich von ganzen Herzen für einen Dialog der Kulturen und Religionen weltweit« (S. 15). Zwar betonte Rau, er wolle »das alte Argument vom Ansehen Deutschlands in der Welt nicht hervorholen« (S. 16), doch allein schon durch den Verweis auf diese Argumentationslinie nahm er Deutschland und die deutsche Bevölkerung in eine historische und moralische Verantwortung.

In seiner ersten Berliner Rede als Bundespräsident mahnte Rau wiederholt an, Verantwortung zu übernehmen. Dies entsprach insofern dem Charakter einer realistischen Rede, als er konkrete Konsequenzen forderte und sich nicht hinter leeren Worthülsen, abstrakten Sprachbildern oder fernen Zukunftsperspektiven versteckte. Verantwortungen wies er klar zu. Einerseits nahm er sich selbst in die Verantwortung, andererseits sah er aber auch Medien, Politik, Polizei, Justiz, Lehrerinnen und Lehrer in der Pflicht (S. 15). Durch das verbindende »wir«, das sich durch die gesamte Rede zieht, nahm er letztlich alle, die gesamte Bevölkerung, einschließlich der Ausländer, in die Mitverantwortung. In einigen Kernpassagen der Rede unterstrich er diese Sichtweise explizit: »Wir brauchen eine gemeinsame Vorstellung davon, wie wir in Deutschland zusammen leben wollen. Wir brauchen klare Grundwerte, die unser Handeln gemeinsam binden. Eine

Gesellschaft, die in Fragmente zerfällt, kann keine wirklich demokratische Gesellschaft sein. Demokratie bedeutet ja auch, dass Minderheiten Mehrheitsentscheidungen akzeptieren, ja innerlich bejahen. Das setzt voraus, dass Mehrheit und Minderheit, jenseits aller tagespolitischen Konflikte und Kontroversen, gemeinsame Grundvorstellungen teilen. Dann können sie Wir-Gefühl entwickeln, das beide bindet und verbindet« (S. 17).

Bilanz: Zustimmender Nachhall und rege Rezeption

Als Rau seine Rede mit der Forderung, »nicht auf die Herkunft des Einzelnen« zu schauen, sondern »gemeinsam die Zukunft [zu] gewinnen« beschloss, wartete er nicht effekthaschend den Beifall des Publikums ab, sondern verließ wortlos das Rednerpult und setzte sich neben seine Frau Christina in die erste Reihe. Dieser nüchterne Abgang dokumentierte ebenso den sachlichen Charakter der Rede wie zuvor bereits der Verzicht auf jedweden Zwischenbeifall während der knapp einstündigen Rede. Das Echo auf die Rede war beträchtlich. Während Roman Herzogs prominente »Ruck-Rede« beim Saalpublikum nur begrenzte Wirkung erzielt hatte und sie erst durch ihre nachträgliche Inszenierung zum Medienereignis stilisiert wurde, führten die Zuhörerinnen und Zuhörer im Foyer des Hauses der Kulturen der Welt bereits rege Debatten über Raus Rede.

Die Reaktionen der Politik fielen weitgehend positiv aus: Während die CDU-Vorsitzende Angela Merkel Raus Appell zu einer überparteilichen Zusammenarbeit in der Einwanderungspolitik begrüßte, sprach die Fraktionsvorsitzende der Grünen Kerstin Müller von einer »großen und wegweisenden Rede« und der SPD-Innenpolitiker Dieter Wiefelspütz von einem »Kompass für die Ausländer- und Integrationspolitik der nächsten zehn Jahre«. Kritisch moniert wurde von der Politik hingegen die zeitliche Nähe der Rede zu den bevorstehenden Landtagswahlen in Nordrhein-Westfalen. Das Medienecho, das der Rede folgte, war beträchtlich: Hatten die ersten Monate der Amtszeit von Johannes Rau als wenig erfolgreich gegolten, da seine bis dahin 70 Redebeiträge nur auf begrenzte Resonanz gestoßen waren, so markierte die erste Berliner Rede einen Wendepunkt: Die »taz« notierte in ihrer Ausgabe vom 13. Mai 2000, dass Rau mit seiner Berliner Rede »im Amt angekommen« sei, die Frankfurter Rundschau konstatierte, dass er »in ganz und gar unpathetischer Weise den Ton« getroffen habe, und die Berliner Zeitung bilanzierte am gleichen Tag, dass der Bundespräsident der Debatte »gewichtige Argumente hinzugefügt und den größeren Zusammenhang erhellt« habe.

Johannes Raus erste Berliner Rede, die bis heute Beachtung findet, kann als eindringliche Mahnung an Politik und Gesellschaft aufgefasst werden, einen Grundkonsens über Integration und Zuwanderung herzustellen. Als Bundespräsident wurde Johannes Rau dabei bemerkenswert konkret. Vor allem durch seine Hinweise auf den anzustrebenden Charakter und Stil der Integrationsdebatte, aber auch dadurch, dass er Positionen bezog, die von der Haltung des sozialdemokratischen Bundeskanzlers Gerhard Schröder abwichen, der bis zur nächsten Bundestagswahl eine umfassendere Debatte über ein Einwanderungsgesetz zu verhindern suchte. Letztlich war der sozialdemokratische Bundespräsident Johannes Rau darin erfolgreich, Diskussionsprozesse über ein zentrales gesellschaftliches Thema anzustoßen und damit nicht nur zum Nachdenken anzuregen, sondern auch der Integrationspolitik insgesamt zu einer sachlicheren Grundlage zu verhelfen.

Literaturhinweise:

Klaus J. Bade, Europa in Bewegung: Migration vom späten 18. Jahrhundert bis zur Gegenwart, München 2000.

Uwe Birnstein, Johannes Rau – der Versöhner. Ein Porträt, Berlin 2006.

Der Bundespräsident. Reden und Zitate, online unter URL <http://www.bundespraesident.de/DE/Die-Bundespraesidenten/Johannes-Rau/Reden/reden-node.html/> [6.8.2012].

Jürgen Mittag/Klaus Tenfelde (Hrsg.), Versöhnen statt spalten. Johannes Rau: Sozialdemokratie, Landespolitik und Zeitgeschichte, Oberhausen 2007.

Johannes Rau, Berliner Reden, Berlin 2004.

Ingelore M. Winter, Johannes Rau (1999–2004), in: *dies.*, Unsere Bundespräsidenten. Von Theodor Heuss bis Horst Köhler. Neun Porträts, 5., aktual. und erw. Aufl., Düsseldorf 2004, S. 244–258.

Nina Verheyen

Virtuell heißt wirkfähig. Die Facebook-Gemeinde der SPD in kommunikationsgeschichtlicher Perspektive

Die SPD ist eine traditionsreiche Partei – und sie gilt nicht als besonders innovationsfreudig und erst recht nicht als ausgesprochen internetaffin. Nähe zu den Neuen Medien ordnen viele eher den Grünen mit ihrer verhältnismäßig jungen, gebildeten Wählerschaft zu oder den Piraten, die ihre spektakulären Wahlerfolge des letzten Jahres auch der Mühelosigkeit zu verdanken scheinen, mit der sie sich im Netz bewegen. Die CDU stellt immerhin eine Bundeskanzlerin, deren Leidenschaft zur SMS, zum »Short Message Service«, Schlagzeilen gemacht hat, während ihr Parteikollege Peter Altmaier jüngst den Skandal um den Bundespräsidenten Christian Wulff per Twitter-Nachricht anheizte.

Allerdings hat sich die SPD in den letzten Jahren darum bemüht, den Eindruck einer mit virtuellen Welten fremdelnden Partei zu zerstreuen. Im Bundestagswahlkampf 2009 erhob der damalige Bundesgeschäftsführer und Wahlkampfleiter Kajo Wasserhövel das Internet zum »Herzstück der Kampagne«.[1] Man richtete auf der kommerziell betriebenen Online-Gemeinschaft Facebook einen zentralen, redaktionell betreuten SPD-Auftritt ein, lud mithilfe einer Internetagentur Wahlkampfspots auf YouTube hoch und beschloss, die Homepage der Partei neu zu gestalten.[2] Seitdem werden unter der Adresse <www.spd.de> nicht nur laufend neue Beiträge von Mitarbeitern oder Abgeordneten der Partei eingestellt, sondern diese können auch kommentiert werden. Darüber hinaus nutzen einzelne Parlamentarier das Netz sehr intensiv, um mit ihrer potenziellen Wählerschaft in Kontakt zu treten. Der Parteivorsitzende Sigmar Gabriel twittert mehr, als manchen lieb ist, und der Bundestagsabgeordnete Ulrich Kelber hat sich selbst in einen »gläsernen Abgeordneten« verwandelt, der seine Steuererklärungen ins Netz stellt und sich beständig via Facebook mit Interessierten austauscht – auch in den Ferien. Im Juli 2012 postete er beispielsweise eine ausführliche Stellungnahme zu einem despektierlichen Presseartikel und erklärte vorweg: »Wegen vieler Anfragen sage ich kurz etwas zum Artikel im SPIEGEL. Bin zwar im Urlaub, aber die Kinder sind jetzt im Bett«.[3]

So wächst die Facebook-Gemeinde der SPD. Inzwischen haben die Landesverbände sowie zahlreiche lokale Untergruppen und immer mehr Abgeordnete ihre eigene Facebook-Seite. Die Anhängerschaft soll sich dort informieren und die geposteten Artikel kommentieren, also Feedback geben und sich im Meinungsaustausch üben. Das geschieht mal mehr, mal weniger intensiv. Immerhin haben inzwischen fast 30.000 Menschen auf der zentralen Facebook-Seite der Partei den »Gefällt-mir«-Button angeklickt und somit ihre Wertschätzung bekundet. Das sind weniger als bei den Piraten oder den Grünen, aber zumindest im Vergleich mit der CDU und der Linkspartei liegt die SPD vorn.[4] Als einzige der im Bundestag vertretenen Parteien nutzt sie ihre Homepage zudem nicht nur für einseitige Information, sondern stellt die Seite als Plattform für Kommentare und damit dialogische Kommunikation zur Verfügung. Auch die Homepage ist also Teil des sogenannten »Web 2.0«, in dem Privatpersonen ohne große technische Vorkenntnisse ebenso lesen wie schreiben können, sodass sie in der normativen Perspektive

1 *Kajo Wasserhövel*, Das Herzstück der Kampagne. Die Rolle des Internets im Wahlkampf 2009, in: DEMO. Monatszeitschrift für Kommunalpolitik 2009, Nr. 3, S. 35 (auch online unter URL: <http://www.demo-online.de> [23.7.2012]).

2 Vgl. die Ausführungen des Bereichsleiters »Online-Wahlkampf«, in: Interview mit Sebastian Reichel zum Online-Wahlkampf der SPD, hochgeladen am 10. Mai 2009, URL: <http://www.youtube.com/watch?v=BnMIPa-IVRO> [23.7.2012].

3 Eintrag auf der Facebook-Seite von Ulrich Kelber vom 16. Juli 2012, URL: <http://www.facebook.com/UlrichKelber> [23.7.2012].

4 Vgl. URL: <http://www.facebook.com/SPD/likes>; URL: <http://www.facebook.com/Piratenpartei-Deutschland>; URL: <http://www.facebook.com/B90DieGruenen>; URL: <http://www.facebook.com/CDU> [alle 23.7.2012].

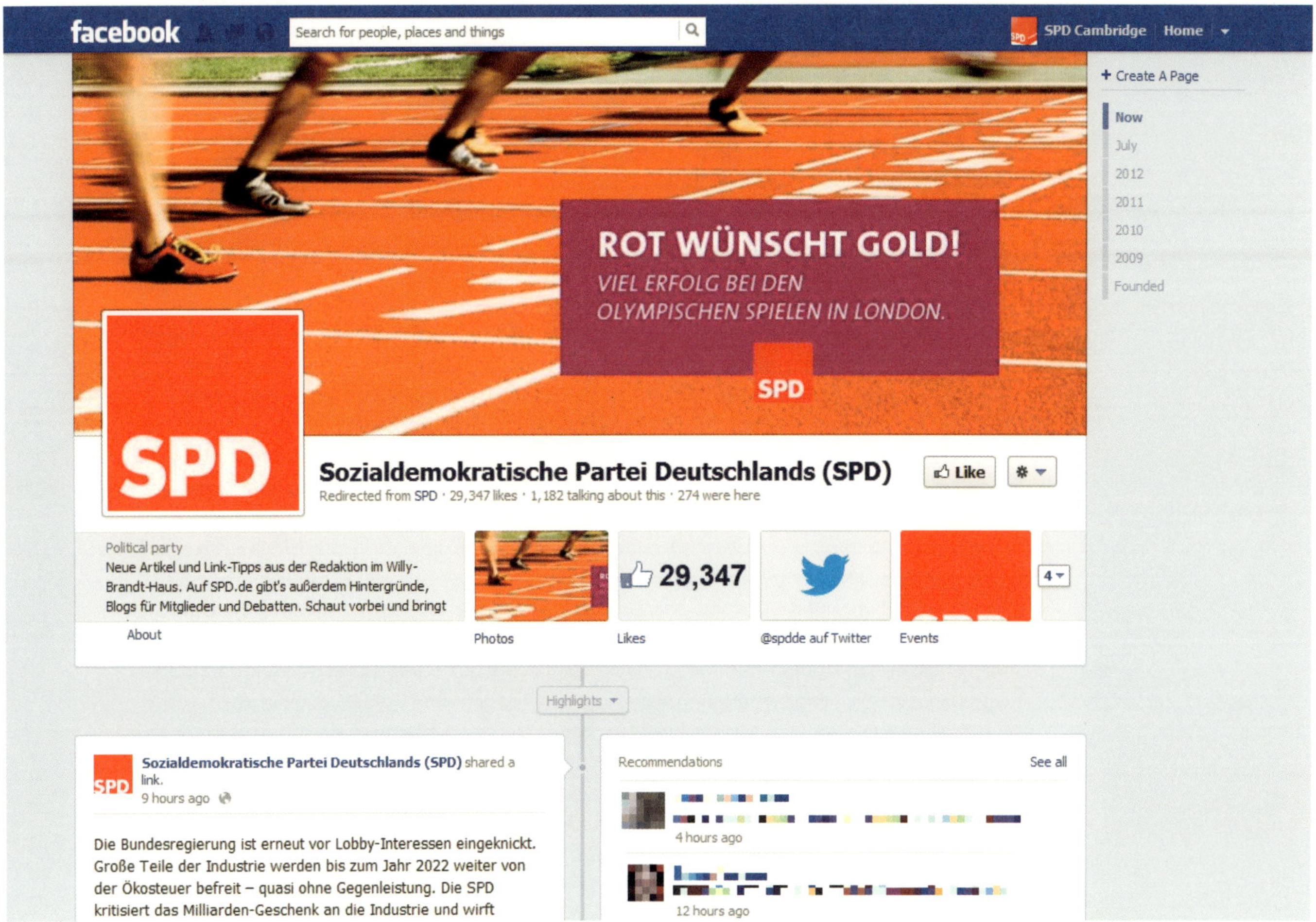

Abbildung:
Facebook-Auftritt der SPD, 2.8.2012 (SPD/AdsD)

demokratischer Netzutopien immer wieder vom Modus passiven Nachrichtenempfangs in den Modus eines aktiven Senders wechseln.

Das Wachstum der Facebook-Gemeinde und die damit verknüpfte Virtualisierung von Ortsvereinen, Landesverbänden und Bundespartei führen zu strukturellen Veränderungen der Politik. Erstens ändern sich Kommunikationsteilnehmer und -inhalte. Das Internet erreicht andere soziale Gruppen als ein Infostand in einer städtischen Fußgängerzone. Zugleich muss eine Broschüre, die dort verteilt werden könnte, auch inhaltlich modifiziert werden, damit sie in digitaler Form funktioniert. Es bedarf der Verlinkung mit anderen Seiten oder der Integration von Filmen, die den Text selbst verändern. Zweitens stellt die virtuelle Welt ganz neue Kommunikationsräume zur Verfügung. Dabei wird online bekanntlich anders diskutiert als face-to-face. Die Notwendigkeit, sich schriftlich zu äußern, führt keineswegs dazu, dass Menschen ihre Worte länger abwägen. Im Gegenteil lassen Anonymität und räumliche Distanz regelmäßig Hemmschwellen sinken. So verlaufen Online-Diskussionen oft unhöflicher und destruktiver als Gespräche in physischer Anwesenheit.

Das ließ sich auf dem schon 1995 eingerichteten »virtuellen Ortsverein« der SPD beobachten, bundesdeutscher Vorreiter seiner Art, der allen offenstand, die sich zu den Grundsätzen der Partei bekannten.[5] Die tatsächlichen oder auch nur vermeintlichen Genossinnen und Genossen gingen sich dort mitunter hart an. Auf der neuen

5 Vgl. *Claus Leggewie/Christoph Bieber*, Interaktive Demokratie. Politische Online-Kommunikation und digitale Politikprozesse, in: Aus Politik und Zeitgeschichte 41–42/2001, S. 37–45, hier: S. 40.

SPD-Homepage versucht man solch destruktiven Dynamiken durch im Netz inzwischen durchaus üblichen Verfahrensweisen vorzubeugen: Zwar sind alle Leserinnen und Leser aufgerufen, sich zu Wort zu melden, allerdings sollen eine Voranmeldung sowie eine redaktionelle Betreuung sicherstellen, dass keine Beiträge erscheinen, die die Persönlichkeit verletzen oder strafrechtliche Konsequenzen nach sich ziehen könnten. Vor allem aber setzt man darauf, dass sich die Schreibenden mäßigen, weil ihre Kommentare tatsächlich von jedermann gelesen werden können. Während im »virtuellen Ortsverein« die Angemeldeten unter sich blieben, soll sich die Öffentlichkeit nun gewissermaßen selbst regulieren. Das gilt auch für die Facebook-Seite der SPD, für deren Lektüre man sich gar nicht erst als »Freund« der Partei auf Facebook registrieren lassen muss. Auch diese Seite wird von einer Redaktion moderiert, die über das kommunikative Verhalten der Facebook-Gemeinde wacht und zur Not einschreitet.

Damit gibt es Parallelen zwischen der heutigen Online-Kommunikation der Partei und den Anfängen der Sozialdemokratie vor 150 Jahren. Stärker als andere Parteien war die Sozialdemokratie eine Bewegung, die ihre Anhänger regelrecht im Diskutieren übte. In den ersten Arbeiter- und Arbeiterbildungsvereinen, die sowohl in den 1840er wie auch in den 1860er Jahren entstanden, hielten zunächst bürgerliche Honoratioren Vorträge vor den sozial unter ihnen stehenden Zuhörern, um deren Bildung zu verbessern. Bald setzte die Basis aber eine Demokratisierung der Organisationsstruktur durch, womit die Vereine zu einem »multifunktionalen Debattenforum« avancierten, »in dem eine mündig werden wollende Arbeiterschaft ihre eigenständige Form von Politik inszenierte«.[6] Schon dort also wurde eine Transformation monologischer in dialogische Kommunikation angestrebt. Zudem übten Arbeiter ihre rhetorischen Fähigkeiten in regelrechten Debattierklubs. Indem sie parlamentarische Handlungsweisen nachahmten, demonstrierten sie ihren Anspruch auf politische Partizipation. Und auch dort verliefen die Gespräche keineswegs akademisch nüchtern, denn sie waren von der bierseligen, männerbündischen Atmosphäre nach Feierabend geprägt. Es war diese intensive Kommunikation, in der sich – vor dem Anschwellen der Fabrikarbeiterschaft am Ende des Jahrhunderts – bei einer sozial und ökonomisch recht heterogenen Trägerschaft das Bewusstsein entwickelte, eine Einheit zu sein: die Arbeiterklasse, als deren Sprachrohr dann die Sozialdemokratie entstand. Die hitzigen Debatten, von denen Frauen ausgeschlossen blieben und in denen Männer mit starkem Organ einen Vorteil genossen, verliefen mit Sicherheit nicht herrschaftsfrei – aber sie waren ausgesprochen wirkmächtig.[7]

Diese Wirkmächtigkeit von Kommunikation hing auch mit der physischen Nähe der Redenden zusammen, die sich in schweiß- und testosterongeschwängerter Luft wechselseitig imponierten. Es wäre aber falsch, die Online-Debatten der Gegenwart und die Face-to-Face-Debatten der Vergangenheit einfach gegenüberzustellen und virtuelle Kommunikation nur als trockenen, defizitären Ersatz für ›echte‹ Gespräche zu denken. Die Gefühle und Gedanken, die eine online geführte Debatte auslöst oder anheizt, sind ebenso real wie jene, die vor 150 Jahren in den Arbeiterbildungsvereinen erfahren wurden. Das Wort »virtuell« geht auf das lateinische »virtus«, die männlichen Heldentaten, zurück. Virtuell ist eine Sache dann, wenn sie nicht in der Form existiert, in der sie zu existieren scheint, aber in ihrer Wirkung der scheinbaren Form entspricht. Verkürzt formuliert: Virtuell heißt wirkfähig, und das Gegenteil von virtueller Kommunikation ist nicht das reale Gespräch, sondern dasjenige, das in physischer Anwesenheit stattfindet. Während klassische Kommunikationstheorien dazu tendierten, medial vermittelte Kommunikation scharf von face-to-face geführten Gesprächen als dem Ort eigentlicher, echter Interaktion abzugrenzen, setzt sich inzwischen die Erkenntnis durch, dass nahe und entfernte

6 *Thomas Welskopp*, Das Banner der Brüderlichkeit. Die deutsche Sozialdemokratie vom Vormärz bis zum Sozialistengesetz, Bonn 2000, S. 237.

7 Ebd., insb. S. 19–57, 230–508 und 742–784.

Kommunikation gleichermaßen real und authentisch ist. In historischer Perspektive ist keineswegs das eine an die Stelle des anderen getreten, sondern beide koexistieren und gehen immer neue Mischungen ein. So war die hitzige und schweißtreibende Debattenkultur der frühen Sozialdemokratie deshalb so wirkungsvoll, weil ihre Inhalte über Medien wie die entstehende Massenpresse und die dort abgedruckten Texte und Bilder, über Flugblätter und öffentlich gehängte Plakate nach außen getragen wurden. Nur ein Bruchteil der frühen Wählerschaft nahm selbst an politischen Veranstaltungen teil. Es war also ein spezifisches Zusammenspiel medialer und nicht medialer Kommunikation, aus dem heraus die Partei entstand und ihre Wirkmächtigkeit entfaltete. Anstatt daher im Hinblick auf die Parteigeschichte Phasen der echten Interaktion von Phasen der bloß medial vermittelten Kommunikation abzugrenzen, ist nach dem spezifischen engen Zusammenspiel beider unter jeweils neuen historischen Vorzeichen zu fragen – und den Reaktionen, die das freisetzte.

Die Transformation der monologischen Arbeiterbildungsvereine in Räume der dialogischen Debatte verweist auf den Beginn der Parteigeschichte, die SPD entstand regelrecht im Gespräch. Ob die Transformation monologischer Internetseiten in dialogische Räume des »Web 2.0« ähnliche Entwicklungsschübe erwarten lässt – und welche –, ist völlig ungewiss. In Zukunft will die Partei die direkte Kommunikation mit SPD-Interessierten jedenfalls weiter ausdehnen, nicht nur im Netz, sondern auch in traditionellen Räumen. Im September 2012 soll die SPD-Initiative »Bürgerdialog« starten, die allen Bürgerinnen und Bürgern den direkten Austausch mit Abgeordneten verspricht, und zwar »per Telefon, Chat, Twitter, Post oder E-Mail. Und natürlich auch persönlich – auf dem Marktplatz, auf Veranstaltungen, an der Haustür«.[8] ›Persönlich‹ ist ein Gespräch allerdings auch dann, wenn es am Telefon oder über Facebook geführt wird. Erst wenn die SPD die virtuelle Kommunikation als genauso real anerkennt wie jene von Angesicht zu Angesicht, ist sie tatsächlich im Internetzeitalter angekommen – und kann die dort wirkenden Kräfte für ihre Ziele nutzen.

8 Vgl. URL: <http://www.spd.de/aktuelles/News/73326/20120617_alle_kanaele_auf_empfang.html> [24.7.2012].

Literaturhinweise:

Cornelia Hahn, Ent-fernte Kommunikation. Zur Soziologie fortgeschrittener Medienkulturen, Konstanz 2009.

Sina Kamala Kaufmann, Politik im Web. Zwischen Wahlkampf und Netzpolitik, Bonn 2010.

Jan Schmidt, Das neue Netz. Merkmale, Praktiken und Folgen des Web 2.0, 2., überarb. Aufl., Konstanz 2011.

Thomas Welskopp, Das Banner der Brüderlichkeit. Die deutsche Sozialdemokratie vom Vormärz bis zum Sozialistengesetz, Bonn 2000.

Fahne des Allgemeinen Deutschen Arbeitervereins, 1873 (AdsD)

t, Brüderlichkeit !
stark !

Verzeichnis der Autorinnen und Autoren

Stefan Berger,
geb. 1964; Prof. Dr.; Professor für Sozialgeschichte und soziale Bewegungen an der Ruhr-Universität Bochum, Leiter des Instituts für soziale Bewegungen und des Hauses der Geschichte des Ruhrgebiets.

Andreas Biefang,
geb. 1963; Dr.; wissenschaftlicher Mitarbeiter der Kommission für Geschichte des Parlamentarismus und der politischen Parteien in Berlin.

Beatrix Bouvier,
geb. 1944; Prof. Dr.; Historikerin, bis 2009 Leiterin des Karl-Marx-Hauses der Friedrich-Ebert-Stiftung in Trier.

Juliane Brauer,
geb. 1975; Dr.; wissenschaftliche Mitarbeiterin am Max-Planck-Institut für Bildungsforschung im Forschungsbereich »Geschichte der Gefühle« in Berlin.

Franz-Josef Brüggemeier,
geb. 1951; Prof. Dr.; Professor für Wirtschafts-, Sozial- und Umweltgeschichte an der Universität Freiburg.

Manuel Gogos,
geb. 1970; Dr.; freier Kritiker und Feature-Autor, hauptsächlich für den Hörfunk von WDR und Deutschlandfunk sowie freier Ausstellungskurator mit der »Agentur für Geistige Gastarbeit«.

Helga Grebing,
geb. 1930; Prof. Dr.; Historikerin, bis 1995 Professorin für vergleichende Geschichte der internationalen Arbeiterbewegung und der sozialen Lage der Arbeiterschaft an der Ruhr-Universität Bochum und Geschäftsführende Leiterin des Instituts zur Erforschung der europäischen Arbeiterbewegung.

Rüdiger Hachtmann,
geb. 1953; Prof. Dr.; wissenschaftlicher Mitarbeiter am Zentrum für Zeithistorische Forschung in Potsdam und appellativer Professor an der Technischen Universität Berlin.

Christoph Kleßmann,
geb. 1938; Prof. Dr.; Historiker, bis 2004 Direktor des Zentrums für Zeithistorische Forschung in Potsdam.

Anja Kruke,
geb. 1972; Dr.; Leiterin des Archivs der sozialen Demokratie der Friedrich-Ebert-Stiftung.

Thomas Mergel,
geb. 1960; Prof. Dr.; Professor für Europäische Geschichte des 20. Jahrhunderts an der Humboldt-Universität zu Berlin.

Jürgen Mittag,
geb. 1970; Prof. Dr.; Professor und Leiter des Instituts für Europäische Sportentwicklung und Freizeitforschung der Deutschen Sporthochschule in Köln.

Josef Mooser,
geb. 1946; Prof. Dr.; bis 2011 Professor für Allgemeine Geschichte des 20. Jahrhunderts an der Universität Basel.

Wilfried Rudloff,
geb. 1960; Dr.; wissenschaftlicher Mitarbeiter der Mainzer Akademie der Wissenschaften und der Literatur.

Mike Schmeitzner,
geb. 1968; Dr.; wissenschaftlicher Mitarbeiter am Hannah-Arendt-Institut für Totalitarismusforschung e.V. an der Technischen Universität Dresden.

Klaus Schönhoven,
geb. 1942; Prof. Dr.; bis 2007 Professor für Politische Wissenschaft und Zeitgeschichte an der Universität Mannheim, seit 2003 Vorstandsmitglied der Bundeskanzler-Willy-Brandt-Stiftung.

Wolfgang Schroeder,
geb. 1960; Prof. Dr.; Inhaber des Lehrstuhls »Politisches System der BRD – Staatlichkeit im Wandel« an der Universität Kassel, seit 2009 Staatssekretär im Arbeits- und Sozialministerium des Bundeslandes Brandenburg.

Alexander J. Schwitanski,
geb. 1971; Dr.; Leiter des Archivs der Arbeiterjugendbewegung in Oer-Erkenschwick.

Dietmar Süß,
geb. 1973; PD Dr.; Privatdozent für Neuere und Neueste Geschichte und Dilthey-Fellow der VolkswagenStiftung an der Friedrich-Schiller-Universität Jena.

Johannes Tuchel,
geb. 1957; Prof. Dr.; Leiter der Gedenkstätte Deutscher Widerstand in Berlin.

Nina Verheyen,
geb. 1975; Dr.; wissenschaftliche Mitarbeiterin am Historischen Institut der Universität zu Köln.

Siegfried Weichlein,
geb. 1960; Prof. Dr.; Professor für Europäische Zeitgeschichte an der Universität Fribourg (Schweiz).

Thomas Welskopp,
geb. 1961; Prof. Dr.; Professor für die Geschichte moderner Gesellschaften an der Universität Bielefeld.

Edgar Wolfrum,
geb. 1960; Prof. Dr.; Inhaber des Lehrstuhls für Zeitgeschichte an der Universität Heidelberg.

Meik Woyke,
geb. 1972; Dr.; Leiter des Referats »Public History« im Archiv der sozialen Demokratie der Friedrich-Ebert-Stiftung und Schriftleiter des Archivs für Sozialgeschichte.

Benjamin Ziemann,
geb. 1964; Prof. Dr.; Professor of Modern German History an der University of Sheffield.